W0259107

ALLE ZEIT WACH
1842

Thomas Lauer

Die 32-Bit-Expedition:

Win32™, Windows™ 4.0 und Windows NT™

Leitfaden und Referenz zur Portierung von Windows 3.x-Programmen

Geleitwort von Michael Wasmeier, Produktmanager Windows NT

Mit 66 Abbildungen und 28 Tabellen

Springer-Verlag Berlin Heidelberg GmbH

Thomas Lauer
Im Brühl 17
D-55288 Udenheim
Compu Serve – ID: 100023, 1554

ISBN 978-3-662-11476-6

Die Deutsche Bibliothek - CIP-Einheitsaufnahme
Lauer, Thomas: Die 32-Bit-Expedition: Win32, Windows 4.0 und Windows NT: Leitfaden und Referenz zur Portierung von Windows 3.x-Programmen; mit 28 Tabellen / Thomas Lauer. Mit einem Geleitw. von Michael Wasmeier.

ISBN 978-3-662-11476-6 ISBN 978-3-662-11475-9 (eBook)
DOI 10.1007/978-3-662-11475-9

NE: Lauer, Thomas: Die Zweiunddreissig-Bit-Expedition: Win32, Windows 4.0 und Windows NT

Additional material to this book can be downloaded from http://extras.springer.com

Ursprünglich erschienen bei Springer-Verlag Berlin Heidelberg New York 1993
Softcover reprint of the hardcover 1st edition 1993

Umschlaggestaltung: Konzept & Design, Ilvesheim
Satz: Reproduktionsfertige Vorlage vom Autor
33/3140 – 5 4 3 2 1 0 – Gedruckt auf säurefreiem Papier

Geleitwort

Liebe Leserin, lieber Leser,

in der Presse finden sich reichlich Besprechungen und Analysen von Windows NT; Fachbücher über Einsatzmöglichkeiten und Architektur gibt es in Hülle und Fülle; die ersten 32-Bit-Applikationen sind lieferbar, bevor das Produkt überhaupt fertiggestellt ist; kundenspezifische Client-Server-Lösungen schießen wie Pilze aus dem Boden und spätestens seit der CeBIT 1993 ist die Präsenz auf den Fachmessen nicht zu übersehen.

Nur am Microsoft-Marketing kann es nicht liegen, daß Windows NT einen solch hohen Grad an Akzeptanz erfährt. NT erfüllt in der Tat die Anforderungen der Benutzer an ein modernes Betriebssystem wie kein anderes zuvor. Dies findet auch in der Entwicklerszene seinen Ausdruck. Weit über 10.000 Softwareentwickler aus dem deutschsprachigen Raum haben mittlerweile den Win32 Software Development Kit erworben.

Die Portierung einer vorhandenen Windows-Applikation auf das Win32-API von Windows NT bzw. Windows 4.0 ist, richtig angefangen, ein relativ unkompliziertes Unterfangen, wie uns auch von zahlreichen Entwicklern bestätigt wurde. Schließlich baut die Programmierschnittstelle der 32-Bit-Windows-Produkte auf der von Windows 3.1 auf. In Windows NT und dem zugrundeliegenden Win32-API steckt aber mehr Power, als die 32-Bit-Architektur vermuten läßt. Moderne Betriebssystemkonzepte wie z.B. virtueller Speicher mit clustered Demand Paging, Memory Mapped Files, Multithreading mit Unterstützung von Multiprozessorsystemen drängen geradezu darauf, von den Applikationen auch genutzt zu werden.

Das vorliegende Buch gibt Ihnen die erforderlichen Informationen, um das Design Ihrer Windows-Applikationen so zu optimieren, daß die Portierung nach Windows NT so einfach wie möglich wird und Sie danach das Maximale aus dem neuen System herausholen können. Darüberhinaus finden Sie viele Tips und Hinweise, mit denen Sie sicherstellen, daß Ihre 32-Bit-Applikationen auch unter dem in Entwicklung befindlichen Windows 4.0 von Microsoft lauffähig bleiben. Abgerundet wird das Buch durch wichtige Empfehlungen zur portablen Programmierung in C und C++.

Für ergänzende Informationen darf ich Ihnen das Microsoft Win32 Forum in CompuServe (GO MSWIN32) empfehlen. Das entsprechende Forum in deutscher Sprache erreichen Sie mit GO MSCESYS. Falls Sie Interesse haben, an einem Entwicklerkurs zu Windows NT teilzunehmen, wenden Sie sich bitte an den Microsoft Info Service, wo man Ihnen gerne eine Liste der autorisierten Schulungsunternehmen zuschickt. Ich möchte auch nicht versäumen, auf die Windows-NT-Seminare im Rahmen der Microsoft/Springer-Akademie hinzuweisen.

Viel Spaß nun bei der Lektüre!

Michael Wasmeier

Produkt Manager Windows NT
Microsoft GmbH

Inhaltsverzeichnis

Abbildungsverzeichnis

Tabellenverzeichnis

Einleitung und Überblick

»Ich kann freilich nicht sagen, ob es besser werden wird, wenn es anders wird; aber so viel kann ich sagen, es muß anders werden, wenn es gut werden soll.« Georg Christoph Lichtenberg, Sudelbücher

Nun scheint es also wirklich zu kommen: Windows NT, das neue 32-Bit-Betriebssystem von Microsoft, das alles bisher Dagewesene in den Schatten stellen soll. Viel ist schon geschrieben worden über diese neueste Microsoft-Kreation, mangels fertigem Endprodukt und sicher auch infolge der hohen technischen Komplexität des Systems gibt es bisher allerdings kaum greifbare Informationen für Applikationsentwickler über die Programmierung des Systems.

NT wie »New Technology«.

Diese Gruppe kann im Augenblick nur auf die noch unvollständige und ziemlich trockene Win32-API-Dokumentation zurückgreifen. Diese beschreibt zwar das Programmiermodell von Windows NT und, mit geringfügigen Abstrichen, auch das anderer 32-Bit-Windows-Versionen wie z.B. des kommenden Windows 4.0 (auch unter dem Code-Namen »Win32c« bekannt). Was allerdings fehlt, ist ein Werk, das die Erforschung der schönen, neuen Welt dieses 32-Bit-APIs erleichtert. Denn bedingt durch im Vergleich zu 16-Bit-Systemen grundlegend andere Design- und Architekturentscheidungen sind unter Win32 manche der vertrauten Pfade völlig verwildert und unzugänglich, andere müssen erst wieder entdeckt werden, dritte schließlich sind nur mit gewissen Vorsichtsmaßnahmen zu beschreiten. Daher dieses Buch, das eine Expedition in diese neuen und weitgehend unerforschten Gebiete unternimmt. Schließlich müssen die meisten Programmierer, bevor sie solch nette Spielereien wie multiple Threads oder Unicode in ihre Applikationen einbauen können,

API heißt »Application Programming Interface«, ein modernes Buzzword zur Beschreibung der Programmierschnittstelle eines Systems.

diese überhaupt erst einmal unter Win32 zum Laufen bringen! Und das ist, allen Beteuerungen aus Redmond zum Trotz, zumindest in bestimmten Teilbereichen doch etwas schwieriger als erwartet. Der Text widmet sich infolgedessen weniger der detaillierten Benutzung all der neuen Funktionen und Möglichkeiten (die laufen Ihnen sowieso nicht weg!); nein, er versucht in erster Linie, Ihnen als Entwickler und/oder Projektleiter den Übergang von der »alten« 16-Bit-Windows-API auf Win32 so leicht wie möglich zu machen. Werfen wir also einen Blick auf die einzelnen Teile des Buches!

Merke: erst portieren — dann erweitern!

1. Kapitel: Grundsätzliche Aspekte und Vorüberlegungen.

Das erste Kapitel gibt zuerst einen Überblick der neuen Win32-Systeme, beschreibt die wichtigsten Eigenschaften und vergleicht sie mit Win16, aber auch mit der Konkurrenz in Gestalt von OS/2 2.x und UNIX. Mangels ausführlicher Informationen über Windows 4.0 gehe ich dabei vorzugsweise auf Design und Architektur von Windows NT ein, Unterschiede und Gemeinsamkeiten mit 4.0 werden allerdings — soweit mir bekannt oder heute schon abschätzbar — berücksichtigt. Da beide 32-Bit-Systeme sind und sich ein gemeinsames Programmiermodell (nämlich das Win32-API) teilen, sind solche Analogieschlüsse jedoch meist korrekt. Weiterhin werden die wichtigsten Punkte, die bei der Portierung von Win16-Applikationen nach Win32 Probleme bereiten, in sechs Kategorien unterteilt und genau erläutert. In diesem Zusammenhang gehe ich auch kurz auf die SDK-Tools* ein, die zur Programmierung von NT-Applikationen benötigt werden. Breiten Raum nimmt dann die Frage ein, ob und wenn ja, in welcher Form ein bestehendes Programm von einer Portierung profitiert und natürlich auch, wie aufwendig diese sein dürfte. Einen scharfen Blick werfen wir dann auch noch auf ein etwas undurchsichtiges Machwerk, nämlich das als »Win32s« unter Windows 3.1 verfügbare 32-Bit-Subset.

** SDK: Software Development Kit.*

2. Kapitel: Strategien zur portablen Programmierung.

Im zweiten Kapitel geht es dann schon zur Sache: hier werden die Fragen behandelt, die sich bei der Planung und Durchführung eines Portierungsprojektes ergeben können. Es geht mir dabei weniger um konkrete Details einzelner API-Funktionen, sondern mehr um Hinweise und Ratschläge, die den gesamten Gang einer Portierung beeinflußen. Die Spanne der diskutierten Themen reicht von der idealen Beschaffenheit der Quelltexte und der Definition des Zielpunkts über die

Alternativen zur Vorgehensweise und methodische Fragen bis zu konkreten Hinweisen für Portabilitätsbibliotheken und sonstige Hilfsmittel. Hierunter fällt z.B. auch die Nutzung der bereits mit dem Windows-3.1-SDK eingeführten STRICT-Option, deren Sinn und Zweck genau beschrieben wird. Last not least wird auch die Portierung von OS/2-Applikationen nach Win32 im Überblick untersucht. Dieses Kapitel ist übrigens, wie auch das erste, durchaus auch für Projektleiter oder -verantwortliche gedacht, die sich einen Überblick über die gesamte Problematik verschaffen wollen.

3. Kapitel: Portable Programme in C und C++.

Beginnend mit dem dritten Kapitel wird's dann ziemlich technisch: Mittel und Wege zur portablen Windows-Programmierung unter C/C++ sind angesagt — wenn Ihr C schon etwas eingerostet ist, sollten Sie es vorher vielleicht etwas aufpolieren. Neben Tips und Hinweisen zur Benutzung des Präprozessors gehe ich auf alle wichtigen Spracheigenschaften im Lichte der Portabilität ein. Das umfaßt Datentyp-Definitionen genauso wie Zeigermanipulationen, Cast-Operationen und natürlich auch die korrekte Verwendung der Sprachelemente. Ein ausführlicher Abschnitt über die wichtigsten Compiler-Warnungen und -Fehlermeldungen sowie ein Blick auf C++ runden dieses Kapitel ab. Die meisten der Hinweise in diesem dritten Teil sind übrigens auch für Pascal- oder Modula-2-Programmierer relevant — ein gewisses Verständnis für C-Code vorausgesetzt.

4. Kapitel: Portable Windows-Programmierung.

Im vierten Kapitel, dem mit Abstand umfangreichsten des ganzen Buches, geht's dann ans Eingemachte: hier werden, aufbauend auf den sechs schon im ersten Kapitel erläuterten Kategorien, die wichtigsten Änderungen zwischen Win16 und Win32(s) sowie ihre Auswirkungen auf die Quelltexte beschrieben. Zuerst gehe ich auf die zahlreichen Windows-Datentypen sowie ihre portabilitätsfördernde Wirkung ein und erwähne auch, wo Probleme zu erwarten sind. Die nächsten drei Abschnitte befassen sich mit der SDK-Header-Datei WINDOWSX.H, die von Microsoft mit dem 3.1-SDK und in angepaßter Form auch mit seinem 32-Bit-Pendant ausgeliefert wird. Diese Datei enthält etwa 500 Makrodefinitionen, die insbesondere die portable Formulierung von Windows-Quelltexten enorm erleichtern — leider aber nirgendwo in der MS-Dokumentation angemessen beschrieben werden. Dann geht es der Reihe nach um die drei wichtigsten Windows-

Komponenten: die Änderungen am Kernel-, User- und GDI-Modul werden auseinandergenommen und beschrieben. Etwas schwierige Probleme werden meist durch ein konkretes Quelltext-Beispiel erleuchtet. Die DLL-Programmierung weist unter Win32 einige ganz besonders raffinierte Fallen auf, da sich das zugrundeliegende Modell in mancher Hinsicht doch grundlegend geändert hat — ein eigener Abschnitt nimmt sich dieses Themas an. Windows NT glänzt u.a. mit Unicode: was heißt das genau, wie können Sie diesen Zeichensatz transparent einsetzen und — wichtigste Frage — sollten Sie ihn überhaupt unterstützen? Auch diese Fragen werden in Kapitel 4 beantwortet. Schließlich werfen wir auch noch einen Blick auf die Eigenschaften, die eine »alte« 16-Bit-Applikation (nicht) haben sollte, damit sie unter Win32 auch korrekt abläuft. Dabei behandle ich sowohl DOS- als auch Windows-Programme.

5. Kapitel: Win32-Entwicklungswerkzeuge und ihre Benutzung.

Etwas geruhsamer ist das letzte Kapitel zum Gebrauch des neuen Win32-SDKs. Zwar haben sich die SDK-Tools zum großen Teil nicht grundlegend geändert, aber wie so oft steckt der Teufel im Detail. Ich beschreibe daher die Optionen und Benutzung der neuen Tools und vergleiche sie, wo sinnvoll, mit ihren 16-Bit-Varianten. Eingehend diskutiere ich auch die zum Betrieb der Tools unter MS-DOS notwendigen Hilfsmittel und Änderungen. Einen eigenen Abschnitt widme ich der Erzeugung von DLLs, da sich hier doch eine ganze Menge getan hat. Schließlich gehe ich auch noch kurz auf die 32-Bit-Werkzeuge von Borland (Borland C++ 4.0) und ihre Nutzung unter bzw. für Win32 ein.

Sowie die Anhänge...

Sieben Anhänge mit weiteren wichtigen Informationen zu Datentypen, Portierungsdetails, Aufrufkonventionen etc. etc. runden das Buch ab. In einem eigenen Anhang finden auch Pascal- und Modula-2-Entwickler noch einige spezifische Hinweise; Anhang 7 beschreibt den Inhalt der beiliegenden Diskette.

Ein Problem mit einem solchen Buch wie dem vorliegenden ist die Tatsache, daß ich mit einem Produkt arbeite und darüber schreibe, das es noch gar nicht offiziell gibt (ich schreibe diese Zeilen Ende Juni, Windows NT als fertiges Produkt ist noch mindestens zwei, eher drei Monate entfernt). Manches im Text ist daher vielleicht nicht ganz vollständig, anderes wird sich noch ändern und einiges (hoffentlich nicht allzuviel) wird sich am Ende schlichtweg als falsch herausstellen. Ich habe daher vor, in regelmäßigen Abständen »Updates« des Textes mit den mir bekanntgewordenen Änderungen, Erweiterungen etc. in einer Textdatei zusammenzufassen und diese via CompuServe im Forum MSWIN32 verfügbar zu machen. Hinweise zu diesem Online-Dienst und zum Zugriff auf die Datei finden Sie später an entsprechender Stelle. Wichtigste Voraussetzung da für ist, daß Sie, der Leser (ja, ja, genau Sie!) mich über solche Dinge, wenn Sie darüber stolpern, auch in Kenntnis setzen.

Am sinnvollsten und schnellsten können Sie dies über meinen CompuServe-Account tun (meine CIS-ID: 100023, 1554); alternativ tut es jedoch auch eine schriftliche Mitteilung an den Verlag. Und gleich noch eine Bitte, wenn Sie kein Leser, sondern eine Leserin sind: ich benutze nur Bezeichnungen wie Programmierer, Entwickler etc., soll heißen die männliche Variante. Natürlich ist mir bewußt, daß auch Programmiererinnen, Entwicklerinnen und Projektleiterinnen dieses Buch lesen werden, ich hoffe allerdings auf genügend Pragmatismus Ihrerseits, um diese »Vereinfachung« nicht zum Problem werden zu lassen. (Im übrigen habe ich mir vorgenommen, in meinem nächsten Buch ausschließlich die weiblichen Anreden zu benutzen, mal schauen...)

Adresse des Verlags: siehe Impressum.

Eine weitere Anmerkung betrifft ein sprachliches Problem: die Benutzung von englischen Ausdrücken bzw. ihre Eindeutschung. Ich habe mich bemüht, solche Ausdrücke, für die anerkannte deutsche Übersetzungen vorliegen, auch in Deutsch zu bringen. Andererseits ist gerade die Windows-Programmierung mit einem ganz speziellen Vokabular gesegnet: »device context«, »parent notification« oder »window handle«. Da sich allgemeingültige Übersetzungen für die meisten dieser Begriffe (ich plädiere hiermit für Fenstergriff statt Window-Handle) noch nicht durchgesetzt haben — oder anders formuliert: da fast jeder Autor sein eigenes Süppchen kocht — habe ich mich entschlossen, solche Begriffe weitgehend im englischen Original zu belassen. Dies gilt in noch stärkerem Umfang für neue, erst mit Win32 eingeführte Termini wie »memory mapped files« etc. Zum einen behaupte ich schlankweg, daß ein ernsthafter Windows-Entwickler weiß, was eine Window-Handle ist, selbst wenn sie ihm im englischen Gewande gegenübertritt; zum anderen ist die Benutzung der Original-Terminologie nicht zuletzt auch deswegen empfeh-

Beispiel: Dateisystem statt »file system«.

lenswert, weil bis auf weiteres die Referenzmaterialien von Microsoft ebenfalls nur in englischer Sprache vorliegen dürften. Allerdings hindert mich natürlich niemand, die Begriffe, die mir entweder nicht einleuchtend erscheinen oder die vielleicht nicht jedem Windows-Entwickler auf Anhieb vertraut sind, im Glossar abzuhandeln. Daher finden Sie dort für eine ganze Reihe Win16- und Win32-spezifischer Fachausdrücke eine klare Erläuterung (aber keine Eindeutschung des Begriffs!).

Das Glossar findet sich ab Seite 445.

Eine Bemerkung auch noch zu den Stellen, an denen ich mir eine Meinungsäußerung oder Ansicht nicht verkneifen konnte: diese sind natürlich durch meine ganz spezielle Brille betrachtet und bewußt hin und wieder etwas provokativ bis polemisch. Für weitere Bemerkungen dazu oder auch Gegenpolemik bin ich immer zu haben. Gleiches gilt erst recht für Fehler, Auslassungen etc. die Ihnen unterwegs auffallen: diese gehen zum einen voll auf mein Konto; zum anderen hilft mir eine kurze Rückmeldung via CompuServe (siehe oben), diesen Punkt in künftigen Ausgaben zu verbessern.

Genug der langen Vorrede: ich hoffe, daß dieses Buch Ihnen genausoviel beim Arbeiten mit Win32 hilft und neue Erkenntnisse bringt, wie es mir Spaß gemacht hat, mich durch das teils unwegsame, teils völlig unbekannte Gebiet zu schlagen! In diesem Sinne wünsche ich viel Erfolg bei Ihrer eigenen 32-Bit-Expedition!

Im Juni 1993 Thomas Lauer

Kapitel 1

Grundsätzliche Aspekte und Vorüberlegungen

»In der Welt der Betriebssysteme drehen sich die Räder des Fortschritts nur langsam.« Helen Custer, Inside Windows NT

Wie die letzten zwölf Jahre gezeigt haben, ist dies eine sehr treffende Feststellung. Aber gerade jetzt hat das große Rad wieder einmal eine Umdrehung beendet und uns mit Windows NT ein radikal neues Betriebssystem beschert, das allerdings seinen Stammvater keineswegs verleugnen kann — ganz im Gegenteil: sowohl beim Look-and-Feel als auch bei der Programmierung des Produktes hat man bei Microsoft auf möglichst konforme Implementation geachtet. Bevor wir jedoch so richtig in die dunklen, noch weitgehend unerforschten Tiefen der mit diesem Betriebssystem verbundenen Portierungsprobleme abtauchen, sollten wir erst einmal alle beteiligten »Familienmitglieder« vorstellen und kurz charakterisieren.

Langsam, aber sicher wird es ja etwas:

1.1 Windows: 3.x kontra NT und 4.0

»Notwendigkeit nimmt uns die Qual der Wahl ab.« Marquis de Vauvenarges, Réflexions et Maximes

Da findet sich auf der 16-Bit-Seite das gute alte Windows 3.x inklusive einiger naher Verwandter wie PenWindows und Windows for Workgroups; in der 32-Bit-Kategorie tummeln sich das heute immerhin schon im Beta-Stadium verfügbare Windows NT sowie die irgendwann gegen Ende des nächsten Jahres zu erwartende und grundlegend renovierte 4.0-Version von Windows. Die beiden letzteren sind (endlich) echte 32-Bit-Betriebssysteme und stellen dem Entwickler ein gemeinsames,

Dieses Symbol weist auf ein spezielles Windows-4.0-Feature hin:

weitgehend ähnliches, aber nicht ganz rückwärtskompatibles API (genau aus diesem Grunde gibt es ja dieses Buch!) zur Verfügung.

Alt: Windows 3.x

Mit MS-DOS decke ich auch das im wesentlichen funktionsgleiche PC-DOS von IBM ab.

Zum Referenzmaterial siehe [Literatur 1], Seite 437.

Seit 1990 ungemein erfolgreich und daher allgemein im Einsatz ist die auf MS-DOS basierende Betriebssystemerweiterung Windows 3.x (die jedoch von Microsoft recht gerne als vollwertiges Betriebssystem apostrophiert wird). Die zur Zeit aktuelle 3.1-Version (siehe Abb. 1.1) stellt ein relativ gut dokumentiertes Programmiermodell mit sehr umfangreicher API zur Verfügung; beides zusammen werde ich im weiteren kurz als Win16 bezeichnen. Dabei ignoriere ich allerdings den Real Mode, der ja ab Windows 3.1 ohnehin der Vergangenheit angehört (und um den es auch nicht schade ist). Die weiteren Ausführungen beziehen sich, wenn nicht explizit etwas anderes angegeben ist, auf den 386-Enhanced Mode.

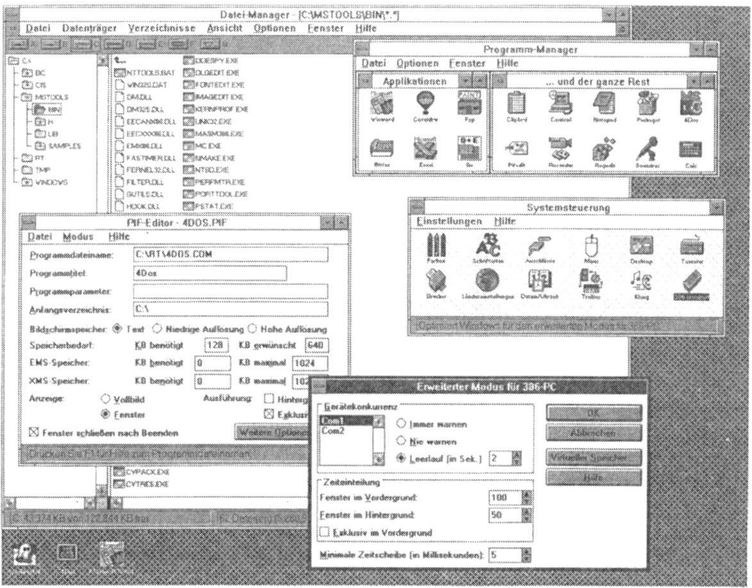

Abb. 1.1: Windows 3.1, wie es leibt und lebt!

** »x86« beziehe ich im weiteren nur auf echte 32-Bit-CPUs, soll heißen x>2!*

Das Win16-API hat sich, aufbauend auf dem Design der Vorgängerversionen (das dem Protected Mode der 80x86-Prozessoren* jedoch in keiner Weise angemessen ist), fast völlig rückwärtskompatibel entwickelt. Das ist Stärke und Schwäche zugleich: einerseits profitieren Anwender und Entwickler von einem stabilen API, andererseits muß so manches, was sich im Laufe der Zeit als überholt oder gar hinderlich herausgestellt hat, um der Kompatibilität willen erhalten bleiben und in neuen Versionen als Ballast mitgeschleppt werden. Windows ist so im Laufe der Zeit zwar um viele Merkmale (man denke nur an OLE oder die TrueType-Darstellung) erweitert worden, eine Konsolidierung und »Entrümpelung« des APIs läßt aber nach wie vor auf sich warten...

Win16 ist, wie die Bezeichnung schon nahelegt, ein 16-Bit-System, das sowohl im Standard als auch im 386-Enhanced Mode mit Speicherbereichen größer als 64 KB nur mittels vergleichsweise komplizierter Segmentarithmetik umgehen kann — die ziemlich selten genutzte und recht mühsam einzubindende 32-Bit-Unterstützung via WINMEM32.DLL* will ich hier einmal ausklammern. Immerhin wird durch die Unterstützung des 16-Bit-Protected Mode wenigstens die leidige 640-KB-Grenze von MS-DOS beseitigt, so daß, eine entsprechende Hardware-Ausstattung vorausgesetzt, korrekt implementierte Applikationen durchaus auf mehrere MB Speicher zugreifen können. Für den Standard Mode heißt das im Klartext, daß maximal 16 MB zur Verfügung stehen, im Enhanced Mode mit seiner virtuellen Speicherverwaltung (die über das Paging der x86-Prozessoren realisiert wird) können theoretisch sogar bis zu 4 GB adressiert werden. Alle Applikationen und Windows selbst teilen sich jedoch diesen globalen Adressraum, es ist also keine echte Separation der jeweils benutzten Speicherbereiche möglich. Die einzelnen Programme können deswegen nur unzureichend vor Fehlfunktionen (und erst recht vor gewollten Manipulationen!) geschützt werden. In diesem mangelnden Schutz ist auch einer der Hauptgründe für die zahlreichen UAE-Messageboxen (siehe auch Abb. 2.2 auf Seite 90) und Systemabstürze zu suchen, die mit der 3.1-Version nur deswegen etwas in den Hintergrund traten, weil die API-Funktionen dort zum großen Teil eine strikte Validierung der übergebenen Parameter durchführen (eine Errungenschaft, die sich übrigens auch in Windows NT wiederfindet).

** Diese »dynamic link library« (DLL) stellt Win16-Applikationen 32-Bit-Segmente zur Verfügung.*

UAE bedeutet »unrecoverable application error«, was im Klartext meist auf Schutzverletzungen hinausläuft.

Leider beseitigt Win16 nicht auch noch gleich die nächste große Hürde, die es vom Betriebssystem (dessen Dienste es für diverse systemnahe Aufgaben benötigt) geerbt hat: MS-DOS ist trotz so mancher Tricks* doch ein ziemlich schlichtes, eben nur singletasking-fähiges System geblieben. Was Windows etwas großspurig als Multitasking ausgibt (nämlich die Möglichkeit mit mehreren Programmen »gleichzeitig« zu arbeiten), ist daher in Wirklichkeit ein oberhalb des Betriebssystems angesiedeltes und mit impliziten Synchronisierungsmechanismen versehenes Pseudotalent. Microsoft bezeichnet diese Fähigkeit denn auch etwas verschämt nur als »non-preemptive and cooperative multitasking«: sie setzt nämlich kooperatives Verhalten aller beteiligten Programme voraus. Und wer schon einmal längere Dokumente bearbeitet oder große Tabellen rekalkuliert hat und dabei des öfteren die berühmt-berüchtigte Sanduhr über den Bildschirm schieben durfte, weiß nur zu gut, daß diese Voraussetzung nicht immer gegeben ist...

** Tricks wie z.B. TSR-Programme oder Task-Switcher à la DesqView...*

Aber nicht nur hier macht sich die mangelhafte Integration von MS-DOS und Win16 bemerkbar: zahlreiche weitere größere und kleinere Kanten, an denen sich besonders der Applikationsentwickler schnell Beulen holt, zeugen davon, daß Windows ein ziemlich schwergewichtiger Überbau ist, der das doch etwas angejahrte MS-DOS langsam, aber sicher in die Knie zwingt. Hierzu zählen u.a. das extrem komplexe Modell zur Implementation von Gerätetreibern und VxDs,** an dem sich schon so mancher Programmierer die Zähne ausgebissen hat, genauso wie die dürftigen Möglichkeiten, Informationen zwischen DOS- und Windows-Applikationen auszutauschen. Immer ein ziemlich heikles Thema war auch die Netzwerkunterstützung: erst mit Windows for Workgroups 3.1 (WfW) wurde eine wenigstens für Peer-to-Peer-Netzwerke akzeptable Lösung erreicht. WfW kann (wie auch PenWindows) für unsere Zwecke im übrigen wie Windows 3.1 behandelt werden und fällt ebenfalls unter den Oberbegriff Win16. Nicht zuletzt ist die korrekte Benutzung der SDK-Werkzeuge zur Erstellung von Win16-Applikationen eine Geheimwissenschaft für sich — die zahllosen Compilerschalter für Speichermodelle, zur DLL-Erzeugung, die Callback-Pro- und -Epiloge etc. etc. sind, auf gut Deutsch gesagt, eine echte Zumutung für Programmierer.

*** VxD ist eine generische Bezeichnung für »virtual device driver«, die u.a. Hardware-Zugriffe Windows-kompatibel machen.*

In Peer-to-Peer-Netzen sind alle Workstations gleichberechtigte Maschinen, anders als in Server-basierten Netzen.

Und neu: Windows NT

All die beschriebenen Probleme (und vermutlich noch einige mehr!) waren den Verantwortlichen bei Microsoft natürlich ebenfalls klar. Als dann die Allianz mit IBM so elegant in die Brüche gegangen war und man unbehindert auf eigenen Pfaden wandeln konnte, entschloß man sich in Redmond daher flugs, das als OS/2 NT oder OS/3 schon seit längerem in Entwicklung befindliche 32-Bit-Betriebssystem völlig in die Hand zu nehmen und mit einem Windows-Anstrich zu versehen: Windows New Technology, kurz NT, war geboren:

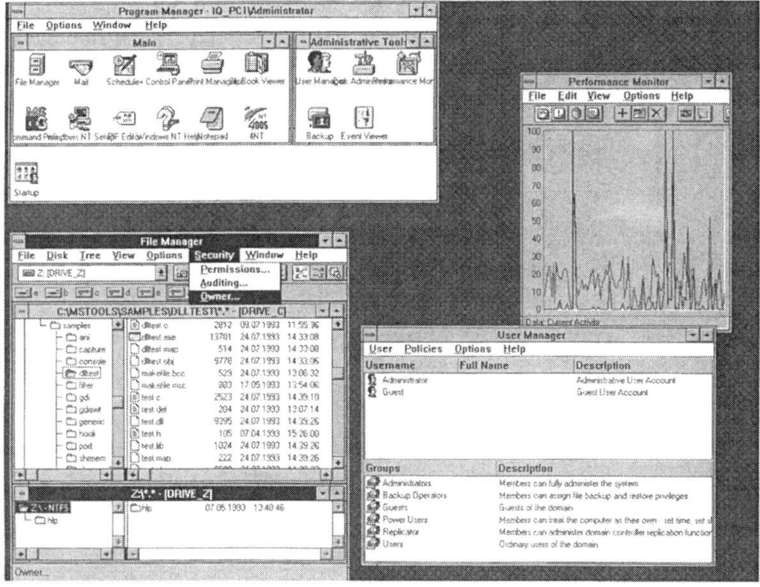

Abb. 1.2: Windows NT: kleine Unterschiede sieht man bei genauem Hinsehen doch!

Die Beseitigung der Beschränkungen und Schwächen von Win16, aber auch die Weiterentwicklung des wenig erfolgreichen OS/2-1.x-Systems bestimmten die entscheidenden Design-Vorgaben:

Die wichtigsten Design-Entscheidungen.

- Komplette Trennung aller Applikationen voneinander und vom Betriebssystem-Kern (Eignung für »mission critical applications«);
- volle Unterstützung des 32-Bit-Modells der x86-Prozessoren (x>2) unter Verzicht auf separate Segmente und bis zu 4 GB virtuellem Speicher pro Applikation (»flat memory model«);

- Implementation auf unterschiedlichen Hardware-Plattformen und zwischen diesen ein möglichst hundertprozentig portables API (als Win32-API bezeichnet);
- das jedoch andererseits eine möglichst weitgehende Aufrufkompatibilität zur Win16-Programmierschnittstelle aufweisen muß;
- echtes »preemptive multitasking« und »multithreading«, also die Erzeugung mehrerer Ausführungspfade (Threads) in einem Programm;
- Unterstützung anderer wichtiger Betriebssysteme (MS-DOS, OS/2 1.x und POSIX) sowohl für ausführbare Programme als auch auf dem API-Level (letzteres macht es theoretisch möglich, unter NT auch POSIX- oder OS/2-1.x-Programme zu entwickeln.
- sicheres Betriebssystem mit Zugangs- und Zugriffskontrolle aller wichtigen Ressourcen (»C2 level security«).
- vollständig in das System integrierte Netzwerkfähigkeiten und für komplexe Anwendungen nahtloser Anschluß an den Windows NT Advanced Server (wohinter sich der LAN Manager in einer erweiterten und NT-kompatiblen Form verbirgt);

»preemptive« bedeutet, daß das System einem Prozeß eine definierte Zeitspanne zur Ausführung gibt, ihn dann unterbricht und den nächsten Prozeß aktiviert.

C2 ist eine von sieben Sicherheitsstufen des Pentagon und bedeutet, daß Benutzer sich einloggen müssen und ihre Dateien etc. vor unberechtigtem Zugriff schützen können.

Zum größten Teil datieren diese Zielvorgaben (wie auch ihre schlußendliche Umsetzung) noch aus der Zeit, als Microsoft das NT-Projekt gemeinsam mit IBM als portablen Nachfolger für OS/2 2.0 anvisiert hatte. Ich würde sogar behaupten, daß die Teile des Betriebssystems, die nichts mit der grafischen Benutzeroberfläche zu tun haben, von der Entscheidung, das Endprodukt als »Windows« NT zu vermarkten, ziemlich unberührt geblieben sind. Einzig das GUI-Subsystem* dürfte erheblichen Aufwand bei der Umstellung vom OS/2-PM-API auf das Windows-API verursacht haben. Sei's drum: Windows NT wird, wenn es obige Zielvorgaben erfüllt, mit Sicherheit ein sehr ernstzunehmender Kandidat für das erfolgreichste High-End-Betriebssystem der 90er-Jahre sein. Wie diese Formulierung zeigt, bleibt allerdings noch Platz für (verbesserte Versionen von) MS-DOS und Windows 3.x: der Low-End- und Mid-Range-Bereich, so die Vorstellung von Microsoft, wird durchaus auch in Zukunft von diesem Gespann bedient (mehr dazu im folgenden Abschnitt). Erste Schritte in diese Richtung

** GUI — Graphical User Interface*

sind auch schon unternommen worden: so steht mit einem »Win32s« genannten Produkt eine Windows 3.1-Erweiterung zur Verfügung, die einige der Vorteile der 32-Bit-Systeme zurück auf die 16-Bit-Plattform transportiert. Auf Sinn und Zweck dieses »Zwitters« gehe ich in Abschnitt 1.9, Seite 75 ein.

Win32s ist ein Subset des Win32-APIs, daher der Name.

NT (wie ich Windows NT bequemlichkeitshalber nenne) ist also keineswegs als Rundumschlag und umfassender Ersatz für Windows 3.x zu verstehen, ganz im Gegenteil: es soll die Windows-Familie nach oben erweitern und abrunden. Wie man sich die — zur Zeit! — vollständige Familie vorzustellen hat, zeigt die folgende Abbildung:

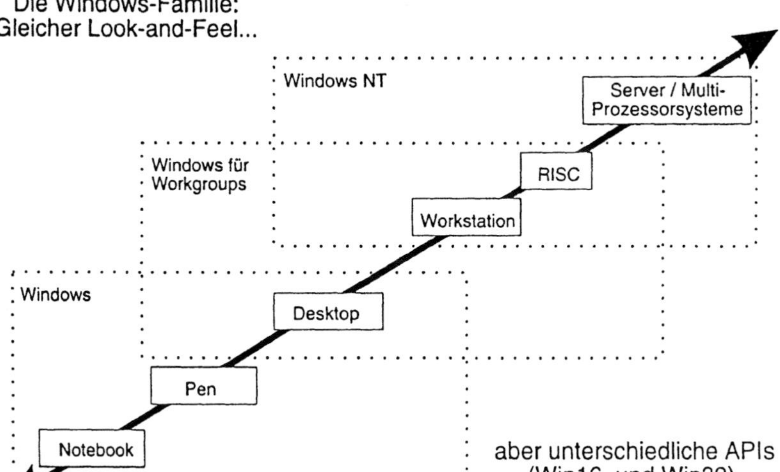

Abb. 1.3: Die Windows-Familie.

Wichtig scheint mir in diesem Zusammenhang die Feststellung, daß man unter Windows NT wirklich ein komplettes und von Grund auf neu geschriebenes *Betriebssystem* mit einer vollständig integrierten grafischen Benutzeroberfläche zu verstehen hat. Denn im Gegensatz zu der ziemlich wackeligen MS-DOS/Win16-Combo ist Windows NT, sowohl was Design-Entscheidungen als auch die Implementation angeht, aus einem Guß. Inwieweit die ambitionierten Pläne schon mit der frühestens Ende August 1993 zu erwartenden Release-Version vollständig erfüllt werden können, ist zum momentanen Zeitpunkt (die letzten Arbeiten an diesem Buch wurden im Juni 93 abgeschlossen) natürlich noch nicht endgültig abzuschätzen.

NT: von Grund auf neu!

Die wichtigsten der obigen Zielvorgaben, das haben auch die verschiedenen Beta-Versionen schon recht gut gezeigt, konnten größtenteils in befriedigender Weise umgesetzt werden. Oder um es etwas weniger hochtrabend zu formulieren: ich arbeite, wenn irgendwie möglich, erheblich lieber unter NT als mit Windows 3.1!

Der Preis: die hohen Hardware-Anforderungen.

Die vielen schönen neuen Features haben allerdings ihren Preis: NT stellt erheblich höhere Hardware-Anforderungen als Win16. Ein komplett konfiguriertes Windows 3.1 ist schon auf einer mit 2 MB ausgerüsteten 286-Maschine (wenn auch relativ langsam) lauffähig und belegt dabei inklusive MS-DOS etwa 10 bis 12 MB auf der Festplatte. NT dagegen setzt mindestens einen 386SX voraus, ist auf diesem aber ebenfalls »relativ langsam«. Unter 12 MB Hauptspeicher (für die Beta-Releases) geht gar nichts, angeblich will man das Endprodukt auf 8 MB trimmen (was von dieser Versprechung aber zu halten ist, ob mithin ein 8 MB-System nicht nur arbeitet, sondern obendrein auch noch gut arbeitet, das sei dahingestellt). Die Festplatte darf ebenfalls gerne etwas größer sein: das komplette System belegt etwa 50 MB, schlappe 20 MB (empfohlenes Minimum!) für die System-Paging-Datei noch gar nicht eingerechnet... Und SDK-Entwickler können diese Angaben gerade noch einmal verdoppeln: 16 MB Hauptspeicher und mindestens 100 MB freien Platz auf der Festplatte (sowie entweder einen 486DX/50 oder einen großen Sack Kaffee).

Wo bleibt Windows 4.0?

Tja, das habe ich mir gedacht, daß Sie das nicht vergessen würden... Leider kann ich hier nicht mit so vielen harten Fakten wie im Falle von Windows NT aufwarten. Microsoft produziert nämlich einen nur sehr schwer zu durchdringenden Wortnebel um die 4.0-Version von Windows (die auch unter dem Codenamen »Chicago« bekannt ist, das Ganze firmiert daher auch unter Win32c). Außerdem ist das wenige, was man zu diesem Thema aus den MS-Mitarbeitern oder diversen CompuServe-Foren an Einzelheiten herauszukitzeln vermag, natürlich absolut unverbindlich und mit entsprechend großer Vorsicht zu genießen. (Microsoft hat ja bekanntlich in der

Vergangenheit schon ein- oder zweimal unerwartet »leichtere« Korrekturen an der Betriebssystem-Strategie — oder was man so nennt — vorgenommen...)

Immerhin lassen sich Konturen erkennen, teilweise wird das Bild sogar richtig scharf. Erstens: Windows 4.0 wird ein echtes 32-Bit-System sein, das die wichtigsten Eigenschaften von NT erbt. Als solches wird es neben NT eine weitere Implementation des Win32-APIs sein: dieses definiert eben einen (gemeinsamen) Standard, dem sich auch Windows 4.0 beugen muß. Nach meinen Informationen werden x86-NT-Programme (die sicher nicht zufällig als »portable executables« — abgekürzt PE — bezeichnet werden) unter Windows 4.0 direkt lauffähig sein. Auch die Quelltexte sollten sich ohne besondere Schwierigkeiten zwischen beiden Systemen hin und her transportieren lassen. Da Windows 4.0 allerdings diverse NT-Eigenschaften prinzipbedingt nicht unterstützt (z.B. die C2-Sicherheitsprüfungen), dürften bestimmte Programme (oder -teile) nicht so ohne weiteres portabel sein. Der für Win16-Programmierer wichtigste Punkt hierbei ist jedoch, daß beim Aufstieg nach 4.0 im großen und ganzen mit den gleichen Umsetzungsproblemen und Anpassungen zu rechnen ist wie bei der Portierung einer Applikation auf Windows NT. In diesem Sinne ist das Win32-API tatsächlich der bestimmende gemeinsame Faktor der beiden 32-Bit-Systeme.

Klappe: Win32-API, die zweite!

Die 32-Bit-EXE-Dateien sind also binärkompatibel.

Ein 32-Bit-Windows bedingt zweitens natürlich auch die entsprechende Unterstützung vom Betriebssystem. Wie diese genau aussehen wird, ist zur Zeit noch nicht so recht abzusehen: entweder wird eine eigenständige 32-Bit-DOS-Version (MS-DOS 7.0?) verfügbar gemacht, auf der Windows 4.0 aufbaut — oder man geht den gleichen Weg wie bei NT und schafft ein integriertes System, das je nach Blickwinkel entweder ein GUI plus Betriebssystem oder ein Betriebssystem plus GUI ist (diese Variante wird hin und wieder auch als »NT Light« apostrophiert). Ich denke, daß zur Zeit selbst die Microsoft-Oberen noch nicht so recht wissen, wie das Kind am Ende präsentiert werden soll, im Moment sieht es jedoch eher so aus, als sei Windows 4.0 eher ein Stand-Alone-Produkt (MS-DOS würde also nicht mehr benötigt).

Windows 4.0: eigenständig oder DOS-basiert?

Drittens wird Windows 4.0 ein Update der 3.1-Version sein. Was sich im ersten Moment wie eine reine Selbstverständlichkeit anzuhören scheint, birgt allerdings weitreichende Konsequenzen. Denn sowohl Hardware-Anforderungen als auch Rückwärtskompatibilität eines Update-Produktes müssen sich zwangsläufig in anderen Dimensionen bewegen als die eines kompletten Neuproduktes. Der 3.1-Anwender erwartet (zu Recht), daß er Windows 4.0 mehr oder weniger mit der gleichen Hardware-Ausstattung betreiben kann wie 3.x und daß seine »alten« 16-Bit-Programme mehr oder minder vollständig laufen.

80286-Maschinen: Off Limits, please!

Daß beim Update auf 4.0 vermutlich alle 286-basierten Maschinen auf der Strecke bleiben dürften, ist für die betroffenen Benutzer schon schlimm genug; wenn aber Windows 4.0 ähnliche Anforderungen stellen würde wie NT, wäre bei 80% (plus/minus) aller 3/486-Maschinen gleichzeitig auch eine Hardware-Renovation fällig. Das ist jedoch für die breite Masse der Anwender schlichtweg inakzeptabel — und vermindert außerdem die Anzahl verkaufbarer Update-Produkte... Ergo: die Anforderungen werden 386, 4 MB RAM und 20 MB auf der Platte wohl nicht überschreiten (die Werte sind nur grobe Schätzungen von mir). Nun ist vollkommen klar, daß ein System, das nur mit der Hälfte des Speicherplatzes auszukommen hat, zwangsläufig auch Abstriche bei der Funktionalität hinnehmen muß. Also werden in Windows 4.0 einige Schlüsselelemente von Windows NT fehlen. Welche das genau sein werden, ist augenblicklich noch nicht ganz abzusehen, man munkelt neben den mangelnden C2-Level-Absicherungen z.B. auch über fehlende Unicode-Unterstützung. Nach allem, was man hört, dürften die nicht unterstützten Features das eigentliche API jedoch kaum beeinflussen: die Quelltexte sollen zwischen Windows 4.0 und NT trotz teilweise großer Unterschiede in der Leistungsfähigkeit ohne gravierende Änderungen austauschbar sein.

Was fehlt in Windows 4.0?

Unicode ist ein 16-Bit-Zeichensatz, der alle wichtigen modernen Zeichen und Alphabete beinhaltet.

Viertens wird Windows 4.0 als End-User-Produkt auf die Intel-Plattform beschränkt bleiben, eine Restriktion, die in der Praxis durch die außerordentlich große Ähnlichkeit des beiden Produkten zugrundeliegenden 32-Bit-APIs jedoch weitgehend bedeutungslos werden dürfte. Denn wenn Win32-Programme durch (mehr oder weniger) schlichte Recompilation auf eine unter Windows NT laufende MIPS-R4000- oder Alpha-AXP-Hardware portiert werden können, dann hat wohl kaum ein

Entwickler besondere Schwierigkeiten, entsprechende Produkte auch für diese Plattformen zu erstellen und verfügbar zu machen.

Mit einem Wort: Windows 4.0 wird so etwas wie der kleine Bruder von Windows NT, dürfte den 3.1-Entwickler indessen vor ganz ähnliche Portabilitätsprobleme stellen. Dabei kommt der Windows-Programmierer wohl um einiges besser weg als die DOS-Gurus: hier wird sich wohl noch viel mehr ändern. Bevor ich mich aber endgültig in unhaltbaren Spekulationen verliere, wechsle ich lieber zu einem Thema, über das sich ebenfalls trefflich Annahmen und Vermutungen machen lassen.

Ob Windows NT oder 4.0: Die Portabilitätsprobleme sind die gleichen.

1.2 Win32 und die Konkurrenz

»Es sollte für Kunden und Entwickler keinerlei technische Gründe geben, ihre Investitionen in Windows-Systeme aufzugeben.« Patrick De Smedt, General Manager Microsoft, während einer Win32-Entwicklerkonferenz

Denn Microsoft hat, wie üblich, ziemlich detaillierte Ansichten, welches Windows-System für wen am besten geeignet ist. Die obige Abbildung 1.3 zeigt auch, wie die einzelnen Windows-Systeme hardware-mäßig positioniert werden sollen. Ob und inwieweit sich diese Vorstellungen am Markt realisieren lassen, hängt von einer Reihe von Faktoren ab. Sehr wichtig ist, daß es Microsoft gelingen muß, die wirklich *relevanten* Unterschiede der einzelnen Produktlinien klar herauszuarbeiten und die verschiedenen Plattformen deutlich gegeneinander abzugrenzen. Zum Teil wird das, nicht unerwartet und wenig erstaunlich, einfach über die Preisschiene versucht: NT wird beträchtlich teurer sein als Windows 3.1 bzw. dessen Nachfolger. Auch die unterschiedlichen Hardware-Anforderungen werden ihren Eindruck nicht verfehlen. Nur jene Benutzer, die von den erweiterten Win32-Eigenschaften wirklich profitieren, werden kurzfristig den notwendigen Systemausbau vornehmen. Andererseits werden natürlich durch die weitere Evolution von Windows 3.x in Richtung Win32 dessen Hardware-Ansprüche, wenn auch langsamer, ebenfalls wachsen. Einen weiteren wichtigen Grund für die anfängliche Zurückhaltung ins-

Windows und die diversen Hardware-Plattformen.

Windows NT wird erheblich teurer sein als 3.1 oder 4.0: man spricht von rund 500 Dollar.

besondere größerer Unternehmen mit einer großen installierten Win16-Basis sehe ich in der Tatsache, daß Windows NT in noch viel stärkerem Umfang als Windows 3.1 (das ja auch schon komplex genug ist) nur von Spezialisten* wirklich korrekt, effizient und den jeweiligen Anforderungen gerecht werdend installiert und vor allem gewartet werden kann. Diese Eigenschaften teilt es allerdings mit seinen beiden Hauptkonkurrenten OS/2 und UNIX, denen wir uns nun zuwenden wollen.

** Anderswo auch als Systemadministratoren bezeichnet...*

IBM und OS/2

Ein ganz wesentlicher Punkt ist hier die Konkurrenzsituation zwischen IBM bzw. OS/2 2.x auf der einen Seite und Microsoft mit Windows NT auf der anderen Seite. Hier scheint Microsoft zur Zeit die besseren Karten zu haben: OS/2 2.1 ist Win16 technisch zwar weit überlegen, kann mit NT aber in einigen Bereichen nicht so ganz mithalten. Darüber hinaus, und das scheint mir wichtiger, fehlt es an der Applikationsvielfalt, die zuerst MS-DOS und dann Windows zum Erfolg geführt hat. Immerhin ist in der neuesten Version eine erstaunlich vollständige 3.1-Emulation inklusive OLE und True Type enthalten. Und da IBM bis September 1993 unbeschränkten Zugriff auf die Microsoft-Quelltexte hat (für Win16, versteht sich!), dürften sich Verbesserungen des Win16-APIs relativ bald in OS/2 wiederfinden. Allerdings verkommt das System so zu einem besseren DOS- und Windows-Multitasker, ohne sein zweifelsohne vorhandenes technisches Potential wirklich auszuschöpfen.

OS/2: mehr 32-Bit Applikationen werden gebraucht!

Gerade die Tatsache, daß Windows NT ein weitgehend rückwärtskompatibles API zur Verfügung stellt und so quasi unmittelbar aus einem riesigen Potential von relativ leicht und daher schnell portierbaren Programmen schöpfen kann, könnte sich nämlich als eines der Hauptargumente für seinen langfristigen Erfolg herausstellen. Außerdem unterstützt NT schon jetzt textmodusbasierte OS/2 1.x-Applikationen, künftige Versionen werden wohl auch Presentation-Manager-Support beinhalten (allerdings hat Microsoft ein gutes Jahr gebraucht, um zu erkennen, daß die PM-Unterstützung keineswegs ein

Dazu kommt, daß unter Windows NT auch OS/2-Programme (z.Zt. nur 16 Bit-Textmodus) ablaufen.

Zeichen von Schwäche, sondern für eine ganze Reihe von Anwendern schlicht eine conditio sine qua non ist). Gleichwohl hat schon mancher Mitbewerber IBM zum falschen Zeitpunkt unterschätzt und die Konsequenzen dann ausbaden dürfen: eine portable Version von OS/2 (als 3.0 gehandelt) soll, was die wesentlichen NT-Eigenschaften angeht, diesem leicht die Stirn bieten können. Das nimmt nicht wunder, denn IBM denkt zur Zeit darüber nach, das Mach 3.0-Kernel als Basis zu verwenden (auch der NT-Kern selbst wird, man höre und staune, noch zum Kreis der möglichen Anwärter gerechnet). In jedem Fall wird sich in künftigen portablen OS/2-Versionen auch eine Win32-Emulation finden. Oder anders gesagt: sowohl das Win32-API als auch das OS/2-API werden sich irgendwann gegenseitig so gut wie vollständig unterstützen. Und aus Gründen der Rückwärtskompatibilität dürften auch die weiteren, heute nur schemenhaft erkennbaren Projekte wie Cairo und Pink nicht ganz unbeeinflußt von dieser Entwicklung bleiben — spätestens dann könnte Microsoft sich ja eigentlich wieder mit IBM zusammentun...

Mach ist ein portables UNIX-Derivat, das verschiedene »UNIX-Dialekte« unterstützt.

Cairo (Microsoft) ist, ähnlich wie Pink (IBM / Apple), ein objektorientiertes System.

Die Rechnung hat dann, wie üblich, der Anwender bezahlt, der zuerst völlig verunsichert worden ist, dann auf der jeweils gewählten Plattform nicht immer die angemessenen oder geforderten Applikationen benutzen konnte und am Ende gar nicht so genau weiß, wozu das Ganze überhaupt gut war (ein Blick in die Bilanzen von Microsoft dürfte wenigstens darüber Klarheit schaffen...). Von den zahlreichen Software-Herstellern, die den schönen Worten und eifrigen Beteuerungen von IBM und Microsoft in den späten 80ern geglaubt und voll auf OS/2 als zukünftige High-End-Plattform gesetzt hatten, um entsprechende Produkte zu entwickeln (die sich dann allerdings »mangels Masse« nicht verkaufen ließen), will ich gar nicht erst reden. Aber genug gelästert, wenden wir uns lieber dem zweiten großen Mitbewerber im Markt der High-End-Betriebssysteme zu, dem schon etwas angejahrten UNIX, erhältlich in zahlreichen mehr oder minder kompatiblen Geschmacksvarianten.

X wie UNIX

Hier gilt eine ganz ähnliche Feststellung wie für OS/2: NT versucht mit der POSIX-Emulation in fremden Gründen zu wildern und Bill Gates* hat schon ganz eindeutig erklärt, daß NT als direkte Konkurrenz zu UNIX entworfen und implementiert worden ist. Allerdings sind (soweit mir bekannt) bei Microsoft keine Pläne vorhanden, Benutzeroberflächen aus der UNIX-Welt wie Motif oder Open Look in NT zu integrieren. Was allerdings nur bedeutet, daß es so etwas eben nicht direkt von Microsoft geben wird: Dritthersteller dürften dagegen jede Chance nutzen, echte oder scheinbare Schwachstellen des Produktes auszumerzen. Und in bewährter Manier kauft Microsoft dann am Ende den erfolgreichsten auf...

** Originalton: »NT is UNIX!«*

UNIX, so meine Prognose, wird, um Windows NT als Mainstream-System Paroli bieten zu können, zwei ganz entscheidende Voraussetzungen erfüllen müssen: erstens muß sich allmählich eine standardisierte, preiswerte und nicht zu ressourcenhungrige Version durchsetzen. Dabei sind eigentlich nicht zu UNIX gehörende Zusätze wie z.B. eine komplette MS-DOS-Emulation (auch auf nicht-Intel-Plattformen!) durchaus nicht zu vernachlässigen. Zweitens müssen für dieses Produkt alle Standardprogramme, die eine gewisse Bedeutung erlangt haben (und das sind nicht wenige) in angepaßten und entsprechend leistungsfähigen Versionen zur Verfügung gestellt werden können. Und genau hier liegt wohl der Hund begraben: um sich kommerziell durchzusetzen, benötigt ein Betriebssystem brauchbare Applikationen. Software-Häuser schreiben Applikationen aber nun mal besonders gern für Systeme, die sich durchgesetzt haben... Ob eine UNIX-Version diesen Teufelskreis** (der schon OS/2 1.x den Hals gebrochen hat) jemals durchbrechen wird, muß ich nach allem, was ich in den letzten Jahren mit X-Systemen so erlebt habe, bezweifeln. Einen detaillierten tabellarischen Vergleich der wichtigsten technischen Eigenschaften von Windows NT, OS/2 2.x und UNIX finden Sie übrigens weiter unten.

NT-Konkurrent aus der UNIX-Welt: vielleicht UnixWare von Univel?

*** ... auch als »Henne-und-Ei«-Syndrom bekannt.*

Das womöglich stärkste Argument für den langfristigen Erfolg von Windows NT gegenüber UNIX ist in der Tatsache zu sehen, daß die gesamte Windows-Linie, beginnend bei Windows 3.x über Windows for Workgroups bis hin zu

Windows NT und Windows NT Advanced Server das geistige Kind einer einzigen Firma, in gewissem Sinne sogar eines Mannes ist. Bill Gates hat sich bereits hämisch über den unkontrollierten Wildwuchs bei UNIX-Systemen, die langen Reaktionszeiten von IBM* sowie die mangelnde Durchsetzungskraft der NT-Konkurrenten ausgelassen. In seiner Sicht der Windows-Entwicklung bestimmt nämlich nur einer, wo es (zumindest grundsätzlich) langgeht: er selbst. Daß dies zwar vom technischen Standpunkt gesehen nicht zwangsläufig optimale Resultate zeitigen muß, ist einleuchtend. Aber es stellt immerhin sicher, daß die weitere Entwicklung nicht zwischen -zig Komitees und Herstellern zerredet wird, sondern einigermaßen zügig und konsistent fortschreitet. So wird eine wenigstens halbwegs zuverlässige Beurteilung der Produkte und Strategie von Gates/Microsoft möglich (letztere kann sich jedoch genauso schnell wie grundlegend ändern, wie sich ja 1990 gezeigt hat).

*... allerdings ist Microsoft oft auch nicht viel schneller!

Die wichtigsten Eigenschaften im Vergleich

Die folgende Aufstellung, die noch einmal die wesentlichsten Kriterien unserer drei Kandidaten zusammenfaßt, ist weder erschöpfend noch kann sie ins Detail gehende Überlegungen zur Abwägung des geeigneteren Betriebssystems ersetzen. Allerdings schafft sie einen Rahmen, um zu beurteilen, welches der drei Systeme bestimmten Anforderungen bezüglich grundlegender Eigenschaften genügt:

Als Hardware-Basis wurde eine x86-Maschine zugrundegelegt.

Tab. 1.1: Windows NT, OS/2 und UNIX im Vergleich.

Eigenschaft oder Funktion	NT	OS/2	UNIX
32 Bit flat memory model, getrennte Adressräume	++	++	++
Echtes Multitasking	++	++	++
Multithreading	++	++	--
Multiuser-fähig	-	-	++
Nahtloser Windows 3.1 Support	++	++	0
Windows 3.x Quelltext-Kompatibilität	++	0	--

Eigenschaft oder Funktion	NT	OS/2	UNIX
POSIX-kompatibel	+	-	++
SAA-Kompatibilität	+	++	0
DDE und OLE	++	+	--
Strukturierte Exception-Behandlung	++	-	-
Installierbare Dateisysteme	++	+	0
Einfaches Modell für Gerätetreiber	+	0	++
Schutz- und Sicherheitsprüfungen	++	0	+
Auf zahlreichen Hardware-Plattformen verfügbar	0	-	++
Standardisiertes und portables System	++	-	+
Grafische Benutzerschnittstelle (GUI)	++	++	+
Netzwerkfähig (Peer-to-Peer)	++	0	++
Hardware-Anforderungen	++	+	+
»symmetric multiprocessing« (SMP)	++	--	0
Stabilität des Systems	0	+	++
Unicode und Internationalisierung	++	0	-
DLLs oder »shared memory«-Bibliotheken	++	++	0
ausgereifte IPC-Mechanismen	++	++	+
»remote procedure calls« (RPC), »distributed processing«	+	0	++

Aber welches ist denn nun das beste System?

Falsch wäre es nun allerdings, einfach den Saldo aus Plus und Minus zu bilden und danach das vermeintlich »beste« System auszuwählen. Diese Methode führt zwar dazu, daß man das technisch überlegene System herausfindet; ob dieses aber automatisch auch das geeignete System ist, darf zumindest bezweifelt werden. Zum einen sind die obigen Aspekte vollkommen ungewichtet: die einfacheren Modelle zur Entwicklung von Gerätetreibern sind, auf einer absoluten Skala gemessen, sicherlich nicht so essentiell wie die Multitasking-Fähigkeiten. Andererseits wird die Eignung durch das Umfeld, in dem das System eingesetzt werden soll, entscheidend mitbeeinflußt. Das gilt nicht nur für technische Abwägungen, sondern (zumindest in größeren Organisationen) für die gesamte DV-Politik. Ein tiefblau eingefärbtes Unternehmen beispielsweise wird trotz aller technischen Windows NT-Vorteile nur schwerlich auf vollständige SAA-Kompatibilität verzichten können und daher im Rahmen seiner Gesamtstrategie eher auf OS/2 2.x setzen. Sehr heterogene DV-Landschaften (wie man sie z.B. in der Forschung findet) werden dagegen von der guten UNIX-Konnektivität profitieren. Aber im Laufe der Zeit wird Windows NT, tatkräftig unterstützt von Windows 4.0, vermutlich auch in diese Märkte eindringen — Bill Gates hat ja bereits entsprechende Absichtsbekundungen abgegeben.

1.3 Der Aufbau von Windows NT und die Kernel-Funktionalität

»Wenn wir nicht von vorne anfangen, dürfen wir nicht hoffen, weiterzukommen.« Johann Gottfried Seume, Apokryphen

Die nun folgenden Betrachtungen beziehen sich mangels verläßlicher Informationen über Windows 4.0 bzw. Win32c großenteils nur auf Windows NT. Der interne Aufbau von Win32c dürfte in vielen Bereichen (z.B. beim System-Kernel) von NT abweichen. Allerdings sind diese Unterschiede für Applikationsprogrammierer nur in seltenen Fällen signifikant, da die Win32-API ja eine gemeinsame Programmierschnittstelle definiert. Auf wichtige konzeptionelle Ähnlichkeiten der beiden Systeme, soweit sie heute abschätzbar sind, weise ich jeweils durch das nebenstehende Symbol hin. Bei weitergehendem Interesse bezüglich des internen Aufbau des Systems (insbesondere des NT-Kernels) möchte ich Sie auf das Buch von Helen Custer (siehe [Literatur 2]) aufmerksam machen, in dem diese Punkte erheblich detaillierter geschildert werden, als es mir hier möglich ist.

NT ist von Anfang an als portables und erweiterbares Betriebssystem konzipiert und implementiert worden. Dieser Anspruch legt für den Aufbau des Systems einige Prämissen nahe:

Den Begriff Betriebssystem kürze ich im weiteren als »BS« ab.

- Prozessor- und hardware-abhängiger Code ist zu minimieren und in einem eigenen Code-Layer zu isolieren.

Anforderungen an das System.

- Der Rest des Systems muß, soweit möglich, in einer portablen Hochsprache entwickelt werden.
- Die verschiedenen Ebenen des BS sollten sich in einem Schichtenmodell der jeweils zuständigen Module spiegeln.
- Sowohl Gerätetreiber als auch installierbare Dateisysteme sind dynamisch rekonfigurierbar und sogar zur Laufzeit austauschbar.
- Der Kern muß flexibel und leistungsfähig genug sein, um in der Art eines Chamäleons die Unterstützung mehrerer APIs zu ermöglichen; diese sollen auch später noch dynamisch hinzugefügt werden können.

Kernel Mode erlaubt den kompletten Zugriff auf alle Ressourcen; User Mode nur unter der Kontrolle des BS und stark eingeschränkt.

Die aus diesen Forderungen resultierende prinzipielle Struktur von Windows NT zeigt die folgende Abbildung 1.4. Augenfällig ist die Trennung in einen geschützten Kernel Mode sowie den User Mode, der für Applikationen vorgesehen ist. Große Teile des BS laufen jedoch nicht, wie von anderen Implementationen gewohnt, im Kernel Mode, sondern als autonome User-Prozesse, die anderen Prozessen Dienste (»services«) zur Verfügung stellen:

Abb. 1.4: Der Aufbau von Windows NT.

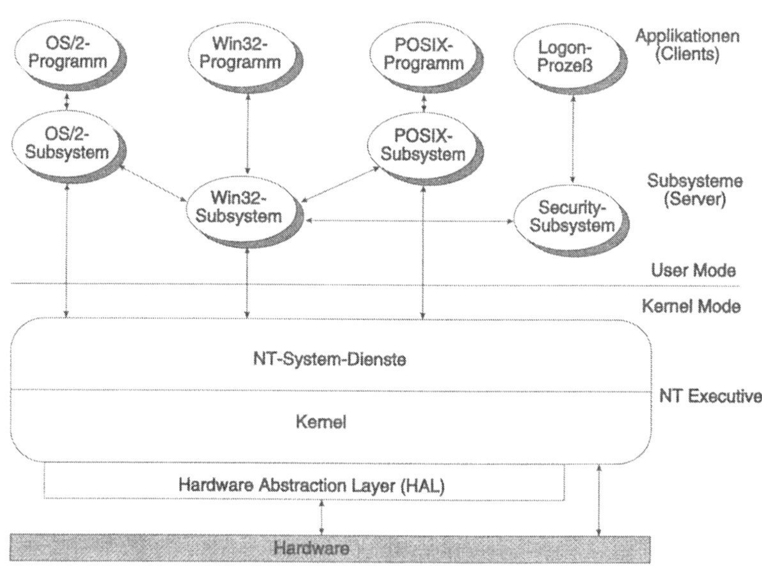

Solche Programme werden daher auch als Server bezeichnet (der Nutzer eines Servers heißt erwartungsgemäß Client, das zugrundeliegende Modell bezeichnet man als Client/Server-

Modell). Diese auch als »protected subsystems« bezeichneten eigenständigen BS-Bestandteile dienen u.a. zur Implementation der verschiedenen Emulations-APIs,* die Windows NT dem Programmierer zur Verfügung stellt. Mehr zu diesem Komplex, insbesondere zum Win32-Subsystem, folgt im Abschnitt 1.4 ab Seite 37.

** ... APIs wie z.B. OS/2 oder POSIX.*

Der NT Executive

Werfen wir zuerst einen Blick auf die im Kernel Mode ablaufende Komponente, die NT Executive genannt wird und den Subsystemen einen kompletten Satz von Low-Level-BS-Aufrufen zur Verfügung stellt. Mehrere wichtige Punkte fallen ins Auge: die Trennung zwischen HAL** und den darüberliegenden Schichten; HAL ist für den NT-Kernel etwa dasselbe wie das BIOS für MS-DOS. Der Executive selbst ist in eine ganze Reihe von gleichberechtigten Modulen aufgeteilt, die ihre Dienste sowohl nach oben weitergeben als auch gegenseitig nutzen. Diese Module sind vollständig voneinander isoliert und kommunizieren ausschließlich durch klar definierte Interfaces miteinander. Der entscheidende Mechanismus hier heißt Objektorientierung: alles, was für den Executive wichtig ist, ob Speicherbereiche, Dateien, Threads oder Events, wird als isoliertes Objekt implementiert und kann nur in dem Rahmen manipuliert werden (durch nach außen exportierte Methoden), den der Entwickler des Objektes vorgesehen hat. Diese Objekte basieren im Regelfall auf einfacheren Kernel-Objekten, die unter der Kontrolle des Kernels erweiterbar sind; mehrere einfachere Kernel-Objekte können so zu komplexen, leistungsfähigeren Executive-Objekten kombiniert werden. Die diversen Schutzmechanismen von Windows NT werden zum großen Teil bereits auf dieser Ebene implementiert. Abbildung 1.5 auf der nächsten Seite zeigt eine Übersicht der wichtigsten NT-Executive-Objekte.

*** HAL hat nichts mit IBM zu tun, sondern heißt »hardware abstraction layer«.*

Objekte des NT Executive basieren auf Kernel-Objekten.

Die Gerätetreiber und installierbaren Dateisysteme (die für den NT-Kern den Status von Gerätetreibern haben) sind vom Rest des Systems ebenfalls konsequent abgetrennt und werden durch ein einheitliches Protokoll vom Kernel-I/O-Manager (und nur von diesem) angesprochen. Treiber können durch die

Bildung multipler Layer aufeinander aufbauen, so kann beispielsweise ein installierbares Dateisystem wie NTFS* mehrere Geräte über die zugehörigen Treiber gleichzeitig bedienen. Weitere Gerätetreiber können jederzeit dynamisch hinzugefügt bzw. entfernt werden; ein laufendes NT-System muß daher nicht zwangsläufig heruntergefahren werden, um neue oder verbesserte Komponenten (z.B. ein weiteres Dateisystem) verfügbar zu machen.

* NTFS: Abkürzung für »New Technology File System«, einem gegenüber OS/2 verbesserten Dateisystem.

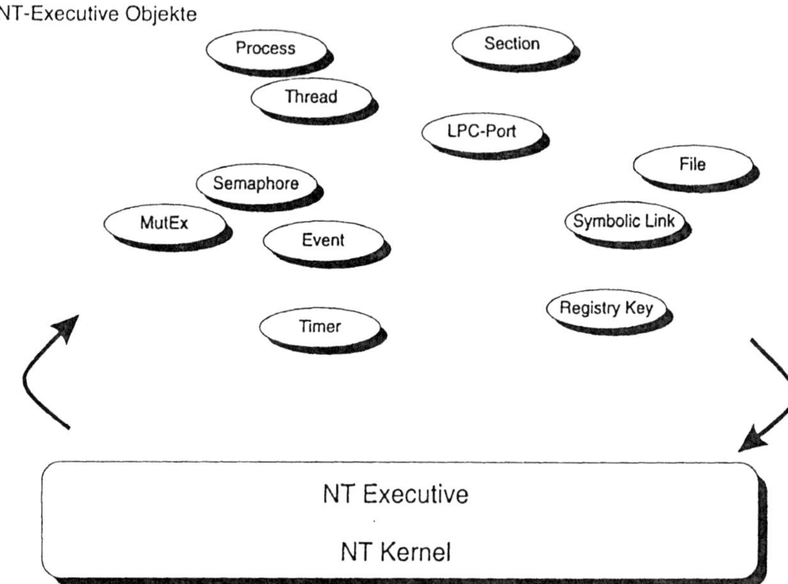

Abb. 1.5: Die wichtigsten Objekte des NT Executive.

Grundlegende Kernel-Features

Die wichtigsten Zielvorgaben wurden oben ja schon erwähnt, aufschlußreich und für unsere Zwecke bedeutsam ist eine detaillierte Erläuterung der daraus resultierenden technischen Produkteigenschaften. Die folgenden Aufstellungen, die jeweils gruppenweise verwandte Eigenschaften behandeln, geben hierüber Auskunft. Wo immer möglich, habe ich versucht, die Windows-3.1-Verhältnisse** zum Vergleich mit anzugeben. Ein 4.0-Symbol in der Randspalte gibt an, daß das betreffende Feature aller Wahrscheinlichkeit nach (aber dennoch ohne jede Garantie) so oder ähnlich auch unter Windows 4.0 realisiert werden dürfte. Werfen wir also zuerst einen Blick auf die

** Wenn nichts anderes vermerkt, im Win16-Enhanced-Mode.

grundlegenden Prozessoreigenschaften sowie die Speicherverwaltung:

Tab. 1.2: Vergleich Win32 und Win16: Prozessoreigenschaften und Speicherverwaltung.

Windows NT	**Win16**
Echtes 32-Bit-System (CPU-Register, »flat model« etc.), 64-Bit-Unterstützung ist geplant.	16-Bit-Verarbeitung, nur durch nicht standardisierte und daher wenig portable Verfahren wird eine eingeschränkte 32-Bit-Verarbeitung ermöglicht.
Unterstützung von Multi-Prozessorsystemen (»symmetric multiprocessing«, SMP).	Allein schon die Idee wirkt hier befremdend...
Portable Implementation, Schichtenmodell (»layered model«).	Extrem prozessorabhängig und monolithisch implementiert. Win16 setzt auf einem anderen Betriebssystem (MS-DOS) auf.
4 GB virtueller Adressraum pro Applikation (wovon allerdings die obere Hälfte, also 2 GB für BS-Code und -Daten reserviert sind).	Insgesamt 4 GB Adressraum, der global von allen Applikationen und dem BS genutzt wird.
Vollständige Trennung aller Adressräume voneinander und vom BS, daher weder irrtümliche noch absichtliche Beeinflussung eines anderen Programmes möglich.	Keine sichere Trennung der Speicherbereiche voneinander, daher jederzeit Fehlfunktionen und Sicherheitslücken denkbar.

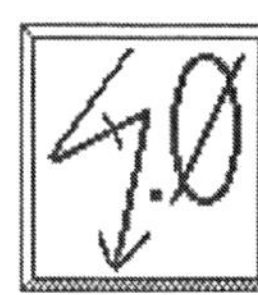

Windows NT	Win16
 Der gesamte virtuelle Adressraum (4 GB) eines Programmes kann durch 32-Bit-Zugriffe als ein Segment behandelt werden, daher keine Segmentarithmetik oder ähnliche Kunstgriffe notwendig.	Der Adressraum teilt sich auf in eine Reihe von 64 KB-Segmenten, die eine schwierige und wenig effiziente Verwaltung mit sich bringen.
 Das »demand paging«, mit dem die virtuelle Speicherverwaltung arbeitet, erlaubt eine sehr weitgehende Kontrolle über die Attribute einer Page (z.B. »guard pages«, »copy-on-write«).	Zwar ist der Paging-Mechanismus des 386 im Enhanced Mode aktiv, er stellt aber nur eine vereinfachte Form der virtuellen Speicherverwaltung dar.

Einige grundlegende Eigenschaften des NT-Executives (die zum Teil auch das Design der Subsysteme in entsprechender Weise beeinflußt haben) erläutert die nächste Tabelle:

Tab. 1.3: Vergleich Win16 und Win32, Kernel.

Windows NT	Win16
Objektorientierter Entwurf: BS-Objekte wie Dateien, Prozesse, Speicherbereiche etc. werden vom Kernel als Objekte erzeugt, manipuliert und zerstört. Objekte können nur über ein definiertes Interface benutzt werden.	Eine relativ ungeordnete Ansammlung von Funktionen und Variablen, die (auch bedingt durch fehlerhafte Design-Entscheidungen) immer wieder geflickt werden mußte und von Ausnahmen und teilweise haarsträubenden Tricks nur so wimmelt.

Windows NT	Win16
Volles »preemptive multitasking« und multiple Threads, inklusive der notwendigen IPC-Mechanismen.	Kooperatives Multitasking, keine multiplen Threads möglich. IPC-Unterstützung nur durch DDE (komplex und oft zu langsam).
Portable und strukturierte Exception- und Error-Behandlung (durch neue Sprachkonstrukte), die eine stabilere und sicherere Implementation sowohl des BS als auch der Applikationen ermöglicht.	Keinerlei Mechanismen vorhanden; Exceptions und Errors müssen komplett selbst verfolgt und bearbeitet werden.
Der Kernel benutzt als nativen Zeichensatz Unicode. Alle wichtigen Alphabete, Silben- oder Symbolschriften sowie Sonderzeichen sind einheitlich verfügbar. Die Anpassung von Applikationen an nationale Eigenheiten wird erheblich erleichtert. Die Übersetzung in das ANSI-Format wird völlig transparent vorgenommen.	Es wird der ANSI-Zeichensatz benutzt, der leider mit dem OEM-Zeichensatz der Hardware (meist IBM-ASCII) nicht ganz kompatibel ist. Konversionen von und nach ANSI muß der Entwickler vornehmen. Textdateien, die eine Windows-Applikation geschrieben hat, sind nicht ohne Übersetzung unter MS-DOS zu bearbeiten.
Jedem Prozeß wird ein Limit für seinen Ressourcenverbrauch gesetzt (»quota«), das sowohl den Gebrauch von Kernel-Objekten (Threads, Semaphoren etc.) als auch die Auslastung des Speichers berücksichtigt.	Win16-Programme können, was Rechenzeit und Ressourcenverbrauch angeht, vom System nicht kontrolliert werden. Unkooperative Programme (»hogs«) können andere Applikationen beeinträchtigen bzw. deren Ablauf völlig verhindern.

Verlassen wir den Executive und wenden wir uns dem I/O-Manager und dem New Technology File System (NTFS) zu:

Tab. 1.4: Vergleich Win16 und Win32: I/O-System und NTFS.

Windows NT	**Win16**
Gerätetreiber und diverse Dateisysteme (FAT, HPFS, NTFS etc.) können zur Laufzeit geladen und entfernt werden. Sie können weitgehend portabel in einer Hochsprache geschrieben werden und sind daher relativ leicht zu implementieren und zu warten	Kompliziertes Treibermodell, das bimodale Implementation (DOS/RealMode und Windows/ Protected Mode) erfordert. Treiber müssen als x86-Assembler-Code geschrieben werden. Es wird nur das FAT-Dateisystem von MS-DOS unterstützt.
Dateien können als »memory mapped files« behandelt werden, indem die gesamte Datei via Paging in den virtuellen Adressraum der Applikation gemappt wird (z.B. für shared memory oder zur Performance-Steigerung).	Kein vergleichbarer Mechanismus, Dateien sind grundsätzlich diskbasiert. Der gesamte globale Adressraum kann als eine riesige »shared memory«-Arena betrachtet werden (mit den bekannten Folgen).
Integrierte Unterstützung von CD-ROM-Laufwerken über ein eigenes Dateisystem (CDFS)	Gerätetreiber und residente Hilfsprogramme simulieren ein FAT-ähnliches System
Asynchrone I/O-Operationen sind möglich (aber nicht zwingend). Prozesse können daher effizienter arbeiten.	Synchrones I/O-Modell, bei dem der Prozess bis zur Beendigung des I/O-Transfers warten muß
NTFS-Dateien können bis zu 2^64 Bytes umfassen. Damit sind auch extrem große Festplatten und weitere, heute nur experimentell verfügbare Massenspeicher unter NT als ein Volume einsetzbar.	MS-DOS (und damit Windows) kann (erst nach langen Geburtswehen) maximal 2^32 Byte lange Dateien bearbeiten.

Windows NT	Win16
NTFS arbeitet transaktionsbasiert und speichert Systeminformationen redundant ab. Eine sichere und schnelle Reparatur des Dateisystems im Fehlerfall ist so möglich.	MS-DOS speichert zwar die FAT zweimal ab, viele weitere Informationen zur sicheren Wiederherstellung eines korrumpierten Dateisystems fehlen. Transaktionen sind hier unbekannt.
NTFS implementiert ein gewisses Maß an Fehlertoleranz (z.B. durch »disk striping«) und stellt die Basis für weitere Maßnahmen (»mirroring«, »striping with parity«) zur Verfügung.	Ein vergleichbarer Mechanismus ist nicht vorhanden. Erst durch dedizierte Netzwerk-Software kann ein entsprechendes Verhalten erreicht werden.
NTFS-Dateien können durch die NT-Sicherheitsmechanismen vor dem unberechtigten Zugriff durch andere Benutzer sicher geschützt werden.	MS-DOS kennt nur primitive Schutzmechanismen, die von erfahrenen Programmierern leicht ausgehebelt werden können.
Peer-to-Peer-Netzwerke werden von NT direkt unterstützt. Die notwendigen Hilfsprogramme sind integraler Bestandteil des Systems.	MS-DOS stellt (außer einigen rudimentären Dateioperationen wie Lock/Unlock) keine Netzwerkunterstützung zur Verfügung. Mit Windows for Workgroups ist jedoch immerhin eine zu NT ähnliche Ebene erreichbar.

Der NT Executive, den wir nach diesem kurzen Überblick verlassen wollen, stellt den aufbauenden Subsystemen alle Funktionen (wenn auch teilweise in primitiver Form) zur Verfügung, die diese benötigen, um ihr jeweiliges API nach außen hin zu implementieren. Als kleines Beispiel soll hier das Erzeugen eines Prozesses herangezogen werden (siehe Abb. 1.6 auf der folgenden Seite): POSIX-Applikationen benötigen dafür eine Funktion namens fork(), die einen neuen Child-Prozeß

Der NT Executive ist die Basis für die Subsysteme.

erzeugt und dessen Adressraum mit dem kompletten Inhalt des Adressraumes des Parent-Prozesses initialisiert. Ein Win32-Programm ruft stattdessen die Funktion CreateProcess() auf, die erstens keinerlei Verbindung zwischen dem neuen Prozeß und seinem Erzeuger herstellt; zweitens wird der Adressraum eines Prozesses hier grundsätzlich mit den Code- und Datenbereichen eines ausführbaren Programmes initialisiert. OS/2 verhält sich mit DosExecPgm() wieder etwas anders, indem zwar eine explizite Parent-Child-Verbindung zwischen den beiden Prozessen aufgebaut wird, in den Adressraum wird jedoch wie bei Win32 ein Programm geladen.

Abb. 1.6: Drei APIs zur Prozeßerzeugung, ein NT-Kernel-Aufruf.

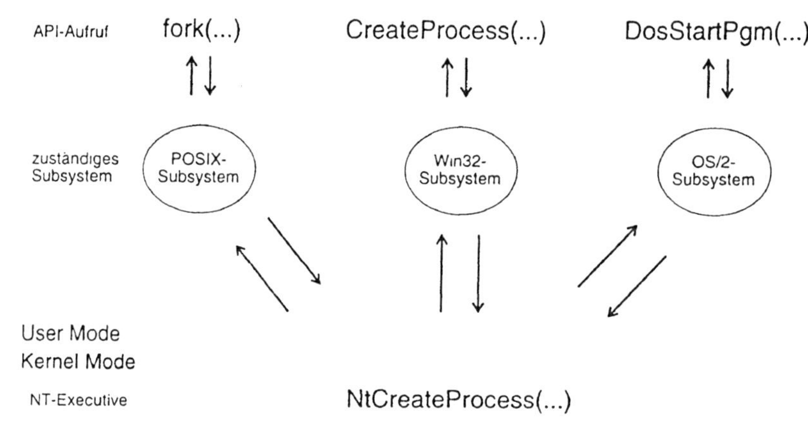

Diese Bausteine werden auch als »primitives« bezeichnet.

Und wie andere Systeme, die künftig vielleicht unterstützt werden sollen, die Erzeugung von Prozessen regeln, ist heute noch gar nicht abzusehen. Aus diesem Grund exportiert der NT Executive zwar alle Grundfunktionen zur Prozeßerzeugung und -manipulation (z.B. NtCreateProcess()). Diese sind jedoch bewußt einfach aufgebaut und geben den aufbauenden Subsystemen die Möglichkeit, ihrerseits das jeweils notwendige Beiwerk durch entsprechende Codierung zur Verfügung zu stellen. In diesem Sinne kann der Executive durchaus als der Motor des BS verstanden werden: welches Fahrwerk und Karosserie ihm aber beigegeben wird, ob er also von außen wie ein Porsche oder ein Landrover wirkt, das legen erst die

Subsysteme fest. Wir können daher festhalten, daß (von ganz wenigen Ausnahmen abgesehen) Kernel-Funktionen für den Applikationsentwickler von untergeordneter Bedeutung sind und in Win32-Programmen nur sehr selten direkt aufgerufen werden.

Genau hier setzt allerdings auch einer meiner Kritikpunkte an NT an: Microsoft ist nämlich äußerst reserviert, was Informationen über die Kernel-Funktionen angeht und verweist den Entwickler lieber auf das Win32-API. Dieses deckt zwar in der Tat alle wichtigen Bereiche ab; mir erscheint aber diese Geheimnistuerei suspekt. Warum sollten nicht auch Entwickler außerhalb der Firma Microsoft die Möglichkeit haben, auf Kernel-Services zurückzugreifen? Die eine oder andere nützliche, vielleicht sogar notwendige Funktion ist sicher dabei. Und wenn Microsoft-Applikationen unter NT am Ende schöner, schneller, besser sind als die anderer Hersteller, mag das nicht allein nur am Genius von Gates und/oder seinen Entwicklern liegen. (Und wem die hinter dieser Vermutung stehende Unterstellung ungerechtfertigt oder zu weit hergeholt erscheint: Andrew Schulman und seine beiden Co-Autoren haben zu diesem Thema einiges Interessantes zu Papier gebracht, siehe insbesondere Kapitel 1 in [Literatur 3]. Und auch die FTC* hat ja unlängst einige wenig schmeichelhafte Dinge über Gates' Imperium und den Mißbrauch seiner Quasi-Monopolstellung festgestellt. Etwas mehr Offenheit (nicht nur) in dieser Hinsicht stünde also gerade Microsoft gut an...

Warum gibt es keine API-Informationen über die NT-Kernel-Funktionen?

** Federal Trade Commission eine US-Behörde, die u.a. die Aufgaben unseres Kartellamtes wahrnimmt.*

1.4 Das Win32-Subsystem: Aufbau und Funktionalität

»Wenn Sie keine Erfahrung mit der Programmierung grafischer Oberflächen haben, seien Sie vorgewarnt: Ihnen werden einige sehr absonderliche Konzepte begegnen.« Charles Petzold, Programming Windows 3.1

Wenden wir uns nun jedoch, Petzolds Warnung im Ohr, dem zumindest für Applikationsentwickler interessanteren Teil des BS zu: den Subsystemen, namentlich dem Win32-Subsystem (der Einfachheit halber kürze ich im weiteren mit W32Sub ab, dies hat jedoch nichts mit Win32s zu tun!), deren allgemeiner Aufbau aus den Abbildungen 1.4 und 1.7 hervorgeht. Wie man unschwer erkennt, ist W32Sub der Dreh- und Angelpunkt des ganzen Systems: so gut wie alle anderen Subsysteme greifen auf seine Dienste zurück:

Abb. 1.7: Die wichtigsten Subsysteme von Windows NT.

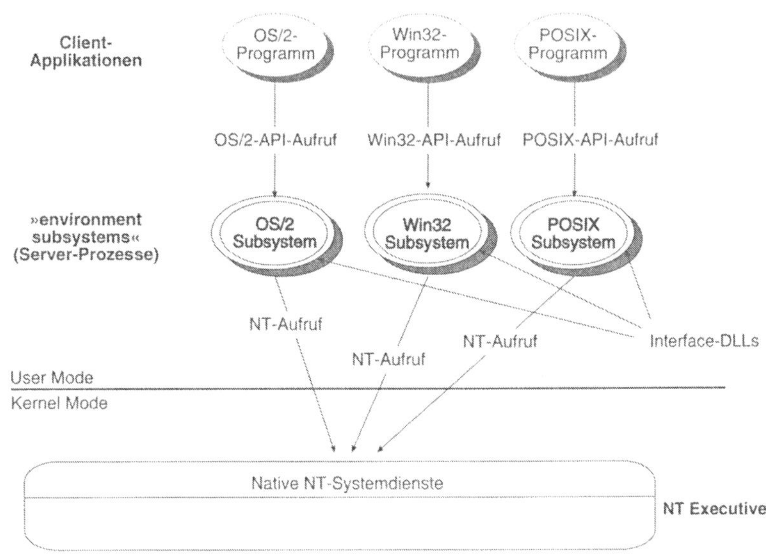

»environment subsystems«.

»integral subsystems«.

Grundsätzlich unterscheidet NT zwischen zwei Subsystem-Varianten: die einen stellen eine definierte BS-API nach außen zur Verfügung und werden auch als »environment subsystems« bezeichnet. Die zweite Kategorie sind die sogenannten »integral subsystems«, die anderweitige Dienste zur Verfügung stellen. Ein Vertreter dieses Typs ist z.B. das Sicherheits-Subsystem, in Abbildung 1.4, Seite 24 ganz rechts, das für den Logon und die weitere Einhaltung der Sicherheitsbedingungen zuständig ist. Netzwerk-Server könnten ebenfalls als »integral subsystems« implementiert werden (oder alternativ auch als installierbare Dateisysteme im I/O-Manager).

Die MS-DOS- und Win16-Unterstützung

Das MS-DOS-Subsystem basiert auf den schon vom 386-Enhanced-Mode sattsam bekannten VDMs (für »virtual DOS machine«). Die solcherart geladenen Applikationen laufen im virtuellen 8086-Prozessormodus und glaubt sich daher im alleinigen Besitz aller Ressourcen. Zugriffe auf I/O-Ports, Software-Interrupts, selbst direktes Beschreiben willkürlicher Speicherbereiche unterhalb der 1 MB-Grenze (inklusive Video RAM und BIOS-Area) werden von diversen VxDs abgefangen und, soweit möglich, in eine für NT bekömmliche Form umgewandelt. Fast alle MS-DOS-Programme (selbst so üble Zeitgenossen wie SideKick) können daher sicher auf einem NT-System benutzt werden. Einige kleine Einschränkungen gibt es dennoch: Applikationen, die spezielle Hardware und einen passenden Gerätetreiber voraussetzen, können unter NT erst dann eingesetzt werden, wenn eine NT-Version des Treibers vorliegt (damit ist keineswegs eine nur an das MS-DOS-Subsystem von NT angepaßte DOS-Version gemeint, sondern ein echter 32-Bit-Kernel-Mode-Treiber!). DOS-Programme, die sich unter Umgehung des BS an Festplatten und andere Hardware-Ressourcen heranmachen (wie z.B. Nortons Speed Disk oder FDISK), können unter Windows NT ebenfalls nicht benutzt werden.

VxD: generische Abkürzung für »virtual device driver«.

Auch solche Programme, die sich undokumentierter Eigenschaften bedienen (ob DOS oder BIOS ist dabei nicht relevant), sind ausgezeichnete Kandidaten für Mißerfolge. Nun gibt es allerdings zwei Kategorien von »undokumentierten« Funktionen. Zur ersten Kategorie gehören solche, die wirklich nirgendwo dokumentiert sind (eine beliebte Übung ist z.B. das Verändern von Code in COMMAND.COM oder gar im Betriebssystem selbst). Programme, die auf diesen oder ähnlich bösen Tricksereien basieren, dürften fast sicher in der Kompatibilitätssackgasse landen. Andererseits zirkulieren buchstäblich Hunderte von Informationen über DOS, die allesamt »formal undokumentiert«* sind. Aber wenn der Hersteller sie nicht dokumentieren will, dann wird das eben von findigen Programmierern erledigt (siehe z.B. [Literatur 3 und 4]). Deshalb steckt Microsoft in einer echten Zwickmühle: jeder kennt sie, jeder benutzt sie, jeder braucht sie. Also müssen sie, wenn auch leise zähneknirschend, unterstützt werden. Daher emuliert das Win32-MS-DOS-Subsystem nahezu alle der dokumentierten »undokumentierten« Eigenschaften von DOS, so daß eben auch »fast« alle Programme lauffähig sind...

Probleme mit Hardware-nahen Programmen und solchen, die undokumentierte Features nutzen.

** Soll heißen: Microsoft weiß offiziell von nichts, verwendet die Informationen intern aber zumindest teilweise selbst...*

Ganz ähnliche Feststellungen treffen auch auf das Win16-Subsystem* zu, das zur Ausführung »alter« 16-Bit-Windows-Programme herangezogen wird. Innerhalb des WoW-Layers laufen alle Win16-Programme exakt so ab wie unter Windows 3.1 — der entscheidende Punkt hier ist, daß sie (wie unter Win16) nur kooperatives, aber kein »preemptive multitasking« kennen. Anders formuliert: für alle unter WoW laufenden Programme steht nur ein einziger Thread zur Verfügung. WoW selbst ist natürlich seinerseits komplett in das Multitasking des Betriebssystems eingebunden und wird regelmäßig durch den Kernel-Scheduler unterbrochen.

** Dieses Subsystem wird auch als »Windows on Win32«, abgekürzt WoW, bezeichnet.*

WoW unterstützt fast alle Win16-Programme, nur besonders dicht an der Hardware geschriebene Programme oder solche, die nicht auf WoW portierte undokumentierte Win16-Eigenschaften ausnutzen, laufen nicht korrekt ab. Bestimmte Programme (z.B. CorelDRAW 3.0) verletzen auch die von Microsoft aufgestellten Regeln für Binärkompatibilität (siehe dazu Abschnitt 4.11 ab Seite 337) und stellen nach dem Start jeglichen Dienst mit mehr oder minder kryptischen Fehlermeldungen ein (teilweise hat Microsoft in neueren WoW-Versionen aber auch um solche Dinge herumprogrammiert). Das Win16-Subsystem implementiert übrigens in der März-Beta-Version nur den 3.1-Enhanced Mode, inwieweit eine künftige Version auch den Standard Mode unterstützen wird, ist zur Zeit nicht bekannt (manche Netzwerktreiber für Windows 3.1, aber auch noch einige Applikationen setzen diesen voraus). Win16-Programme können mit Hilfe der dokumentierten Kommunikationswege (Clipboard, DDE, OLE etc.) übrigens vollkommen transparent mit 32-Bit-Programmen Daten austauschen, die notwendige Umsetzung nimmt der WoW-Layer selbsttätig vor. Allerdings kann eine Win16-Funktion (z.B. in einer DLL) nicht direkt von Win32 aus aufgerufen werden (und umgekehrt). Dieses muß via IPC** bewerkstelligt werden.

WoW stellt bisher nur den 386-Enhanced-Mode zur Verfügung.

*** »inter process communication« — dieser Begriff deckt alle Mechanismen ab, die zum Datenaustausch zwischen Prozessen dienen.*

Die 16-Bit-Subsysteme stehen übrigens auch auf nicht-Intel-Plattformen (MIPS, Alpha) zur Verfügung. Die betreffenden NT-Implementationen stellen nämlich einen x86-Emulator zur Verfügung, der seinerseits als Basis für das MS-DOS- und WoW-Subsystem herangezogen wird (zur Zeit wird allerdings nur ein 286-Prozessor emuliert). Die Unterstützung von DOS-

Eigenheiten ist dabei ziemlich weitgehend: auf den Emulatoren läuft z.B. der Microsoft Flugsimulator, der ja bekanntlich in vergangenen Tagen oft als Gradmesser der IBM-Kompatibilität herhalten mußte. Und auch die Performance ist gar nicht mal so schlecht: auf einer DEC-Alpha-Maschine laufen meine uralten DOS-Programme fast genauso flott wie auf einem echten 486DX/50 (welche Rückschlüsse Sie nun auf die Leistung der dabei beteiligten Prozessoren ziehen, überlasse ich Ihnen...).

DOS- und WoW-Emulation auf MIPS- und Alpha-Prozessoren.

Was tut das Win32-Subsystem nun genau?

Bevor wir uns nun im Detail mit dem Win32-Subsystem beschäftigen, will ich, wiederum in Form einer Aufstellung, die wichtigsten Features und Änderungen der NT-Subsysteme gegenüber Win16 aufzeigen (am Rand finden Sie wieder das 4.0-Symbol, wenn das betreffende Feature dort unterstützt wird):

Tab. 1.5: Vergleich Win16 und Win32: Win32-Subsystem.

Windows NT	Win16
Subsysteme (MS-DOS, WoW, OS/2 und POSIX) stellen eine Umgebung zur Ausführung binärkompatibler Programme für diese Systeme zur Verfügung und exportieren ein fast hundertprozentig kompatibles API.	Win16 stellt keine weiteren APIs zur Verfügung. Bestenfalls die MS-DOS-Prozesse, die im virtuellen 8086-Mode des 386 ablaufen, stellen einen nettgemeinten Versuch in diese Richtung dar.
Ausschließlich das Win32-Subsystem kontrolliert die NT-Benutzerschnittstelle. Andere Subsysteme können nur durch von ihm exportierte Funktionen auf Tastatur, Bildschirm etc. zugreifen. 	Win16 versucht mit Hilfe virtueller Gerätetreiber (VxDs) eine ähnliche Rolle zu spielen, scheitert jedoch in manchen Fällen an den konzeptionellen Schwächen dieser Treiber.
DLLs können globale und Per-Instanz-Daten verwalten. 	DLLs haben nur einen globalen Datenbereich.

Windows NT	Win16
Windows-Nachrichten haben ein 32:32 Format (m.a.W.: der Typ WPARAM wurde von 16 auf 32 Bit erweitert).	Nachrichten haben das gute alte 16:32 Format.
Das Graphics Device Interface (GDI) unterstützt nun drei Koordinatenebenen: Geräte-, logische und Welt-koordinaten. Skalierungen, Scherungen, Rotationen etc. sind im Weltkoordinaten-System völlig geräteunab-hängig.	Das Win16-GDI unterstützt zwei Ebenen, Weltkoordi-naten fehlen hier. Demzufolge sind einige Operationen mit grafischen Objekten nicht oder nur durch das Schreiben eigener Funktionen implementierbar.
GDI-Gerätekoordinaten sind 32 Bit breit und unterstützen ein fixed-point-Zahlenformat.	Hier sind die Koordinaten nur 16 Bit breit, was bei bestimm-ten Geräten leicht zu Rundungs- oder Rechenfehlern führen kann.
Das GDI unterstützt Bézier-Kurven, Pfade für komplexe Zeichnungen und noch eine ganze Reihe weiterer Verbesserungen.	Nur relativ einfache grafische Primitives sind verfügbar.
Das Konzept der Metafiles ist stark erweitert worden. Sie sind vollkommen geräte-unabhängig und können konsistent benutzt werden.	Metafiles können ohne Verzerrungen nur auf dem Gerät ausgegeben werden, auf dem sie erzeugt wurden. Es gibt zahlreiche Ausnahmen bei der GDI-Programmierung, die zu beachten sind.

Das Win32-Subsystem unter der Lupe.

Die bisherigen Ausführungen über Subsysteme im allgemeinen und das Win32-Subsystem im besonderen waren dazu gedacht, Ihnen einen ersten groben Überblick zu verschaffen, sie sind dazu notwendigerweise etwas abstrakt gewesen. Im folgenden wollen wir W32Sub vom Standpunkt des Entwicklers genauer unter die Lupe nehmen. Dieses eignet sich für uns besonders gut, weil es erstens den anderen Subsystemen als Basis für interaktive Eingaben und Bildschirmausgaben dient; zum zweiten implementiert es natürlich das »native« API von Windows NT (und 4.0). Und dieses steht ja hier im Vordergrund. Die wichtigsten W32Sub-Bestandteile zeigt Abbildung 1.8. Neben den schon von Win16 bekannten Komponenten (die dort allerdings nicht als Subsystem, sondern als DLLs vorliegen) finden sich zwei ganz neue Aspekte: ein kompletter Satz von Textmodus-Funktionen sowie eine umfassende Betriebssystem-Schale (Datei-I/O, Prozeß-, Thread- und Event-Verwaltung etc.).

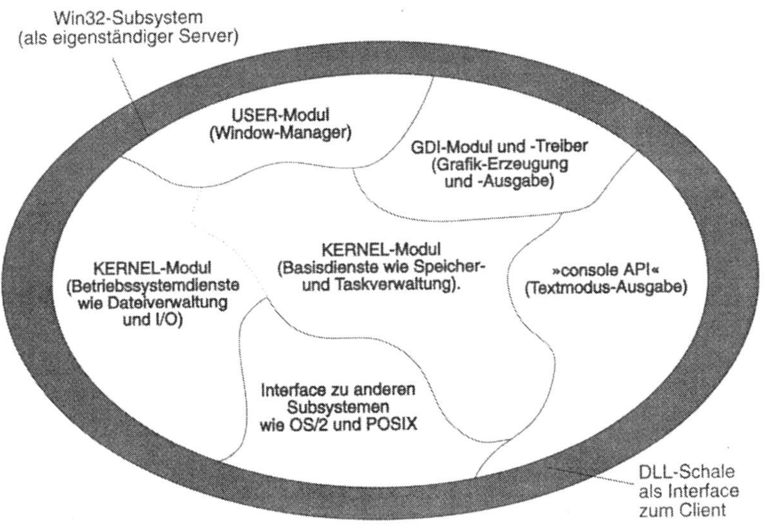

Abb. 1.8: Die wichtigsten Bestandteile des Win32-Subsystems.

Das Win32-Subsystem ist eine eigenständige »Applikation«.

W32Sub ist ein im User Mode ablaufendes Programm, das während des Bootvorganges geladen wird und danach die *volle* Kontrolle über alle Aspekte des Benutzer-Interfaces übernimmt. Es unterscheidet sich daher im Grundsatz nicht von anderen Applikationen (privater Adressraum, eigene Ressourcenlimits etc.). Allerdings lassen sich schon einige entscheidende Gegensätze zwischen einem »normalen« Programm wie z.B. WinWord und W32Sub ausmachen:

- W32Sub ist weder terminierbar (bzw. nur dann, wenn das BS heruntergefahren wird) noch macht es durch eigene Fenster oder sonstige Ausgaben auf sich aufmerksam.

- W32Sub stellt dafür allen anderen Applikationen einen umfassenden Satz von Diensten zur Verfügung. Das umfaßt nicht nur GUI-Funktionen, sondern fast alle vom NT Executive zur Verfügung gestellten Möglichkeiten. Native NT-Funktionen können von anderen Applikationen nur im Ausnahmefall aufgerufen werden. (Warum eigentlich? An sich sollte doch jede Applikation diese Funktionen ebenfalls aufrufen können! Die Antwort findet sich sofort, denn ...)
- W32Sub schiebt sich quasi als Filter oder Vermittler zwischen NT-Kernel und Applikation, womit eine weitere Abstraktionsebene eingeführt wird. Im allgemeinen sind daher W32Sub-Objekte (z.B. eine Datei-Handle) nicht identisch mit den Kernel-Objekten, auf die sie sich beziehen. Ein Beispiel: CreateFile() (eine W32Sub-Funktion) liefert zwar eine Handle — die ist aber keineswegs mit den Kernel-I/O-Funktionen benutzbar! Als Entwickler steht man (auch wegen der Interdependenzen der verschiedenen Objekte) hier im Regelfall vor einem klassischen »Alles oder Nichts«: entweder benutzt man ausschließlich Kernel-Funktionen und reprogrammiert weite Teile der Win32-Funktionalität (insbesondere die GUI-Komponente dürfte recht kurzweilig werden...) oder man läßt, soweit irgend möglich, die Finger von NT-Kernel-Aufrufen und arbeitet treu und brav mit dem Win32-API (was Microsoft sicher lieber ist).

NT-Handles sind nicht gleich Win32-Handles!

- Letzteres hat allerdings zugegebenermaßen einen großen Vorteil, denn die Trennung von Win32-API und Kernel erlaubt es den Kernel-Entwicklern, ihre Systemdienste anzupasssen und zu erweitern, ohne daß Applikationen (bzw. deren Entwickler) von Änderungen der Datentypen, Parameter etc. bei Kernel-Funktionen direkt betroffen wären.

W32Sub legt sich als Schale zwischen Entwickler und natives NT-API.

- W32Sub ist als Server konzipiert, die Interaktion zwischen ihm und anderen Programmen rollt nach einem typischen Client/Server-Muster ab. Davon machen auch die anderen Subsysteme regen Gebrauch: das Vio-Interface des OS/2-Subsystems zur Textausgabe beispielsweise wird nicht von diesem implementiert, sondern basiert auf den W32Sub-Textmodus-Funktionen (»console functions«).
- Schließlich sorgt W32Sub dafür, daß alle Sicherheitsregeln und -prüfungen, die den Kernel absichern, strikt eingehalten

werden. In gewissem Sinn stellt es sogar eine vorgezogene zweite Verteidigungslinie gegen gewollt mißbräuchliche Benutzung des Systems dar, da es noch eine Reihe zusätzlicher Prüfungen durchführt.

Die Kommunikation zwischen Win32-Subsystem und Applikationen

Nun stellt sich natürlich die besonders für Entwickler bedeutsame Frage, wie man sich die Kommunikation zwischen dem W32Sub-Server und einem Programm (bzw. allgemein zwischen Subsystemen und Applikationen) vorzustellen hat? Das DLL-Modell von Win16 kann so einfach wohl nicht übertragen werden, weil nach dem bisher Gesagten W32Sub eben keine DLL oder Sammlung von DLLs ist, sondern ein eigenständiges Programm. Ohne mich dabei zu sehr im programmtechnischen Detail zu verlieren, soll der grundlegende Mechanismus, der sich »local procedure call« (LPC) nennt, im folgenden kurz skizziert werden (schematisch auch in Abb. 1.9 weiter unten dargestellt). W32Sub erzeugt für jeden Client (sprich Applikation), der sich anmeldet, zwei sogenannte Kommunikations-Ports, die man sich, stark vereinfacht, als zwei Briefkästen vorstellen kann. Einer der Ports verbleibt bei W32Sub, der andere wird an die Applikation »ausgeliehen«, die im weiteren über diesen Port LPC-Nachrichten* absetzen oder empfangen kann. Die beiden Ports werden übrigens in der oberen Hälfte des virtuellen Adressraums abgelegt (der ja für das System reserviert ist), also einem Bereich, auf den die beiden Partner nur indirekt unter Kernel-Kontrolle zugreifen können. Um nun eine bestimmte W32Sub-Funktion aufzurufen, konstruiert die Applikation einen Speicherbereich, der alle notwendigen Parameter und Informationen enthält und kopiert diesen (mit Kernel-Hilfe) in das W32Sub-Port-Objekt (bzw. eine Nachrichtenschlange, die Bestandteil des Ports ist). Dann findet ein Context-Switch statt, W32Sub (bzw. einer seiner Threads) »wacht auf«, liest den Port aus und führt die gewünschte Funktion aus. Etwaige Rückgabewerte werden nach dem gleichen Schema im Client-Port abgelegt und können dort von diesem abgeholt werden. Neben dieser Methode steht speziell

LPC ist eine für lokalen Betrieb optimierte Variante des »remote procedure call«, kurz RPC.

** Nicht zu verwechseln mit Windows-Nachrichten wie WM_SIZE!*

für W32Sub noch ein weiteres, ähnliches Verfahren zur Verfügung, das sich »quick LPC« nennt und auf der Verwendung von »shared memory« basiert. Die Notwendigkeit, eine optimierte Erweiterung explizit für W32Sub zu schaffen, zeigt auch, woran die Client/Server-Kommunikation krankt: die Effizienz läßt zu wünschen übrig. Ein kompletter LPC-Vorgang nach dem beschriebenen Schema benötigt eben doch erheblich mehr Zeit als ein herkömmlicher Funktionsaufruf selbst in eine DLL. Designer und vor allem Entwickler der Subsysteme standen hier vor einem scheinbaren Dilemma: entweder Geschwindigkeit, dann aber keine geschützten und stabilen Subsysteme oder ein sicheres System mit unakzeptabler Performance (die für den Erfolg des Gesamtsystems sicher nicht ganz unkritisch ist).

Das größte Problem von LPC ist die mangelnde Geschwindigkeit.

Abb. 1.9: Kommunikation zwischen Subsystem und Applikation via LPC

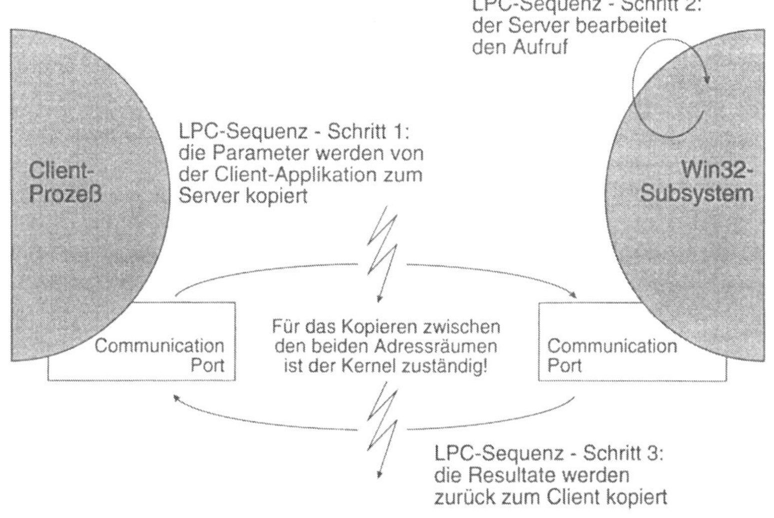

Zum Glück war die Lage doch nicht so verfahren: vor allem drei Optimierungen führten dazu, daß W32Sub eine gegenüber Win16 kaum schlechtere Leistung bietet (alle drei Verfahren werden natürlich auch zur effizienteren Ausführung der anderen Subsysteme eingesetzt). Erstens stellt sich das Dilemma »speed versus security« nur für globale Daten, die den Ablauf des gesamten Systems betreffen (die Anzahl der Windows auf dem Bildschirm beispielsweise). Diese Daten müssen zwangsläufig vor unberechtigtem oder unabsichtlichem Zugriff durch

Erste Optimierung: für lokale Daten reichen lokale Funktionen.

Applikationen geschützt werden, der W32Sub-Server muß also Funktionen für deren Bearbeitung bereitstellen und exportieren. Aber jene Daten, die ohnehin lokal (also nur für eine bestimmte Applikation relevant) sind, könnten an sich genausogut im Adressraum der Applikation untergebracht werden, denn sie werden ja durch die strikte Trennung der virtuellen Adressräume ausreichend geschützt. Demzufolge brauchen solche Win32-Funktionen, die nur lokale Daten manipulieren, nicht unbedingt im W32Sub-Server selbst aufzutauchen: sie können, man höre und staune, in einer ganz normalen DLL verpackt werden, die beim Programmstart durchaus konventionell hinzugeladen wird und vom Standpunkt der Prozeßverwaltung zur Applikation gehört (also deren Adressraum teilt). Und wie sich herausstellte, besteht ein großer Teil des Win32-API aus Funktionen, die solcherart »lokal« implementiert werden konnten. Der Aufwand für das Versenden einer LPC-Nachricht fällt dann völlig weg. Dazu kommt noch, daß die meisten der Funktionen, die globale Daten manipulieren, ohnedies relativ viel Ausführungszeit beanspruchen und verhältnismäßig seltener aufgerufen werden: der LPC-Overhead fällt daher gar nicht so stark ins Gewicht.

Implementation in einer Client-DLL.

Die zweite Optimierung führt die Idee der lokalen Daten noch einen Schritt weiter: die DLL kann nicht nur lokale Daten verwalten, sie kann häufig benötigte globale Daten, die nur gelesen werden können, oder von ihr zum W32Sub-Server kopiert worden sind, auch intern in der Art eines Cache zwischenspeichern. Ebenfalls in diese Kategorie fällt die Möglichkeit, bestimmte globale Daten dem NT-Executive anzuvertrauen. Sofern sich DLL und Win32-Server darauf verständigen, bestimmte Gruppen von Daten als Kernel-Objekte verfügbar zu machen, kann die auf der Client-Seite ablaufende DLL ohne LPC-Aufruf darauf zugreifen. Die Objekte können durch diverse NT-Sicherheitsmaßnahmen leicht so geschützt werden, daß nur der W32Sub-Server sie verändern kann. Ein klassisches Beispiel sind die Laufwerksbezeichungen von DOS und OS/2 (A:, B: etc.), die für den NT-Executive in Gerätenamen übersetzt werden müssen. Zu diesem Zweck werden im Kernel eine Reihe von Namensobjekten (»symbolic link objects«) erzeugt, die sowohl von W32Sub als auch von der Client-DLL zur Übersetzung benutzt werden können.

Die zweite Verbesserung: globale Read-Only-Daten cachen.

Optimierung Nr. drei: LPCs sammeln und auf einmal versenden: »LPC batching«.

GDI — Graphics Device Interface.

Die dritte Verbesserung besteht darin, in der DLL mehrere LPC-Anforderungen zu puffern und in einer einzigen, größeren Nachricht an das Subsystem weiterzugeben. Dieses auch »batching« genannte Verfahren deckt zwar nicht alle Server-Funktionen ab (es gibt eine ganze Reihe von LPCs, die nicht gepuffert werden können, sondern sofort an den Server weitergegeben werden müssen), trägt aber dennoch ganz ansehnlich zur Performance-Steigerung bei. Insbesondere das GDI setzt LPC-Batching regelmäßig ein. Die beispielhaft im folgenden Programmausschnitt gezeigte Befehlssequenz:

```
MoveToEx ( hdc, x0, y0, NULL );
LineTo ( hdc, x1, y1 );
LineTo ( hdc, x2, y2 );
LineTo ( hdc, x0, y0 );
TextOut ( hdc, x3, y3, "Ein Dreieck!", 11);
```

Wann wird der LPC-Puffer denn nun geleert?

kann ohne weiteres nicht in fünf getrennten Aufrufen, sondern mit einem einzigen LPC an den Server übergeben werden. Das Problem für die Client-DLL besteht natürlich darin, eine möglichst intelligente (sprich effiziente) Zusammenfassung von LPCs zu erreichen und dabei sicherzustellen, daß LPCs nicht zu lange im Puffer verbleiben. Schließlich darf dem Anwender diese Optimierung bestenfalls durch bessere Performance, nicht aber durch holprige Bildschirmausgaben oder gar fehlende Bildteile auffallen. Um trotz LPC-Batchings einen glatten Programmverlauf zu erreichen, werden ein paar Kniffe angewandt: der Puffer wird entweder geleert, wenn er ein einstellbares Limit an LPCs gespeichert hat oder wenn ein LPC abgesetzt werden soll, der nicht gepuffert werden kann. Auch das Auslesen einer Windows-Nachricht aus der Nachrichten-schlange der Applikation führt zu einer sofortigen Leerung. Schließlich kann natürlich auch der Programmierer die gepufferten LPCs (durch Aufruf der Funktion GdiFlush()) zum Server befördern. Die Kommunikation zwischen Applikation, Interface-DLL, Subsystem und NT-Executive wird auch noch einmal durch Abbildung 1.7 veranschaulicht.

Fazit dieser Betrachtungen: W32Sub-Funktionen können in zwei Formen vorliegen. Entweder sie sind in einer W32Sub-DLL implementiert, die in den Adressraum der Applikation abgebildet wird und werden wie bislang aufgerufen — oder sie finden sich im W32Sub-Server. Dann muß die Client-Applikation, wie oben beschrieben, einen Parameter-Block aufbauen und via (quick) LPC an den Server senden. Allerdings stehen ihr auch hierfür System-DLLs mit Interface-Funktionen zur Verfügung, die das erforderliche Packen und Abschicken der Parameter erledigen, so daß man glücklicherweise als Applikationsprogrammierer mit den Details des LPC-Protokolls nichts zu tun hat. Das Ganze ist ein recht gutes Beispiel für die schon mehrfach zitierte Rückwärtskompatibilität: obwohl die zugrundeliegende Implementation eine vollkommen andere ist, hat sich für den Programmierer an der Oberfläche nichts Wesentliches geändert.

Win32-Funktionen sind entweder in einem Subsystem-Server oder in einer Client-DLL lokalisiert.

Diese Feststellung gilt im großen und ganzen auch für die Quelltexte. Natürlich machen die Erweiterung des Systems auf 32 Bit sowie die anderen oben dargestellten Verbesserungen eine ganze Reihe von globalen Veränderungen notwendig, gar nicht davon zu reden, daß auch die neuen Features unterstützt werden wollen. Sofern die Quelltexte jedoch bestimmten Portabilitätskriterien (auf die wir im zweiten Kapitel detailliert eingehen werden) genügen, ist sowohl eine Portierung als auch die Erstellung und gleichzeitige Pflege zweier ausführbarer Versionen (eine für Win16, die andere für NT und 4.0) aus einem gemeinsamen Quelltext kein allzu großer Hemmschuh. Eine erste grobe Übersicht, in welche generellen Kategorien sich die Änderungen an bestehenden Win16-Quelltexten einteilen lassen, um sie auch unter Win32 einsetzen zu können, werden wir uns im nächsten Abschnitt verschaffen.

Änderungen an den Quelltexten.

Eine Quelltext-Datei, aber zwei Programme.

1.5 Was ändert sich mit dem Win32-API an den Quelltexten?

»Dies ist, glaube ich, die Fundamentalregel allen Seins: Das Leben ist gar nicht so. Es ist ganz anders.« Kurt Tucholsky, Schnipsel

Die grundlegenden neuen Eigenschaften des NT-Designs bestimmen auch in wesentlichen Zügen die Unterschiede zwischen Win16- und Win32-API. Die notwendigen Änderungen an Quelltexten, um diese Win32-kompatibel zu gestalten, können im großen und ganzen einer der folgenden sechs Kategorien zugeordnet werden:

Diese sechs Kategorien decken fast alle Anpassungen ab.

- die Benutzung eines virtuellen linearen 32-Bit-Adressraumes
- die strikte Separation aller Prozesse bzw. ihrer Adressräume voneinander
- globale Änderungen am Modell für Benutzereingaben über Tastatur und Maus
- erweitertes Koordinatensystem und weitere Änderungen im GDI
- der Wegfall MS-DOS- und 80x86-spezifischer Aufrufe
- und schließlich die Benutzung undokumentierter Win16-Eigenschaften

Einige Worte muß ich danach auch noch über dynamisch gelinkte Bibliotheken (DLLs) verlieren. Die Änderungen in den sechs erwähnten Bereichen haben nämlich teilweise ganz spezielle Auswirkungen auf die Programmierung von DLLs, so daß DLL-Entwickler vermutlich um einige gravierende Umstellungen nicht herumkommen dürften. Näheres dazu finden Sie am Ende dieses Abschnitts.

Schließlich gibt es bei einer ziemlich langen Reihe von Win16-Funktionen kleinere, meist einfach zu handhabende Änderungen — entweder bei den Parametern oder, in selteneren Fällen, auch bei der Funktionalität. Die vielen einzelnen Punkte zähle ich (auch aus Platzgründen) nicht vollständig auf, stattdessen verweise ich auf Anhang 2. Im übrigen gibt der Compiler auf die Änderungen, die hierdurch notwendig werden, meist einen Fingerzeig in Form einer Warnung oder gar Fehlermeldung aus (siehe dazu auch Abschnitt 3.8, Seite 195).

Anhang 2: PORT.INI: erweitert und eingedeutscht.

Der lineare 32-Bit-Adressraum

Wenden wir uns gleich dem ersten Punkt zu, dessen Auswirkungen vermutlich in fast jedem Windows-Programm mehr oder weniger bedeutende Änderungen nach sich ziehen. Die Tatsache, daß alle Win32-Programme in einem virtuellen linearen Adressraum von 4 GB ablaufen, führt unmittelbar

Datentyp-Erweiterung von 16 auf 32 Bit.

dazu, daß einige der wichtigsten Datentypen von 16 auf 32 Bit erweitert werden müssen. Hierunter fallen u.a. signed und unsigned ints, fast alle Handle-Typen und die NEAR-Zeiger. Unter Win16 reicht ein unsigned int gerade eben aus, um ein 16-Bit-Segment (mit 64 KB) byteweise zu adressieren. Diese Beschränkung war ohne weiteres akzeptabel, weil größere Speicherbereiche ohnehin nur durch Segmentarithmetik adressiert werden konnten. Einen linearen 4 GB Adressraum halbwegs sinnvoll mit 16-Bit-Integers zu adressieren, ist dagegen unmöglich. Die Konsequenz: alle auf einem int aufbauenden Datentypen werden vom 32-Bit-C-Compiler mit einer Breite von 32 Bit angelegt. Exakt die gleiche Überlegung führt folgerichtig dazu, daß wohl oder übel auch die Größe von NEAR-Zeigern verdoppelt werden muß: während diese in Win16 letzten Endes als Offset in ein festgelegtes, maximal 64 KB großes Segment (z.B. das Datensegment einer Applikation, das den lokalen Heap enthält) interpretiert werden konnten, sind sie unter Win32 schlicht Offsets in den virtuellen, linearen Adressraum (dessen Aufbau und Verwaltung in Abbildung 1.10 gezeigt wird) mit seiner Länge von 4 GB. Und um den zu adressieren, na ja, Sie wissen schon...

NEAR-Zeiger wachsen ebenfalls mit.

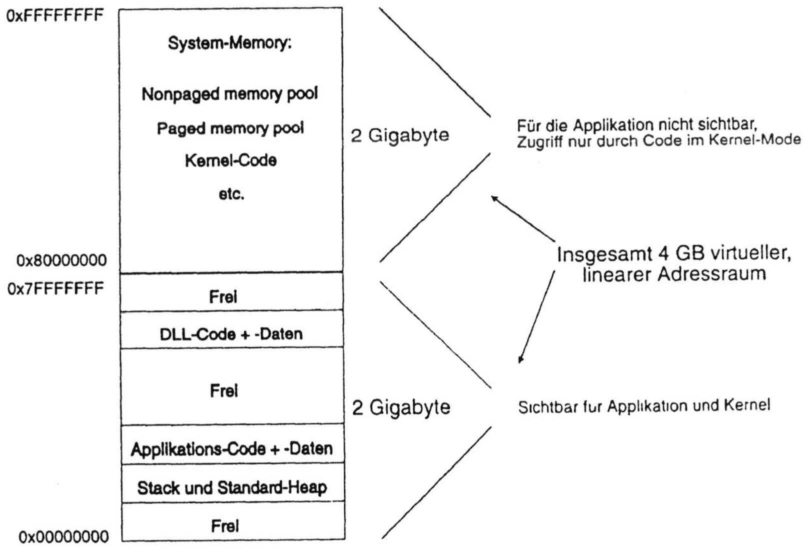

Abb. 1.10: Der virtuelle Adressraum einer Win32-Applikation.

Und hier findet sich auch der tiefere Grund, warum fast alle Datentypen, die Handles repräsentieren, für Win32 ebenfalls

Handles: natürlich auch 32 Bit breit!

auf 32 Bit aufgeblasen werden müssen. Während für uns Normalsterbliche nämlich eine HWND nur eine »magische« Zahl ist, die wir als Parameter in zahlreichen Windows-Funktionen benutzen, ist sie für Windows ein NEAR-Zeiger auf eine (interne) Datenstruktur, welche die Eigenschaften eines Windows beschreibt. (Hatten wir nicht gerade festgestellt, daß ein NEAR-Zeiger immer ein Offset in ein bestimmtes Segment ist? In welches Segment, bitte schön, »zeigt« denn eine HWND? Eine sehr berechtigte Frage, deren detaillierte Beantwortung allerdings zu weit führen würde. Immerhin können wir hier aber festhalten, daß die einzelnen Win16-Komponenten, wie z.B. USER.EXE oder GDI.EXE für ihre Zwecke ebenfalls über einige Datensegmente bzw. lokale Heaps verfügen. Eine Variable vom Typ HWND ist also nichts anderes, als ein NEAR-Zeiger in ein USER-Datensegment, ein HBRUSH verweist demzufolge in ein GDI-Segment etc. Näheres über diese zwar nicht portablen, aber nichtsdestoweniger interessanten Internas finden Sie z.B. in [Literatur 3].)

Siehe auch Abb. 4.1 auf Seite 229.

Die Erweiterung diverser grundlegender Datentypen hat einige tiefgreifende Konsequenzen: Zuweisungen z.B. von HWNDs an WORDs und umgekehrt sind unter Win16 gang und gäbe, führen aber unter Win32 ziemlich zuverlässig ins Nirwana, da ein WORD dort ebenfalls nur als unsigned short definiert ist. Um hier eine halbwegs portable Formulierung von Programmtexten zu ermöglichen, wurde schon mit dem Windows-3.1-SDK der Typ UINT (unsigned int) eingeführt, der im Gegensatz zu WORD unter Win32 mitgewachsen ist. Auch die anderen Datentypen sind durch entsprechende typedefs so definiert, daß bei konsistenter Benutzung (!) kaum Änderungen an den Quelltexten notwendig werden. Einen umfassenden Überblick über die grundlegenden Datentypen in beiden APIs finden Sie im Anhang 1. Datenstrukturen, die die erweiterten Datentypen benutzen, belegen im übrigen natürlich dementsprechend mehr Speicher (siehe dazu auch Abschnitt 3.5, Seite 181)

UINT: Retter aus der Not!

Schließlich ändern sich auch noch die Parametertypen der diversen Callback-Prozeduren (WNDPROC, DLGPROC etc.). Daß eine HWND wie auch der Nachrichten-Code (ein UINT) jetzt 32 Bit breit sind, ist nicht weiter beunruhigend: diese Änderungen sind bei korrekter Benutzung der entsprechenden

Datentypen in den meisten Window-Prozeduren vollkommen transparent und machen nur selten Anpassungen notwendig. Und der vierte Parameter war, ist und bleibt ein LONG mit 4 Byte (auch wenn er seit neuestem als LPARAM bezeichnet wird). Probleme macht allein Parameter 3: der wächst von 16 Bit (WORD) auf 32 Bit (WPARAM). WPARAM ist nämlich in beiden Systemen als unsigned int definiert und bewirkt so eine »Änderung«, die mancherlei Unbill mit sich bringt. Sie wurde jedoch notwendig, weil unter Win16 eine ganze Reihe von Nachrichten — prominente Vertreter sind WM_COMMAND oder auch die WM_[H/V]SCROLL-Nachrichten — mehrere Informationen (so z.B. HWNDs) in den Parametern verpacken. Und da diese unter Win32 mehr Platz brauchen, mußte zwangsläufig das Format der betreffenden Nachrichten entsprechend angepaßt werden. Und dummerweise führt diese Anpassung nun dazu, daß die Informationen unter Win16 anders gepackt sind als unter Win32, wie WM_COMMAND als Beispiel illustriert:

Neue Datentypen für die zwei Nachrichtenparameter wParam und lParam: WPARAM und LPARAM.

```
// WM_COMMAND (16 Bit):
idItem=wParam; // item, control, or accelerator ID
hwndCtl=(HWND)LOWORD(lParam); // handle of control
wNotifyCode=HIWORD(lParam); // notification code

// WM_COMMAND (32 Bit):
wNotifyCode=HIWORD(wParam); // notification code
idItem=LOWORD(wParam); // item, control, or accelerator
hwndCtl=(HWND)lParam; // handle of control
```

Das Unschöne an diesen Änderungen (von denen rund zwei Dutzend Nachrichten sowie alle »control notifications«* betroffen sind) ist, daß sie die portable und klare Formulierung von Quelltexten erheblich schwieriger macht, da je nach Zielsystem unterschiedliche Zugriffe auf die Nachrichtenparameter notwendig sind. Eine partielle Lösung für dieses Manko sind die sogenannten »message cracker«, die zur portablen Zerlegung der in den Parametern wParam und lParam enthaltenen Informationen dienen und denen wir im vierten Kapitel (siehe Abschnitt 4.3, Seite 236 sowie 4.4, Seite 249) wiederbegegnen werden.

** »control notifications« sind z.B. BN_CLICKED, LBN_SETFOCUS oder EN_VSCROLL.*

Getrennte Adressräume, isolierte Applikationen

Keine Zugriffe mehr in fremdes Speicher-Terrain!

Nicht nur die Einführung des »flat memory models« erzwingt bestimmte Unterschiede in den beiden APIs. Auch der zweite Aspekt in obiger Liste, die völlige Separation der Adressräume, zieht einige wichtige Änderungen nach sich (wenn auch nicht so umfangreiche wie die Erweiterung der wichtigsten Datentypen auf 32 Bit). Was aber ist unter »völliger Separation« eigentlich zu verstehen? Kurz gesagt: jedes Programm findet einen vollkommen privaten Adressraum vor, auf den von anderen Prozessen aus (inklusive den Win32-Subsystemen) weder lesend noch schreibend zugegriffen werden kann. Umgekehrt kann eine Applikation auch nicht mehr auf den Speicher anderer Prozesse zugreifen (es gibt natürlich eine vom System kontrollierte und sichere Möglichkeit, sonst könnte man keine Debugger implementieren, aber selbst da bestehen gravierende Einschränkungen).

SMP — »symmetric multiprocessing«.

Die Konsequenzen dieser Feststellung muß man sich erst einmal klarmachen: keine gemeinsamen HGLOBALs mehr; selbst mit GMEM_SHARE allokierte und gelockte globale Speicherbereiche bleiben privat; keine »shared memory« Zugriffe via FAR-Zeiger etc. etc. Einzig die (vollständig vom System kontrollierbaren) DDE-Nachrichten können weiterhin zum Versenden von Daten benutzt werden. Im Prinzip kann man sich die Situation unter Win32 so vorstellen, daß auf einer Maschine (die sogar mehrere CPUs enthalten kann — NT unterstützt ja bekanntlich SMP) ganz ähnlich wie Prozesse auf separaten Workstations in einem lokalen Netzwerk diverse, voneinander vollkommen unabhängige Programme ablaufen, Und diese können, genau wie Netzwerk-Stationen, nur über explizit vom System definierte Kommunikationswege Daten miteinander austauschen (siehe Abb. 1.11 auf der folgenden Seite). Einer dieser IPC-Mechanismen wurde bei der Erläuterung der Kommunikation zwischen Applikationen und Win32-Subsystem bereits erwähnt: LPC als lokaler Spezialfall von RPC, einem Netzwerk-Protokoll zur verteilten Programmausführung (»distributed computing«). Win32 stellt allerdings noch eine ganze Reihe weiterer Methoden zur Verfügung.

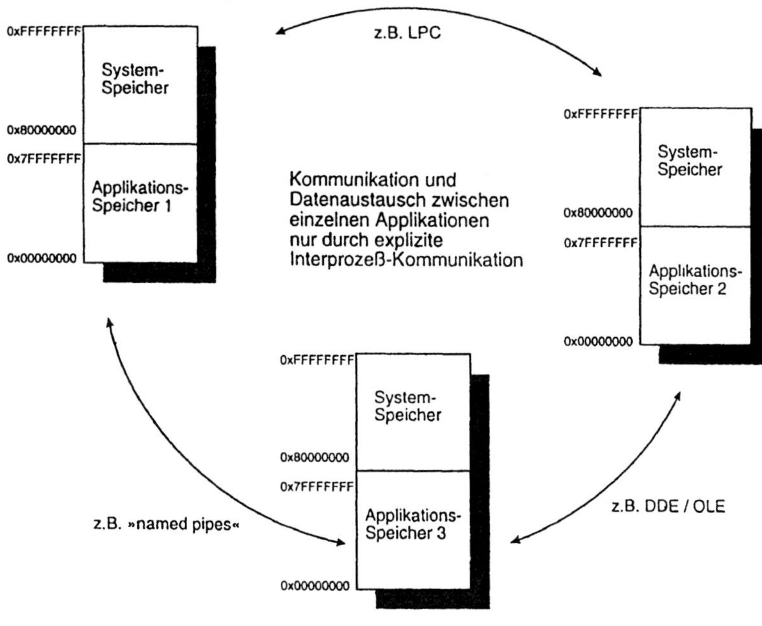

Abb. 1.11: Applikationen haben vollkommen getrennte Adressräume — Kommunikation wird daher durch Netzwerk-ähnliche Mechanismen bewerkstelligt.

Tatsächlich hat mir diese Umstellung insgesamt wohl die größten konzeptuellen Probleme beim Umstieg auf Win32 bereitet. Man ist so an das globale Modell von Windows 3.x gewöhnt, daß manche Barriere im Kopf erst nach längerem Nachdenken fällt, dafür aber auch einige echte Aha-Erlebnisse beschert. Die völlige Trennung aller Prozeß-Speicherbereiche voneinander hat natürlich einige praktische Auswirkungen, auf die ich im weiteren kurz eingehen will.

Es gibt keine »zweite« Instanz mehr (daher hPrevInstance == 0).

Der zweite Parameter beim Aufruf von WinMain() (eine HINSTANCE, die gewöhnlich hPrevInstance genannt wird), ist unter Win32 selbst für weitere Instanzen des Programms immer gleich 0. Das hat einige Konsequenzen: jede Applikation glaubt nun, sie sei die erste gestartete Instanz. Auch wenn sie tatsächlich bereits die zweite oder dritte Instanz ist, wegen des Wertes 0 für hPrevInstance werden trotzdem wieder alle lokalen Klassen registriert, private Nachrichten oder Clipboard-Formate angemeldet etc. In gewissem Sinn ist das eine erwünschte und sogar notwendige Folge der Separation der Adressräume: jede Applikation muß ihre eigenen, lokalen Klassen und weitere Informationen selbst registrieren, damit diese von ihr überhaupt verwendet werden können — denn auf die von anderen Instanzen angelegten Daten und Window-Klassen kann sie nicht zugreifen. Solange eine Win16-Applikation hPrevInstance nur deswegen ausgewertet hat, damit all diese Registrierungen auch nur einmal durchgeführt werden müssen, sind keinerlei Anpassungen für Win32 notwendig: jede Instanz nimmt die für sie erforderlichen Initialisierungen korrekt immer wieder aufs Neue in ihrem eigenen Adressraum vor. Aber bestimmte Applikationen benötigen die Information über schon laufende Instanzen, um entweder sicherzustellen, daß nur eine Instanz geladen werden kann (z.B. der Task Manager) oder um Informationen aus schon laufenden Instanzen zu lesen bzw. an diese zu übertragen (zu diesem Typus gehört u.a. WinWord). Wie stellt nun eine Applikation fest, ob sie die erste oder eine folgende Instanz ist? Und wie, bitte schön, kommen die weiteren Instanzen an Daten heran, die sie möglicherweise von der ersten Instanz benötigen? Win16 stellt dafür die Funktion GetInstanceData() zur Verfügung; diese wurde unter Win32 jedoch ersatzlos gestrichen, weil sie implizit auf den Adressraum eines anderen Prozesses (nämlich einer schon geladenen Instanz des gleichen Programmes) zugreifen muß. Ersteres Problem, die Feststellung, ob schon andere Instanzen existieren, kann man recht einfach mit FindWindow() vornehmen; der Austausch von Informationen ist dagegen schon etwas schwieriger: hier muß man entweder DDE (brrr!) bemühen oder zu anderen »shared memory«-Mechanismen (z.B. »memory mapped files«) greifen. Näheres dazu finden Sie in Abschnitt 4.6, Seite 264.

Abhilfe: entweder durch FindWindow() oder mit IPC-Mechanismen wie DDE.

Die Trennung der Prozesse voneinander hat noch weitere Folgen: so sind globale Window-Klassen (unter Win16 mit CS_GLOBALCLASS registriert) zwar immer noch möglich, aber etwas aufwendiger zu realisieren als unter Win16. DLLs, die eine Applikation dynamisch hinzulinkt, werden vollständig in den Adressraum des ladenden Prozesses gemappt, was bedeutet, daß im Normalfall die Datenbereiche der DLL für jede Applikation in ihrem Adressraum erneut angelegt und initialisiert werden. Dies steht in scharfem Gegensatz zu Win16, wo einer DLL ein eigenes Datensegment für ihre Variablen und den lokalen Heap zugewiesen wurde. Um in einer Win32-DLL prozeßübergreifende Variablen benutzen zu können, müssen die Standardattribute der betreffenden Sektionen in der DEF-Datei modifiziert werden (siehe Abschnitt 5.3, Seite 375). Und eine weitere Veränderung: eine beliebte (jedoch manchmal aus Speicherplatzgründen tatsächlich notwendige) Praxis einiger

Datenbereiche in DLLs.

Grafikprogramme ist es, häufig benötigte Grafikobjekte (Pens, Brushes etc.) nur einmal anzulegen und in mehreren Instanzen zu benutzen. Diese Vorgehensweise ist unter Win32 natürlich unzulässig. Prinzipiell sind alle noch so trickreichen privaten Ansätze, die auf das Kopieren von Speicherbereichen aus einer Applikation in eine andere hinauslaufen, nicht portabel. Die einzige Ausnahme sind DDE-Konversationen, denn die hier benutzten Speicherbereiche werden beim Verschicken der DDE-Nachrichten durch das Win32-Subsystem automatisch in den Adressraum des Empfängers übersetzt (was bedeutet, daß sie auch nur im Zusammenhang mit DDE zum Datenaustausch benutzbar sind, nicht aber mit privaten Nachrichten oder auf anderen Kommunikationswegen). Immerhin geht auch der Datenaustausch via Clipboard wie gewohnt vonstatten.

Kein gemeinsamer Zugriff mehr auf Handles oder Speicherbereiche.

Einzige Ausnahme: DDE!

Die Benutzereingabe: Maus und Tastatur

Punkt drei unserer kleinen Liste betrifft die Benutzereingabe via Tastatur und Maus. Um die hier erforderlich gewordenen Änderungen beschreiben zu können, muß ich allerdings etwas weiter ausholen. Unter Win16 führt eine Benutzereingabe zu einem Hardware-Interrupt, der umgehend von Windows bedient wird. Im Zuge der Interrupt-Behandlung wird ein Input Event (aus dem später dann z.B. eine WM_KEYDOWN- oder WM_MOUSEMOVE-Nachricht wird) generiert und gemeinsam mit der Window-Handle des betroffenen Windows in einer systemweiten Nachrichtenschlange abgelegt. Zu einem späteren Zeitpunkt liest die Applikation, zu der das Window gehört, diese Nachricht aus und kopiert sie in ihre private Nachrichtenschlange, aus der sie dann innerhalb der »message loop« gewöhnlich mit GetMessage() gelesen wird. So weit, so gut. Der entscheidende Nachteil dieses Verfahrens wird deutlich, wenn ein Programm nicht halbwegs regelmäßig seine Nachrichtenschleife bedient. Dann kommt es zum bekannten Sanduhr-Effekt: Windows verarbeitet keine Nachrichten mehr, das System erscheint blockiert.

Das Zustandekommen einer Eingabe-Nachricht à la WM_KEYDOWN.

Dieses Problem sollte allerdings durch die Einführung des »preemptive multitasking« leicht lösbar sein. Ein Trugschluß, wie ein Blick auf den OS/2 Presentation Manager zeigt: auch hier ist es trotz multipler Threads jederzeit möglich, daß ein (allerdings ziemlich unglücklich implementiertes) Programm den korrekten Ablauf der anderen laufenden Applikationen behindert bzw. sogar völlig sperrt. Wie das? An der Spitze der System-Nachrichtenschlange steht (unter Win16 und OS/2) ja eine Eingabenachricht für ein ganz bestimmtes Window. Und solange diese Nachricht nicht von der zuständigen Applikation abgeholt worden ist, werden auch unter OS/2 alle weiteren, in der Schlange dahinter befindlichen Nachrichten blockiert und können durch andere Applikationen, selbst wenn diese aktiviert werden und ihre »message loop« durchlaufen, nicht ausgelesen werden. Oder anders formuliert: ein Programm, das seine Nachrichtenschleife (entweder wegen einer zu langwierigen Berechnung oder einfach nur, weil es abgestürzt ist) nicht durchläuft, kann eben nicht die für seine Windows bestimmten Eingabenachrichten aus der System-Queue herausholen, die dadurch konsequenterweise »verstopft« wird. Unter OS/2 kann dieser Effekt immerhin dadurch verhindert werden, daß zum Lesen der Nachrichten grundsätzlich ein eigener Thread verwendet wird, der keinerlei aufwendige Berechnungen etc. durchzuführen hat (und tunlichst auch nicht abstürzen sollte!). Langwierige Rechenvorgänge sollten dagegen parallel im Hintergrund von weiteren Threads vorgenommen werden.

Nicht abgeholte Nachrichten blockieren die System-Queue auch unter OS/2.

Abhilfe bei OS/2: ein eigener Thread.

Die Tatsache, daß wie oben formuliert, ein unglücklich implementiertes Programm auch unter OS/2 die korrekte Ausführung der anderen laufenden Applikationen behindern kann, ist für Windows NT inakzeptabel, denn eine der Hauptforderungen an ein verbessertes System war ja gerade die nach absoluter Stabilität. Ein ganz bestimmtes Programm kann durchaus (z.B. wegen mangelhafter Implementation) zur Not miserabel bis überhaupt nicht laufen, dies sollte aber die Funktionsfähigkeit *aller anderen* laufenden Applikationen möglichst wenig berühren. Also muß ein verbessertes Eingabemodell her, das ich mit »Lokalisierung der Benutzereingabe« umschreiben möchte. Dieses Modell besteht, etwas vereinfacht gesagt, darin, daß jeder Prozeß über einen eigenen, *lokalen* Eingabestatus verfügt, der regelmäßig vom System auf den neuesten Stand gebracht wird. Dies heißt z.B., daß die Eingabenachrichten bereits in dem Moment, in dem sie erzeugt werden, in die private Nachrichtenschlange des zuständigen

Eine blockierte Queue ist im Lichte des NT-Designs nicht annehmbar.

Abhilfe hier: der lokale Eingabestatus.

Programmes (genauer des zuständigen Threads) kopiert werden. Und da sie gar nicht mehr in der System-Queue landen, können sie diese auch nicht mehr blockieren, wie die folgende Abbildung zeigt:

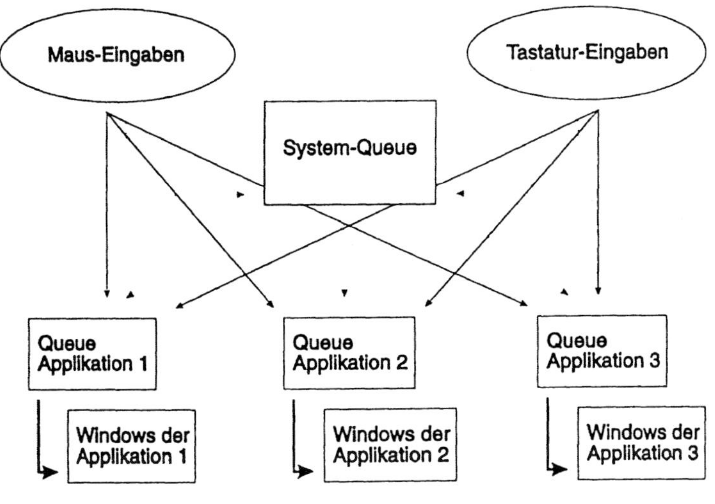

Abb. 1.12: Der Weg von Eingabenachrichten in Win16 und Win32.

Offensichtlich hat diese etwas andere Behandlung von Eingabenachrichten auch Konsequenzen für den Entwickler, sonst bräuchte ich mich ja nicht so lange darüber auslassen. Berührt wird jedoch nicht, wie man vielleicht vermuten könnte, die Behandlung der Nachrichten in den zuständigen Window-Prozeduren an sich, da hat sich nichts Wesentliches geändert. Nein, einige der Funktionen, die sich mit der Verwaltung und Veränderung des Eingabestatus befassen, sind betroffen. Hierunter fällt z.B. das Paar [Set/Release]Capture(), um in einem Window alle Mausnachrichten »einzufangen«, das zwar die gleiche Aufrufsequenz hat wie bislang, nicht aber unbedingt den gleichen Effekt. Auch die Verwaltung des aktiven Fensters sowie des Eingabefokus wird durch diese Änderung berührt: GetFocus() liefert nicht mehr unbedingt das Window zurück, das tatsächlich den Fokus hat. Die erforderlichen Anpassungen im Quelltext sind jedoch normalerweise auf relativ wenige Stellen beschränkt. Genaueres zu dieser Problematik finden Sie im Abschnitt 4.7, Seite 296.

Der lokale Eingabestatus betrifft z.B. GetCapture() und SetFocus().

GDI-Koordinaten und Co.

Punkt Nummer 4, die Erweiterung der GDI-Koordinaten auf 32 Bit und die weiteren GDI-Modifikationen, ist recht einfach abzuhandeln. Die meisten Stellen, an denen die größeren Koordinaten eingesetzt werden, können völlig transparent umgesetzt werden, da die Datentypen POINT, RECT etc. ebenfalls angepaßt worden sind. Besondere Schwierigkeiten gibt es nur dort, wo bisher x/y-Paare (als zwei getrennte ints) in DWORDs oder LONGs codiert zurückgeliefert bzw. übergeben wurden. Beispielsweise gibt MoveTo() die vorherige Position in diesem Format als Rückgabewert des Funktionsaufrufs zurück. Da ein DWORD mit 4 Byte unter Win32 aber exakt genauso lang ist wie ein int, funktioniert dieses Packen natürlich nicht mehr. Konsequenz: für die meisten dieser Funktionen ist eine erweiterte Form (also z.B. MoveToEx()) eingeführt worden, die einen zusätzlichen Parameter aufweist. Dabei handelt es sich entweder um die Adresse eines POINTs, in den die Koordinaten kopiert werden, oder den Wert NULL; in diesem Fall unterbleibt das Kopieren. Es sind dadurch an den Quelltexten zwar relativ viele Änderungen erforderlich, die aber allesamt ziemlich einfach sind und überschaubar bleiben. Und da die neuen, erweiterten Funktionen auch schon unter Windows 3.1 verfügbar sind, können die Quellen recht einfach portabel gestaltet werden.

*Unter Win16: sizeof(int) * 2 == sizeof(DWORD).*

Kein Packen von Koordinaten unter Win32!

Die erweiterten GDI-Funktionen, wie z.B. MoveToEx(), sind bereits unter Windows 3.1 verfügbar.

Kleinere Unterschiede ergeben sich auch dadurch, daß das GDI (im Gegensatz zum Window Manager) komplett neu recodiert wurde (übrigens zum größten Teil in C++). Diese Feststellung bezieht sich weniger auf die Parameter und Syntax der GDI-Funktionen, sondern mehr auf die jeweils zur Implementation benutzten Algorithmen, die unter Win32 geringfügig andere Bildschirm- oder Druckerausgaben erzeugen können als unter Windows 3.1 Diese Unterschiede sind allerdings marginal und bei hochauflösenden Grafikkarten nur selten mit dem bloßen Auge festzustellen. Eine weitere Änderung, die wohl nur selten zu Problemen führt, ist das schon oben (Abschnitt 1.4) erwähnte »batching« von LPC-Aufrufen zum GDI-Server, das nur unter ungünstigen Umständen oder auf sehr langsamen Maschinen zur sichtbaren Beeinträchtigung von Grafikausgaben führen kann.

Das Win32-GDI wurde in C++ recodiert, daher gibt es geringfügige Differenzen bei der Grafikausgabe.

DOS- und CPU-Spezifisches

Der fünfte Bereich, der je nach Art und Implementierung der Applikation größere Anpassungen mit sich bringen kann, ist der völlige Verzicht von Win32 auf MS-DOS- oder 80x86-spezifische Funktionen (wahrscheinlich ist Windows 4.0 hier jedoch etwas weniger strikt als NT). Für die meisten INT 21-Subfunktionen gibt es unter Win32 eine Ersatzfunktion, die in mehr oder weniger kompatibler Weise ans Werk geht. Um z.B. den freien Platz auf einem Laufwerk zu erhalten, bedient sich ein Win16-Programm des INT 21, AX==0x0036 (oder einer Funktion aus der Laufzeitbibliothek des Compiler-Herstellers, die aber auch nicht unbedingt portabler ist). Unter Win32 dagegen existiert mit GetDiskFreeSpace() eine auf allen NT-Plattformen (also auch auf MIPS- oder Alpha-AXP-Maschinen) einsetzbare portable Funktion. BIOS-Aufrufe sind unter Win32 ebenso unmöglich wie die Benutzung der erweiterten EMS- oder XMS-Schnittstellen. (Für wirkliche Win32-Applikationen wohlgemerkt! 16-Bit-MS-DOS-Programme, die ja innerhalb ihres Subsystems in eigenständigen VDMs ablaufen, können diese Eigenschaften wie auch fast alle anderen x86-Spezifika natürlich nutzen.) CPU-spezifische Win16-Aufrufe wie das Selektor-API oder diverse DOS-spezifische Funktionen zur Anpassung der globalen Speicherverwaltung (wie GlobalWire() oder GlobalUnwire()) sind größtenteils ersatzlos gestrichen worden. Das gesamte Gebiet ist durch die Vielzahl der betroffenen Funktionen ziemlich unübersichtlich, für genauere Details bzw. die Aufzählung der konkret betroffenen Funktionen verweise ich daher auf Abschnitt 4.6, Seite 274 und insbesondere Anhang 2.

Statt INT 21, Funktion 0x36 jetzt GetDiskFreeSpace().

Das Selektor-API stellt z.B. SetSelectorBase() oder SetSelectorLimit() zur Verfügung.

Nichtdokumentierte Eigenschaften

Bezüglich des sechsten Punktes sind vermutlich tiefschürfende Betrachtungen weder erforderlich noch möglich: entweder ein von Ihnen benutztes undokumentiertes Win16-Feature existiert in Win32 (und ist dort vielleicht sogar dokumentiert!) oder Sie haben schlicht und ergreifend Pech gehabt. Unmöglich ist es jedoch, verläßliche Aussagen darüber zu machen, welche dieser

Manches undokumentierte Win16-Feature ist unter Win32 sogar dokumentiert.

Eigenschaften nun im einzelnen wirklich »hinübergerettet« worden sind und welche auf der Strecke geblieben sind. Microsoft hat ja immer wieder mit erhobenem Zeigefinger vor solch bösem Tun gewarnt (sich selbst aber auch nicht daran gehalten, wie ein kurzer Blick auf die Import-Listen von Microsoft-Programmen zeigt). Die Wahrscheinlichkeit, daß undokumentierte Funktionalität unter Win32 in sehr ähnlicher Form ebenfalls existiert, ist allerdings relativ hoch. Schließlich wurde der 16-Bit-Quelltext der Windowing-Komponente (im Gegensatz zum Win32-GDI) nicht komplett neu geschrieben, sondern fast vollkommen auf 32 Bit hochgezogen. Und daß dabei so manche undokumentierte Eigenschaft einfach »mitgewandert« ist, liegt wohl auf der Hand...

Andere sind einfach mitgewandert...

Nicht jedoch die Benutzung interner Win16-Datenstrukturen!

Andererseits dürfte die Verwendung undokumentierter bzw. interner Win16-Datenstrukturen auf jeden Fall in einer Sackgasse enden: die Erweiterung fast aller grundlegenden Datentypen auf 32 Bit und besonders auch die Trennung der Adressbereiche machen so manche nette Win16-Spielerei unmöglich. Ein gewisser Ausgleich wird vielleicht dadurch erreicht, daß eine ganze Reihe von Win16-Internas unter Win32 nun offiziell dokumentiert sind. Hierunter fallen diverse Nachrichten (z.B. WM_[GET/SET]HOTKEY), eine Reihe von Funktionen (wie beispielsweise keybd_event()), aber auch einige Datenstrukturen und Konstanten.

TOOLHELP.DLL und STRESS.DLL ...

Ein Wort auch noch zu TOOLHELP.DLL: obschon die Funktionen, die diese DLL exportiert, größtenteils dokumentiert sind, ist bis auf weiteres mit Problemen bei ihrem Einsatz unter Win32 zu rechnen. Dies hat zwei Hauptgründe: erstens sind viele TOOLHELP-Funktionen x86-spezifisch und unter Win32 ersatzlos gestrichen worden. Zweitens steht zur Zeit einfach noch keine 32-Bit-Version von TOOLHELP zur Verfügung. Dem Vernehmen nach arbeitet Microsoft zwar an einer an das Win32-API angepaßten Version, wann diese allerdings verfügbar sein wird und welche Funktionen im einzelnen implementiert sind, steht in den Sternen. Auch die Verwendung von Funktionen aus STRESS.DLL ist nicht portabel: diese Aufrufe konterkarieren ja geradezu die Bemühungen des Systems, den Ressourcenverbrauch von Applikationen zu kontrollieren bzw. limitieren.

»... aber wir arbeiten dran!«

Die Programmierung von DLLs

Speziell DLL-Entwickler müssen, als sei dies alles noch nicht genug, leider mit weiteren Änderungen rechnen: zum einen findet die DLL-Initialisierung und -Terminierung nun anders statt als bei Win16, dies dürfte aber eine relativ einfache Anpassung sein. Zum zweiten sind DLLs unter Win32 nach dem Laden nicht global bekannt, sondern werden nur lokal in den Adressraum des ladenden Prozesses abgebildet. Diese Tatsache hat mehrere Konsequenzen: DLLs haben z.B. kein Datensegment und daher keinen eigenen lokalen Heap mehr, sie müssen sich statt dessen im Adressraum ihres Clients bedienen. Statische Datenbereiche der DLL (globale und »static« Variablen) werden unter Win32 im Normalfall für jeden Prozeß erneut angelegt. Sofern diese also benutzt werden, um einer DLL die Koordination und Verwaltung mehrerer Prozesse zu ermöglichen, sind Änderungen erforderlich.

Initialisierung und Terminierung.

Zugriff auf DLL-Datenbereiche.

Jeder Prozeß muß darüber hinaus alle DLLs, die er benötigt, entweder implizit (also beim Start durch den Loader) oder explizit via LoadLibrary() in seinen privaten Adressraum bringen. Es reicht also nicht mehr, eine DLL einmalig in das System zu laden, um sie so für alle anderen Applikationen verfügbar zu machen. Oder anders gesagt: DLLs sind nicht mehr systemweit sichtbar, sondern nur noch im Adressraum des sie ladenden Prozesses.

Ein weiteres Problem, das vorzugsweise DLLs betrifft, ist die Tatsache, daß unter Win16 ein DLL-Aufruf im Regelfall komplett durchgeführt wurde (»atomic function call«). Wegen des kooperativen Multitaskings konnte der Entwickler einer DLL sicher sein, daß beim Aufruf einer DLL-Funktion diese auch vollständig abgearbeitet wurde, ohne daß dabei eine Prozeßumschaltung stattfand. Diese Annahme ist unter Win32 mit seinem »preemptive multitasking« natürlich nicht mehr haltbar. Daher müssen insbesondere DLLs, die mehrere Clients gleichzeitig bedienen können, an kritischen Punkten bei der Manipulation von zentralen Datenstrukturen entsprechende Synchronisationsmechanismen verwenden, um den korrekten Zugriff sicherzustellen. Insbesondere dieses Problem ist nicht-trivialer Natur und bedarf ggf. einer genauen Untersuchung der Quelltexte!

»preemptive multitasking« kann leicht Synchronisierungsprobleme zur Folge haben.

Last not least werden auch die Entwickler von »custom controls« oder anderen globalen Window-Klassen um einige Anpassungen wohl nicht herumkommen: das Klassen-Flag CS_GLOBALCLASS funktioniert unter Win32 nicht so wie erwartet. Näheres zu dieser und den anderen erwähnten DLL-Änderungen bringen die Abschnitte 4.9, Seite 317 sowie 5.3 auf Seite 370.

Globale Klassen mit CS_GLOBALCLASS?

Ziehen wir also eine Zwischenbilanz: es werden durch diese sechs Kategorien und die Betrachtungen über DLL-Programmierung natürlich nicht alle möglichen Punkte erfaßt, die zu Portabilitätsproblemen führen können. Eine ganze Reihe von Win16-Funktionen haben sich nur ganz geringfügig geändert; manche Kleinigkeit läßt sich schlecht kategorisieren und auch Threads (»preemptive multitasking«) machen unter bestimmten Umständen gewisse Anpassungen erforderlich. Aber mindestens 95% der erforderlichen Änderungen an Ihren Quelltexten können Sie einem der in diesem Abschnitt diskutierten Gebiete zuweisen. Leider ist es jedoch mit der Anpassung der Quelltexte (obwohl diese die meiste Arbeit verursachen dürfte) allein nicht getan. Aus den Quellen wird ja erst durch die Behandlung mit den Entwicklungswerkzeugen ein Programm. Wenden wir uns im weiteren also der Frage zu, wie man seine Quelltexte überhaupt in ausführbare Dateien umwandelt: welche Werkzeuge stellt der Win32 Software Development Kit* zur Verfügung; gibt es beim Umgang mit ihnen grundlegende Änderungen oder ist alles beim alten geblieben?

Zwischenbilanz.

** Kurz auch als Win32-SDK bezeichnet.*

1.6 Ein Blick auf den Win32-SDK

»Wer unter die Oberfläche dringt, tut es auf eigene Gefahr.« Oscar Wilde, Das Bildnis des Dorian Gray

Win32-SDK — nur für das Win32-Subsystem.

Der Win32 Software Development Kit ist der Schlüssel zur Programmierung unter Windows NT. Wie allerdings die Bezeichnung schon andeutet, liefert er nur das Rüstzeug für Programme, die auf dem Win32-Subsystem aufsetzen. Was man vergeblich sucht, sind Informationen und Interfaces zum NT-Kernel selbst sowie (teilweise) zu den POSIX- und OS/2-

Subsystemen (das wird sich mit einer künftigen Version jedoch hoffentlich ändern...). Der SDK beeindruckt aber auch so: die noch keineswegs kompletten Handbücher allein bringen (ohne die C/C++-Manuals) auf meiner Waage schon knappe zehn Kilo zusammen, ein Pfund SDK-Handbuch entspricht etwa 300 Seiten. Die Win32-Header-Dateien haben mit weit über 1,2 MB etwa den dreifachen (!) Umfang aller Windows 3.1-Header zusammen.

Der Preliminary SDK (»March Beta«)

Die folgende Beschreibung basiert im übrigen auf dem »Preliminary Win32 SDK« vom März 1993. Und bei dieser Gelegenheit will ich doch mal ein paar anerkennende Worte über MS Deutschland loswerden: die armen Entwickler in den USA mußten sich mit dieser Beta schon etwa um den 20. März herumschlagen. Der hiesige Microsaft-Laden hat uns deutschen Entwicklern dagegen mindestens vier bis fünf Wochen Ärger erspart und die CDs erst gegen Ende April ausgeliefert. (Wahrscheinlich haben die MS-Manager in Redmond ein Boot mit einer Ladung CDs zu Wasser gelassen — und das braucht halt seine Zeit bis nach Deutschland.) Aber im Ernst: es ist eine Zumutung, daß Microsoft Deutschland es wiederholt nicht fertigbringt, Betas, aber auch ganz normale Produkte* mit einer halbwegs vernünftigen Verzögerung nach Deutschland zu bringen. Schließlich ist die Firma ja weiß Gott keine kleine Garagenklitsche mehr und daß Flugzeuge manches schneller transportieren, sollte sich daher auch bis zu Microsoft herumgesprochen haben. Aber sozusagen als Ausgleich dafür, daß die Produkte hier immer mit satter Verspätung anrollen, dürfen wir in good ol' Germany auch gerne etwas mehr berappen...

USA, Du hast es doch besser!

** Man denke z.B. an die Tragödie mit Visual C++...*

Da ich selbstverständlich nicht weiß, ob und wenn ja, über welche Version** des Win32-SDK Sie verfügen, gelten einige der Hinweise für Ihre Version eventuell nicht (mehr). Solche Stellen sollten sich allerdings relativ leicht identifizieren lassen, da die Microsoft-Dokumentation des öfteren auf Änderung gegenüber den Vorversionen eingeht bzw. zu erwartende Neuerungen schon vorab erwähnt und teilweise sogar beschreibt. Nach

*** Die endgültige Version des SDK soll etwa im Juli 93 kommen.*

meinem augenblicklichen Kenntnisstand soll etwa Ende Juli die endgültige Version des Win32-SDK verfügbar sein; nach den bisherigen Erfahrungen habe ich sie dann wahrscheinlich Anfang bis Mitte September auf dem Schreibtisch bzw. im CD-ROM-Laufwerk (dieses Buch ist dann leider schon längst bei der Druckerei).

Hardware-Anforderungen für Entwicklermaschinen.

Aber nicht nur die Hardware-Anforderungen von NT sind gewaltig (apropos: als Entwickler sollten Sie sich einen flotten 486er mit mindestens 16 MB Hauptspeicher und 100 MB freiem Festplattenspeicher gönnen — auch ein CD-ROM-Laufwerk ist unbedingt erforderlich), nein, auch die Ansprüche an Geduld, Merkfähigkeit und Auffassungsgabe des geplagten Entwicklers erreichen ganz neue Rekordmarken. Allerdings wurde auch Rom nicht an einem Tag erbaut: das SDK-Material kommt schon ziemlich vernünftig strukturiert an und kann gut »portionsweise« verdaut werden. Dazu kommt natürlich, daß die Modelle, Eigenschaften und Strukturen ja zum allergrößten Teil identisch zu Win16 sind und von einem erfahrenen Windows-Programmierer bestenfalls überflogen werden müssen. Und mit den wirklich neuen Fähigkeiten kann man sich, je nach Lust und Laune (oder Notwendigkeit), später immer noch etwas näher beschäftigen.

Die Programmierung mit dem SDK

Viele Änderungen im Detail.

Der Prozeß der Programmerstellung läuft unter Win32 im großen und ganzen so ab wie schon von Win16 gewohnt, obwohl sich bei genauem Hinsehen doch eine Menge getan hat. Abbildung 1.13 auf der folgenden Seite zeigt schematisch die beteiligten Quelltext-Dateien, die Werkzeuge, mit denen diese zu bearbeiten sind und den Weg, der schließlich zur lauffähigen 32-Bit-Applikation führt. Das Format der NT-EXE-Dateien (auch als »portable executable«, PE, bezeichnet) unterscheidet sich grundlegend vom alten SE-Format,* das von Win16-Programmen genutzt wird. Dies ist nicht weiter verwunderlich, denn Segmente werden unter Win32 bekanntlich nicht mehr verwendet.

** »segmented executable«.*

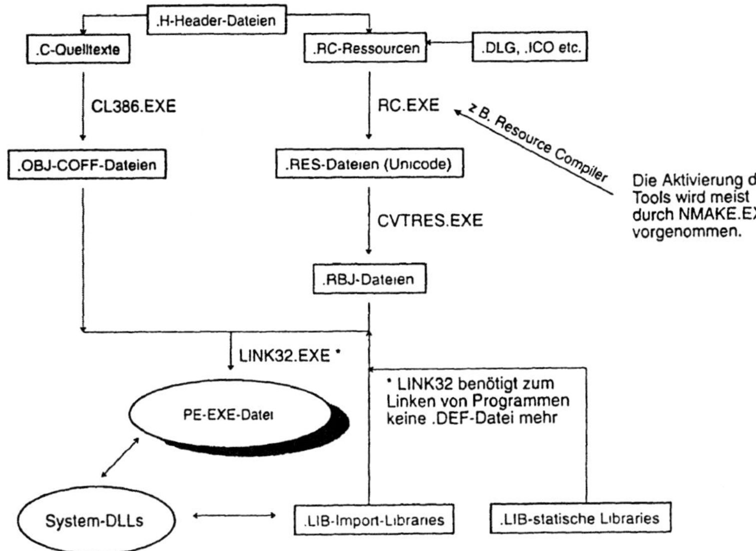

Abb. 1.13: Vom Quelltext zur Applikation : Programmerstellung mit dem Win32-SDK.

Die folgenden, nicht unwichtigen Unterschiede zur Win16-Umgebung sind allerdings zu vermerken:

- Viele Tools (z.B. der Linker) haben vollkommen neue Optionen und Schalter (»switches«). Damit ist nicht etwa gemeint, daß die bestehenden erweitert worden sind, nein, die Schalter sind wirklich komplett anders aufgebaut. Der C/C++-Compiler basiert auf der Version 7.0, hat aber (neben der 32-Bit-Code-Generierung) ebenfalls eine Reihe von Änderungen erfahren. Die Anzahl der Schalter hat (welche Freude) auf ein halbwegs vernünftiges Maß abgenommen (getreu meiner Theorie: »Je unbedarfter das Betriebssystem, desto mehr switches braucht der Compiler.«).

CL386 basiert auf C/C++ Version 7.0.

- Der Library Manager LIB und die EXEHDR-Utility sind nun keine eigenständigen Programme mehr, sondern im Linker aufgegangen. Dieser (LINK32) übernimmt (und erweitert) also deren Funktion.
- Die RES-Dateien sind nur eine relativ einfache Erweiterung des alten 3.x-Formats und müssen mit CVTRES vor dem Linken in eine LINK32-kompatible RBJ-Datei (ein Zwitter aus RES und OBJ) umgewandelt werden.
- Ressourcen werden zwar wie bislang mit RC in RES-Dateien compiliert, dem ausführbaren Programm jedoch bereits

RC ist unter Win32 ein reiner Compiler.

während des Linkens via LINK32 hinzugefügt (wie Objektdateien).

IMPLIB und EXEHDR sind weggefallen.

- IMPLIB fällt ganz weg, seine Aufgabe übernimmt LIB (und damit der Linker). Zur Erzeugung von DLLs müssen aus DEF-Dateien vor dem Linken derselben EXP-Dateien generiert werden.

NT Symbolic Debugger.

KD — Kernel Debugger.

- Ein Debugger namens WINDBG, der unter der grafischen Oberfläche läuft (und auf dem QuickC-Debugger beruht), ersetzt CodeView. Zwei weitere Debugger, nämlich NTSD, der entfernte Ähnlichkeit mit SYMDEB aufweist) und I386KD bzw. MIPSKD sind eher etwas für spartanische Kommandozeilen-Naturen (dafür können I386KD und MIPSKD aber immerhin Kernel-Mode-Code debuggen).

PORTTOOL und PORT.INI.

- PORTTOOL ist ein relativ einfaches, dafür aber ziemlich fehlerhaftes Programm, das unter Zuhilfenahme einer editierbaren Textdatei (PORT.INI) mit API-Informationen versucht, möglichst viele nicht portable Stellen (bzw. was es dafür hält) in Ihren Quelltexten aufzuspüren (eine eingedeutschte und erweiterte Fassung dieser Textdatei mit Hinweisen zur Benutzung finden Sie in Anhang 2).
- Auf MIPS-Maschinen stehen gleich zwei C-Compiler zur Verfügung: der eine stammt von MIPS selbst und ist ein reiner ANSI-C-Compiler; der zweite ist ein joint venture von Microsoft und MIPS, ähnelt daher eher dem C 7.0 und kann auch C++-Code übersetzen.

Profiler und »working set tuner«.

- Zwei Profiler, sowohl für API-Aufrufe als auch zur Messung der in eigenem Code verbratenen Zeit, ist im SDK ebenfalls enthalten. Darüberhinaus wird ein Tool mitgeliefert, das es ermöglicht, die Speicherauslastung eines Programmes zu optimieren.
- Ansonsten findet sich im großen und ganzen der Lieferumfang des Windows 3.1-SDK in mehr oder minder angepaßter Form (der Dialogeditor beispielsweise läuft zwar unter Windows NT, produziert aber RES-Dateien für Win16, die wiederum mit CVTRES umgewandelt werden müssen. Nun ja...)

Im Detail wird der Umgang mit den Microsoft-SDK-Komponenten, soweit Änderungen oder Erweiterungen zu beachten sind, in Kapitel 5, dort insbesondere Abschnitt 5.1, Seite 347

(GUI) und 5.2, Seite 366 (Textmodus), beschrieben. Die 32-Bit-Entwicklungswerkzeuge von Borland werden kurz in Abschnitt 5.4, Seite 380 behandelt.

Wir wenden uns jetzt einem ganz anderen, aber nicht minder wichtigem Thema zu: inwieweit profitiert ein bestehendes Win16-Programm denn nun tatsächlich von einer Portierung auf Windows NT? Das soll uns der nächste Abschnitt zeigen.

1.7 Verbessert eine Portierung meine Applikation substantiell?

»Das also war des Pudels Kern!« Johann Wolfgang von Goethe, Faust, Erster Teil

Eine Frage wie an Radio Eriwan und eine passende Antwort: im Prinzip ja, aber... Die Vielfalt der heute unter Windows laufenden Programme macht eine simple Ja- oder Nein-Antwort unmöglich. Zum einen hat schon die Frage mehrere Facetten, zum anderen hängt die Antwort selbstverständlich auch vom Charakter der Applikation und Ihren Intentionen ab. Präzisieren wir doch erst einmal die Fragestellung: Welche Verbesserungen kann ich erwarten, ohne daß ich neue Win32-Features einbauen bzw. unterstützen muß? Anders gefragt: Wenn ich nur den absolut notwendigen Portierungsaufwand treiben will, was hat mein Programm dann von 32-Bit-Windows?

Der Typus des Programms ist entscheidend.

Nur Portieren?

Diese Frage läßt sich fast unabhängig von der Gattung des Programmes stichwortartig wie folgt beantworten:

- Virtueller Adressraum sowie »flat memory model« erlauben einfachsten Zugriff auf sehr große Speicherbereiche. Auch die Segmentierung von Code und die damit verbundenen Probleme werden obsolet.

»flat memory model« bringt einfache und schnellere Speicherzugriffe.

- Alle mit dem New Technology File System verbundenen Vorteile (überlegene Performance, größere Dateien, bessere Absicherungen und Fehlertoleranz) stehen zur Verfügung.

Größere Sicherheit durch getrennte Adressräume.

- Das Programm ist durch die strikte Adressraum-Separation geschützt vor unberechtigten Zugriffen (ob mißbräuchlich oder ungewollt).
- Das Antwortverhalten wird durch das echte Multitasking besser bzw. berechenbarer.

Portabilität auf andere 32-Bit-Plattformen.

- Das Programm läuft nach erfolgreicher Portierung auch auf den anderen NT-Plattformen (MIPS Rx000, DEC Alpha).
- Über den I/O-Manager vollkommen transparenter Zugriff auf Netzwerkressourcen.
- Und last not least: Ressourcen, die das Programm benutzt (z.B. NTFS-Dateien), sind bei korrekter NT-Installation und -Administration vor dem Zugriff durch Unbefugte sicher.

Auch die Quelltexte können im Zweifel nur besser werden...

Ein weiterer »Vorteil«, der sich »unterwegs« sowohl für den Benutzer des Programmes als auch für den Entwickler ergibt, ist die Tatsache, daß während der Portierung im Regelfall erstens eine Reihe von mehr oder minder bedeutenden Fehlern auffallen; zweitens wird der Quelltext sicherer in dem Sinn, daß bedenkliche Cast-Operationen, dubiose 16-Bit-Konstruktionen und dergleichen fast zwingend ausgebessert werden müssen.

Beispiele: numerische Applikation.

Datenbanken.

Volltext-Retrieval.

Fast alle portierten Programme profitieren von diesen Erweiterungen; welcher dieser Vorteile Ihrer Applikation allerdings besonders gut tut und in welchem Umfang sie von der Portierung insgesamt nutznießt, hängt wiederum von ihrem Typ ab. Ein numerisches Programm, das mit großen, kaum gefüllten Matrizen (»sparse matrices«) arbeitet, zieht besonders aus dem linearen, virtuellen 4-GB-Adressraum Gewinn. Eine Applikation, die sensitive Daten verarbeitet (z.B. die Datenbank eines Heiratsinstitutes), hat vermutlich mehr von den Sicherheitsprüfungen. Und falls Sie ein Programm haben, das exorbitante Datenmengen verwalten muß (wie wäre es zum Beispiel mit einer schönen Volltext-Datenbank für unerfüllte Wahlversprechungen?), kommt NTFS wie gerufen. Aber auch ein so simples Hilfsprogramm wie der bei Windows mitgelieferte Kalender gewinnt durch Win32: mit Hilfe des echten Multitaskings wird nie wieder ein Termin zu spät angezeigt, nur weil eine andere Applikation gerade die System-Queue und damit das ganze System blockiert hatte.

Im übrigen muß festgestellt werden, daß viele der oben angesprochenen »automatischen« Verbesserungen auch Win16-Programme einbeziehen, die ja via WoW als binärkompatible Applikationen unter NT theoretisch sofort laufen sollten (praktisch sieht die Sache allerdings oft etwas anders aus: einige NT-spezifische Bedingungen* muß selbst ein Win16-Programm erfüllen). Einmal abgesehen vom vergrößerten linearen Adressraum und dem für ein Win16-Programm nach wie vor gültigen globalem Eingabemodell, welches auch unter NT dazu führen kann, daß Win16-Programme (aber eben nur diese — nämlich innerhalb des WoW-Layers) unbedienbar werden, zeigen sich auch Win16-Applikationen als dankbare Nutznießer der obigen Erweiterungen.

** Siehe dazu Abschnitt 4.11, Seite 337.*

Oder doch gleich Verbesserungen einbauen?

Eine weitere und wohl spannendere Facette der Frage nach den Verbesserungen, die eine portierte Applikation erfährt, ist die, welche neuen Eigenschaften (deren Hinzufügung über die reine Portierung hinaus natürlich teilweise erheblichen zusätzlichen Aufwand verursacht) Sie einem bestehenden Programm mitgeben können und was Sie als Entwickler davon haben. Gleichzeitig müssen Sie sich aber darüber im klaren sein, daß die Nutzung wirklich neuer Win32-Features die Rückwärtskompatibilität erheblich einschränkt — und zwar weitgehend unabhängig davon, ab der Quelltext neben Windows NT auch als echte Win16-Applikation oder unter Win32s (siehe dazu Abschnitt 1.9) laufen soll. Auch diese Frage wird uns im weiteren noch mehrfach beschäftigen.

Neue Eigenschaften: gut für's Programm, aber ganz schlecht für die Portabilität!

Die Aufstellung auf der nächste Seite verschafft Ihnen immerhin einen ersten groben Überblick der erweiterten Win32-Möglichkeiten und ihrer Vorteile für Entwickler und Benutzer.

Win32-Eigenschaft oder -Funktion	**Vorteile für den Entwickler**	**... und das Programm bzw. den Anwender**
Multitasking und Multithreading	klarer strukturierbarer Code	effizienter, zügiger bedienbar
strukturiertes Exception- und Error-Handling (SEH)	einfachere, vollständigere und konsistente Fehlerbehandlung	stabiler, kürzer, schneller
IPC-Unterstützung	sicheres Multitasking, leichter Datenaustausch	kommunikativer, bessere Integration von Applikationen
»memory mapped« Dateien	einfacher Zugriff auf Dateien	schneller, weniger I/O-orientiert
Unicode	problemloser Dateitransfer	sofort weltweit einsetzbar
Lange, deskriptive Dateinamen		intuitiv benutzbar
Asynchrone I/O-Operationen		effizienter, zügiger bedienbar
32-Bit-GDI-Koordinaten	keine Rundungsprobleme, keine weitere Koordinatenebene	exakte Darstellungen, auch auf hochauflösenden Geräten
Bézier-Kurven und Pfade	komplexe Zeichnungen und Spezialeffekte ohne eigenen Programmieraufwand	schnelle, spektakuläre Grafik-Effekte selbst in einfachen Produkten
Welt-Koordinatensysteme	Grafik-Code wird wesentlich einfacher und übersichtlicher	
Sicherheitsprüfungen		vor Mißbrauch geschützt
Netzwerk-API	portabler Netzwerk-Code	inhärente Netzwerkfunktionen
Per-Instanz-Daten in DLLs	einfachere, effizientere Nutzung	

Tab. 1.6: Neue Win32-Möglichkeiten: Vorteile für Entwickler und Anwender.

Die allermeisten dieser Möglichkeiten lassen sich nach einer erfolgreichen Portierung je nach Notwendigkeit schrittweise hinzufügen. Allerdings ist bei aller Begeisterung, wie erwähnt, zu berücksichtigen, daß ein solcherart erweitertes Win32-

Programm nicht mehr so einfach unter Win16 bzw. für Win32s recompilierbar ist. Die Entwicklung und Pflege einer Applikation, die auf beiden Plattformen gleichermaßen zur Verfügung stehen soll, ist naturgemäß aufwendiger und komplizierter als eine reine Portierung und setzt neben einem exakten und wohldurchdachten Entwurf des Programms vor allem eine disziplinierte Implementation voraus.

Im Detail wird sich das zweite Kapitel mit den praktischen Fragen des Vorgehens bei einer Portierung beschäftigen. Grundsätzlich, so viel sei hier schon gesagt, gilt die Regel, daß zuerst die schon bestehende Funktionalität Ihres Programmes vollständig an die neue 32-Bit-Umgebung angepaßt werden sollte; erst danach, in einem zweiten Schritt, werden zusätzliche Win32-spezifische Eigenschaften unterstützt. Allerdings gibt es da natürlich Ausnahmen: die langen Dateinamen von NTFS sind z.B. ein Feature, das schon bei der eigentlichen Portierung berücksichtigt werden sollte. Auch die 32-Bit-GDI-Koordinaten ergeben sich auf dem Weg ganz automatisch. Ganz anders sieht die Situation beispielsweise mit multiplen Threads, IPC-Kommunikation und dem neuen Exception-Handling aus: da kommt echte Arbeit auf Sie zu. Was uns zum nächsten Abschnitt bringt!

Zuerst anpassen — dann verbessern!

Ausnahmen bestätigen wie üblich die Regel...

1.8 ... und wie steht's mit dem Aufwand?

»Der Einfall ersetzt nicht die Arbeit.« Max Weber, Wissenschaft als Beruf

Mehr noch als beim Thema »Mögliche Verbesserungen« ist die Beantwortung dieser Frage vor allem von Ihrer Applikation abhängig. Und das gleich in doppelter Hinsicht: erstens gilt, salopp gesagt, je aufwendiger die Benutzerschnittstelle, desto mehr Portierungsaufwand. Jedem wird einsichtig sein, daß ein Programm, welches zu 80% aus Code zur Programmierung einer komplexen und intuitiv zu bedienenden Oberfläche besteht (ein gutes Beispiel dafür ist der Datei Manager wie in der Abbildung auf der nächsten Seite gezeigt) wesentlich mehr Portierungsaufwand verursacht als eines simples Programm, das nur 20 oder 30% des Aufwandes für die Oberfläche

Komplexe Benutzerschnittstelle — großer Aufwand.

betreibt, den großen Rest jedoch mit (normalerweise viel leichter portierbaren) Berechnungen und der Implementation komplexer Algorithmen füllt.

Abb. 1.14: Der Datei Manager, eine aufwendige Benutzeroberfläche: MDI, Drag-and-Drop, Icon- und Bitmapverarbeitung etc.

Ein Beispiel für diese zweite Kategorie ist der PIF-Editor von Windows: wenn erst einmal die Haupt-Dialogbox (siehe nebenstehende Abbildung) übertragen ist, dann ist die restliche Portierung ein Kinderspiel. Daher folgt als erste Regel: oberflächenintensive Programme sind gewöhnlich aufwendiger als rechenintensive oder algorithmisch komplexe.

Und der Zustand der Quelltexte?!

Zweitens (und ich weiß aus eigener Praxis, daß ich hier einen wunden Punkt berühre) sind auch die Quelltexte nicht immer in dem Zustand, daß eine Portierung einigermaßen flott von der Hand geht. Der ewige Zeitdruck, die dauernden Design-Änderungen, Fehler im Compiler, schlichte Faulheit oder Schlampigkeit, mangelnde Informationen, Desinteresse: es gibt tausend gute Gründe,* warum real existierende Quelltexte oft nicht so klar strukturiert sind, wie sie es laut Lehrbuch sein sollten. Die Erfahrung lehrt, daß Dauer und Aufwand einer Portierung mindestens logarithmisch, in schweren Fällen auch quadratisch vom Chaos-Koeffizienten der Quelltexte abhängen. Wenn Sie also jetzt erwarten, eine genaue Angabe des Zeitbedarfs oder eine Formel zur Berechnung desselben zu bekommen, muß ich Sie leider enttäuschen. Aber es gibt schon

** ... sowie den zweiten Hauptsatz der Thermodynamik!*

einige Regeln und Hinweise, die Ihnen die Abschätzung zumindest erleichtern:

- Je stärker Ihre Quelltexte modularisiert sind, desto leichter können Sie eine Quelltext-Datei nach der anderen übersetzen, um die dabei auftretenden Compiler-Fehler und Warnungen zu verarbeiten. Klare Trennungen zwischen Code für die Benutzerschnittstelle und der eigentlichen Implementierung der Programm-Algorithmen erleichtern die schrittweise Übertragung.

Modulare Quellen.

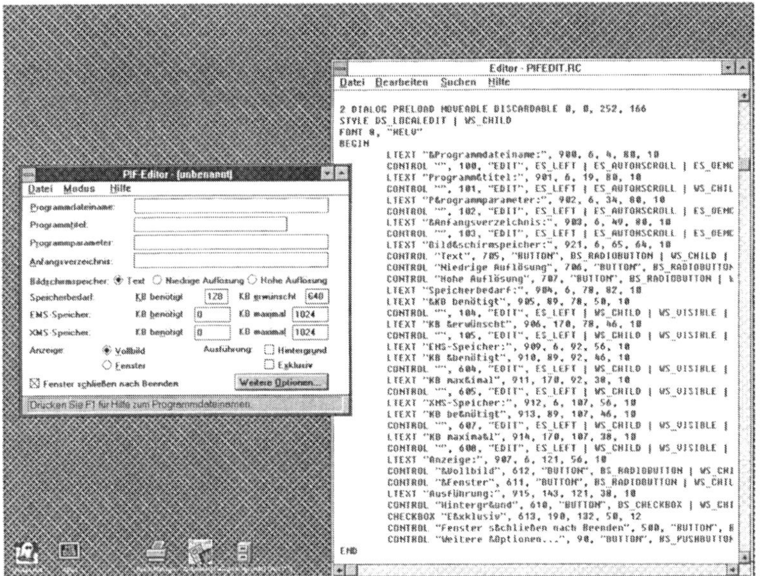

Abb. 1.15: Im Vergleich zum Datei-Manager einfach: der der PIF-Editor.

Im Fenster rechts ist die RC-Datei mit der zugehörigen Dialogbox abgebildet.

- Je weniger Warnungen der Compiler zur Zeit (also noch unter Windows 3.x) im höchsten Warnungslevel ausgibt, desto einfacher wird die Portierung.

Auf Compiler-Warnungen achten!

- Wenn Sie sogar im »#define STRICT«-Modus arbeiten (siehe dazu Abschnitt 2.5, Seite 113) und dabei keine oder nur ganz wenige Warnungen bekommen, dann sieht es sogar recht gut aus (aber Murphy schläft nicht...)

STRICT einschalten.

- Wer dagegen mit suspekten Casts und anderen Griffen in die Trickkiste den Compiler immer mal wieder überlistet hatte und mundtot gemacht glaubte, muß das jetzt ausbaden (nach dem Motto: »Späte Rache des Compilers«).

Hände weg von undurchsichtigen Manövern.

- Die ungenierte Benutzung undokumentierter Eigenschaften ist zwar oft unvermeidlich, aber selten portabilitätsfördernd.

Immerhin sind in Win32 eine ganze Reihe von 3.x-Internas jetzt ganz offiziell dokumentiert, viele andere werden von Microsoft wohl stillschweigend (oder zähneknirschend?) implementiert. Dennoch gibt es keinerlei Gewähr, daß irgendeine beliebige undokumentierte 3.x-Besonderheit auch nach der Portierung funktioniert. Unter Windows 4.0 laufende Programme dürften hier etwas bessere Karten als NT-Applikationen haben, da ersteres ja einen direkten Update-Pfad darstellt und Microsoft sich sicher ganz besondere Mühe mit der Rückwärtskompatibilität geben wird (bzw. muß).

Undokumentierte Eigenschaften sparsam verwenden...

... und diese genau wie nicht-portable Konstrukte in einer Schale isolieren.

- Gleiches gilt für den hemmungslosen Gebrauch MS-DOS-spezifischer Eigenheiten (BIOS, INT 21 etc.). Wenn schon nicht zu vermeiden, sollte solcher Code wenigstens soweit wie möglich in eigenen Funktionen isoliert werden, die leicht ersetzt bzw. angepaßt werden können.

Verzicht auf 16-Bit-Tricks.

- Viele Techniken, mit deren Hilfe bisher mühsam um die zahlreichen bestehenden Windows- und DOS-Limitationen herumprogrammiert werden mußte wie z.B. »huge pointer« oder die Mischung mehrerer Speichermodelle (»mixed memory model programming«), müssen ironischerweise jetzt angepaßt werden. Diese Problematik wird noch dadurch verschärft, daß verschiedene dieser Techniken aus prinzipiellen Gründen nur schlecht in einzelnen Programmteilen lokalisiert bzw. isoliert werden können und sich stattdessen wie ein roter Faden durch die meisten Module ziehen.

Kommentare in den Quellen.

- Kommentare helfen bei trickreich programmierten Stellen, die man womöglich unter Win32 ganz ähnlich nachbauen könnte — wenn man nur den Trick verstünde... Sie sind auch immer dann unverzichtbar, wenn im Team gearbeitet wird bzw. der heutige Verantwortliche mit dem ursprünglichen Autor der Quelltexte nicht identisch ist.

Quelltexte nicht nur editieren, sondern auch verstehen!

- Nicht zuletzt sollte klar sein, daß man halbwegs erfolgreich und mit kalkulierbarem Aufwand nur solche Programme übertragen kann, deren internen Ablauf man auch begriffen hat. Was sich im ersten Moment wie ein schlechter Witz anhört, ist leider zu oft eine traurige Realität: einige (Windows-)Programmierer schreiben Code-Fragmente ab (z.B. aus Büchern, Zeitschriften, mit dem Compiler gelieferten Beispielen etc.), ohne sich dabei um Verständnis für die zugrundeliegenden Zusammenhänge zu bemühen (eine Vorgehensweise, die auch als »copy-paste-edit programming« bezeichnet wird). Das geht gut, solange das so resultierende Programm (mehr oder weniger) korrekt funktioniert. Aber spätestens beim Übertragen auf eine andere Oberfläche kann es dann eben doch sehr unangenehm werden.

Andererseits gibt es Hilfen: Bücher (so wie dieses) und Werkzeuge (wie z.B. das famose PORTTOOL von Microsoft) erleichtern vieles. Voraussetzung dafür ist eine gründliche Beschäftigung mit der Materie — wer gerade dabei ist, sein erstes Windows-Programm zu verstehen, läßt von Portierungen nach Win32 besser noch eine Weile die Finger. Aber auch ein klarer Überblick über das zu portierende Projekt ist sehr wünschenswert (mehr dazu im zweiten Kapitel). Das Motto des Abschnittes 2.1 sollte ebenfalls unbedingt beherzigt werden: sinnvollerweise verschafft man sich *vor* dem Beginn der ganzen Übung und unter Berücksichtigung der obigen Betrachtungen wenigstens eine grobe Übersicht über die Zielsetzung und das zu erwartende Maß an Arbeit.

Das Win32-API ist sicher nichts für Windows-Greenhorns.

Einige Anhaltspunkte

Um Sie nun wenigstens nicht ganz ohne konkrete Zahlen im Regen stehen zu lassen, betrachten wir folgendes Beispiel: ein normales (soll heißen: weder besonders gut strukturiertes noch außergewöhnlich liederliches) Programm mit etwa 15 bis 20 Quelltext-Modulen (alle so in der Größenordnung um 500 bis 1000 Zeilen) sei von dem Entwickler zu portieren, der es ursprünglich geschrieben hat. Die Quelltexte so anzupassen, daß sie im STRICT-Modus, aber noch unter Windows 3.1 ohne Warnungen compilieren, dürfte eine knappe Woche benötigen. Zwei weitere Tage würde ich für das Umstellen der Make-Datei(en) und die Beherrschung der Win32-Entwicklungs-Tools (Compiler, Linker etc.) ansetzen. Allerdings fällt von diesem Aufwand das meiste schon beim nächsten Projekt weg. Dann müssen die einzelnen Dateien unter NT (oder 4.0) recompiliert

Insgesamt also rund 15.000 Zeilen plus/minus 30 %.

STRICT: eine Woche.

SDK-Toole: zwei Tage.

Win32-API-Anpassung: noch eine Woche.

werden; bis das ohne Warnungen und halbwegs korrekt vonstatten geht, ist sicherlich eine weitere Woche vergangen. Das Debugging ist erfahrungsgemäß nur dann wirklich aufwendig, wenn die Applikation grobe Fehler aufweist, die sich erst unter der neuen Umgebung bemerkbar machen. Die Dauer dieses Punktes läßt sich jedoch nicht sinnvoll abschätzen. Insgesamt und über den dicken Daumen gepeilt: zwei bis drei Wochen, wenn die Applikation keine schweren Fehler aufweist. Etwas länger dauert die ganze Sache, wenn aus den Quelltexten (was der Normalfall sein dürfte) zwei ausführbare Programme für die 16- und 32-Bit-Plattformen generiert werden sollen. Dann muß einiger zusätzlicher Aufwand in Form bedingter Compilierung (#ifdef etc.) getrieben werden. Microsoft hat allerdings für diesen Fall durch zahlreiche Makros und Portabilitätsfunktionen die meisten Fallstricke beseitigt.

Debugging: »open end«...

Summa summarum: etwa zwei bis drei Wochen.

Wenn die Quellen schon für den STRICT-Modus unter Windows 3.1 vorliegen, dürfte die Portierung erheblich schneller vonstatten gehen. Eine knappe Halbierung der angegebenen Zeitspanne auf deutlich unter zwei Wochen scheint mir dann realistisch. Beachten Sie aber, daß all diese Schätzungen wirklich nur ganz grobe Anhaltspunkte liefern können: zahlreiche Faktoren,* die eben nicht allgemeingültig klassifizierbar sind, können sowohl zu einer erheblichen Verlängerung als auch Verkürzung führen. Wenn z.B. eine ganze Reihe von Programmen zu übertragen ist, dürfte die durchschnittliche Anzahl portierter Zeilen pro Tag im Laufe der Zeit proportional zur Erfahrung des Programmierers ganz erheblich ansteigen (dies insbesondere auch, weil die mehr mechanischen Teile des Ports relativ gut von unerfahrenen Hilfskräften vorgenommen werden können).

** wie z.B. das verwendete Speichermodell oder die Verwendung von Assembler- oder Inline-Code...*

Beachten Sie auch, daß die Reihenfolge der einzelnen Portierungsschritte in obiger Kurzfassung nicht unbedingt die zur Portierung eines nicht-trivialen Programmes optimale Vorgehensweise schildert. Sie wurden einzig und allein deswegen so angeordnet und beschrieben, um einen Rahmen für eine ungefähre zeitliche Abschätzung zu schaffen. Regeln, Hinweise und Tips für die konkrete Durchführung einer Portierung, wie auch zur Planung einer solchen, finden Sie im folgenden zweiten Kapitel.

Mehr zur Vorgehensweise im zweiten Kapitel.

1.9 Der kleine Bruder: Win32s

»Win32 ist definiert als ›portable Erweiterung des Win16-APIs plus neue Funktionalität‹. Nun, Win32s ist nun einfach folgendes: Win32 ohne die ›neue Funktionalität‹.« Alistair Banks, Microsoft, aus einer in CompuServe zirkulierenden Datei mit Erläuterungen zu Win32s

So, so. Ich muß ganz ehrlich sagen, daß mir, im Gegensatz zu Mr. Banks, nicht unbedingt auf Anhieb klar war, was unter Win32s* zu verstehen ist und vor allem, wozu es nutzen soll. (Aber Microsoft macht bei den Windows-APIs ja nur konsequent nach, was Intel mit dem i486DX, SX, OverDrive, DX2 etc. etc. schon so erfolgreich vorexerziert hat). Oder steckt womöglich doch etwas mehr dahinter? Um diese Frage zu beantworten, müssen wir erst einmal einen scharfen Blick auf Win32s werfen: was, um aller Welt, verbirgt sich denn eigentlich hinter diesem nebulösen Begriff?

** »S« wie Subset oder wie Spielerei?*

Was ist und was tut Win32s?

Win32s (das einen 386-Prozessor voraussetzt) ist eine Sammlung von DLLs, einem virtuellen Gerätetreiber (VxD) und einer ausführbaren Datei, die man jederzeit einer laufenden Windows 3.1-Installation hinzufügen kann. Aha, erster Punkt: Win32s basiert also auf Windows 3.1! Nach erfolgter Win32s-Installation können nun native Win32-Programme (also im Prinzip jede für die grafische Oberfläche von Windows NT oder 4.0 geschriebene 32-Bit-Applikation, nicht aber Textmodus-Programme!) unter der Kontrolle von Windows 3.1 ablaufen. Daher die zweite Erkenntnis: Win32s erweitert 3.1 offensichtlich so, daß es außer »normalen« 16-Bit-Windows-Applikationen auch 32-Bit-Programme laden und ausführen kann (und daher ist auch mindestens ein 386-Prozessor Voraussetzung). Für den Nur-Anwender ist die ganze Sache (wie üblich...) völlig unproblematisch: er installiert einfach ein Produkt — das seinerseits die Win32s-Dateien mitinstalliert — und bemerkt danach normalerweise gar nicht, daß er jetzt mit einem echten 32-Bit-Programm arbeitet. Alles, was notwendig ist, um die Applikation zu betreiben, wird unter der Regie von Windows

Win32s stützt sich auf Windows 3.1...

... und erweitert es um 32-Bit-Verarbeitung.

3.1 transparent von den Win32s-Komponenten erledigt, die sich in einer zusätzlichen Schicht quasi als Vermittler zwischen den 32-Bit-Code und Windows 3.1 schieben. Bei Lichte betrachtet ist Win32s demnach nichts weiter als ein Windows-Extender (und Windows wiederum ist ein DOS-Extender...).* Abbildung 1.16 zeigt schematisch, wie man sich das Zusammenspiel der einzelnen Komponenten und Win16 vorstellen kann.

* Und das Ganze ist dann ein »extended Extender?«

Abb. 1.16: Die Integration von Win32s und Windows 3.1.

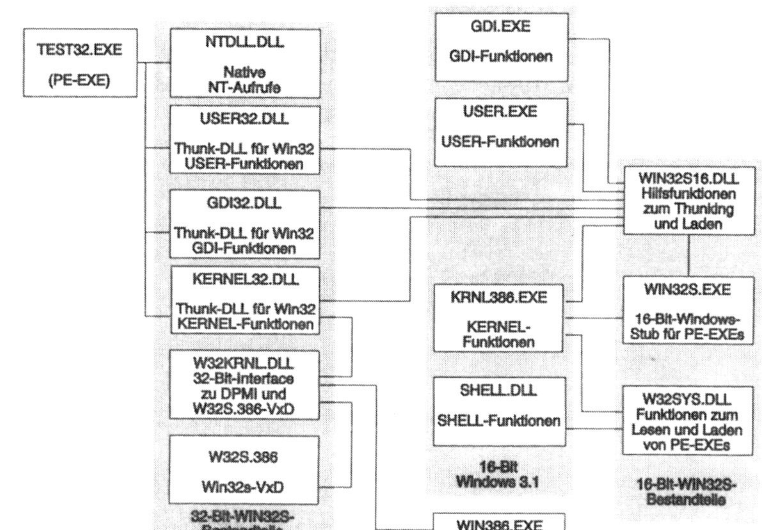

Was aber läuft unter der Fassade nun im einzelnen ab? Das Laden, Starten und einwandfreie Funktionieren eines Win32-Programmes setzt sowohl Änderungen an Windows 3.1 als auch tatkräftige Unterstützung durch die Win32s-Bestandteile voraus:

Der 3.1-Lader erkennt Win32-Programme.

- Der Windows-3.1-Loader erkennt, daß die auszuführende Datei kein normales »segmented executable« (SE) für Windows ist, sondern ein sogenanntes »portable executable« (PE), mithin eine 32-Bit-Applikation. In diesem Fall erklärt er sich für nicht zuständig und gibt die Anforderung einfach weiter an eine Win32s-DLL. Die dafür erforderliche Systemerweiterung wurde erst mit Windows 3.1 definiert (und deswegen ist Win32s unter 3.0 auch nicht lauffähig).
- Die Win32s-DLL allokiert die für Code- und Datenbereiche des Programmes notwendigen Speicherbereiche als 32-Bit-

Segmente, dabei allerdings völlig auf der virtuellen Speicherverwaltung von Win16 aufsetzend. Ein unter Win32s laufendes Programm teilt sich den Speicher in Win16-Manier mit allen anderen Applikationen: es gibt also keine getrennten Adressräume wie unter den »echten« 32-Bit-Windows-Versionen. Die einzelnen Sektionen werden aus der Datei geladen und das Programm wird gestartet.

Keine getrennten Adressräume unter Win32s!

- Aufrufe von Windows-Funktion wie z.B. RegisterClass(), die das Programm selbstverständlich mit 32-Bit-Parametern und -Adressen durchführt, werden von der zuständigen *Win32s*-DLLs (für RegisterClass() also USER32.DLL) abgefangen. Diese DLL übersetzt alle Parameter in das 16-Bit-Format, die Adressen werden dabei auf ein 16-Bit-Segment gemappt. Und mit diesen Werten kann nun die Originalfunktion (hier also RegisterClass() in der *Win16*-USER.DLL) aufgerufen werden, die das Erforderliche erledigt und zur 32-Bit-DLL zurückkehrt. Eventuelle Rückgabewerte werden hier wieder auf 32 Bit übersetzt und schließlich an die Applikation weitergegeben. Diese Übersetzungs-Layer werden auch als »thunks« bezeichnet.

Thunks fangen die 32-Bit-Aufrufe ab.

- In ganz ähnlicher Art geht auch die Versendung von Nachrichten vor sich: zwischen Win16 und die 32-Bit-Window-Prozeduren werden ebenfalls Filter eingeschaltet, welche die notwendigen Übersetzungsvorgänge völlig transparent vornehmen. Für Windows 3.1 und die anderen laufenden 16-Bit-Applikationen sieht das Programm also wie eine ganz gewöhnliche 16-Bit-Windows-Applikation aus. Diese wiederum glaubt, in einer Win32-Umgebung abzulaufen und sieht ihrerseits nur 32-Bit-Programme. Thunks (Funktionen und Nachrichten) unterstützen auch Hooks und Subclassing.

Auch Nachrichten werden übersetzt.

- Ressourcen, die aus der ausführbaren Datei geladen werden sollen, liegen dort natürlich im 32-Bit-Format vor und können nicht direkt von Win16 geladen werden. Auch hier schiebt sich daher ein Übersetzer zwischen Programm und Windows, um »on the fly« die erforderliche Umwandlung vorzunehmen.

32-Bit-Ressourcen werden automatisch umgewandelt.

- Aufrufe in nicht zu Windows gehörige 16-Bit-DLLs, die durch die Übersetzungsmechanismen von Win32s nicht unterstützt werden können, sind ausgeschlossen. Dafür ist eine 32-Bit-Version der DLL erforderlich. Gleiches gilt in die umgekehrte Richtung. Microsoft hat allerdings ein Konzept (namens »universal thunks«) ersonnen, mit dessen Hilfe diese Beschränkung umgangen werden kann (wenn auch nicht Win32-portabel und mit erheblichem zusätzlichem Aufwand für den Entwickler der DLL).

Keine Aufrufe in 16-Bit-DLLs, es sei denn, mit »universal thunks«!

- Die Reihenfolge, in der eine Window-Prozedur Nachrichten empfängt, ist zwischen Windows 3.1 und Win32s natürlich identisch. Nur so kann sichergestellt werden, daß Code, der auf einer bestimmten Abfolge von Nachrichten beruht, korrekt läuft. Da nun wiederum das gleiche Win32s-Executable auch unter Win32 — also Windows NT oder 4.0 — lauffähig ist (es ist ja ein echtes 32-Bit-Programm!), heißt dies implizit, daß die Nachrichtenfolge auch im Win32-API vollkommen unverändert bleiben muß.

Die Reihenfolge der Nachrichten ist identisch.

- Alle Speicheranforderungen (z.B. via GlobalAlloc()) werden über Win32s an das DPMI weitergegeben. Die Applikation sieht ausschließlich einen linearen 32-Bit-Adressraum. Die Segmente werden via Aliasing für die 16- und 32-Bit-Umgebungen verfügbar gemacht.

DPMI: Dos Protected Mode Interface.

- Der Win32s-VxD unterstützt das Modell für die strukturierte Exception-Behandlung (SEH), die daher auch in Win32s-Programmen unverändert eingesetzt werden kann (neben dem »flat memory model« die zweite echte Verbesserung des Win16-APIs).

So weit, so gut. Wie sieht ein Win32s-Programm jedoch für den Entwickler aus? Die Antwort ist ganz einfach und sollte nach dem bisher Gesagten gar nicht verwundern: es ist schlicht und ergreifend ein völlig reguläres 32-Bit-Windows-Programm! Zugegeben, einige Spezialitäten wollen schon berücksichtigt werden. Aber im Grundsatz wird jedes NT- oder Windows-4.0-Programm durch Win32s auch für Windows 3.1 verfügbar. Weder bei der Programmierung noch beim Compilieren oder Linken der Applikation müssen irgendwelche Win32s-spezifischen Details berücksichtigt werden. Alle Datentypen, Makros, Funktionen etc. der Win32-API stehen zur Verfügung. Allerdings, und damit kommen wir zu den Einschränkungen, liefert z.B. die Win32-Funktion CreateThread(), wenn sie unter Win32s aufgerufen wird, immer NULL zurück, damit

Ein Win32s-EXE ist ein normales NT-EXE!

anzeigend, daß kein neuer Thread erzeugt werden konnte. Da Win32s ja nur ein 32-Bit-Interface zu Windows 3.1 ist (das seinerseits kein Multithreading kennt), ist das auch nicht weiter erstaunlich. Und so wird denn auch das Zitat von oben etwas klarer: Win32s legt sich als Schicht um Win16, um Win32-Applikationen eine ihnen genehme Oberfläche vorzutäuschen. Es liefert aber keine über Windows 3.1 hinausgehende Funktionalität (abgesehen vom 32-Bit-Speichermodell und der Exception-Behandlung). Also kein Unicode, keine multiplen Threads, kein erweitertes GDI mit Bézier-Kurven und Paths, kein NTFS? Richtig, all das und noch einiges mehr ist mit Win32s nicht möglich. Das Subset wird allerdings im Laufe der Zeit zumindest die Teile der vollen Win32-Funktionalität übernehmen, die relativ einfach unter Win16 implementierbar sind. In Planung sind z.B. »memory mapped files«, diverse IPC-Mechanismen wie »named pipes« etc. Aber vieles, was das Win32-API so attraktiv macht, ist mit Windows 3.1 beim besten Willen nicht zu machen. Aber alles halb so wild, dann warten wir eben auf Windows 4.0...

Aber bei weitem nicht alle NT-Funktionen können benutzt werden.

Win32s: nur eine Schicht — keine neue Funktionalität.

Vor- und Nachteile für den Entwickler

Was bringt Win32s dem Entwickler? Die Vorteile liegen auf der Hand: vor allem die Verwendung des Win32-APIs sowie das lineare 32-Bit-Speicher-Modell mit dem damit oft verbundenen Gewinn an Performance erscheinen als attraktive Argumente (letzteres besonders für Anwendungen, die von 32-Bit-Systemen wie UNIX stammen). Wie gesagt: Win32s arbeitet im Prinzip so ähnlich wie ein DOS-Extender, ist allerdings eher als eine Art Windows Extender zu verstehen. Und ganz bestimmte Klassen von Anwendungen sind ja durch diese Produkte überhaupt erst möglich geworden. Auf den ersten Blick erscheint auch die Möglichkeit verlockend, für Win16 und Win32 nur eine Quelltextvariante und EXE-Datei warten zu müssen.

Vorteile: »flat model« und 32 Bit-Verarbeitung.

Eventuell nur ein Quelltext zu pflegen.

Leider gibt es aber auch gewichtige Nachteile: zum einen wird die gewonnene Performance durch die Thunks und sonstigen Schichten, welche sich zwischen 32-Bit-Applikation und Windows 3.1 klemmen, zum Teil oder sogar ganz wieder

Nachteile: »thunking« kostet Zeit.

aufgefressen. Ein extrem speicherintensives Programm mit »wenig Benutzeroberfläche« wird daher mehr von Win32s profitieren als eines, das sehr viele Win16-Funktionen aufruft. Weiterhin kann ein Win32s-Programm (zur Zeit) weder unter Win16 entwickelt noch mit 16-Bit-Debuggern getestet werden: die Werkzeuge des Win32-SDK, die nur unter Windows NT laufen, sind dazu erforderlich (und damit eine entsprechende Aufrüstung der Hardware). Zwar macht Win32s 32-Bit-Programme unter Win16 verfügbar: dies gilt aber nur für GUI-Anwendungen, nicht jedoch für Textmodus-Applikationen wie Compiler und Linker... Etwas mehr Weitsicht von seiten Microsofts hätte sicher nicht geschadet. Ein Lichtstreifen am Horizont zeigt sich dennoch: die 32-Bit-Werkzeuge von Borland sind durchaus unter MS-DOS einsetzbar (siehe dazu Abschnitt 5.4, Seite 380) und auch von anderen Seiten stehen zusätzliche Hilfsprogramme zur Verfügung (vgl. Abschnitt 5.1, Seite 349).

Entwickler brauchen NT und den Win32-SDK.

Als ob das alles noch nicht unangenehm genug wäre, kommt noch dazu, daß man auch mit Win32s die Quelltexte nicht so formulieren kann, daß keinerlei Vorkehrungen für Win16-Spezifika mehr erforderlich wären. Zwar hat man, entsprechende Codierung vorausgesetzt, nur eine Applikation zu pflegen, die Quelltexte müssen aber dennoch mancherlei Merkwürdigkeiten des Win16-API bzw. seiner Umsetzung auf Win32s berücksichtigen. Es hängt dabei stark vom Typus der Anwendung ab, wie aufwendig die Pflege des Programmtextes tatsächlich ist. Unter Umständen kann die Erzeugung zweier getrennter Programme (das eine als echtes 16-Bit-, das andere als 32-Bit-EXE) aus einem Satz von Quelltexten weniger aufwendig sein als die Arbeit mit einer einzigen ausführbaren Datei. Letzteres bedeutet nämlich, daß die Applikation so implementiert werden muß, daß sie sich dynamisch, also zur Laufzeit, auf das jeweils vorliegende Betriebssystem (NT oder Win32s) einstellen kann (Abschnitt 2.7 beleuchtet diesen ganzen Komplex etwas genauer).

Auch Win32s-Quelltexte sind nicht 100% portabel.

Schließlich, mein letzter Kritikpunkt, wird die schon ganz am Anfang angesprochene »wacklige« DOS/Windows-Kombination durch Win32s nicht gerade stabiler. Je mehr Code-Layer übereinander erforderlich sind, desto größer erscheint mir die Wahrscheinlichkeit von Abstürzen und Fehlfunktionen oder Inkompatibilitäten — wie z.B. bei der mangelhaften Integration von Win32s-Applikationen in speziellen Situationen wie der Benutzung der TOOLHELP-Funktion NotifyRegister(). Oder, um ein »musikalisches Schichtenmodell« als Illustration heranzuziehen — MS-DOS, Windows 3.1, Win32s und die über allem thronenden Applikationen erinnern mich dumpf an ein Märchen der Brüder Grimm, das in der Tat eine schöne Allegorie darstellt: ganz unten steht der alte DOS-Esel, darüber ein auch nicht mehr ganz frischer Wind(ows)-Hund, darauf die Win32s-Katze und ganz oben der Applikations-Gockel (diese Viererbande hat unter dem Namen »Bremer Stadtmusikanten« Weltruhm erlangt). Die ganze Konstruktion scheint zwar recht wackelig und stürzt denn auch mit entsprechendem Getöse zusammen, der Endzweck der ganzen Übung wird nichtsdestoweniger erreicht.

Und wie ist es mit der Stabilität?

Win32s: Notwendigkeit oder nur ein Microsoft-Trick?

Alles in allem bin ich nicht so recht überzeugt, daß Win32s wirklich eine allgemeine Notwendigkeit ist. Vielmehr kaschiert es zum einen einige der zweifellos vorhandenen Schwächen der Win16-Umgebung, so daß sie im Vergleich zu Win32 (und vor allem OS/2!) nicht zu stark ins Auge fallen (sonst würden manche Anwender, denen NT doch eine Nummer zu groß ist, vielleicht ins OS/2 2.x-Lager wechseln...).* Zum anderen, und dies scheint mir das einzige echte Argument für Win32s, soll es als Vehikel dienen, um potentiellen Win32-Entwicklern einen Anreiz zu geben, heute schon, wenn auch mit gewissen Einschränkungen, Win32-Anwendungen zu schreiben, die dann unter Windows 3.1 (mit seinen -zig Millionen Installationen) verkaufbar sind (getreu dem Motto »32-Bit-Programm bringt auch 16-Bit-Umsatz«). In diesem Sinne ist Win32s zwar von der *technischen* Seite gesehen so notwendig wie ein Kropf, es kann sich aber als entscheidender Microsoft-Schachzug bei der Durchsetzung von Windows NT als High-End-Betriebssystem herausstellen. Denn wie schon oben erwähnt, implementieren Software-Hersteller Produkte lieber für Systeme, die sich auf dem Markt bereits durchgesetzt haben als für Neuankömmlinge. Und Win32s verbindet hier elegant das (für Microsoft) Angenehme mit dem (für Software-Häuser) Nützlichen. Daß darüber hinaus ein Hersteller möglicherweise keine weitere 32-Bit-Version (nämlich für OS/2) implementiert, ist ein von Microsoft sicherlich nicht ungern gesehener Seiteneffekt.

** Also »S« wie Schadensbegrenzung?*

Immerhin kann Win32s Software-Häusern heute Umsatz bringen.

Andererseits wird Win16 (und mit ihm Win32s) in nicht allzuferner Zukunft ohnehin eines sanften Todes sterben, eben weil es durch eine echte 32-Bit-Version (nämlich Windows 4.0) ersetzt werden soll. Und spätestens dann ist der ganze Win32s-Hokuspokus genauso überflüssig wie heute schon gewisse Intel-Prozessoren. Dennoch werde ich in den weiteren Kapiteln eine Reihe von wichtigen Hinweisen zur Programmierung von Win32s-Applikationen geben und auch besonders auf Fragen zur Sicherstellung der Lauffähigkeit unter beiden Plattformen eingehen.

1.10 Zusammenfassung

»Was ist der langen Rede kurzer Sinn?« Friedrich Schiller, Wallenstein

Die Quintessenz dieses ersten Kapitels in wenigen Worten zusammengefasst:

Windows NT ist eine Erweiterung der Windows-Familie nach oben und hat folgende Stärken: erweiterbar, skalierbar, portabel und weitgehend API-rückwartskompatibel. Es stellt MS-DOS- und Windows-3.x-Emulation, POSIX- und OS/2-Unterstützung sowie C2-Level-Sicherheit zur Verfügung. Weitere Stichworte sind »flat memory model«, »symmetric multiprocessing«, echtes Multitasking und -threading. NT ist gegenüber OS/2 2.x und UNIX mindestens konkurrenzfähig (auch was die Hardware-Anforderungen betrifft); eine Reihe von technischen Vorzügen hebt es sogar teilweise über seine Hauptkonkurrenten hinaus. Nichtsdestoweniger ist es ein funkelnagelneues System, das seine Kinderkrankheiten noch vor sich hat.

Windows NT ist ein modernes, leistungsfähiges High-End-Betriebssystem.

Windows NT ist ein state-of-the-art-System, in das Erfahrungen mit zahlreichen anderen modernen Betriebssystem-Projekten eingeflossen sind. Es ist modular und schichtenweise aufgebaut und erlaubt es, zur Laufzeit fast beliebig Systemkomponenten auszutauschen. Die erweiterbaren Subsysteme, die mit Applikationen über ein Client/Server-Modell kommunizieren, erlauben die Ausführung sowie Erstellung von Programmen fremder Betriebssysteme durch API-Emulation. Das

Win32-Subsystem unter Windows NT stellt die erste verfügbare Umsetzung des Win32-APIs dar.

Windows 4.0, das nicht vor Mitte 1994 zu erwarten ist, wird ebenfalls eine weitgehend vollständige Implementation dieses APIs sein. Das Programmiermodell ist daher bis auf einige Bereiche identisch zu NT, beide Systeme teilen sich faktisch die als Win32-API von Microsoft dokumentierte Schnittstelle. Fast alle Portabilitätskriterien, die für NT gelten, werden aus diesem Grunde auch auf Windows 4.0 zutreffen. Die beiden Systeme unterscheiden sich jedoch in einer gerade für Win16-Anwender entscheidenden Hinsicht: die Hardware-Anforderungen von 4.0 werden erheblich geringer sein als die von Windows NT.

Der Win32-SDK.

Die Programmierung und Benutzung des Win32-SDK haben sich gegenüber Win16 nicht grundlegend geändert, obwohl der Teufel im Detail steckt (wo auch sonst?). Die meisten Änderungen sind auf die 32-Bit-Erweiterung sowie die getrennten und vergrößerten Adressräume zurückzuführen, das API wurde diesbezüglich allerdings relativ konsistent erweitert. Eine ganze Reihe von nicht portablen, weil hardwareabhängigen 3.x-Funktionen sind ersatzlos gestrichen worden. Dafür soll jedoch zwischen x86- und RISC-Prozessoren eine fast 100prozentige Quelltext-Portabilität bestehen.

Was bringt Win32 Ihren Programmen?

Alle Windows-Applikationen profitieren von den Win32-API-Verbesserungen: am wenigsten binärkompatible Win16-Programme (in welchem Fall der Portierungsaufwand allerdings auch äußerst gering ausfällt); in größerem Umfang portierte und vollständig an das Win32-API angeglichene Applikationen (der Aufwand ist jedoch nicht mehr vernachlässigbar); den meisten Nutzen ziehen Programme, die speziell an bestimmte Win32-Features angepaßt werden (was naturgemäß mit noch größerer Mühe verbunden ist).

Und Win32s?

Win32s als 32-Bit-Erweiterung von Windows 3.1 bietet entsprechend programmierten NT-Applikationen schließlich die Möglichkeit, auf einer Win16-Plattform abzulaufen, dabei besonders vom linearen 32-Bit-Speichermodell profitierend. Naturgemäß hat auch der Win32s-Programmierer seine Quellen von 16 auf 32 Bit zu portieren, die notwendigen Anpassungen sind weitgehend mit denen für »echte« NT-Applikationen identisch. Allerdings muß auf eine ganze Reihe von wichtigen

Vorteilen des vollen Win32-APIs verzichtet sowie eine ganze Reihe von 16-Bit-spezifischen Ausnahmen hingenommen werden, was die Programmierung für Win32s nicht gerade vereinfacht. Sofern 32-Bit-Programme jedoch bestimmte Regeln beachten, können sie binärkompatibel auf Windows NT, Windows 4.0 und Windows 3.1 plus Win32s eingesetzt werden. Win32s scheint mir nur für eine Übergangszeit interessant zu sein, spätestens wenn Microsoft Windows 4.0 bzw. DOS32 plus Win32c vorstellt, wird Win32s verschwinden (bzw. im Laufe der Zeit spurlos von diesem Produkt aufgesaugt werden).

Strategien zur portablen Programmierung

Nun wird es langsam ernst: im folgenden beschäftigen wir uns mit der Portierung von Win16-Programmen nach Win32 auf einem projektbezogenen Niveau. Schließlich besteht eine Applikation nicht einfach nur aus -zigtausend Quelltext-Zeilen, sie hat (hoffentlich!) eine Struktur, sie weist bestimmte globale Eigenheiten auf, die den Gang einer Umsetzung auf ein neues Betriebssystem durchaus beeinflußen können. Unser Standpunkt für dieses Kapitel ähnelt, um ein kriegerisches, aber nicht ganz unangemessenes Bild zu benutzen, ein wenig dem eines Feldherrn auf seinem Hügel, der versucht, die große Lage genau einzuschätzen, um die vorhandenen Kräfte danach möglichst sinnvoll einsetzen zu können. Natürlich wird eine große Schlacht auch nicht ohne die zahllosen kleinen Scharmützel gewonnen: zahlreiche konkrete und detaillierte Hinweise zur portablen Programmierung und der korrekten Benutzung der einzelnen Datentypen, Funktionen, Nachrichten etc. finden Sie dann in den nächsten beiden Kapiteln.

Eine Portierung erfordert Planung und Überblick.

2.1 Ausgangspunkte und Zielsetzungen

»Wenn man das Ziel nicht kennt, ist kein Weg der richtige.« Koran, 5. Sure

Unser Ansatzpunkt ist offensichtlich eine bestehende und funktionierende Win16-Applikation. Allerdings reicht das zur vollständigen Beschreibung des Startpunktes allein noch nicht ganz aus, denn die Quelltexte von Win16-Programmen können heutzutage grob in vier Varianten (und unzählige Mischformen dieser Varianten) eingeteilt werden:

Startpunkt: ein Win16-Programm — aber in vier Varianten.

- Entweder Uralt-Code, der nie auf Windows 3.0 (geschweige denn 3.1) angepaßt wurde.
- Oder man hat sich mit einer 3.0-Applikation auseinanderzusetzen, die z.B. aus Zeitmangel noch nicht auf das erweiterte 3.1-API umgestellt werden konnte.
- Am häufgsten dürfte die dritte Kategorie anzutreffen sein: unter 3.1 recompilierter und auch lauffähiger Code (der womöglich sogar schon einige der neuen 3.1-Features unterstützt).
- Schließlich die letzte Spielart: Programme, die unter 3.1 laufen und ohne ernstzunehmende Compiler-Warnungen mit der STRICT-Option compiliert worden sind (der für unsere Zwecke wichtigen Warnungen und Fehlermeldungen nimmt sich Abschnitt 3.8, Seite 195 an).

Näheres zur STRICT-Option finden Sie in Abschnitt 2.5 ab Seite 113.

Am besten STRICT...

Wie Sie sicher bemerkt haben und wie die folgende Abbildung zeigt, bauen die vier Fassungen, in denen Win16-Quelltexte vorliegen können, strikt aufeinander auf:

Abb. 2.1: Die vier Quelltext-Varianten für Win16.

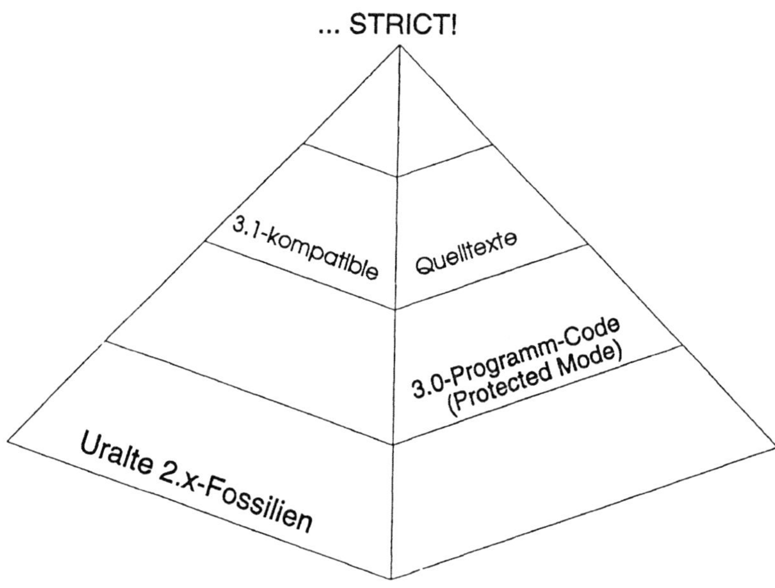

Als Ausgangspunkt für einen Win32-Port ist mir daher besonders die Nummer 4 sympathisch. Zwar sind auch hier noch zahlreiche Änderungen zu beachten und durchzuführen, aber eine wichtige Voraussetzung erfüllt solcher Code allemal: er ist, was die Verwendung der zahlreichen Windows-spezifischen Datentypen angeht, syntaktisch korrekt (soweit überhaupt von einem C-Compiler feststellbar...) und enthält daher nur relativ wenige Stellen, an denen wegen der in Win32 erweiterten bzw. geänderten Datentypen nachzubessern wäre. Ein guter Rat für alle Entwicker, die nicht sofort portieren wollen bzw. müssen, sondern sich lediglich mit mittelfristigen Portierungsplänen tragen: stellen Sie Ihre Quellen doch im Laufe der Zeit auf STRICT um. Sofern Sie nicht mit C++ arbeiten, kann und sollte dies ohne weiteres schrittweise geschehen, indem Sie eine C-Datei nach der anderen, wie es Zeit und Gelegenheit gerade ermöglichen, anpassen. Besonders Quellen, die Sie häufig bearbeiten müssen (und natürlich auch solche, die komplett neu begonnen werden), sind recht gute Kandidaten. Stabiler Code, der nicht aus anderen Gründen modifiziert werden muß (Wartung oder Pflege), sollte dagegen erst dann STRICT-kompatibel gemacht werden, wenn Sie genügend Zeit haben, sich in aller Ruhe mit den Fehlermeldungen und Warnungen des Compilers auseinanderzusetzen und entsprechende Änderungen vorzunehmen.

Auch wer nicht sofort portiert: STRICT hilft!

Mehr zu Warnungen siehe Abschnitt 3.8, Seite 195.

C++-Anwender müssen dagegen in den sauren Apfel beißen und im Regelfall gleich alle Quelltext-Dateien eines Projektes auf einmal umstellen. Der Grund liegt darin, daß ein C++-Compiler in den von ihm erzeugten Objektdateien an die Funktionsnamen noch Informationen über die Datentypen der Parameter sowie des Funktionsresultats anhängt. Dieses als »name mangling« bezeichnete Verfahren ermöglicht die einfache Unterscheidung von überladenen Funktionen; außerdem werden die so modifizierten Namen später für das typensichere Linken, oder neudeutsch »typesafe linking«, herangezogen. Zwei C++-Module, wovon eines mit STRICT, das andere jedoch herkömmlich (so bezeichne ich im weiteren Dateien, die ohne »#define STRICT« übersetzt worden sind) compiliert wurde, arbeiten aber selbst bei Aufrufen der gleichen Funktion nun einmal nicht mehr mit der gleichen Definition des Datentyps HWND (beispielsweise). Denn das ist ja gerade der tiefere Sinn von STRICT: erst die präzise Definition aller verwendeten Datentypen versetzt den Compiler in die Lage, strengere

STRICT: nicht ganz so einfach für C++-Entwickler.

Typprüfungen vorzunehmen. Die Objekt-Dateien, welche die (dann unterschiedlichen) Namen der externen Funktionen exportieren, können daher möglicherweise gar nicht mehr korrekt in einer Applikation zusammengelinkt werden, stattdessen gibt der Linker Fehlermeldungen über nicht gefundene externe Funktionen aus (»unresolved externals«). Auch diese Problema tik wird in Abschnitt 2.5 anhand eines konkreten Besipiels noch einmal genauer beleuchtet.

STRICT ist der beste Startpunkt.

Älteren 3.0-Code bzw. normale 3.1-Quelltexte vorab STRICT-kompatibel zu machen und die Portierung erst danach vozunehmen, ist also die sauberste und erfolgversprechendste Variante. Zum einen ist dieses zweischrittige Verfahren (»divide and conquer«) leichter beherrschbar, zum anderen erzwingt es seltener ad hoc-Lösungen, die gerade große Projekte im Laufe der Zeit unübersichtlich und schwer wartbar machen. Allerdings ist dieser Ansatz im Regelfall auch der zeitaufwendigste, wenn man allein die Zeitdauer der Portierung in Rechnung stellt.

Mindestens aber Protected Mode kompatibel

Allerdings: Quelltexte müssen nicht zwingend STRICT-kompatibel sein.

Für den Entwickler stellt sich, wenn es vor allem auf schnelle Resultate ankommt, die Frage, ob es sich unter diesen Umständen überhaupt lohnt, die Quellen vor einer Portierung STRICT-kompatibel zu machen. Denn trotz der Tatsache, daß ich diese Variante bevorzuge, sind natürlich auch herkömmliche Quelltexte durchaus portierbar — und die STRICT-Kompatibilität ist, um es ganz deutlich zu sagen, *keine* Win32-Voraussetzung! Ein eindeutige Antwort ist schwierig: dafür spricht vor allem, daß solche Programme grundsätzlich bessere Typpüfungen vornehmen; die Änderungen, die der Entwickler unterwegs einbaut, machen den Code strikter und damit automatisch portabler. Dagegen spricht neben dem erhöhten Zeitaufwand auch die Tatsache, daß mancher Aufwand, der getrieben werden muß, um Programme STRICT-kompatibel zu machen, der Portabilität wenig oder gar nicht nutzt. Die Benutzung von STRICT kann darüberhinaus natürlich nicht alle Portabilitätsprobleme erkennbar machen.

Die Variante, während der Portierung parallel auch die Quellen strikt zu machen, scheint mir nur im Ausnahmefall sinnvoll. Denn dann, und diesen Einwand halte ich für sehr wichtig, hat man zwei Ziele auf einmal zu verfolgen, was leicht dazu führt, daß man den Überblick verliert und keines der beiden Ziele in der vorgegebenen Zeit erreicht. Um es noch einmal zu betonen: STRICT ist zwar höchst wünschenswert, aber keinesfalls zwingend notwendig.

Kein Multitasking!

Eine fundamentale Forderung an Windows-3.x-Code allerdings würde ich unbedingt stellen, bevor die eigentliche Portierung beginnt: das Programm muß absolut fehlerfrei im Standard und Enhanced Mode von Win16 (und wegen der besseren Runtime-Kontrollen bevorzugt unter 3.1) laufen. An sich würde ich hier gerne noch einen Schritt weitergehen und als weitere Bedingung die korrekte Funktion des Programmes auch unter der »debugging version«* von Windows 3.1 aufstellen: da diese aber nur im Microsoft SDK enthalten ist und vielen Entwicklern daher nicht zur Verfügung steht, kann ich dieses nur denjenigen Entwicklern, welche die entsprechenden Versionen installiert haben, *wärmstens* ans Herz legen. (Zwei Bemerkungen dazu kann ich doch nicht unterdrücken: Microsoft täte gut daran, das »debugging kernel« kostenfrei an Entwickler auszuliefern — z.B. via CompuServe. Aber solange das noch nicht der Fall ist, sollten Sie eventuell doch über die Anschaffung des Win16 SDKs nachdenken...)

** Diese spezielle Version bietet zahlreiche weitere diagnostische Möglichkeiten.*

... denn die »debugging version« ist enorm hilfreich und für professionelle Entwicklung unentbehrlich.

Fehlerfrei bzw. korrekt heißt in diesem Zusammenhang übrigens, daß keine UAEs wie z.B. in Abbildung 2.2 auf der nächsten Seite, keine »general protection violations« und ähnliches vorkommen dürfen. Fehlerhafte Programme für den Real Mode, die schon unter den 3.x-Protected-Modes von Windows derart abgestraft werden, laufen unter Win32 garantiert ebenfalls nicht störungsfrei. Da Sie aber Ihre 3.x-Entwicklungsumgebung viel besser kennen und dort alle gewohnten Tools zur Verfügung haben, scheint es mir erheblich sinnvoller, alten Real-Mode-Code auch noch dort an den Protected Mode anzupassen. Erst danach, in einem zweiten Schritt, würde ich den Win32-Port angehen.

UAE: die famosen »unexpected application errors«, die besonders in der 3.0-Version häufig auftraten.

Einen ganz ähnlichen Ratschlag muß ich auch allen Antiquitätenliebhabern geben, die noch mit steinalten 2.x-Überresten kämpfen. Unbedingt zuerst mit den vertrauten

Werkzeugen an Windows 3.1 anpassen (man denke nur daran, daß u.a. der System-Font seit 3.0 proportional ist!), und erst anschließend die 32-Bit-Sehnsüchte stillen. Der Vorteil, sowohl das Umfeld als auch die Entwicklungswerkzeuge aus dem Effeff zu beherrschen, ist besonders in diesem Fall kaum zu überschätzen!

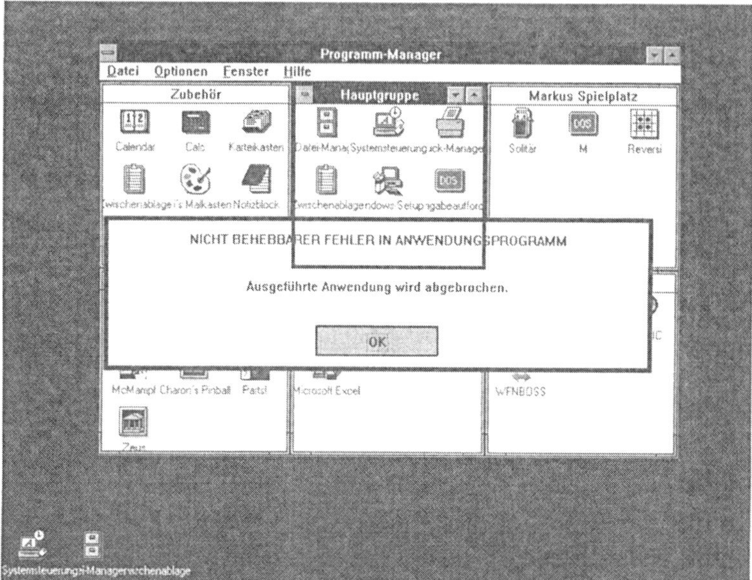

Abb. 2.2: UAE: ein ganz böses Zeichen.

K&R oder ANSI C?

Prototypes sind unverzichtbar.

Und noch eine Komplikation: was tun mit K&R-konformen Code-Relikten, die nicht die Möglichkeiten des ANSI C z.B. bezüglich der strikten Parameterprüfungen nutzen? Wenigstens die Prozedurköpfe (»prototypes« oder neudeutsch Prototypen) würde ich grundsätzlich auf ANSI C umstellen: wer ohne konsequente Benutzung von ANSI-C-Prototypen ein komplexes Projekt (insbesondere unter Windows) angeht, beweist zwar viel Mut, aber nur wenig Einsicht. Beachten Sie auch die im folgenden Kapitel erläuterten Hinweise zur Formulierung portabler Quelltexte in (ANSI) C.

Ziehen wir also eine erste Zwischenbilanz: die beste Ausgangsposition bieten ANSI-C-Prototypen kombiniert mit der STRICT-Option von Windows 3.1. Unter 3.x im Protected Mode einwandfrei laufender Code ist auf jeden Fall besser als nichts. Wenn genügend Zeit zur Verfügung steht: zuerst werden die Quelltexte umgeSTRICT, danach der Win32-Port vorgenommen. Im anderen Fall behilft man sich eben, so gut es geht, ohne STRICT. Ganz arm dran sind dagegen prä-3.0-Ritter: hier heißt es, die Applikation erst einmal an 3.1 anpassen, dann erst Win32 anpeilen.

Und das Ziel? Entweder Einweg-Portierung...

Aber auch das Ziel der ganzen Aktion kann nicht ohne weiteres mit einem kurzen und prägnanten Satz formuliert werden: entweder soll das Programm buchstäblich portiert und auf der Ursprungsplattform nicht mehr weiterentwickelt werden. Oder — wohl der häufigere Fall und in Abbildung 2.3 illustriert — der Quelltext wird parallel für Win16 und Win32 erstellt und gepflegt, die Applikation ist dann als Win16- und Win32-Produkt verfügbar:

Nur eine Win32-EXE-Datei?

Oder zwei: Win16 und Win32?

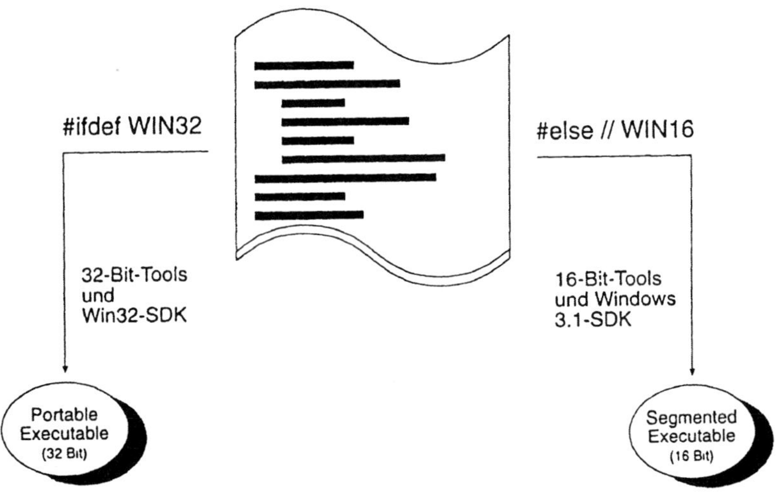

Abb. 2.3: Ein Quelltext, aber zwei Applikationen.

Wenden wir uns erst dem einfacheren Thema der Einweg-Portierung zu. Hier können Sie ohne Rücksicht auf alte Zöpfe schalten und walten: der alte, nicht portable 16-Bit-Code wird einfach gestrichen und durch adäquaten Win32-Programmtext ersetzt. Bei dieser Gelegenheit sollten Sie Ihr Programm vielleicht grundsätzlich auf 16-Bitismen hin untersuchen (auch solche, die die Lauffähigkeit des portierten Programmes vorderhand nicht berühren). Einige Beispiele: Array-Indices und Schleifenzähler in short- oder WORD-Variablen, Code- und Datensegment-Aufteilungen sowie die Ausrichtung selbstdefinierter Datenstrukturen, die char- oder short-Komponenten einschließen. Früher oder später können Ihnen nämlich auch diese Konstruktionen Ärger bereiten: selbst wenn Ihre Applikation unter Win32 einwandfrei compiliert und auch einwandfrei zu laufen scheint, können sich hier noch ganz üble Fallstricke verbergen. Merke: eine Portierung ist erst dann *erfolgreich* abgeschlossen, wenn die gesamte Applikation inklusive aller Optionen mit einem vollständigen Satz an Daten (insbesondere Grenzfällen!) korrekt funktioniert. Die 16-Bit-Implementation eines Algorithmus ist nicht schon automatisch deswegen unter 32 Bit korrekt, weil sie dort compiliert und zu funktionieren scheint!

Testen, testen, testen!

... oder Programmerstellung für Win16 und Win32

Eine Quelle — zwei Programme.

Die zweite mögliche Zielsetzung, nämlich aus einem Satz von Quelltexten sowohl ein Win16- als auch das Win32-Programm zu erzeugen, ist etwas schwieriger zu realisieren. Drei Mechanismen sind es, die Sie hierbei unterstützen: erstens die bedingte Compilierung (via »#ifdef« und Konsorten), die allerdings bei längeren Programmteilen leicht unübersichtlich und sogar kontraproduktiv wirken kann. Möglicherweise hilft dann die zweite Methode: die geschickte Definition von Makros in Header-Dateien kann viele Portabilitätsprobleme elegant vor den eigentlichen Quelltexten verbergen, insbesondere erlaubt sie es, regelmäßig eingesetzte »#ifdefs« in einer eigenen (auch mehrzeiligen) Makrodefinition zu »verpacken«. Der dritte Mechanismus geht noch einen Schritt weiter und isoliert nicht portablen Code in einer selbständigen Funktion, die unter Win16 und Win32 zwar gleiche Aufrufparameter (Syntax) und Funktionalität (Semantik) hat, jedoch ganz unterschiedlich implementiert ist.

»conditional compilation«.

Portable Makrodefinitionen.

Eine Schale mit Hilfsfunktionen.

Wenn so alle Portabilitätsfunktionen, die so im Laufe eines Projektes anfallen, konsequent in eine eigene Bibliothek gesteckt werden, kann man sich für weitere Vorhaben eine enorme Vereinfachung verschaffen. Die vollständige Compilierung einer Applikation für beide Systeme aus einem einzigen Set von Quellen ist trotz all dieser Maßnahmen nicht immer vollständig zu erreichen: insbesondere die Verwendung von Win32-Eigenschaften, für die unter Win16 kein Pendant existiert — wie multiple Threads — oder die dort nur extrem aufwendig realisiert werden können (wie z.B. nicht segmentierte Speicherbereiche größer 64 KB via WINMEM32.DLL), erzwingt oft eine Aufspaltung in teilweise getrennte Quelltexte, die Win16- bzw. Win32-spezifisch sind. Versuchen Sie, diese Programmteile so gut wie möglich zu isolieren und vom Rest der Applikation durch einen portablen Layer anzusprechen. Je wichtiger für Sie die Compilation aus einer Quelle ist, desto kritischer sollten Sie überprüfen, welche der nicht rückwärtskompatiblen neuen Features Sie tatsächlich in Ihrer Applikation berücksichtigen sollten. Dieser Komplex hängt im übrigen ganz eng mit der Implementation von Win32s-Applikationen zusammen, die ja ebenfalls nur das Win16-kompatible Subset des Win32-APIs benutzen können. Eine detaillierte Diskussion dieser Frage finden Sie in Abschnitt 2.7, Seite 131.

Erweiterte Features schaden der Rückwärtsportabilität.

An den beiden unterschiedlichen Zielsetzungen sind im übrigen zwei unabhängige Problembereiche zu erkennen: der eine ist die reine Portierung, der andere die portable Programmierung einer Applikation. Während ersteres eine einmalige Anstrengung darstellt, die mit dem erfolgreichen Port des Programmes beendet ist, muß für die zweite Spielart auch nach der Portierung (richtiger wäre wohl der Ausdruck »Portabilisierung«, den ich im weiteren auch für diese Aufgabe benutze) regelmäßig Aufwand getrieben werden, um die Kompatibilität mit beiden Zielplattformen zu gewährleisten. Solcherlei portable Programme im Windows-Umfeld müssen dabei auf zwei Fronten kämpfen: einerseits sind da natürlich die Unterschiede in den jeweils zur Verfügung stehenden APIs, die durch entsprechende Formulierung des Programmtextes möglichst isoliert werden müssen. Zum zweiten, und dieser Aspekt der portablen Programmierung wird gewöhnlich unterschätzt, stellt auch der Übergang von einem 16-Bit- auf ein 32-Bit-System als solcher (also ganz unabhängig vom jeweiligen

Nur portieren...

... oder portabel machen und halten?

Betriebssystem) bestimmte Anforderung an die Quelltexte. Auf die damit verbundenen Probleme, einige allgemeine Regeln und detaillierte Hinweise gehen wir in den Abschnitten 3.4 bis 3.7 ein.

2.2 Zwei Alternativen zur Vorgehensweise

»Was Du auch tust, tue es klug und bedenke das Ende!« Gesta Romanorum

Entweder Bottom Up ...

oder Top Down!

Sie sitzen also vor Ihrem ersten Projekt und wollen aus Ihren Win16-Quelltext-Dateien eine lauffähige Win32-Applikation machen. Wie und wo anfangen? Grundsätzlich bieten sich da zwei ganz unterschiedliche Wege an: der eine beginnt beim Detail und arbeitet sich langsam auf höhere Ebenen vor (daher Bottom Up); der andere macht's genau umgekehrt, indem er sich das Zentrum oder das Wichtigste zuerst vornimmt und dieses dann schrittweise nach unten hin verfeinert (als Top Down bezeichnet).

Bottom Up

Erst alles anpassen, sodann compilieren und schließlich debuggen.

Bottom Up zu portieren bedeutet, daß Sie eine Quelltext-Datei nach der anderen soweit möglich und mit Hilfe der Hinweise in den Kapiteln 3 und 4 an die Win32-API anpassen, dann compilieren, je nach ausgegebenen Fehlermeldungen und Warnungen weitere Änderungen vornehmen, recompilieren etc., bis diese Datei korrekt übersetzt werden kann und eine Objektdatei erzeugt wird. Der Reihe nach werden so sämtliche Quelltext-Dateien (inklusive benötigter Ressourcen) behandelt. Schließlich werden alle Objektdateien gelinkt, eventuelle Fehler beseitigt und die Applikation ausgetestet (vermutlich unter Zuhilfenahme eines Debuggers). Dabei auftretende Fehler führen zu wiederholter Änderung und Recompilierung verschiedener Quelltext-Dateien, bis das Programm schließlich korrekt funktioniert. Die Portierung ist damit abgeschlossen. Die folgende Abbildung 2.4 veranschaulicht die prinzipielle Vorgehensweise:

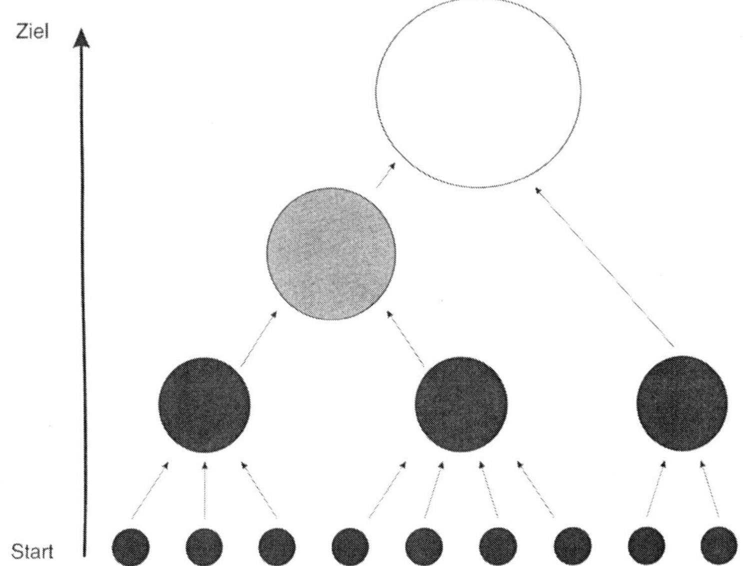

Abb. 2.4: Bottom Up — vom Kleinen zum Großen.

Top Down

Einen funktionierenden Kern schaffen und dann schrittweise erweitern.

Top Down verfolgt eine vollkommen andere Strategie: hier wird erst einmal ein funktionierendes Minimalprogramm umgesetzt. Das wird erreicht, indem die Datei, die das Hauptprogramm enthält, soweit an Win32 angepaßt wird, daß sie einwandfrei übersetzt und gelinkt werden kann. Alle Funktionsaufrufe in andere, noch nicht übersetzte Module müssen dabei natürlich entweder auskommentiert oder durch Aufrufe von leeren Funktionen (»stubs«) ersetzt werden. Diese Vorgehensweise setzt allerdings eine relativ klare Modularisierung der Quelltexte voraus — der negative Extremfall wäre hier, daß nur eine riesenhafte, -zigtausend Zeilen lange und völlig unstrukturierte C-Datei vorliegt: so entartet Top Down nämlich zu Bottom Up. Wenn das Hauptprogramm arbeitet (ohne daß es dabei allerdings mehr tut, als bestenfalls ein Toplevel-Window zu erzeugen und darin das Hauptmenu darzustellen),* kann die weitere Funktionalität der Applikation nun Stück für Stück, im Idealfall eine Quelltext-Datei nach der anderen, hinzugefügt werden. Im Hauptprogramm werden dann die entsprechenden Aufrufe wieder eingefügt, der neue Programm-Code wird getestet und fehlerfrei gemacht etc., bis

** Aber immerhin: es läuft!*

die gesamte Applikation portiert ist. Der Gang der Dinge wird schematisch in Abbildung 2.5 dargestellt:

Abb. 2.5: Top Down: ein funktionierendes Zentrum wird erweitert.

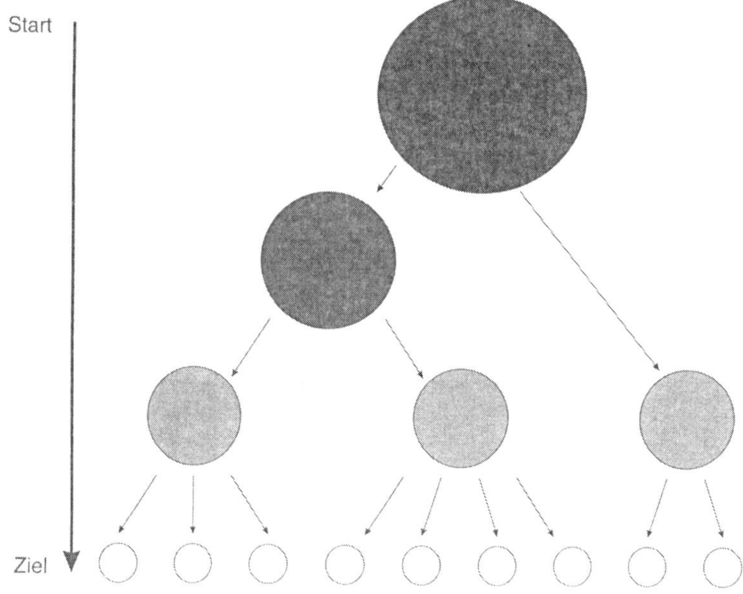

Welches Verfahren ist besser?

Top Down — und zwar aus drei Gründen!

Vereinfachtes Debuggen.

Die beiden dargestellten Varianten sind natürlich idealisierte Fälle: im wirklichen Leben wird jede Portierung Elemente beider Strategien vereinigen müssen. Dennoch muß vor dem Start eines Ports die grundlegende Entscheidung getroffen werden, ob in einer umfassenden Aktion zuerst alle Quellen angepasst werden, um dann das Programm zu erzeugen oder ob umgekehrt ein funktionierendes Grundgerüst schrittweise mit weiterem Leben erfüllt wird. Für eine reine Portierung (also ohne auf Rückwärtskompatibilität achten zu müssen) eignet sich nach meinen Erfahrungen der Top-Down-Ansatz erheblich besser. Dieses aus drei Gründen: erstens erlaubt er eine kontrollierte und schrittweise Anpassung der Applikation, was besonders für das Testen und die Fehlerbeseitigung von kaum zu überschätzender Bedeutung ist. Schon portierte und als korrekt abgehakte Teile der Applikation brauchen später (im Regelfall) nicht mehr berücksichtigt zu werden. Der Entwickler kann seine volle Aufmerksamkeit immer einem einzigen, nämlich dem gerade neu hinzugekommenen Feature oder

Programmteil zuwenden, um dieses fehlerfrei zu implementieren. Dieser schrittweise Ansatz (der anderswo auch schon als »Salamitaktik« bezeichnet wurde) entspricht viel mehr dem menschlichen Denken als das doch eher sture und etwas maschinenhafte Bottom Up.

Zweitens hat Top Down einen wichtigen psychologischen Effekt: man kämpft dann nämlich nicht wochenlang ohne ein sichtbares Resultat wie gegen Windmühlenflügel, sondern hat relativ schnell das erste Erfolgserlebnis: ein Win32-Programm, das zwar noch nicht besonders viel tut. Aber immerhin: es läuft! Und jedes neu eingebaute Feature, jede erfolgreich beendete Debugging-Sitzung hebt die Stimmung. Die Bedeutung dieses motivierenden Effekts kann wirklich nicht genügend betont werden!

Und Erfolg motiviert!

Schließlich hat Top Down bei umfangreichen Projekten auch noch den Vorteil, daß ein Team von Entwicklern, wenn erst einmal die Hauptprogramm-Schale mit ihren Schnittstellen definiert und portiert ist, relativ unabhängig voneinander portieren und testen können. Dazu kommt, daß Erfahrungen, die man während des Umsetzens und besonders beim Testen der allerersten Programmteile macht, den weiteren Anstrengungen natürlich zugute kommen.

Top Down fördert Teamarbeit und Erfahrungsaustausch.

Etwas anders sieht die Situation aus, wenn Sie bereits durch einige Projekte Erfahrungen mit dem Win32-API gesammelt haben und die zu portierende Applikation für Win16 und Win32 benötigen, Ihre Quelltexte also rückwärtskompatibel und daher portabel sein müssen. Dann zeigt sich, daß auch Bottom Up durchaus Vorteile haben kann: dieser Ansatz erlaubt es erfahrenen Entwicklern besser als Top Down, wiederkehrende Code-Muster in den Quelltexten zu erkennen, die entweder in einer Portabilitätsbibliothek isoliert werden sollten oder mit Hilfe bedingter Compilierung und/oder Makrodefinitionen abgehandelt werden können. Bottom Up hat noch einen weiteren Vozug, der allerdings erst bei größeren Projekten greift: der »mechanische« Teil der Portierungsarbeit, das sture Ändern von immer wieder ähnlichen Code-Sequenzen, kann unter der Regie von erfahrereren Entwicklern auch durch relativ unerfahrene Programmierer vorgenommen werden. Wenn die Quellen dann soweit angepaßt sind, daß Testen und Debugging möglich werden, müssen sich natürlich

Aber auch Bottom Up kann Vorteile haben...

... z.B. bei sehr großen Projekten.

diejenigen Programmierer mit dem Code auseinandersetzen, die ihn auch entworfen und implementiert haben. Wegen des engen Wechselspiels zwischen Testen und Ändern ist eine solche Arbeitsteilung bei Top Down sehr viel schwieriger.

Zwischenziele definieren!

Versuchen Sie allerdings, soweit irgend möglich, auch die Portabilisierung einer Win16-Applikation so zu gestalten, daß bestimmte Zwischenziele definiert werden, die schrittweise erreicht werden können. Die positive Wirkung von sichtbaren Resultaten wirkt, wie schon erwähnt, ungeheuer beflügelnd.

Wie gesagt: wie Sie den vorhergehenden Ausführungen sicher schon entnommen haben, tendiere ich ganz deutlich zum Top-Down-Ansatz. Kleinere Projekte lassen sich damit sehr übersichtlich und schnell umsetzen, und auch bei größeren

Die richtige Mischung macht's!

Projekten zeigt sich, daß Top Down die Portierung vereinfachen kann. Eine gewisse Bottom-Up-Komponente kann in diesen Fällen, je nach den Umständen und der Erfahrung der Entwickler mit Win32, jedoch durchaus von Vorteil sein. Ein abschließender Ratschlag zum »ersten Mal«: Ihre allererste Portierungserfahrung sollte keine richtige Applikation sein, sondern besser ein ganz simples und an sich nutzloses

Zuerst ein einfaches Projekt zum »Üben«...

Testprogramm mit vielleicht zwei, allerhöchstens drei Modulen und nicht mehr als 1000 Zeilen. (Falls Sie so ein kleines Projekt nicht direkt greifbar haben: die Beispielprogramme, die — hoffentlich! — mit Ihrem Entwicklungssystem gekommen sind, leisten hier ebenfalls gute Dienste!)

So ein Aufwärm-Programm ist selbst für Entwickler, die noch nie unter Win32 gearbeitet haben, in ganz wenigen Tagen portierbar und die Erfahrungen, die man dabei mit den neuen 32-Bit-Tools, aber auch den erforderlichen Änderungen der Quelltexte sammelt, erleichtern nicht nur die Durchführung der Portierung einer größeren Applikation ganz erheblich, sondern ermöglichen vor allem eine durchdachte und angemessene Planung des gesamten Projektes.

2.3 Planung der Portierung und methodische Ratschläge

»Das Kunststück ist nicht, daß man mit dem Kopf durch die Wand rennt, sondern daß man mit den Augen die Tür findet.« Ein Georg *von Siemens zugeschriebener Ausspruch*

Falls Ihre Applikation eher ein kleineres Projekt ist (so etwa fünf bis zehn Quelltext-Module mit insgesamt rund 3000 bis maximal 10000 Zeilen), brauchen Sie sich nicht besonders intensiv mit Planung und Vorbereitung der Portierung zu beschäftigen. Die vermutlich einfachste und schnellste Vorgehensweise dürfte der Top-Down-Ansatz sein: Sie machen ggf. zuerst die Quelltexte STRICT-kompatibel, setzen dann das Hauptprogramm um, bringen es zum Laufen und fügen schrittweise die weiteren Programmteile hinzu. Aber auch jede andere Vorgehensweise dürfte ohne wesentliche Unterschiede im Aufwand zum gleichen Erfolg führen.

Kleine Projekte: Ready, Set, Go!

Große Projekte erfordern Planung

Etwas anders sieht die Sache aus, wenn Sie entweder eine größere Applikation oder mehrere kleine Programme portieren wollen. Dann ist es aus mehreren Gründen durchaus ratsam, sich vor dem eigentlichen Beginn der Portierungsarbeiten ein paar Gedanken über Reihenfolge, Zwischenziele und Vorgehensweise zu machen:

Was ist wichtig?

- Ein klarer Plan hilft Ihnen, Prioritäten zu setzen: die für die Portierung wesentlichen Programmteile (z.B. der Code für die Benutzerschnittstelle) sind vor weniger wichtigen (also von der Oberfläche unabhängigen) umzusetzen.
- Auch die Komplexität der einzelnen Module spielt bei der Reihenfolge eine gewisse Rolle. Manche Entwickler möchten die »schweren Brocken« lieber möglichst schnell aus dem Weg haben, andere erledigen zuerst die einfacheren Dinge, um sich danach in Ruhe den wirklichen Problemen zuzuwenden. Eine komplett neue Window-Klasse, die als »custom control« dem Dialog Editor hinzugefügt werden

Zuerst die einfachen...

... oder die schwierigen Teile?

soll, ist sicherlich schwieriger umzusetzen als die Portierung einiger simpler Grafikroutinen. Besondere Schwierigkeiten sind in folgenden Fällen zu erwarten:

Besondere Problemfälle:

- DLL-Programmierung inklusive eigener, globaler Window-Klassen;
- Applikationen, die zur Kommunikation mit anderen Programmen nicht die standardisierten Mechanismen wie DDE oder OLE nutzen, sondern eigene Verfahren einsetzen;
- Programme, die stark auf die Segmentierung der Intel-CPUs zugeschnitten sind;
- last not least Applikationen, die systemnah geschrieben sind (z.B. unter Benutzung von TOOLHELP.DLL-Funktionen).

Wie steht es mit Hilfskräften?

- Bestimmte, weniger komplizierte Programmteile können ggf. isoliert und von Hilfskräften umgesetzt werden. Insbesondere bei sehr großen Applikationen kann so eine wesentliche Verkürzung der Projektdauer realisiert werden.

Erreichbare Zwischenstationen einplanen!

- Klar definierte Zwischenziele sind sehr wichtig, weil sie relativ leicht erreichbar sind (oder sein sollten!) und ihr Erreichen gewöhnlich einen Motivationsschub bringt. Ein Zwischenziel sollte aus diesem Grund immer auch einen visuellen Ausdruck finden (»man muß etwas sehen«).

Zu viel Perfektionismus schadet nur.

- Während der Umsetzung eines Programmteils ist eine schnelle und *momentan* akzeptable Lösung oft besser, als die Zeit mit der Suche nach dem optimalen Weg zu vergeuden. Wenn das Programm erst einmal im wesentlichen portiert und funktionsfähig ist, kann an solchen Stellen leicht nachgebessert werden. Der dann bessere Überblick über das gesamte Projekt ermöglicht meist eine relativ schnelle und effiziente Anpassung.

Regelmäßiger Erfahrungs- und Informationsaustausch.

- Wenn mehrere Programmierer ein Projekt gemeinsam bearbeiten, sind regelmäßige Sitzungen zum Informations- und Erfahrungsaustausch insbesondere in der Anfangsphase extrem nützlich. Auch schwierig erscheinende Problemfälle können dort zur Sprache gebracht und oft gemeinsam gelöst werden.

- Eine Zusammenstellung von verbindlichen Richtlinien und Empfehlungen für bestimmte, immer wiederkehrende Problemfälle sollte bereits vor der Portierung erarbeitet werden, um eine einheitliche Behandlung dieser Fälle sicherzustellen. Während des Projektes sind diese Regeln turnusmäßig zu überprüfen und anzupassen.
- Last not least: nutzen Sie die durch die Portierung erforderliche Quelltext-Renovation, um ggf. grundsätzliche Verbesserungen und Umstellungen, die der Klarheit und Wartbarkeit der Quellen dienen, in diese einfließen zu lassen. Hierunter fallen z.B. eine stärkere Modularisierung der Quelltexte oder die konsequente Durchsetzung neu definierter Programmierrichtlinien etc.

Beim Portieren können die Quellen verbessert werden.

Im ersten Schritt einer Top-Down-Portierung würde ich neben der Umsetzung des Hauptprogrammes auch schon alle Ressourcen verfügbar machen, selbst wenn sie erst viel später benötigt werden sollten. Da die Win16-Ressourcedateien praktisch hundertprozentig Win32-kompatibel sind, kann ohne großen Aufwand von Anfang an mit allen Ressourcen gearbeitet werden und sie stehen im weiteren Verlauf jederzeit völlig transparent zur Verfügung.

Ressourcen gleich übersetzen!

Wenn die zu portierende Applikation weiterhin unter Win16 verfügbar bleiben soll, sollte von vornherein ein Mechanismus für die Schaffung und Erweiterung einer Portabilitätsbibliothek erarbeitet worden sein. Insbesondere wenn mehrere Programmierer zusammenarbeiten, kann durch die gemeinsame Pflege und Benutzung einer solchen Bibliothek ein enormer Zeitgewinn erreicht werden (allerdings erfordert das regelmäßige Gespräche und die Abstimmung aller Team-Mitglieder). Solche Sammlungen bieten einen weiteren Vorteil: die Quelltexte können damit übersichtlicher, einheitlicher und konsistent gestaltet werden.

Und ganz wichtig: eine eigene Portabilitätsbibliothek!

Selbst definierte Richtlinien und Hilfsbibliotheken

Portabilitätsbibliotheken können neben echten Funktionen, die bestimmte Bereiche des Win32-APIs portabel abhandeln, auch an das jeweilige Zielsystem angepaßte Makrodefinitionen zur allgemeinen Verwendung bereitstellen. Desgleichen sollten globale Richtlinien bzw. Anforderungen zur Umsetzung bestimmter Konstrukte in den Header-Dateien als Kommentare niedergelegt werden (siehe Abb. 2.6). Als Beispiel sei hier nur auf die Möglichkeit verwiesen, die Nachrichtenbehandlung durch konsequente Benutzung der von Microsoft zur Verfügung gestellten Makros erstens konsistent und zweitens portabel zu gestalten (konkrete Hinweise zu diesem Thema finden Sie in den Abschnitten 4.3 bis 4.5 über WINDOWSX.H). Bei großen Projekten lohnt es sich durchaus, sich die diesen Makros zugrundeliegenden Konzepte vor der Portierung genau anzusehen und möglicherweise für die eigenen Zwecke anzupassen bzw. zu ergänzen.

Abb. 2.6: Die Bestandteile einer selbst geschaffenen Portabilitätsbibliothek.

Ein Kochrezept.

Die folgende Aufstellung in Form eines »Kochrezeptes« sollten Sie als Grundlage für Ihre eigene Planung verwenden, sie berücksichtigt natürlich keine speziellen Anpassungen und muß daher vermutlich im Lichte Ihres konkreten Projektes modifiziert bzw. erweitert werden. Immerhin haben Sie so aber einen brauchbaren Startpunkt:

STRICT!

1. Machen Sie die Applikation möglichst noch unter Win16 STRICT-kompatibel und entfernen Sie dabei alle Warnungen, die auf Portabilitätsprobleme hinweisen (siehe

dazu auch Abschnitt 2.5 auf Seite 113 sowie Abschnitt 3.8, Seite 195).

2. Passen Sie das Hauptmodul an: zuerst die Funktion WinMain() und die Window-Prozedur des Haupt-Windows. Dabei können Sie bestimmte, aufwendiger umzusetzende Nachrichten oder Programmteile durchaus erst einmal ausklammern. Kommentieren Sie alle Aufrufe in noch nicht portierte Module aus oder ersetzen Sie sie durch Dummy-Funktionen. Achten Sie bei allen Änderungen ggf. darauf, daß sie auch Win16-kompatibel vorgenommen werden (z.B. durch #ifdefs oder die Isolation in Portabilitätsfunktionen). Machen Sie in diesem Schritt auch schon alle Ressourcen verfügbar.

Hauptmodul anpassen.

3. Passen Sie das Makefile (soweit vorhanden) bzw. die Batchjobs zur Compilierung und zum Linken an die Win32-Werkzeuge an, und erzeugen Sie dann das Hauptmodul. Mit Hilfe des Debuggers können Sie sich nun ein Bild davon verschaffen, ob die Applikation innerhalb der angepaßten Programmteile korrekt funktioniert. Noch nicht einwandfrei funktionierende Stellen werden modifiziert und das Ganze recompiliert. Dieses Spiel wiederholen Sie solange, bis das Hauptmodul läuft.

Makefile anpassen und compilieren.

4. Danach fügen Sie in der für Ihr Projekt sinnvollsten Reihenfolge die weiteren Module bzw. Programmteile hinzu. Besonderes Augenmerk würde ich dabei auf die Anpassung weiterer Window- bzw. Callback-Prozeduren, die Speicherverwaltung und Prozeßkommunikation legen. Gehen Sie schrittweise vor und erledigen Sie immer eine Aufgabe nach der anderen. Stellen, die sich einer optimalen Anpassung noch entziehen, sollten Sie soweit modifizieren, daß der Fortgang gewährleistet ist und durch eindeutige, später leicht aufzufindende Anmerkungen (z.B. »`// !!! Problem: .....`«) kennzeichnen. Machen Sie überhaupt an wirklich kritischen Stellen Gebrauch von erläuternden Kommentaren: mehr als einmal habe ich gegen Ende einer Portierung leider nur Kennzeichnungen mit ein oder zwei eher kryptischen Begriffen gefunden (z.B. »`// !!! Transformation?`«). Hin und wieder mußte ich dann erst minutenlang über den Quelltexten grübeln, bis mir die Bedeutung klar wurde.

Schrittweise den Rest hinzufügen.

Regelmäßig testen.

5. Und ganz wichtig: testen Sie nach jedem Schritt, ob das Programm noch korrekt funktioniert. Denken Sie, besonders nachdem die eigentliche Portierung abgeschlossen ist, an ausgiebige Tests. Dabei sollten Sie Grenzfällen oder speziellen Randbedingungen großes Augenmerk widmen. Auch neue Eigenschaften, die sich quasi automatisch ergeben (z.B. die Dateiverwaltung unter NTFS), müssen konsequent getestet werden.

Win32-Erweiterungen erst später einbauen.

6. Bauen Sie neue, Win32-spezifische Features erst dann ein, wenn das Programm komplett portiert ist *und* einwandfrei funktioniert. Denken Sie dabei ggf. daran, daß bestimmte Eigenschaften möglicherweise nicht unter Win32s bzw. Win16 verfügbar sind, und beachten Sie dies sowohl beim Design der Erweiterungen als auch bei der Formulierung der Quelltexte.

Rückwärtskompatibilität sicherstellen und testen.

7. Stellen Sie ggf. sicher, daß die portierte Applikation auch unter Win16 noch korrekt läuft. Hier ist meist eine gewisse »iterative« Komponente notwendig, bis das Programm unter beiden Plattformen gleichermaßen läuft.

Perfekt — oder akzeptabel?

Fazit: fertigen Sie bei größeren Projekten vor der eigentlichen Portierung eine »road map« an, die das Gesamtprojekt in überschaubare Einzelschritte aufgliedert, und stellen Sie verbindliche Richtlinien für die wichtigsten (etwa 95%) der problematischen Konstruktionen auf (Kapitel 3 und 4 beschreiben diese im Detail). Achten Sie darauf, zusätzliche Win32-Funktionalität während der Umsetzung nur dann hinzuzufügen, wenn der Gang der Portierung dadurch nicht negativ beeinflußt wird. Und last not least: streben Sie bei schwierigen Problemen unterwegs nicht immer nach der absolut perfekten, sondern nach der momentan akzeptablen Lösung. Einzelne, nicht perfekte Umsetzungen können, wenn die Portierung im großen und ganzen abgeschlossen ist, immer noch der Reihe nach in Ruhe angegangen werden. Auch diese Erkenntnis stellt in gewissem Sinn eine Auswirkung des Top-Down-Verfahrens dar!

2.4 Werkzeuge und andere Hilfen

»Es sollte ganze Kataloge mit Software-Modulen geben: wenn wir ein neues System schaffen, sollten wir Komponenten aus diesem Katalog bestellen und verknüpfen statt das Rad immer wieder neu zu erfinden.« M.D. McIllroy, Software Engineering Concepts and Techniques

Dieser schon 1968 (!) geäußerte fromme Wunsch hat sich seiner Realisierung bislang recht erfolgreich widersetzt. Nur langsam und bislang noch wenig effektiv setzt sich die wirkliche Wiederverwendbarkeit von Programm-Code durch. Immerhin gibt es eine Sparte, in der man seit einigen Jahren von einem richtigen Boom sprechen kann: der Markt an Zusatzbibliotheken für Programmierer, die ihm bei bestimmten, eindeutig abgrenzbaren Aufgaben assistieren, ist schier endlos. Letzten Endes war ja Windows selbst auch nur als eine (zugegebenermaßen riesenhafte) Erweiterungsbibliothek konzipiert, eben ein schlichtes (?) Hilfsmittel zur einfacheren (??) Programmierung grafischer Benutzeroberflächen.

Wiederverwendbarkeit von Programm-Code?

Zusatzbibliotheken als Hilfsmittel

Was das alles mit dem Thema Portierung und Portabilität zu tun hat? Sehr viel, gibt es doch mittlerweile eine ganze Reihe von Produkten, die dem geplagten Entwickler neben zahlreichen Hilfs- und Zusatzfunktionen insbesondere auch Quelltext-Portabilität zwischen verschiedensten Plattformen versprechen. Da soll der gleiche Quelltext unter MS-DOS, Windows, OS/2, UNIX und was noch allem sonst compilierbar und lauffähig sein. Aber auch die Hersteller der diversen Entwicklungssysteme selbst bieten mittlerweile mehr oder weniger stark vom Windows-API abstrahierende Zusätze an (z.B. Microsoft die Foundation Classes oder Borland sein ObjectWindow), die ebenfalls ein gewisses Maß an portabler Programmierung ermöglichen. Aber (leider gibt es bei jeder guten Sache immer ein Aber), das alles nutzt nur dem (objektorientierten) C++-Entwickler. Eine wirklich brauchbare und portable GUI-Bibliothek für C-Programmierer ist mir

Portabilität als Produkt?

C? Was ist denn das?!

bislang jedoch noch nicht untergekommen. Es gibt zwar einige Ansätze, aber die meisten Hersteller von Zusatz-Tools in dieser Richtung konzentrieren sich auf den für sie vermeintlich interessanteren C++-Markt. Ich gebe ja gerne zu, daß C++ (zu Recht) an Bedeutung gewinnt; ich weiß auch, daß gerade diese Sprache sich für die Erstellung portabler Klassenbibliotheken ganz hervorragend eignet. Aber dennoch wird von den meisten Unternehmen im Tool-Markt die Tatsache ignoriert, daß der weitaus überwiegende Bruchteil aller Applikationen auch heutzutage noch als C-Code vorliegt und natürlich in dieser Form gewartet werden muß. Selbst unser Studienobjekt, Win32, immerhin in weiten Bereichen ein von Grund auf neu konzipiertes und codiertes System, ist zum großen Teil noch in C geschrieben. Die einzige nennenswerte Ausnahme ist das Graphics Device Interface (GDI), welches fast vollständig in C++ implementiert wurde.

C-Code ist auch heute noch der Normalfall!

Insgesamt hat auch Microsoft hier ziemlich geschlafen, spätestens seit dem Erfolg von Windows 3.0 hätte die Schaffung einer methodischen Schale um die Windows-API gerade für C-Programmierer eine enorme Arbeitserleichterung gebracht. Nur sehr vorsichtige Ansätze in dieser Richtung lassen sich erkennen: da findet man zum einen die ungarische Notation (siehe Abschnitt 2.6, Seite 122) sowie die erst mit Windows 3.1 vorgestellten Makrodefinitionen in WINDOWSX.H, die allerdings überhaupt erst im Zuge der Portierung auf das Win32-API entstanden!

Was tut Microsoft?

Wenig genug!

Wenn Ihre Programme also vorwiegend in C vorliegen, werden Sie von Bibliotheken, welche die portable GUI-Programmierung erleichtern, vermutlich wenig profitieren. Die Hauptarbeit einer Win32-Portierung (bzw. -Portabilisierung) liegt dann tatsächlich auf Ihren Schultern. Immerhin können Sie jedoch versuchen, Teile der Applikation schrittweise an C++ sowie eine brauchbare Klassenbibliothek anzupassen. Der Aufwand für eine solche Anpassung (inklusive der Erlernung der Sprache C++) kann allerdings ohne weiteres erheblich höher werden, als die eigentliche Portierung des Programmes von Win16 nach Win32!

Portieren auf Win32 ist im Regelfall einfacher als die Übersetzung nach C++.

Und die Klassen von C++?

Einige grundsätzliche Feststellungen.

Wie stellt sich die Situation jedoch dem C++-Programmierer dar? Ohne daß ich im Detail auf technische Feinheiten oder gar konkrete Klassenbibliotheken eingehen kann, lassen sich zum Thema »Klassenbibliotheken zur portablen Programmierung« auf jeden Fall einige grundsätzliche Feststellungen und Anmerkungen machen.

Gewinn an Portabilität — Verlust an Flexibilität.

Erstens geht der mit den allermeisten Produkten in mehr oder weniger starkem Umfang bemerkbare Gewinn an Portabilität gewöhnlich auf Kosten der Flexibilität. Ein portables Werkzeug kann nur den kleinsten gemeinsamen Nenner aller unterstützten Systeme wirklich brauchbar umsetzen. Je ähnlicher sich zwei Systeme sind, desto besser gelingt die vollständige Integration aller Eigenschaften unter einem (portablen) Dach. Je größer die Unterschiede aber werden und je mehr Systeme zu unterstützen sind, desto kleiner wird auch der Kern, der von einer solchen Bibliothek wirklich noch hundertprozentig portabel unterstützt wird. (Von grundlegenden strukturellen Unterschieden wie etwa Multithreading will ich in diesem Zusammenhang gar nicht erst reden: die portable Implementation von Threads unter UNIX oder auch Win16 ist sicher eine ganz spannende Sache.) Ergo: wenn Sie außerhalb der verwendeten Bibliothek standardisierte Elemente einer Oberfläche benötigen, müssen Sie den sicheren Grund verlassen (siehe Abb. 2.7 auf der nächsten Seite).

Mischen von portablen Klassen und Low-Level-Aufrufen?

Dazu kommt noch, daß keineswegs alle Bibliotheken die freie Verwendung von Low-Level-Systemaufrufen bzw. deren beliebige Mischbarkeit mit den eigenen portablen High-Level-Klassen zulassen. Außerdem müssen alle systemspezifischen Programmteile halbwegs modular vom portablen Rest des Programmes isoliert werden können.

Schwierige Einarbeitung.

Zweitens ist die Einarbeitung in das Programmier- und Klassenmodell, welches dem jeweiligen Werkzeug zugrundeliegt, meist relativ schwierig und auch zeitlich aufwendig. Das gilt zwar teilweise auch für das Windows-API und für die OS/2- oder UNIX-Programmierung. Aber hier existiert ein sehr breiter Markt an Hilfen: Bücher, Beispielprogramme, Artikel in Computer-Magazinen etc. erleichtern vieles. Weitergehende Informationen und Hinweise für eine verhältnismäßig selten eingesetzte Zusatzbibliothek zu erhalten, ist dagegen oft nicht ganz einfach (vom Sprachproblem einmal völlig abgesehen: solche Produkte liegen nämlich meist nur mit englischen Handbüchern vor).

Abb. 2.7: Die Schnittmenge der drei APIs bestimmt den Umfang einer wirklich portablen Klassenbibliothek!

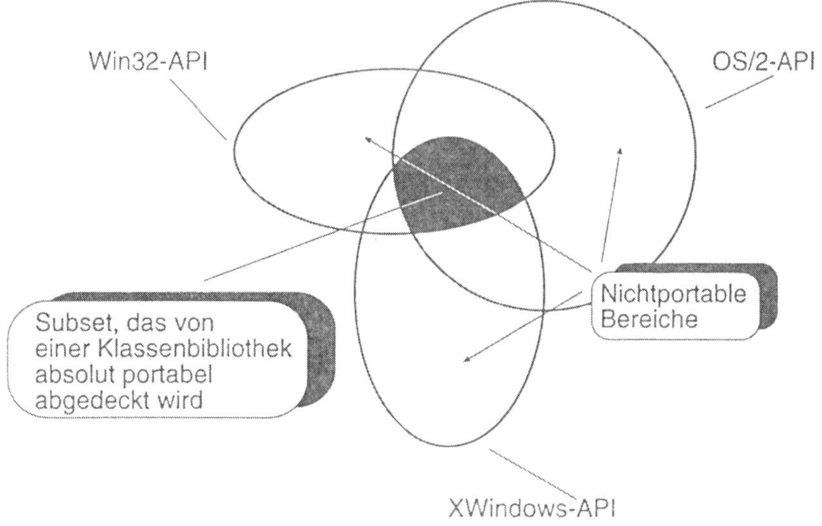

Abhängigkeit vom Hersteller des Werkzeugs.

Drittens wird der Gewinn an Portabilität auch mit der Abhängigkeit von einem bestimmten Hersteller bezahlt. Dies gilt gleich in doppelter Hinsicht: zum einen sind Sie auf die Oberflächen bzw. APIs festgelegt, die der betreffende Hersteller unterstützt. Wenn Kunden- oder Marktzwänge jedoch ein weiteres, von diesem Hersteller nicht unterstütztes System erfordern, dann stehen Sie im Regen. Zum anderen sollte die Herstellerfirma wirtschaftlich so gut dastehen, daß Sie sicher sind, auch künftig angepaßte und verbesserte Versionen des Produktes für die jeweils aktuellen Systeme erhalten zu können.

Immer problematisch: die Anpassung bestehender Programmtexte.

Viertens hilft Ihnen die schönste und beste Bibliothek nicht viel, wenn Sie eine bereits bestehende Applikation zu pflegen bzw. zu portieren haben. je nach Zielplattform kann der Portierungsaufwand nämlich *erheblich* kleiner sein als das kom plette Umschreiben auf ein anderes Programmiermodell, das (siehe Punkt 1) auch nicht unbedingt alle Probleme der portablen Programmierung löst. Bei relativ ähnlichen Systemen wie Win16 und Win32 gilt dies allemal, nur wenn die jeweiligen APIs sehr stark voneinander abweichen, verringert sich die

Kluft zwischen beiden Ansätzen so weit, daß die Umstellung auf C++ alleine aus Gründen der höheren Portabilität lohnend erscheint.

Fazit: Klassenbibliothen sind dennoch sehr nützlich.

Trotz all dieser Kritikpunkte bleibt als Fazit allerdings festzuhalten, daß Klassenbibliotheken die Portierung und insbesondere portable Programmierung ganz erheblich erleichtern können. Wie erfolgreich ihr Einsatz aber in einer konkreten Situation tatsächlich ist, hängt entscheidend davon ab, das für die Aufgabe geeignetste Werkzeug zu finden. Das sei eine Binsenweisheit, meinen Sie? Dann stellen Sie sich doch mal selbst die Frage, wieviel Zeit Sie seinerzeit investiert haben, um unter allen zur Auswahl stehenden Entwicklungssystemen für Windows das für Sie geeignete herauszufinden. Anders gefragt: können Sie aufgrund einer selbst durchgeführten Produktevaluation mit klaren Zielvorgaben begründen, warum Sie mit einem ganz bestimmten Compiler, Editor, Linker etc. etc. arbeiten? Das meist ratlose Schulterzucken* auf diese Fragen verdeutlicht, daß diese vermeintliche Binsenweisheit auch heute noch viel zu selten berücksichtigt wird.

** ... bzw. noch schlimmer: die Antwort »Weil es das billigste System war!«*

Weitere Werkzeuge: PORTTOOL und SDK-Dokumentation

PORTTOOL sucht nicht portable Stellen in den Quelltexten.

Aber zurück zum Thema Werkzeuge: neben den zahlreichen Zusatzbibliotheken gibt es noch eine Reihe weiterer Hilfen, die Portierungen und portable Programmierung erleichtern. In unserem Zusammenhang von besonderer Bedeutung ist dabei ein von Microsoft mit dem Win32-SDK ausgeliefertes Hilfsprogramm namens PORTTOOL (siehe Abb 2.8 auf der folgenden Seite), das die Portierung von Win16-Applikationen mehr oder weniger effektiv unterstützt. Das Programm (der Quelltext ist ebenfalls auf der CD) erlaubt das Laden einer Quelltext-Datei in einen simplen Editor, der eine bemerkenswerte Eigenschaft hat: er kann eine ganze Reihe von Konstrukten im Quelltext herausfinden, die entweder gar nicht portabel sind oder zumindest fragwürdig erscheinen. Aber wer jetzt glaubt, hinter dem Ganzen stecke ein halbwegs kluger Algorithmus, sieht sich getäuscht, »brute force«, ganz im Stil des Hauses, ist angesagt. Der Quelltext wird nämlich einfach nur auf bestimmte Schlüsselworte hin durchsucht, die so gefundenen Stellen zeigt der Editor mit einem lehrreichen Kommentar an, alles weitere bleibt jedoch dem Programmierer überlassen. Leider findet dieses Werkzeug ziemlich häufig auch Punkte, die vollkommen in Ordnung sind und keinerlei Veränderung bedürfen. Dazu kommt, daß die Implementation ziemlich fehlerhaft ist.*

* Vielleicht ist das ja der tiefere Grund für die PORTTOOL-Quelltexte...

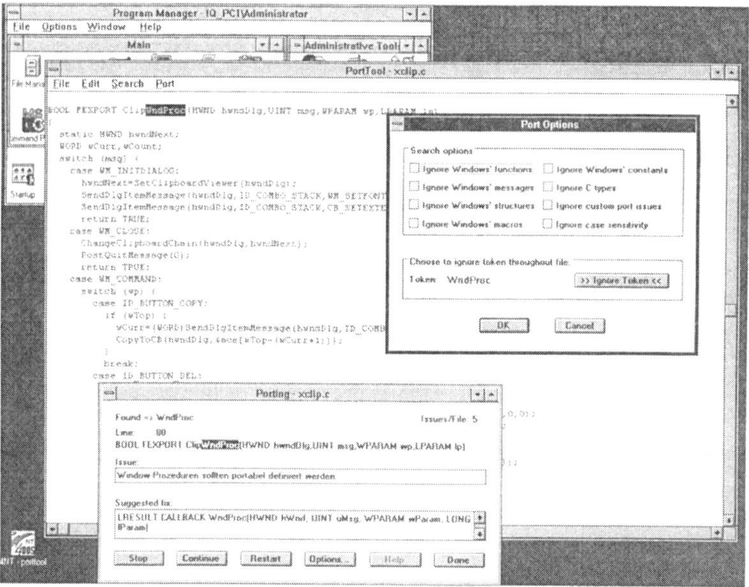

Abb. 2.8: PORTTOOL bei der Arbeit.

Immerhin basiert wenigstens das Herausfinden der »kritischen« Stellen auf einer frei editierbaren Textdatei, die das Programm zu Beginn einliest (sie nennt sich PORT.INI und residiert in der Subdirectory X:\MSTOOLS\BIN).** Diese Datei enthält die Namen und Hinweise für die wichtigsten nicht portablen Konstrukte. Alles in allem weckt der Name des Programmes doch erheblich größere Hoffnungen, als die Implementation zu verwirklichen vermag. Sowohl in Anhang 2 (als Listing) als auch auf der diesem Buch beigefügten Zusatzdiskette finden Sie einen Ersatz für PORT.INI, der zum einen die Hinweise, Tips und Tricks berücksichtigt, die im dritten und vierten Kapitel beschrieben werden und der zum anderen komplett in Deutsch vorliegt.

** »X:« ist dabei das Laufwerk, auf dem Sie den Win32-SDK installiert haben.

Die SDK-Dokumentation.

Auch das mit der Win32-SDK-Dokumentation gelieferte Büchlein mit dem vielversprechenden Titel »Programming Techniques« und darin besonders die Kapitel 1 sowie 5 bis 7 kann man als Werkzeug betrachten. Allerdings finden Sie dort keine Hinweise, die nicht hier detaillierter und umfassender abgehandelt würden (und natürlich ebenfalls in deutscher Sprache). Aber eine nette Lektüre ist es allein deswegen schon, weil der oder die Autoren hin und wieder unfreiwillig komisch sind: »Obwohl es nicht zwingend erforderlich ist, sollten Sie die Parameter in Ihren Funktionsprototypen benennen. Das macht die Header-Dateien einfacher lesbar und bringt ein gewisses Maß an Selbstdokumentation mit sich.« Ein Blick in die diversen Microsoft-Header-Dateien zeigt dagegen, daß diese weltbewegende Neuigkeit offenbar noch nicht ganz bis zu den MS-Entwicklern durchgedrungen ist...

Eine große Hilfe: API32WH.HLP.

Eine andere wichtige SDK-Informationsquelle ist die knapp 8 MB (!) große WinHelp-Datei zur Beschreibung des Win32-API (zu finden unter X:\MSTOOLS\HELP\API32WH.HLP). Sie hat gegenüber der gedruckten Dokumentation den Vorteil, daß sie Up-to-Date ist, und duch zahlreiche Hypertext-Querverweise die Suche nach bestimmten Informtionen erheblich erleichtert. Sie hat dafür natürlich den Nachteil, daß man sie schlecht abends zum Schmökern mitnehmen kann... Immerhin bringt diese Hilfedatei nicht nur genaue Beschreibungen der Win32-API-Funktionen, -Datentypen etc., sondern, fast wichtiger, auch zahlreiche als »Overviews« bezeichnete Einführungen in die neuen oder erweiterten Win32-Eigenschaften.

Hilfsmittel für OS/2-Umsteiger

Mehr Mühe als mit Win16-Programmierern gibt sich Microsoft mit OS/2-Entwicklern. Um die auf die 32-Bit-Windows-Schiene zu locken, existiert eine richtige Sammlung von kostenlosen Hilfsprogrammen und unterstützenden Informationen sowie ein eigene Sektion über Portierungsfragen im CompuServe-Forum für Win32(s)-Entwickler (mehr hierzu im nächsten Abschnitt). Zum Teil sind für OS/2-Programme tatsächlich Werkzeuge notwendig, die für Win16-Portierer überflüssig sind (wie z.B. ein Hilfsprogramm, um die unterschiedlichen Ressourcenformate zu übersetzen). Aber alles in allem kann ich mich dem Eindruck nicht entziehen, daß man besondere Anstrengungen unternimmt, um möglichst viele OS/2-Programmierer ins Win32-Lager zu locken. Im einzelnen finden Sie in Abschnitt 2.8 sowohl einen Überblick als auch Hinweise

Genaueres zu den OS/2-Werkzeugen: Abschnitt 2.8.

auf die einzelnen Teilschritte einer Portierung von OS/2-Programmen (Textmodus und Presentation Manager) nach Win32. Natürlich werden dabei auch die hierfür von Microsoft zur Verfügung gestellten Werkzeuge kurz beschrieben.

Informationsquellen à la CompuServe

Eine weitere Quelle von Informationen und Unterstützung wurde schon angesprochen: der Online-Service CompuServe:

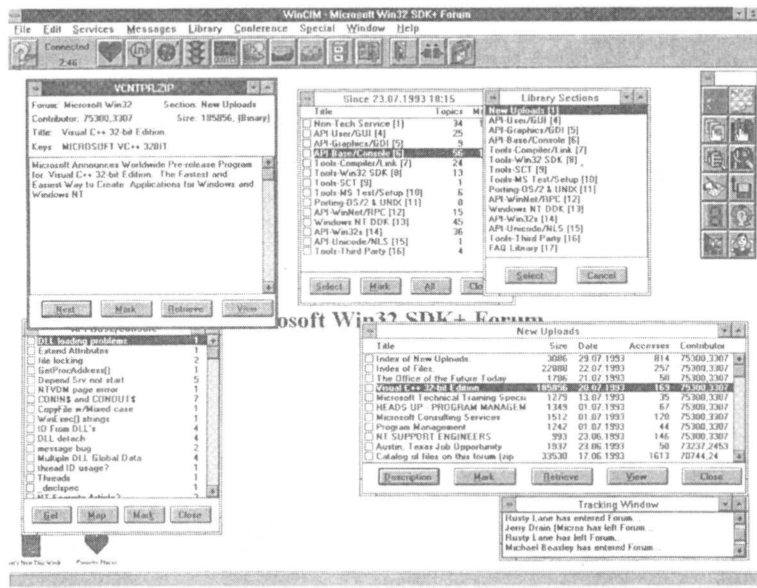

Abb. 2.9: Ein Blick ins CompuServe-Forum MSWIN32, das speziell für Win32-Entwickler eingerichtet wurde.

Via CompuServe Kontakt zu MS- und anderen Entwicklern.

Wenn Sie dort noch nicht Mitglied sein sollten, rate ich Ihnen, das schnellstmöglich nachzuholen. CompuServe bietet gerade dem Entwickler einige ganz wichtige Vorteile: die Verbindung zur Win32 Developer Support Group in Redmond ist direkter und schneller als über die deutsche Niederlassung in München (nichts für ungut, aber das betreffende Forum MSCESYS wird eben nur von deutschen Microsofties frequentiert). Sie können über die offenen CompuServe-Diskussionsforen weltweit mit Microsoft-Mitarbeitern und anderen Programmierern Kontakt aufnehmen und sowohl Informationen als auch Ansichten und Meinungen austauschen. Auch Fragen können dort gestellt werden, meist findet sich irgendwo jemand, der einen Tip oder Ratschlag hat (oder jemanden kennt, der jemanden kennt...).

Nicht zuletzt werden im Rahmen dieser Foren von fast allen bedeutenden Herstellern wichtige Mitteilungen und Hinweise zu den einzelnen Produkten gegeben. Für unsere Zwecke besonders interessant sind zwei Foren von Microsoft: WINNT für alle Fragen und Probleme im Zusammenhang mit Windows NT als End-User-Produkt und MSWIN32 für Entwickler, die sich mit Win32-Programmierung beschäftigen (in der Library #10 »Porting — OS/2 and UNIX« finden sich auch die oben erwähnten OS/2-Tools). Wenn es einmal hakt, finden Sie in diesem Forum (fast) immer ein offenes Ohr sowohl bei den zuständigen Microsoft-Mitarbeitern als auch allen anderen Forumsmitglieder. Und noch ein weiterer Pluspunkt: neue Gerätetreiber, Produkt-Updates und auch Patches für die Entwicklungswerkzeuge etc. werden zwischen den SDK-Releases von Microsoft grundsätzlich über MSWIN32, Library #6 »Tools — Compiler/Link« sowie Library #7 »Tools — Win32 SDK« zur Verfügung gestellt.

Zwei wichtige Foren: WINNT und MSWIN32.

2.5 STRICTe Programme, portable Programme

»#define STRICT« Anonym, in zahlreichen Windows-Quelltexten

Nachdem ich jetzt schon mehrfach die Vorteile der STRICT-Option in den höchsten Tönen gepriesen habe, will ich in diesem Abschnitt endlich deutlich machen, was darunter genau zu verstehen ist, wie man dieses wichtige Hilfsmittel einsetzt und was dabei im einzelnen zu beachten ist.

STRICT wurde leider erst mit dem Windows-3.1-SDK eingeführt und ermöglicht einem C-Compiler eine erheblich genauere und strengere Typ- und Fehlerprüfung bei Funktionsaufrufen, Zuweisungen etc. Zu diesem Zweck sind eine ganze Reihe von Windows-spezifischen Datentypen sowie bestimmte Funktionsprototypen vollständig anders definiert als ohne diese Option, die schlicht dadurch eingeschaltet wird, daß noch *vor* dem Einlesen der ersten Windows-Header-Datei die Konstante STRICT #definiert wird:

Was bewirkt STRICT?

```
#define STRICT  // Das #define schaltet STRICT ein
// und danach, wie üblich:
```

```
#include <windows.h>
// sowie weitere Includes
#include <ddeml.h>
```

Beispiel: HWND und HINSTANCE.

Ein konkretes Beispiel für die Redefinition durch die STRICT-Option: in Windows 3.0 (und 3.1 ohne STRICT) ist eine HWND (»window handle«) genau wie eine HINSTANCE (»instance handle«) als einfacher unsigned int definiert. Der Compiler hat demzufolge keine Möglichkeit, warnend den Finger zu heben, wenn Sie irrtümlich einer Funktion eine hInst als hWnd-Parameter vorspiegeln. Das Einschalten von STRICT führt jedoch dazu, daß als Handle statt einem simplen unsigned int gleich eine ganze C-Struktur plus passendem NEAR-Zeigertyp definiert wird. Und anhand dieser auf *unterschiedliche* struct-Definitionen verweisenden Zeigertypen kann der Compiler nun erkennen, daß eine HWND nichts mit einer HINSTANCE zu tun hat und mit einer Warnung auf die mißbräuchliche Benutzung aufmerksam machen.

Redefinition von Prototypen.

Auch manche Funktionsprototypen werden mit STRICT ganz anders definiert, prominentestes Beispiel dürfte wohl WinMain() sein:

```
#ifdef STRICT
  int PASCAL WinMain(HINSTANCE,HINSTANCE,LPSTR,int);
#else
  int PASCAL WinMain(HANDLE,HANDLE,LPSTR,int);
#endif
```

Zeiger oder Handle?

Statt der generischen HANDLE wird für die beiden ersten Parameter die spezifischere HINSTANCE verwendet. Oder ein anderer, interessanterer Fall, bei dem man feststellen kann, daß eine HHOOK (STRICT) in Wirklichkeit ein Zeiger auf eine HOOKPROC (herkömmlich) ist:

```
#ifdef STRICT
  HHOOK   WINAPI SetWindowsHook(int,HOOKPROC);
  LRESULT WINAPI DefHookProc(int,WPARAM,LPARAM,
    HHOOK FAR*);
#else
  HOOKPROC WINAPI SetWindowsHook(int, HOOKPROC);
```

```
    LRESULT WINAPI DefHookProc(int,WPARAM,LPARAM,
      HOOKPROC FAR*);
  #endif
```

Ein weiterer Bereich, in welchem STRICT zu zahlreichen Umdefinitionen führt, sind die Typen für Callback-Funktionen wie WNDPROC, DLGPROC oder (wie gesehen) auch HOOKPROC. Während diese Callback-Typen normalerweise als FARPROC definiert sind (und somit beliebige Parameter akzeptieren), werden sie in der STRICTen Welt exakt mit allen Parametertypen definiert. Das ermöglicht es dem Compiler, beim Anmelden einer beliebigen Callback-Funktion zu prüfen, ob Anzahl, Reihenfolge und Typ der Parameter stimmen. Die COMSTAT- und DCB-Strukturen sind in der 3.0-WINDOWS.H nicht ANSI C kompatibel definiert (quelle horreur!), auch das wird in der 3.1-Version STRICT nachgeholt. Nach diversen Anläufen hat es Microsoft nun immerhin geschafft, daß wenigstens die eigenen Header-Dateien (aber nur die aus dem 3.1-SDK!) ohne lästiges Warnungsgeklingel des C-Compilers mit /W4 (der höchsten Warnungsstufe) compiliert werden können. Dummerweise sind die Win32-Header-Dateien noch nicht ganz so weit: der 32-Bit-Compiler spuckt hier mit /W4 nach wie vor Warnungen en masse aus...

Typisierte Callback-Funktionen.

ANSI-kompatible COMSTAT- und DCB-Strukturen.

Es ist ganz interessant und kann auch für die eigene Arbeit recht nützlich sein, sich die Windows-Header-Dateien (sowohl in der 16- als auch 32-Bit-Variante) bezüglich der Stellen, an denen STRICT benutzt wird, einmal näher anzusehen. So kann man z.B. herausfinden, daß zwei Makros existieren, um die spezifischen Handle-Datentypen zu definieren: das eine, DECLARE_HANDLE, erzeugt eine 16-Bit-Handle, das zweite, DECLARE_HANDLE32 dagegen eine 32-Bit-Handle (die ihrerseits im Regelfall ein FAR-Zeiger auf eine meist interne Struktur ist). In Abhängigkeit von STRICT wird durch diese Makros eine Handle automatisch entweder als untypisierter skalarer Datentyp (UINT bzw. DWORD) oder als (NEAR- bzw. FAR-)Zeiger auf eine interne Struktur definiert. Wenn Sie daher für Ihre eigenen Zwecke weitere STRICT-typisierte Handle-Datentypen definieren möchten, sollten Sie von diesen Makros durchaus Gebrauch machen.

Die beiden Makros DECLARE_HANDLE und DECLARE_HANDLE32.

STRICT! Aber wie?

Was ist nun im einzelnen zu tun, um eine Datei STRICT-kompatibel zu machen? Leider etwas mehr, als mir und Ihnen vermutlich sympathisch ist. Aber immerhin wird der Programmtext dadurch sicherer und portabler. Ich habe außerdem beim Umstellen auf STRICT auch schon manchen echten Fehler gefunden, der mir früher oder später sicherlich noch Kopfzerbrechen bereitet hätte. Ein Hinweis: wenn Sie Ihre Quellen im Zuge einer Portierung nach Win32 auch gerade STRICT machen möchten, würde ich empfehlen, die Applikation noch unter Windows 3.1 umzustellen, denn, wie schon an anderer Stelle erwähnt, hier kennen Sie sich gut aus, Sie beherrschen alle Tools und müssen nicht tagelang über irgendwelchen kryptischen Fehlermeldungen brüten, nur um am Ende festzustellen, daß Sie den Compiler-Schalter /QZrt%4!@axy vergessen hatten...

Die Umstellung auf STRICT besser noch unter Win16 vornehmen.

Die Umstellung selbst kann man in fünf einzelne Maßnahmen untergliedern. Relativ aufwendig dürften dabei die Schritte 1 (es sei denn, Sie arbeiten schon mit der höchsten Warnungsstufe), 2 und besonders 5 sein. Alsdann, auf ins Gefecht!

Fünf einzelne Schritte.

Compilieren mit der höchsten Warnungs-Ebene.

1. Ändern Sie Ihr Make-Datei(en) so um, daß der Compiler die strikteste Warnungsebene benutzt (Microsoft C: /W4, Borland C: -w). Recompilieren Sie nun Ihre gesamte Applikation und leiten Sie die resultierenden Meldungen in eine Datei. Untersuchen Sie die ausgegebenen Warnungen und Ferhlermeldungen und ändern Sie die Quelltexte so, daß alle Meldungen, die auf Fehler, dubiose Konstrukte oder nicht portablen Code hindeuten, verschwinden (siehe dazu auch die Hinweise in Abschnitt 3.8, Seite 195). Stellen Sie danach sicher, daß die Applikation noch einwandfrei läuft!

Generische Typen ersetzen.

2. Ersetzen Sie alle generischen Datentypen, wie HANDLE, LONG, WORD etc. sowohl in den C-Dateien als auch den Prototypen (letztere sofern vorhanden) durch die neuen, spezifischeren Typen. Das heißt nun keineswegs, daß Typen wie LONG, WORD etc. vollkommen aus Ihrem Quelltext zu verschwinden hätten. Alle Stellen, wo Sie wirklich eine LONG- bzw. WORD-Variable benötigen, bleiben natürlich

unverändert. Aber bestimmte Stellen sollten auf jeden Fall angepaßt werden. Die folgende Tabelle gibt Auskunft über die wichtigsten Modifikationen:

Tab. 2.1: Die wichtigsten Datentyp-Anpassungen für STRICT.

Original:	**Je nach Verwendung zu ändern in:**
HANDLE	HINSTANCE, HMODULE, HGLOBAL, HLOCAL, HTASK, HMENU, HPEN etc.
WORD	WPARAM (wenn Parameter 3 einer WNDPROC)
WORD	UINT (wenn nicht Parameter 3 einer WNDPROC)
LONG	LPARAM (wenn Parameter 4 einer WNDPROC)
LONG	LRESULT (wenn Resultattyp einer WNDPROC)
FARPROC	WNDPROC, DLGPROC, TIMERPROC, HOOKPROC, WNDENUMPROC etc.

Drei Fälle für WORD:

Eine Bemerkung zum Datentyp WORD: hier sind gleich drei Fälle zu unterscheiden. Entweder wird damit der dritte Parameter einer Window-Prozedur beschrieben, dann sollte stattdessen ein WPARAM verwendet werden. Oder eine WORD-Variable wird als Zähler, Index, Längenangabe etc. genutzt, in welchem Fall sie normalerweise gegen UINT auszutauschen ist (der unter Win16 weiterhin 16 Bit, unter Win32 dagegen 32 Bit breit ist). Der dritte Fall tritt ein, wenn Sie an der betreffenden Stelle auch unter Win32 wirklich eine 16-Bit breite Variable benötigen: dann kann der Datentyp WORD weiter verwendet werden (denn WORD bleibt ein unsigned short). Und noch ein Hinweis: das Austauschen von LONG gegen LRESULT bzw. LPARAM und von WORD gegen WPARAM in Window-Prozeduren können Sie eventuell auf später verschieben, denn unter Win16 sind die beteiligten Datentypen selbst bei Benutzung von STRICT identisch. Anders sieht es unter Win32 aus, WORD und WPARAM sind dort *nicht* mehr kompatibel! Ich möchte in diesem Zusammenhang besonders auf den Anhang 1 verweisen, der die wichtigsten Datentypen der

WPARAM.

UINT.

WORD.

Win16- und Win32-API unter Berücksichtigung von STRICT tabellarisch zusammenfaßt.

Konsequent Prototypen verwenden.

3. Ausnahmslos alle Funktionen, auch solche, die nur in einem einzigen Modul aufgerufen werden, sollten mit ANSI C kompatiblen Prototypen versehen werden. Bei als static deklarierten (lokalen) Funktionen genügt es, wenn der Prototyp am Anfang des C-Moduls auftaucht, in dem sie definiert sind; extern bekannte Funktionen sollten in einer Header-Datei isoliert werden, die dann von allen Quelltext-Modulen eingelesen werden kann. Keinesfalls sollten Sie die jeweils benötigten Prototypen in Ihre C-Dateien selbst einkopieren: jede spätere Änderung muß dann in -zig Dateien wiederholt werden und gerät so zum Alptraum.

Prototypen besser selbst kopieren als automatisch vom Compiler erzeugen lassen.

Der Microsoft C-Compiler bietet zwar eine Option (/Zg), mit der Funktionsprototypen aus einer C-Datei extrahiert werden können, von deren Benutzung halte ich indes nicht allzu viel. Die Prototypen werden nämlich ohne die Namen der Funktionsparameter ausgegeben, nur die reinen Typinformationen, die dem Compiler zur Parameterprüfung auch vollkommen ausreichen, tauchen hier auf. Wie allerdings selbst Microsoft-Dokumentatoren wissen (siehe oben), steigt die Aussagekraft einer Funktionsdeklaration ganz enorm, wenn nicht nur die Parametertypen, sondern auch deren Bezeichnungen angegeben werden. Dem Compiler nutzt das natürlich nichts, wohl wahr, einem Programmierer dagegen schon! Und um die ganze Sache dann vollends undurchsichtig zu machen, werden auch 4noch alle Parameterdefinitionen vom Compiler auf die zugrundeliegenden Basistypen reduziert! Auch das ist zwar formal absolut korrekt und stört die Übersetzung weiter nicht, führt aber dazu, daß die maschinell erzeugten Prototypen von keinem normalen Menschen mehr entzif ferbar sind, wie folgender Vergleich sehr schön zeigt:

```
// Zwar ohne Parameternamen, aber wenigstens verständlich
HWND WINAPI CreateWindowEx(DWORD, LPCSTR, LPCSTR, DWORD,
int, int, int, int, HWND, HMENU, HINSTANCE, void FAR*);
```

```
// Option /Zg: viel Spaß beim Dekodieren...
extern const struct HWND__ near *CreateWindowEx(
  unsigned long, const char far*, const char far*,
  unsigned long, int, int, int, int,
  const struct HWND__ near*, const struct HMENU__ near*,
  const struct HINSTANCE__ near*,void far*);
```

Im übrigen ist mit einem Editor, der mehrere Dateien gleichzeitig bearbeiten kann, das Erzeugen der Prototypen »von Hand« durch zeilenweises Umkopieren in die Header-Datei völlig unproblematisch, die Deklarationen bleiben dann jedoch lesbar und selbstdokumentierend:

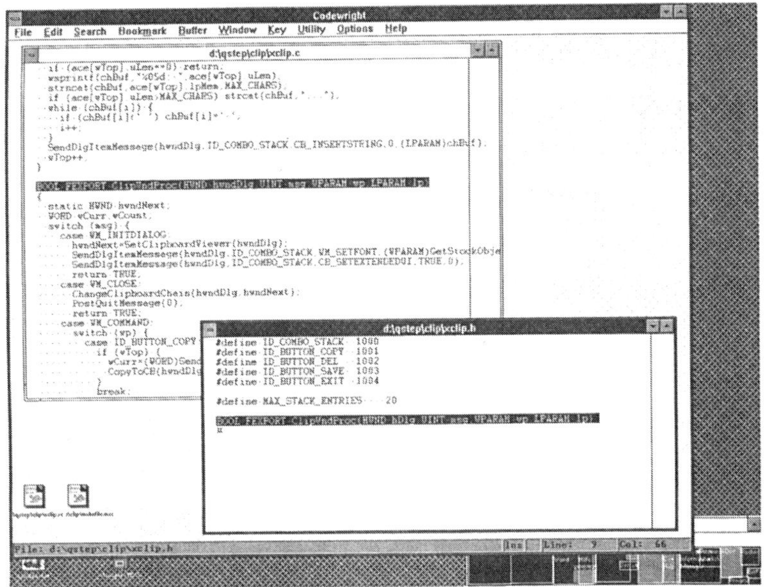

Abb. 2.10: Zeilenweises Umkopieren von Funktionsköpfen.

4. Die gesamte Applikation wird nun ein weiteres Mal (noch ohne STRICT) recompiliert und eventuelle Warnungen (die es allerdings nur in geringer Zahl geben sollte) werden entfernt. Stellen Sie wiederum sicher, daß das Programm korrekt funktioniert.

Nochmals recompilieren.

5. Jetzt definieren Sie STRICT entweder in allen Modulen gleichzeitig oder, was mir sinnvoller erscheint, in einem C-Modul nach dem anderen. Nach dem Compiler-Lauf entfernen Sie alle Fehler und Warnungen, bis Sie wiederum eine ohne ernsthafte Warnungen compilierende Datei haben. Nachdem alle Dateien auf diese Art behandelt worden sind,

Schließlich das Ziel der Übung: #define STRICT.

ist die Applikation ein weiteres Mal auf Korrektheit zu prüfen. Wenn nun alles funktioniert, sind Sie zum Ende gekommen, ansonsten müssen Sie den Debugger anwerfen.

Hinweise für C++

C-Entwickler können schrittweise vorgehen.

C++-Programme müssen dagegen auf einmal umgestellt werden.

Aber wie üblich: Ausnahme!

Nämlich »extern C«.

Wie schon ganz oben erwähnt, können C-Entwickler beim Umbauen ihrer Quellen auf STRICT durchaus bestimmte Dateien aussparen, die entweder gar nicht, später oder sogar nur teilweise umgestellt werden sollen. Die ebenfalls oben aufgestellte Behauptung, daß im Gegensatz dazu C++-Quellen auf einen Schlag angepaßt werden müssen, ist im allgemeinen auch richtig. Es gibt allerdings eine Ausnahme: alle Funktionen, die explizit als »extern "C"« definiert sind, können sowohl aus Dateien aufgerufen werden, die mit STRICT compiliert wurden, als auch von herkömmlichen Dateien aus. Der Grund dafür ist in der unterschiedlichen Generierung von externen Funktionsnamen zu suchen: normalerweise hängt ein C++-Compiler an den eigentlichen Quelltext-Namen weitere sinnreiche Zeichenkombinationen an, die Parameteranzahl und -typen beschreiben und zur Implementation überladener Funktionen und des typsicheren Linkens benötigt werden (auch als »name mangling« bezeichnet). Die Linkage-Anweisung »extern "C"« teilt dem C++-Compiler nun mit, daß er diese gutgemeinte Veränderung doch bitte schön unterlassen möge. Ein simples Beispiel sagt wie so oft mehr als 1000 Worte:

```
// Erste Funktion normal (also mit C++-Linkage)
LONG FAR PASCAL Proc1(HWND hwnd,WORD msg,WORD wP,LONG lP);
LONG FAR PASCAL Proc1(HWND hwnd,WORD msg,WORD wP,LONG lP)
{
  return DefWindowProc(hwnd,msg,wP,lP);
}
// Zweite Funktion mit extern C (C-Linkage)
extern "C" LONG FAR PASCAL Proc2(HWND hwnd,WORD msg,
  WORD wP,LONG lP);
```

```
extern "C" LONG FAR PASCAL Proc2(HWND hwnd,WORD msg,
  WORD wP,LONG lP)
{
  return DefWindowProc(hwnd,msg,wP,lP);
}
```

Der Quelltext enthält zwei extern bekannte Funktionen mit absolut identischen Parametern. Der Unterschied liegt in der bei Proc2() verwendeten Linkage-Anweisung »extern "C"«. Nun die generierten Namen: Proc1() heißt @PROC1$QUIUSUSL (Borland) bzw. ?PROC1@@YAJPAXGGJ@Z (Microsoft), wobei die Rattenschwänze nach dem PROC1 die erwähnten Typinformationen darstellen; die zweite Funktion heißt hingegen ganz schlicht PROC2, also bis auf die Großschreibung (eine Folge der PASCAL-Aufrufsequenz) so, wie sie auch im Quelltext auftaucht. Trickreich wird die Sache, wenn man diese Datei mit #define STRICT recompiliert. Die dann resultierenden Namen: aus Proc1() wird nun der Borland-Bandwurm @PROC1$QPX6HWND__USUSL und Microsoft treibt es mit ?PROC1@@YAJPBUHWND__@@GGJ@Z sogar noch schlimmer. Proc2() bleibt sich dagegen treu und heißt immer noch PROC2. Abbildung 2.11 erläutert die Namensbildung:

So sieht »name mangling« live aus.

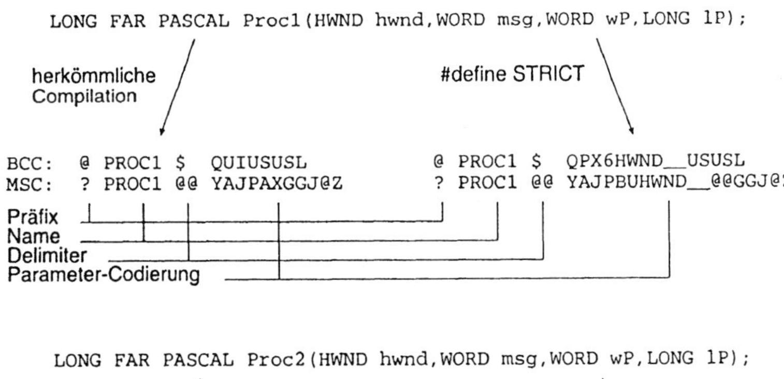

Abb. 2.11: Funktionsnamen mit und ohne STRICT.

Spätestens jetzt wird klar, warum gewöhnliche C++-Funktionen bzw. Funktionsaufrufe nicht mal mit, mal ohne STRICT compiliert und gelinkt werden können: der jeweils für die Funktion generierte und in den Objektdateien abgelegte externe Name ist ein ganz anderer! Aber, wie gesagt, alle Funktionen, die als extern "C" definiert werden können, sind von C++ und C auch bei Benutzung von STRICT aufrufbar. Dies bedeutet, daß alle Windows-Funktionen unproblematisch sind, da sie (wie ein Blick in WINDOWS.H zeigt) ohnehin allesamt mit »extern "C"« definiert sind. Falls Sie also Ihre C++-Quelltexte STRICT machen wollen, können Sie sich auf Ihre eigenen Funktionsdeklarationen konzentrieren.

Erst STRICT machen und dann portieren.

Ein abschließendes Wort: wenn irgend möglich, gehen Sie eine Win32-Portierung mit STRICTen Quelltexten an. Die Umstellung ist zwar nicht immer ganz unaufwendig, erleichtert aber die Portierung ganz wesentlich, indem Sie sich dort auf die wirklich wichtigen Unterschiede konzentrieren können und die meisten Details der Datentyp-Kompatibilität beruhigt dem Compiler überlassen können.

2.6 Variablennamen: die ungarische Variante

»Sie haben sicher festgestellt, daß einige der Variablen in HELLOWIN.C ziemlich merkwürdige Namen haben.« Charles Petzold, Programming Windows 3.1

In der Tat, Charles, das haben wir festgestellt. Und mehr noch: in fast allen Beispielprogrammen, einigen Funktionsprototypen sowie durchweg in den Referenzhandbüchern wird dieses etwas bizarre Benennungsschema benutzt. Wenn Sie bereits mit dieser auch als ungarische Notation* (»hungarian notation«) bezeichneten Systematik arbeiten, können Sie den Rest dieses Abschnitts getrost überfliegen bzw. gleich beim folgenden Abschnitt weiterlesen. Ansonsten würde ich Ihnen raten, die folgenden Erläuterungen erstens aufmerksam zu studieren und zweitens konsequent in Ihren Programmen umzusetzen: das bringt wirklich bessere Programmtexte!

** Nach dem Microsoft-Programmierer Ch. Simonyi, einem gebürtigen Ungar, benannt.*

Vorteile der ungarischen Notation

Kurz gesagt ist die ungarische Notation ein halbwegs strikt formalisiertes Verfahren zur konsistenten Benennung von Variablennamen. Dies bringt folgende Vorteile:

Vorteile:

- Durch die einheitliche Verwendung gleicher oder ähnlicher Namen werden Ihre Programmtexte viel leichter les- und wartbar. Dieser Effekt ist insbesondere wichtig für solche Quelltexte, die von anderen als den ursprünglichen Entwicklern verstanden und gewartet werden müssen.

  Les- und Wartbarkeit.
- Der aus mehreren Teilen zusammengesetzte Variablenname gibt Hinweise auf den Typ und den Verwendungszweck, was ebenfalls die Lesbarkeit erhöht, vor allem aber der Fehlervermeidung und -erkennung dient.

  Fehlervermeidung.
- Wie fast überall minimiert die Benutzung einer brauchbaren und konsistenten Methodik überflüssigen Zeit- und Denkaufwand und erlaubt die Konzentration auf Wesentliches.

  Konzentration auf Wichtigeres.
- Auch die Portierung wird erleichtert: kritische Stellen, an denen eine Variable nicht ihrer Windows-Typdefinition entprechend benutzt wird, fallen einem »ungarisch« angehauchten Programmierer viel schneller auf (Beispiel: wOffset = npStr).

  Vereinfachte Portierung.

Natürlich hat die Benutzung eines solchen Schemas auch Nachteile: es muß erst erlernt werden, die Tipparbeit wird geringfügig vermehrt und wenn sich globale Typnamen ändern (was allerdings sehr selten vorkommt), dürfen womöglich ganze Batterien von Variablendefinitionen mitgeändert werden. Das Benennungsverfahren ist auch nicht exakt im Sinne einer strengen Wissenschaft: ein Compiler würde mit der verhältnismäßig lockeren Definition wohl nicht sonderlich gut zurechtkommen, viele Programmierer haben sich im Laufe der Zeit durch Änderungen oder Erweiterungen des Schemas eine für sie optimal angepaßte Variante geschaffen.

Nachteile?

Dennoch halte ich das System für einen der (ganz wenigen) brauchbaren Ansätze für C-Entwickler, die Programmierung von Windows zu systematisieren und zu vereinfachen. Die Zeiten, als man mal schnell ein 100-Zeilen-Programm

Fazit: ein brauchbarer und systematischer Ansatz.

eingehackt hat, sind eben vorbei; bei einem so exorbitant komplexen und breitgefächerten API wie es Win16 — und in noch viel stärkerem Maße Win32 — darstellt, sollte dem Programmierer jedes Mittel recht sein, seine Programmtexte zu gliedern und sich überflüssige Denkarbeit durch die Verwendung einer durchdachten Methodik zur konsistenten Formulierung der Quellen (und im Idealfall nicht nur der Variablennamen) zu ersparen. Leider hat Microsoft hier nicht gerade eine Vorreiterrolle übernommen und nie eine wirklich umfassende und brauchbare Systematik ins Leben gerufen. Immerhin gibt es einige Regeln und Konventionen die die Windows-Programmierung erleichtern; die ungarische Notation ist wohl die bekannteste und wichtigste davon.

Eine gute Methodik erspart überflüssige Denkarbeit.

Vielleicht das beste Zeichen für Sinn und Bedeutung dieses Benennungsschemas ist wohl die Tatsache, daß die meisten Programmierer, die ich kenne, nach anfänglicher Skepsis die ungarische Notation voll akzeptiert haben und mittlerweile auch in nicht-Windows-Programmen verwenden. Mir ist kein Fall bekannt, in dem ein Entwickler, der sich einmal die Vorteile des Verfahrens zu eigen gemacht hatte, es später wieder aufgegeben hätte... Wie sieht dieses wundersame Verfahren nun also im Detail aus?

Genaueres zur Benutzung

Dreiteilige Variablennamen: Qualifikation, Typkürzel und eigentlicher Name.

Ein Variablenname besteht danach aus drei Teilen: eine optionale Qualifikation (Array, Zeiger etc.), dem Typkürzel der Variablen und dem eigentlichen Namen, der aber in einfachen Fällen manchmal auch weggelassen wird (dieses Schema und Beispiele zeigt Abbildung 2.12 auf Seite 128). Die folgenden wichtigen Typkürzel sind von Microsoft definiert worden:

Tab. 2.2: Ungarische Notation: Typkürzel der einfachen Datentypen.

Kürzel	Datentyp	Erläuterung
b	BYTE	vorzeichenloser 8-Bit-Wert
ch	char oder CHAR	Einzelnes Zeichen, 8-Bit-Wert mit Vorzeichen
dw	DWORD	32-Bit-Wert ohne Vorzeichen

Kürzel	Datentyp	Erläuterung
f	BOOL	Wahrheitswert (FALSE oder TRUE)
fn	FARPROC etc.	Zeiger auf eine (Rückruf-)Funktion
fs	short oder int	Wert mit max. 16 Bit-Flags
fl	LONG oder int	Wert mit max. 32 Bit-Flags
h	HANDLE etc.	Basis für die diversen Handle-Typen
hwnd	HWND	Window-Handle
i, n	int oder INT	16- bzw. 32-Bit-Integer
l	LONG	32-Bit-Wert mit Vorzeichen
sz	char[] etc.	nullterminierte Zeichenkette
u	UINT	16- bzw. 32-Bit-Wert ohne Vorzeichen
v	void oder VOID	typlose Variable (für Zeiger verwendet)
w	WORD	vorzeichenloser 16-Bit-Wert
x, y	int oder LONG	X/Y-Koordinate für Grafikausgaben

Das Kürzel hwnd steht in der Liste stellvertretend für eine ganze Reihe von Handle-Typen wie HDC, HMENU, HICON etc., für die ebenfalls entsprechende Abkürzungen benutzt werden. Der eigentliche Namensteil, der den Sinn und Zweck der Variablen beschreiben soll, wird in gemischter Groß- und Kleinschreibung an das Typkürzel angehängt. Hier können Sie Ihrer Phantasie völlig freien Lauf lassen. Einige Beispiele:

Namensteil beschreibt Sinn und Zweck.

szFileName	Zeichenkette, enthält einen Dateinamen
fQuit	BOOL, der Programmende anzeigt
flWinCreate	Flags (insgesamt 32) für CreateWindow()
xCntr, yCntr	Koordinaten für einen Kreismittelpunkt
hwndDlg	Window-Handle einer Dialogbox
hdcPrint	Device Context für den Drucker
chLast	Letztes eingelesenes Zeichen
lParam	LONG-Parameter einer Window-Prozedur

Neben diesen Standardkürzeln für die einfachen Datentypen hat Microsoft auch für Strukturen entsprechende Abkürzungen festgelegt. Die folgende Aufstellung zeigt einige der wichtigeren Strukuren, näheres können Sie den Windows-Header-Dateien entnehmen:

Tab. 2.3: Ungarische Notation: Typkürzel für wichtige Strukturen.

Kürzel	zugrundeliegende Datenstruktur
dlit	DLGITEMTEMPLATE
msg	MSG
ps	PAINSTRUCT
pt	POINT
rc	RECT
tm	TEXTMETRIC
wc	WNDCLASS

Lokale Variablen.

Nur lokal definierte Variablen werden oft auch ohne eigenen Namensteil verwendet (z.B. HDC hdc; PAINTSTRUCT ps;). Auch hier einige Beispiele zur Illustration:

wcMyClass	eigene Window-Klasse
ptCntr	POINT für einen Kreismittelpunkt
rcClientArea	RECT zur Beschreibung der Client-Area

Bleibt noch die optionale Qualifikation, die vor dem Typkürzel auftaucht und z.B. angibt, ob es sich bei der Variablen um einen NEAR- oder FAR-Zeiger bzw. um ein Array handelt. Auch zweckgebundene Qualifikationen sind definiert. Die wichtigsten wieder im Überblick:

Tab. 2.4: Ungarische Notation: die wichtigsten Qualifikationen.

Qualifikation	Bedeutung
a	Array
c	Zähler (»counter«)
i	Indexwert (z.B. in ein Array)
lp	FAR-Zeiger
np	NEAR-Zeiger
p	Zeiger

Ein paar explizite Beispiele (aufbauend auf den einfachen Definitionen von oben) können auch hier sicher nicht schaden:

lpszFileName	FAR-Zeiger auf eine Zeichenkette
lpfnWndProc	FAR-Adresse einer Window-Prozedur
achFileName	Zeichenkette (möglich, allerdings nicht ganz identisch wäre auch szFileName)
npfQuit	NEAR-Zeiger auf einen BOOL
ahwndDlg	Array von Dialog-Window-Handles
iLast	Index auf letztes eingelesenes Zeichen
cx, cy	Window-Breite oder -Höhe

Aus Qualifikation, Typkürzel und Namensteil lassen sich (rekursiv) ziemlich komplizierte und ziemlich sinnlose Namen bilden (z.B. ialpalpszFileName,* alles klar?). Auch sind diese Kürzel nicht immer ganz eindeutig — chMem ist entweder Zeichen (ch-Mem) oder Handle-Zähler (c-hMem). Aus dem Namensteil und/oder dem Zusammenhang wird aber meist sofort klar, welcher Datentyp sich hinter einem bestimmten Kürzel verbirgt. Wenn Sie bisher in eigenen Programmen von der Benutzung der ungarischen Notation abgesehen haben (womöglich nur, weil sie nirgendwo im Microsoft-SDK-Referenzmaterial so richtig erläutert wird), sollten Sie in einem Pilotprojekt ihre Verwendung einmal testen. Ich bin sicher, einmal an die Vorteile und die Bequemlichkeit gewöhnt, werden Sie sie nicht mehr missen mögen. Und, wie erwähnt, einen Beitrag zu wartbaren und »verständlichen« Programmen, die auch noch leichter portiert werden können, leistet sie allemal:

** Für Unentwegte: Index in ein Array von FAR-Zeigern auf Arrays von FAR-String-Zeigern auf Dateinamen...*

Erst testen, dann urteilen.

```
ClientArea=TopLeft+BottomRight; // Mag schon sein...

rcClientArea=ptTopLeft+ptBottomRight; // Unsinn!
```

Abbildung 2.12 auf der nächsten Seite faßt die drei Elemente einer ungarisch benannten Variablen noch einmal zusammen und zeigt anhand einiger Beispiele nochmals, wie der endgültige Name zusammengesetzt wird.

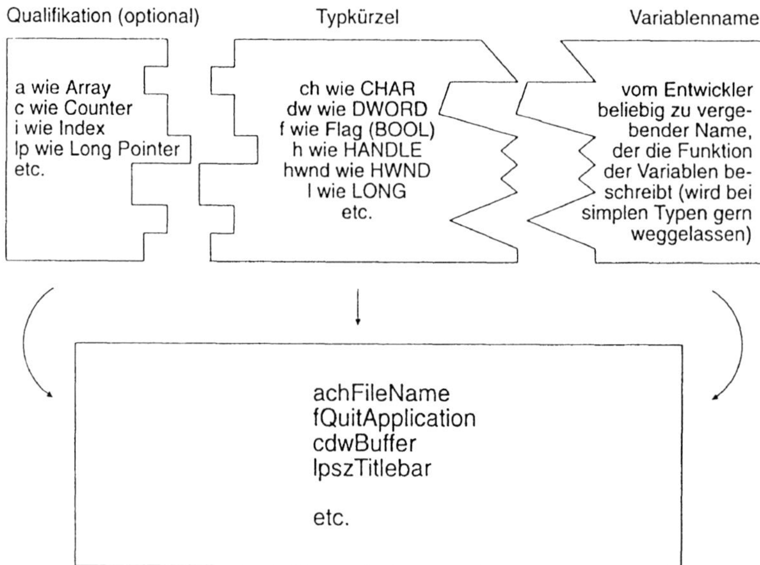

Abb. 2.12: Die drei Elemente der ungarischen Notation.

Einige weitere Vorschläge

Die ungarische Notation ist vermutlich das einzige Verfahren zur methodischen Programmentwicklung für Windows, das sich über einen größeren Kreis von Entwicklern verbreitet hat. Gerade große Projekte könnten aber durch die Einführung von strikt definierten, konsistenten Richtlinien und Prozeduren viel einfacher handhabbar und wartbar gemacht werden. Da Microsoft hier leider bis auf ganz wenige Ausnahmen keine allgemein einsetzbaren Normen oder wenigstens Vorschläge gemacht hat, ist dies ein weites Feld für Eigenintiative. Ein paar Vorschläge, die ich im Laufe der Zeit entweder anderen Entwicklern abgeschaut oder selbst entwickelt habe, mögen Ihnen als Beispiel und Anregung dienen:

Viel Raum für eigene Aktivitäten!

Konstanten, Makros und Typdefinitionen.

Makros und Typdefinitionen werden ohne Ausnahme groß geschrieben. Gerade bei Konstanten mache ich Gebrauch von eindeutigen Benennungsschemata:

```
// Resource-IDs für Dialogbox Controls
#define ID_EDIT_DIRECTORY   ...
#define ID_LISTBOX_FILENAME ...
#define ID_BUTTON_LOAD      ...
```

```
#define ID_BUTTON_SAVE        ...
#define ID_BUTTON_QUIT        ...
// etc.
// Menu-IDs: File
#define ID_MENU_FILE_NEW      ...
#define ID_MENU_FILE_OPEN     ...
#define ID_MENU_FILE_SAVE     ...
#define ID_MENU_FILE_QUIT     ...
// Menu-IDs: Edit
#define ID_EDIT_CUT           ...
// etc.
```

Zugegeben ist dies anfänglich etwas mehr Tipparbeit, aber dafür kann ich einerseits sofort erkennen, mit welchem Objekt oder Menu ich es zu tun habe. Andererseits muß ich nur noch selten in die Header-Datei schauen, um den Namen einer Konstanten herauszufinden: da ich die Namen aufgrund eines strikten Verfahrens bilde, kann ich sie mir jederzeit zusammensetzen.

Einheitliche Funktionsnamen.

Ein weiterer Punkt, der mir sehr stark hilft, meine Programme zu gliedern, ist die Einführung zahlreicher Funktionen, die ebenfalls einer (möglichst) einheitlichen Namensvergabe unterliegen. Meistens benutze ich für bestimmte Gruppen einen drei- bis fünfbuchstabigen Präfix, der die Zugehörigkeit der Funktion zu eben dieser Gruppe signalisiert (eine Idee, die auch im OS/2-API fleißig benutzt wird, von Microsoft jedoch leider verschmäht wurde). Auch Parameternamen werden soweit möglich einheitlich formuliert, dies bringt u.a. den Vorteil, daß ich bei Zeigern auf komplexe Strukturen leicht mit einigen Zugriffsmakros arbeiten kann, die unter Umständen eine ganze Menge Arbeit einsparen:

Funktionen für eine Input-Control: Präfix Input.

```
FEXPORT BOOL InputDelChar(LPINPUTFIELD lpInput,INT nCount);
FEXPORT BOOL InputDelWord(LPINPUTFIELD lpInput,BOOL fLeft);
FEXPORT BOOL InputDelLine(LPINPUTFIELD lpInput,INT nCount);
FEXPORT BOOL InputInsChar(LPINPUTFIELD lpInput,CHAR ch);
FEXPORT BOOL InputInsString(LPINPUTFIELD lpInput,
  LPSTR lpsz);
FEXPORT BOOL InputSaveText(LPINPUTFIELD lpInput,
  LPSTR lpszFilename);
```

```
FEXPORT BOOL InputLoadText(LPINPUTFIELD lpInput,
  LPSTR lpszFilename);
// etc.
// LPINPUTFIELD ist ein Zeiger auf die Struktur INPUTFIELD,
// ich benutze innerhalb aller Funktionen zum Zugriff auf //
die einzelnen Komponenten folgendes Makro:
#define IF(member) lpInput->member
```

Konsistente Rückgabewerte.

Zwei weitere Kleinigkeiten fallen Ihnen vielleicht noch auf: erstens haben alle Funktionen den Rückgabetyp BOOL; dies ist Ausdruck einer weiteren eisernen Regel, nämlich der, daß alle Funktionen (Miß-)Erfolg durch einen BOOL-Wert anzeigen. Nur in solchen Fällen, wo die Funktion wirklich nichts weiter tut, als nur einen Wert zurückzuliefern und dieses ohne Fehlerbedingung möglich ist, mache ich eine Ausnahme:

```
FEXPORT INT InputTextLength(LPINPUTFIELD lpInput);
```

Eigene Makroschale.

Der zweite auffällige Punkt an obigen Prototypen ist die Verwendung des Makros FEXPORT. Ich habe mir, je nach System, drei Makros definiert, um die Aufrufsequenzen von Funktionen zu beschreiben. Bei der Definition greife ich, sofern irgend möglich, auf bereits bestehende Makros des jeweiligen APIs zurück:

```
#ifdef WIN32
  // Makroschale für Win32-Funktionsattribute
  // Exportierte Funktionen
  #define FEXPORT CALLBACK
  // Im Programm global bekannte Funktionen
  #define FPUBLIC WINAPI
  // Lokal, nur in einem Modul verwendete Funktionen
  #define FLOCAL  static __stdcall
#else
  // Makroschale für Win16-Funktionsattribute
  #define FEXPORT FAR PASCAL _export
  #define FPUBLIC FAR PASCAL
  #define FLOCAL  static NEAR PASCAL
#endif
```

Dieser Mechanismus einer weiteren Makroschale für die Aufrufsequenzen erlaubt mir die einfachste Anpassung der Funktionsprototypen an geänderte Verhältnisse, wie das Beispiel für FEXPORT in der folgenden Abbildung zeigt:

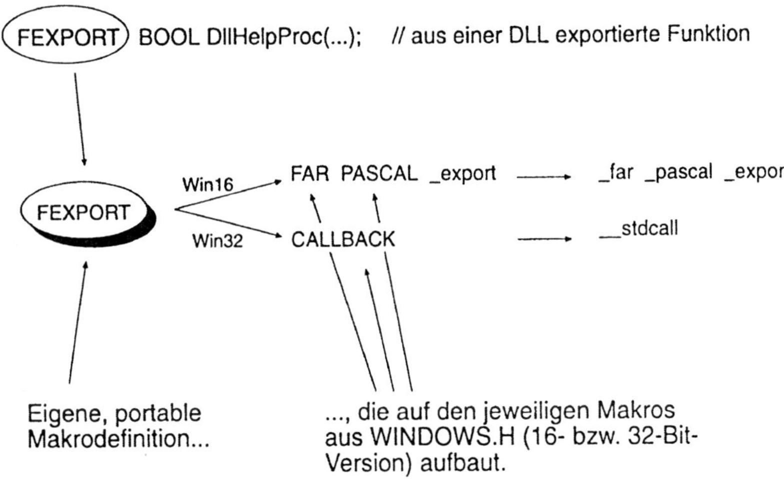

Abb. 2.13: Eine portable Makroschale für Funktionsattribute.

All diese Regeln und Richtlinien sind natürlich völlig unverbindlich und unterliegen dauernder Evolution. Sie sind auch sicherlich nicht für jeden Entwickler und jedes Projekt geeignet. Aber gerade wenn Sie mit *großen* Programmprojekten umzugehen haben, ist so ein Satz von Maßregeln schon enorm hilfreich. Noch stärker gilt dies, wenn mehrere Entwickler im Team zusammenarbeiten, dann sind bestimmte Regeln und Normen fast unverzichtbar. Beachten Sie daher auch die Abschnitte 4.3 bis 4.5 über die Makros aus WINDOWSX.H!

Konsistenz und Methodik ist besonders wichtig im Team!

2.7 Welche Plattform für Windows 3.1: Win32s oder Win16?

»In meinem Staate kann jeder nach seiner Façon selig werden.« Eine Friedrich dem Großen zugeschriebene Wendung

Was der Alte Fritz schon propagierte, gilt auch für den gestreßten Programmierer: in der Windows-Welt kann jeder,

32-Bit-Programme unter Win16?

wie's ihm gefällt. Denn mit Win32s wird es relativ unaufwendig (zumindest verglichen mit WINMEM32.DLL) möglich, »flat memory model«-Programme unter Win16 zu implementieren. Win32s kann daher durchaus auch für Entwickler interessant sein, die jetzt noch gar nicht unbedingt nach Windows NT »aufsteigen« möchten. Um den Einsatz des neuen Systems zu rechtfertigen, muß es allerdings zwingende Vorteile geben. Der Programmierer, der eine Anwendung sowohl für Win16 als auch für Windows NT zu schreiben hat, steht ebenfalls vor der Entscheidung, welche Plattform er nun für Windows 3.1 einsetzen soll.

Wer mit Win16 bisher zurechtkommt und (noch) nicht portieren muß, kann Win32s ignorieren.

Einige grundsätzliche Anmerkungen, um die Entscheidungskriterien vielleicht ein wenig transparenter zu machen, können daher sicher nicht schaden. Ganz am Anfang steht die Frage, ob Sie überhaupt kurzfristig eine Applikation nach Win32 portieren müssen: falls nicht, macht Win32s als Plattform zur Zeit vermutlich keinen Sinn. Möglicherweise können Sie Ihre 32-Bit-Aktivitäten ja solange aufschieben, bis mit Windows 4.0 eine praktisch vollständige Implementation des Win32-APIs verfügbar wird (und ausreichend Verbreitung gefunden hat). Dann müssen Sie sich nämlich nicht mit den zahlreichen Besonderheiten und Spezialfällen der Win32s-Programmierung herumschlagen. Die einzige Ausnahme hiervon scheinen mir Anwendungen zu sein, die durch das »flat memory model« und die 32-Bit-Verarbeitung dermaßen an Performance und/oder Potential gewinnen, daß der nicht unaufwendige Wechsel des Entwicklungssystems begründet ist. Etwas salopper fomuliert: wenn Sie vorzugsweise mit HUGE-Pointern auf Megabyte-Bereiche hantieren, ist der Umstieg möglicherweise doch interessant. Um nun aber keine Mißverständnisse aufkommen zu lassen: die Win32s-Speicherverwaltung setzt ja auf Win16 bzw. DPMI auf. Und das bedeutet, daß Ihr Programm nicht allein deswegen schneller wird, weil die zugrundeliegende Speicherverwaltung intelligenter wäre. Der Gewinn an Geschwindigkeit liegt eher daran, daß die ganze widersinnige Arithmetik mit HUGE-Zeigern entfällt. Und wer sich schon mal den Assembler-Code angesehen hat, den der Compiler dafür erzeugt, weiß, daß das schon einiges bringt (von den dauernden Segment-Reloads gar nicht zu reden!).

Ausnahme: Programme mit großem Speicherbedarf.

Pro Win32s

Wie steht es nun mit Programmen, die für Windows 3.1 und Win32 gleichzeitig zur Verfügung stehen müssen? Da eine Portierung ohnehin vorgenommen werden muß, kann man nicht gleich Nägel mit Köpfen und das ganze Projekt Win32s-kompatibel machen? Die Antwort lautet uneingeschränkt ja, wenn Sie auf die erweiterte Win32-Funktionalität (Threads, IPC etc.) verzichten können. Da Sie sich ohnedies mit den neuen Entwicklungswerkzeugen vertraut machen müssen, können Sie mit einer Version auch gleich Windows 3.1 mit erledigen. Solange Sie nur die Teile des auf 32 Bit aufgeblasenen APIs benutzen, die von Win32s unter Win16 auch emuliert werden können, ist dieses Subset eine brauchbare Alternative zur gleichzeitigen Pflege zweier Versionen. Eine große Hilfe dabei ist im übrigen die Datei WIN32S.DAT in der SDK-Subdirectory X:\MSTOOLS\BIN. Diese kann nämlich nach Umbenennung in PORT.INI von PORTTOOL geladen werden und zeigt dann in Ihren 32-Bit-Quelltexten an, welche nicht-Win32s-kompatiblen Funktionen, Nachrichten etc. Sie verwenden. (Caveat: Win32s muß allerdings unter Windows 3.1 so gut und reibungslos funktionieren, daß der Einsatz von »full featured« 32-Bit-Anwendungen auch zuverlässig möglich ist. Ob das der Fall ist, kann anhand der zur Zeit vorliegenden 1.0-Version noch nicht endgültig entschieden werden. Oder weniger diplomatisch ausgedrückt: diese Version enthält definitiv noch zu viele Fehler!)

Verzicht auf Win32-Funktionalität möglich?

WIN32S.DAT und PORTTOOL.EXE.

Problematisch wird die ganze Sache dann, wenn Sie (oder Ihre Kunden?) feststellen, daß Ihre Anwendung doch so viel schöner mit Threads funktionieren würde. Oder wenn Sie NTFS-Features benutzen wollen. Oder, oder, oder ... Es gibt eben soviele neue und wichtige Eigenschaften in Win32 (man kann's aber auch anders herum sehen: MS-DOS/Win16 ist eben so beschränkt), daß man auf Dauer um die entsprechenden Erweiterungen wohl nicht herum kommt. Und genau da liegt der Hase im Pfeffer: jede nicht von Win32s abgesegnete, aber dennoch von Ihnen benutzte Erweiterung macht Änderungen in Ihren Quellen speziell für die Lauffähigkeit unter Win32s bzw. Windows 3.1 erforderlich. Dort kann zwar (theoretisch) jede Win32-Applikation geladen werden, alle nicht unter-

Spezielle Win32s-Programmteile.

stützten Aufrufe kehren aber immer mit einer Fehlermeldung zurück, die Ihnen immerhin die Implementation einer alternativen Funktion ermöglichen soll. Der schon in Abschnitt 1.9 zitierte Alistair Banks formuliert das ebenso kurz wie nichtssagend folgendermaßen: »Daher können Sie eine Win32-Applikation entwickeln, die z.B. einen Thread startet. Unter Windows 3.1 [plus Win32s] wird CreateThread() einen Fehler melden, dann benutzen Sie eben ›Plan B‹; unter Windows NT wird der Aufruf dagegen glücken, dann geht's los... Fehlermeldungen werden für die gesamte Funktionalität über Win16 hinaus inklusive Béziers, Pfade, ›memory mapped files‹, Semaphoren etc. geliefert, aber gerade wegen der klaren Fehlerrückgaben wird es möglich, eine einzige Binärdatei zu erzeugen, die unter Win3.1 arbeitet und trotzdem die Features von Windows NT komplett unterstützt.«

Was ist Plan B?

Meiner Ansicht nach macht man es sich im Hause Microsoft mal wieder (zu) einfach: daß die Benutzung von »Plan B« in einer Win32s-Applikation für jedes nicht unterstützte Win32-Feature auf die dynamische Rekonfiguration der Applikation zur Laufzeit hinausläuft (und allerlei subtilen Bugs Tür und Tor öffnet), geht in der allgemeinen Begeisterung etwas unter. Wenn dieser berühmte Plan B einfach so aussieht, daß die betreffende Funktion dann unter Windows 3.1 als Ganzes gar nicht verfügbar ist, hält sich der Aufwand sicherlich in Grenzen (ein gutes Beispiel ist die Konversion eines Textdokuments von ANSI nach Unicode: der hierfür zuständige Menupunkt kann unter Win16 ganz einfach desaktiviert werden). Unangenehmer wird es, wenn Sie in einem Grafik-Programm Bézier-Kurven brauchen: entweder Sie emulieren die Funktionalität für Win16 (mein Beileid). Oder Sie stellen das Objekt irgendwie mit den vorhandenen Mitteln dar: das kann hin und wieder sogar zu akzeptablen Resultaten führen... Oder drittens: Béziers sind eben unter Win16 einfach nicht möglich. Letzteres scheint eine recht gute Alternative zu sein: wer Béziers haben will, arbeite mit dem Programm gefälligst unter Win32! Aber ganz so einfach ist die Sache leider nicht: was passiert beispielsweise, wenn eine unter NT erzeugte Datei (die natürlich Bézier-Objekte enthalten kann) unter Win16 geladen und bearbeitet werden soll? Die Bézier-Kurven einfach zu löschen, ist natürlich völlig indiskutabel. Also müssen sie

Die dynamische Rekonfiguration des Programms zur Laufzeit!

Unangenehmes Beispiel: Bézier-Kurven.

irgendwie mitgeschleppt und am Ende auch korrekt wieder in der Datei abgespeichert werden! Wie gesagt: die Interdependenzen aller Programmteile, die nicht vollkommen identisch implementiert sind, kann zu ziemlich trickreichen und extrem schwierig aufzuspürenden Fehlern führen. Letzteres zeigt ein weiteres Problem auf: die Anwendung muß nicht nur unter Win16, Win32s und Win32 auf Herz und Nieren geprüft werden. Auch die Interoperabilität zwischen diesen Plattformen muß auf das Genaueste definiert und vor allem getestet werden.

Interoperabilität zwischen Win16, Win32s und Win32.

Und Contra

Sind zwei teilweise unterschiedliche Sätze von Quelltexten und bedingte Compilation eine sinnvolle Alternative? Ich meine, ja. Schließlich lassen sich weite Teile der Oberfläche trotz der Unterschiede der beiden Systeme unter Zuhilfenahme von portablen Makros und anderen Mechanismen absolut identisch formulieren (von den Elementen des Programmes, die die eigentliche Arbeit machen, also dem nicht-GUI-Code, gar nicht zu reden). Die Bereiche des Programmes, die sich zwischen 16 und 32 Bit wesentlich unterscheiden, müssen zwar in separaten Quelltext-Dateien untergebracht werden. Aber dieser Code ist mit Sicherheit leichter zu schreiben, zu warten und zu verstehen als eine Quelltext-Datei, die prinzipbedingt für beide Systeme compilierbar sein muß und entsprechend viele Besonderheiten, Spezialitäten und #ifdefs aufweist. Die ganze Diskussion läßt sich letzten Endes auf die Frage reduzieren, wie man als Entwickler am schnellsten zu brauchbaren Ergebnissen (sprich: funktionierenden und wartbaren Programmen) gelangt. Und da scheint mir bei komplexen Programmen, die ausgiebigen Gebrauch von neuen, nicht unter Win32s verfügbaren NT-Features machen, eine gewisse Auftrennung der Quellen im Interesse einer leichteren Durchschaubarkeit des Programmtextes durchaus vertretbar zu sein.

Zwei Quelltext-Sätze?

Zu guter Letzt noch einige Punkte, die den Einsatz von Win32s als Plattform für eine Reihe von Win16-Programmen ohnehin unmöglich machen. Dies gilt immer dann, wenn:

- Ihre Applikation auf einem 16-Bit-Gerätetreiber basiert, der unter Win32 (noch) nicht zur Verfügung steht oder

Win32s? Unmöglich, wenn:

- Sie DLLs von Drittherstellern benutzen, die noch nicht als 32-Bit-DLLs ausgeliefert werden (da Win32s keine Aufrufe in Win16-fremde 16-Bit-DLLs unterstützt). Die »universal thunks« sind in beiden Fällen ein aufwendiger Ausweg.
- Sie extensiven Gebrauch von nicht portablen APIs machen wie z.B. die Segment- und Selector-API oder direkte INT 21 und BIOS-Aufrufe,
- Sie noch mit Windows 3.0 arbeiten (müssen). Win32s setzt Windows 3.1, einen 386 und 4 MB Hauptspeicher voraus.

Fazit dieser Betrachtungen.

Zusammengefaßt: Win32s ist dann brauchbar, wenn Sie keine 32-Bit-Features benötigen, die unter Windows 3.1 nicht emuliert werden können. Win32s ist sehr hilfreich, wenn Ihre Applikation vom »flat memory model« profitiert. Win32s ist notwendig, wenn Sie nur noch eine EXE-Datei für 16- und 32-Bit-Systeme erzeugen wollen. Allerdings kann das wegen der Spezialfälle der Win32s-Programmierung auf Kosten der Wartbarkeit der Programmtexte gehen. Andererseits ist die Formulierung und Pflege von portablen Quelltexten für beide Systeme nicht so aufwendig, daß sich ein weitgehend gemeinsamer Quelltext-Satz von selbst verböte. Ganz im Gegenteil: Microsoft hat sich erkennbar Mühe gegeben, das Win32-API (im Rahmen des Betriebssystem-Designs) rückwärtskompatibel zu gestalten.

2.8 Einige Hinweise zur Portierung von OS/2-Programmen

»'Rin in die Kartoffeln, 'raus aus die Kartoffeln.« Friedrich Wülfing, Vom Manöver

1988: Gone OS/2!
1993: Gone Win32!
1998:Gone Crazy?

Da kenne ich doch tatsächlich eine Menge Leute, die haben vor fünf Jahren darüber nachgedacht, ob sie ihre Windows-Programme nach OS/2 portieren sollen. Und viele von diesen Entwickler denken heute darüber nach, ob sie ihre OS/2-Programme (zurück) nach Windows portieren sollen... Auch hier gilt eben, daß derjenige, der den Schaden hat, für den Spott nicht zu sorgen braucht. Aber, falls es Sie trösten sollte: das trostlose Hin-und-Her der beiden Elefanten* zwischen 1985 und 1993 hat auch mich ganz schön gebeutelt.

* einer der beiden Elefanten scheint jedoch auf dem Weg zur grauen Maus...

Wichtigste Frage, die Sie sich vorlegen müssen: lohnt der Win32-Umstieg überhaupt? Ein bestehendes OS/2-Programm (ob Textmodus oder Presentation Manager, PM, ist gleichgültig) kann nämlich relativ einfach auf OS/2 2.x portiert werden. Und dieses System ist von der technischen Seite her durchaus ein akzeptabler Standard (siehe dazu Abschnitt 1.2, Seite 21). Gute Argumente für einen Wechsel findet man also weniger bei technischen Eigenschaften, die OS/2 vermeintlich fehlen könnten. Überzeugender sind da schon folgende Überlegungen:

Lohnt sich der Umstieg überhaupt?

- Wie steht es mit der Kapazität des Marktes? Es gibt viel mehr Win16- als OS/2-Installationen und erstere werden durch Win32s wenigstens prinzipiell in die Lage versetzt, 32-Bit-GUI-Programme zu verarbeiten. Dazu kommt, daß Windows NT und viel mehr noch Windows 4.0 einen Run auf 32-Bit-Windows auslösen dürften.

  Die Größe der jeweiligen Märkte.

- Die Portabilität auf RISC-Umgebungen kann je nach Anforderung ebenfalls ein gewichtiger Vorteil der Win32-API sein. Zwar plant IBM eine portable OS/2-Version, aber wann diese kommt und wie sie aussehen wird, steht zur Zeit noch in den Sternen.

  Portabilität z.B. auf RISC.

- Windows ist eine komplette Familie, OS/2 ist ein Einzelgänger. Auch hier gibt sich IBM erkennbar Mühe, abgespeckte bzw. an bestimmte Umgebungen wie Pen Computing angepaßte Varianten verfügbar zu machen. Aber wo IBM nur verspricht, kann Microsoft liefern:* angefangen bei Modular Windows über Windows 3.1 und Windows for Workgroups bis zu Windows NT und NT Advanced Server. Noch dazu ist NT als solches wegen des symmetrischen Multiprocessing skalierbar: wenn die bestehende Hardware zu langsam wird, stecke man einfach ein paar weitere Prozessoren hinein...

  Familie kontra Einzelgänger.

  * Fast...

- Microsoft hat mit OLE 2.0 (und den davon abhängenden Produkten wie Cairo) eine Schlüsseltechnologie entwickelt und weitgehend unter Kontrolle. Ob und inwieweit IBM auf diesen Zug aufspringen kann (oder will), ist zur Zeit nicht

  OLE 2.0 und Nachfolger.

abzuschätzen. Genausowenig lassen sich konkrete Angaben über IBM und Apples weitere Pläne mit Taligent machen.

Der viel höhere Portierungsaufwand wird durch die Tools von Microsoft bei weitem nicht wettgemacht.

Alles in allem sollte ein Wechsel sehr gut durchdacht werden, allein schon deshalb, weil der Aufwand einer Portierung von OS/2 nach Win32 um Größenordnungen über der von Win16 nach Win32 liegt. Um dem Entwickler die Sache etwas schmackhafter zu machen (oder um IBM eins auszuwischen?), stellt Microsoft immerhin einige Tools zur Verfügung, welche OS/2-Programmtexte und -Ressourcen wenigstens teilweise umsetzen können (die einzelnen Tools sind im CompuServe-Forum MSWIN32, Library #10 »Porting — OS/2 and UNIX« verfügbar und können von dort heruntergeladen werden).

Werkzeuge und Vorgehensweise

API-Analyzer.

Ich will nun einen Blick auf die wichtigsten Problembereiche der Umsetzung von OS/2 auf Win32 werfen und dabei auch die zur Verfügung stehenden Werkzeuge etwas näher beleuchten. Fangen wir gleich mit dem API-Analyzer an, der bei einer Portierung als erstes Werkzeug herangezogen wird. Dieses Programm analysiert die EXE- und DLL-Dateien eines OS/2-Produktes und protokolliert alle Betriebssystem-Funktionen, die von diesem benutzt werden (inklusive der Anzahl der Aufrufe). Auf dieser Datei basierend wird dann ein Excel-Spreadsheet zur Auswertung geladen, das eine grobe Abschätzung des Portierungsaufwands ermöglicht. Die Abbildung 2.14 auf der gegenüberliegenden Seite zeigt ein Beispiel: der Wert unter der Spalte »ACorp« besagt, daß das analysierte Programm summa summarum 11.491 OS2/2-API-Aufrufe durchführt. Die Spalte »Dos Time« verrät, daß die Portierung des Projektes etwa 256 Manntage benötigen dürfte, der Wert 228 bei »Used« bedeutet, daß das Programm insgesamt 228 Funktionen des OS/2-APIs benutzt, von denen wiederum 110 (Spalte »Auto«) durch ein weiteres Hilfsprogramm automatisch umgesetzt werden können. Diese Umsetzung erfaßt 7982 (Spalte «AutoApi«) der 11491 Aufrufe und erspart dadurch etwa 66 Manntage (Spalte »AutoTime«). Die dann folgende Liste der einzelnen Aufrufe schlüsselt diese Resultate genauer auf: man sieht z.B., daß die zehnmal verwendete Funktion DevEscape() als sehr schwierig eingestuft wird und daher mit insgesamt zehn Manntagen zum Gesamtaufwand beiträgt, während DosAllocSeg() (das 41mal benutzt wird und dennoch nur 0,17 Manntage beiträgt) eher einfach zu portieren ist. Natürlich hilft dies nicht bei der Umsetzung der Quelltexte als solcher, aber es ermöglicht eine recht brauchbare Abschätzung des Gesamtaufwands wie auch der einzelnen Teile des Projektes. Ein kleiner Nachteil des API-Analyzers ist die Tatsache, daß er nur OS/2-Funktionen, nicht aber auch die PM-Nachrichten berücksichtigt. Ein Programm, das hemmungslos mit Sub- oder Superclassing arbeitet, ist erfahrungsgemäß recht schwierig umzusetzen: dies wird durch den Analyzer jedoch kaum erfaßt (WinSubclassWindow() ist angeblich eine mittelmäßig schwierig zu portierende Funktion...).

Bearbeitet leider nur OS/2-Funktionen, jedoch keine PM-Nachrichten.

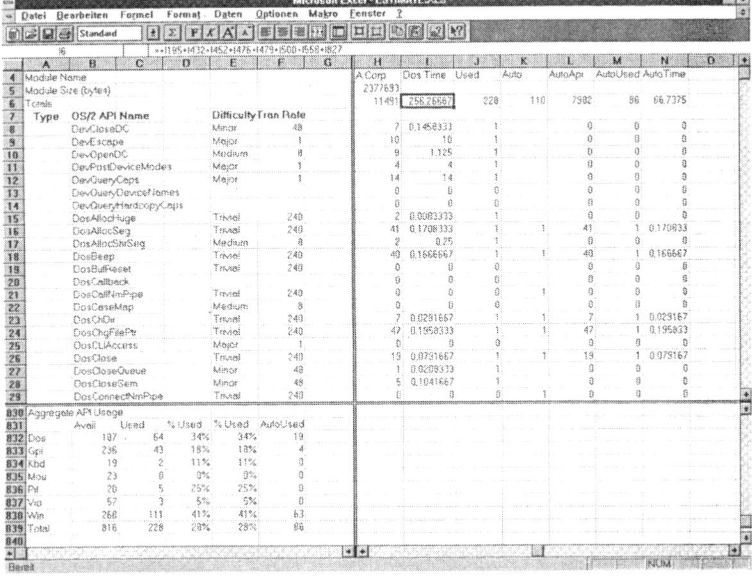

Microsoft Excel - ESTIMATE.XLS

	A	B	E	F	H	I	J	K	L	M	N
4	Module Name				A Corp	Dos Time	Used	Auto	AutoApi	AutoUsed	AutoTime
5	Module Size (bytes)				2377693						
6	Totals				11491	256.26667	228	110	7982	86	66.7375
7	Type	OS/2 API Name	Difficulty	Tran Rate							
8		DevCloseDC	Minor	48	7	0.1458333	1		0	0	0
9		DevEscape	Major	1	10	10	1		0	0	0
10		DevOpenDC	Medium	8	9	1.125	1		0	0	0
11		DevPostDeviceModes	Major	1	4	4	1		0	0	0
12		DevQueryCaps	Major	1	14	14	1		0	0	0
13		DevQueryDeviceNames			0	0	0		0	0	0
14		DevQueryHardcopyCaps			0	0	0		0	0	0
15		DosAllocHuge	Trivial	240	2	0.0083333	1		0	0	0
16		DosAllocSeg	Trivial	240	41	0.1708333	1	1	41	1	0.170833
17		DosAllocShrSeg	Medium	8	2	0.25	1		0	0	0
18		DosBeep	Trivial	240	40	0.1666667	1	1	40	1	0.166667
19		DosBufReset	Trivial	240	0	0	0		0	0	0
20		DosCallback			0	0	0		0	0	0
21		DosCallNmPipe	Trivial	240	0	0	0	1	0	0	0
22		DosCaseMap	Medium	8	0	0	0		0	0	0
23		DosChDir	Trivial	240	7	0.0291667	1	1	7	1	0.029167
24		DosChgFilePtr	Trivial	240	47	0.1958333	1	1	47	1	0.195833
25		DosCLIAccess	Major	1	0	0	0		0	0	0
26		DosClose	Trivial	240	19	0.0791667	1	1	19	1	0.079167
27		DosCloseQueue	Minor	48	1	0.0208333	1		0	0	0
28		DosCloseSem	Minor	48	5	0.1041667	1		0	0	0
29		DosConnectNmPipe	Trivial	240	0	0	0	1	0	0	0

	Aggregate API Usage	Avail	Used	% Used	% Used	AutoUsed
832	Dos	187	64	34%	34%	19
833	Gpi	236	43	18%	18%	4
834	Kbd	19	2	11%	11%	0
835	Mou	23	0	0%	0%	0
836	Prf	20	5	25%	25%	0
837	Vio	57	3	5%	5%	0
838	Win	268	111	41%	41%	63
839	Total	816	228	28%	28%	86

Abb. 2.14: Der OS/2-API-Analyzer nach getaner Arbeit.

Nachdem man nun die bestürzende Wahrheit über den Portierungsaufwand in voller Schärfe vor sich sieht, wendet man sich trostsuchend dem nächsten Werkzeug zu: dem schon angesprochenen automatischen API-Umsetzer, der nichts weiter tut, als eine Textdatei zu nehmen und darin bestimmte Ersetzungen vorzunehmen. So wird z.B. aus DosAllocSeg() eine Funktion namens HP_dosAllocSeg(), die im Rahmen einer auch als Quelltext verfügbaren Hilfs-DLL (namens HOLEPORT.DLL)

API-Umsetzer.

implementiert ist. Grundsätzlich gibt es zwei Möglichkeiten, wie der Umsetzer vorgeht: entweder er tauscht eine OS/2-Funktion inklusive Datentypen und Konstanten direkt gegen ihren Win32-Widerpart aus (DosClose() wird in CloseHandle() umgewandelt) oder er ersetzt die OS/2-Funktion durch den Aufruf einer Hilfsfunktion, die in der Win32-Support-DLL steckt. Diese Umsetzung ist jedoch insgesamt relativ uneffektiv, da sie fast nur einfach zu portierende Funktionen (im Excel-Spreadsheet als »trivial« bezeichnet) erfaßt. Immerhin erspart sie erfahrungsgemäß zwischen 10 und 25 % des gesamten Portierungsaufwandes — besser als nichts.

RC-Übersetzer.

Danach wirft der OS/2-Portierer ein weiteres Hilfsprogramm an, das zur Umsetzung der Ressource-Dateien ins Win32-Format dient (in textueller Form wohlgemerkt, denn die OS/2-RC-Dateien haben eine ganz andere Syntax als Windows-Ressourcedateien). Dieses Programm ist ziemlich effektiv und erlaubt normalerweise eine fast hundertprozentige Umsetzung der RC-Dateien (Ausnahmen sind z.B. die OS/2-spezifischen Controls wie Spinbuttons). Und im Anschluß daran führt leider kein Weg mehr am wirklich aufwendigen Teil der ganzen Übung vorbei: die Make-Datei ist auf Win32 umzustellen und dann müssen die einzelnen Quelltext-Dateien der Reihe nach untersucht und angepaßt werden (der Top-Down-Ansatz scheint mir hier fast noch wichtiger als bei der Portierung von Win16-Applikationen). Und wenn ich bereits oben vor dem ersten echten Portierungsprojekt ein kleines Testprogramm empfohlen habe, so gilt das für OS/2-Entwickler noch viel mehr: der Port als solcher ist um soviel schwieriger, daß Sie sich nicht auch noch mit den Werkzeugen und den Details ihrer Benutzung herumschlagen sollten.

Und dann: selbst ist der Mann!

Unbedingt mit einem einfachen Testprojekt beginnen!

Hinweise für Textmodus-Programme

Textmodus portieren?

Eine weitere wichtige Frage ist, ob die zu portierende Anwendung »nur« eine Textmodus-Applikation oder ein PM-Programm ist. Erstere brauchen Sie nämlich, solange das Programm nur Gebrauch vom OS/2-1.x-API macht, gar nicht erst zu portieren, denn NT stellt ja ein OS/2-Subsystem (1.x, ohne PM-API) zur Verfügung, das OS/2-Programme direkt unterstützt. Eines der erfolgreicheren Produkte in dieser Hinsicht ist die OS/2-Version des Editors Brief, die recht häufig unter NT eingesetzt wird. Zur Zeit gibt es zwar noch keine Entwicklungswerkzeuge, mit deren Unterstützung man OS/2-Applikationen unter Windows NT selbst entwickeln kann, das dürfte sich aber demnächst ändern. Andererseits sind OS/2-1.x-Programme per Definition 16-Bit-Anwendungen und mancher mag darüber nachdenken, ob sein Programm als 32-Bit-Version nicht noch viel besser wäre. Da ist der Port nach Win32 dann allerdings schon ziemlich aufwendig. Es stehen zwar praktisch alle Möglichkeiten, die das OS/2-API hat, unter Win32 zur Verfügung (NT war ja einmal OS/2!), die Unterschiede liegen aber in den zahllosen Details, welche die Anpassung doch sehr aufwendig machen. Immerhin sind bei einer Textmodus-Applikation nur »prozedurale« Anpassungen durchzuführen: die OS/2-Funktion und eventuell die Parameter müssen gegen die Win32-Variante ausgetauscht werden. Dies verursacht zwar sehr viele, dafür überwiegend einfache syntaktische Änderungen, die zum großen Teil, wie beschrieben, automatisch durchgeführt werden können:

Textmodus: nur »prozedurale« Anpassungen.

```
// Aus OS/2:
SEL selBuf;
DosAllocSeg(2048,&sel,SEG_NONSHARED);
... // Bearbeitung
DosFreeSeg(selBuf);

// wird Win32:
HGLOBAL hBuf;
hBuf=GlobalAlloc(GMEM_FIXED,2048);
... // Bearbeitung
GlobalFree(hBuf);
```

Die Portierung von PM-Applikationen

Noch einmal erheblich komplexer ist die Umsetzung von PM-Programmen. Zum einen muß nämlich zusätzlich die Nachrichtenverarbeitung angepaßt werden — das kann durchaus

PM: plus Nachrichten.

manchmal etwas problematisch sein. Dies nicht zuletzt auch deswegen, weil beim OS/2-PM Windows teilweise ganz anders aufgebaut sind — man denke nur an den Unterschied zwischen Frame- und Overlapped-Windows. Zum anderen sind GUI-Applikationen im Regelfall bedeutend aufwendiger in der Realisation der Oberfläche. Ein einziger Textmodus-Aufruf kann hier oft eine Folge von vier, fünf Win- und Gpi-Aufrufen hinauslaufen. Und die Gpi-Funktionen, das macht die Sache noch schlimmer, sind nicht besonders kompatibel zum GDI von Windows. Aus all diesen Gründen ist die Portierung einer sehr oberflächenintensiven PM-Anwendung vermutlich so etwas wie der »worst case« einer OS/2-nach-Windows-Portierung.

»worst case« der OS/2-nach-Windows-Portierung.

Welche Teilgebiete stellen den Entwickler nun vor die größten Probleme? Es sei hier auf das schon erwähnte Excel-Spreadsheet verwiesen, das wenigstens eine grobe Vorstellung der schwieriger zu portierenden Bestandteile des OS/2-APIs ermöglicht. Die dort aufgestellten Bewertungen weisen jeder Funktion ein mehr oder weniger realistisches Aufwandsniveau zu. Dies kann aber auch in die Irre leiten: DosGlobalAlloc() ist nach dieser Aufstellung eine der trivial zu portierenden Funktionen. Dies ist sicher richtig, wenn es sich um eine ganz gewöhnliche Speicherallokation handelt, jedoch völlig falsch, wenn damit »giveaway memory segments« für gemeinsame Zugriffe erzeugt werden sollen. Einige der Bereiche, die erfahrungsgemäß besonders problematisch sind, seien daher explizit aufgezählt:

Besonders problematische Bereiche.

»shared memory«.

- »shared memory«-Zugriffe sind unter Win32 völlig anders gelöst als unter OS/2, hier sind ggf. erhebliche Anpassungen notwendig. Immerhin steht eine Hilfs-DLL namens SHRMEM.DLL zur Verfügung, die einige der damit verbundenen Probleme löst.

Thread-Synchronisation.

- Die Synchronisation von Threads und IPC-Kommunikation sind teilweise unter Win32 anzupassen: in den meisten Fällen läuft das auf die Umstellung auf den jeweils korrekten Mechanismus heraus. Eine wichtige Ausnahme sind »critical sections«, die unter OS/2 ganz anders arbeiten als unter Win32 und möglicherweise nicht so einfach 1:1 umgesetzt werden können.

- Win32 kennt keine Signale (»signals«), sondern benutzt für die Behandlung von Fehlerbedingungen und Ausnahmen stattdessen das »structured exception handling«.

Signale und Exception-Behandlung.

- Die Behandlung von Dialogbox-Funktionen ist unter Win32 anders: sie liefern dort einen BOOL, der anzeigt, ob die betreffende Nachricht bearbeitet worden ist. Unter OS/2 ruft man dagegen eine eigene Default-Funktion für Dialogboxen (WinDefDlgProc()) auf, die für alle nicht bearbeiteten Nachrichten zuständig ist.

Dialogbox-Funktionen.

- Die oben schon angesprochene Trennung zwischen Frame-Windows einerseits und Overlapped-Windows andererseits kann ebenfalls zu aufwendigen Änderungen führen. Auch die Tatsache, daß Child-Windows im PM unterschiedliche Owner- und Parent-Windows haben können, ist manchmal eine echte Kopfnuß. Die komplette WM_CONTROL-Behandlung muß auf WM_COMMAND umgestellt werden.

Frame Windows und WM_CONTROL.

- In die gleiche Kategorie fällt die Tatsache, daß Menus unter dem PM als eigene Windows mit Control-Nachrichten (z.B. MM_SETITEMATTR) gesteuert werden. Hierfür existiert unter Win32 ein völlig anders aufgebautes prozedurales Interface.

Menu-Nachrichten (MM_*).

- Koordinaten beziehen sich unter Win32 auf die obere, linke Ecke, nicht wie unter OS/2 auf die untere, linke Ecke.

Das Koordinatensystem.

- Sowohl Reihenfolge als auch Aufbau der an ein Window gesandten Nachrichten ist vollkommen anders. Code, der eine bestimmte Reihenfolge oder Nachricht voraussetzt, muß selbstverständlich angepaßt werden.

Nachrichtenaufbau und -reihenfolge.

- Die Initialisierung und besonders Terminierung von DLLs ist in vielen Fällen nicht direkt portierbar. Zum einen sollte jede NT-DLL mit einer entsprechenden Funktion (z.B. LibMain32()) versehen werden, auch wenn diese leer bleibt. Zum anderen wird unter OS/2 häufig eine DLL-Funktion als »exit list function« angemeldet, welche dann die nötigen Aufräumungsarbeiten in einer DLL durchführt. Dies ist unter Win32 weder notwendig noch möglich, dafür ist die Initialisierungsfunktion der DLL zuständig (siehe Abschnitt 4.9, Seite 317 und für ein konkretes Beispiel Abschnitt 5.3, Seite 370).

DLL-Initialisierung und -Terminierung.

Ein großer Rückschritt!

Ein weiteres globales Problem, das mir ganz besondere Schwierigkeiten bereitet hat, ist der Verzicht Microsofts auf die gruppenweise Einordnung von API-Funktionen. Wer sich einmal an die OS/2-Notation gewöhnt hat, wo jede Funktion durch ihren Präfix (Win, Gpi, Kbd, Vio etc.) ganz strikt einer bestimmten Kategorie zugeordnet ist, der dürfte mit dem kunterbunten Sammelsurium des Win32-APIs (und was das angeht, ist Win16 sogar eher noch schlimmer) nur mit Mühe zurechtkommen. Dieser »Verlust« ist in der Tat ein echter Rückschritt! Wer aber wirklich sicher ist, daß er seine Anwendung portieren muß, wird wohl auch das noch akzeptieren.

2.9 Zusammenfassung

»Der Worte sind genug gewechselt, lasset mich auch endlich Taten sehn!« Johann Wolfgang von Goethe, Faust, Erster Teil

Ausgangspunkte und Zielsetzungen.

Ganz im Sinne dieses Zitats werden sich die nächsten beiden Kapitel mit der konkreten und detaillierten Umsetzung der bislang gegebenen allgemeinen Hinweise und Ratschläge zur Portierung und portablen Programmierung befassen. Dennoch scheint mir die Feststellung wichtig, daß für ein bestimmtes Projekt vor der Beschäftigung mit diesen Fragen erst einmal Ausgangspunkte und Zielsetzungen zu durchdenken und festzulegen sind. Insbesondere die Beschaffenheit der Quelltexte und die Frage, ob die Applikation für eine (Win32) oder mehrere Plattformen (Win32 und Win16) verfügbar sein soll, ist zu untersuchen.

Planung und Vorgehensweise.

Größere Projekte sollten keinesfalls ohne ausreichende Planungsphase angegangen werden. Als Ansatz würde ich Top Down bevorzugen, je nach Typ der Applikation, Form der Quelltexte und Kenntnisstand der Entwickler kann jedoch auch eine mehr oder weniger starke Bottom-Up-Komponente integriert werden. Der Aufbau und die dauernde Pflege einer eigenen Bibliothek mit Portabilitätsfunktionen und -richtlinien ist gerade bei großen Projekten und der Arbeit im Team ein nicht zu unterschätzender Beitrag zu wartbaren Quelltexten und portablen Programmen. Neben diesen (selbstgemachten)

Hilfsmitteln stehen weitere Werkzeuge zur Verfügung: besonders die Benutzung entsprechender Klassenbibliotheken kann, wenn es um portable Programme geht, ein sehr effizientes Mittel darstellen. Leider geht dies im Regelfall mit dem Umschreiben des Programmes auf C++ einher: dieser Aufwand ist mit Sicherheit höher als der einer einfachen Portierung. Bestehende C-Quelltexte werden daher eher von den einfacheren, aber eben auch mit C »kompatiblen« Techniken profitieren — hier sind die STRICT-Option und die ungarische Notation zwei zwar wichtige, aber leider nicht unbedingt ausreichende Hilfsmittel. Die den beiden Ansätzen zugrundeliegenden Konzepte und Ideen können allerdings ohne weiteres durch eigene Richtlinien ergänzt und erweitert werden und so die Basis für die eben schon erwähnte Portabilitätsbibliothek liefern. Für neue Projekte ist die Frage nach der Implementationssprache jedoch sehr genau zu untersuchen: ein konsequent mit Hilfe einer brauchbaren Klassenbibliothek implementiertes C++-Programm ist mit erheblich geringerem Aufwand als sein C-Pendant auf Win32 umzustellen.

Geeignete Hilfsmittel benutzen.

Schließlich ist für Applikationen, die neben einer Win32- auch weiterhin in einer Win16-Version unterstützt werden müssen, die Frage zu klären, ob dieses besser durch ein echtes 16-Bit-Programm oder durch ein 32-Bit-Executable, das auf Win32s aufsetzt, ermöglicht wird. Eine allgemeingültige Antwort gibt es hier leider nicht, da diese Entscheidung von einigen Faktoren abhängt. Falls der Typ des Programmes größere Effizienzgewinne im 32-Bit-Betrieb verspricht oder wenn nur solche Win32-Eigenschaften zu unterstützen sind, die Win32s auch zur Verfügung stellt, ist der Vorzug eher der 32-Bit-Lösung zu geben. Andererseits ist die Pflege zweier Versionen aus einem weitestgehend identischen Satz von Quelltexten durchaus handhabbar und bei Berücksichtigung einiger Regeln sicherlich nicht aufwendiger als die Berücksichtigung von Win32s-Merkwürdigkeiten in 32-Bit-Programmen. Da hier nämlich das Programm erst zur Laufzeit entscheiden kann, unter welcher Plattform es eingesetzt wird, sind teilweise recht komplexe Laufzeitabfragen erforderlich. Im Gegensatz hierzu kann ein Satz von Quellen, der für zwei Systeme

Win16 oder Win32s?

compiliert wird, viele Abweichungen relativ einfach und vor allem übersichtlich durch bedingte Compilierung maskieren.

Und, last not least, von OS/2 nach Win32.

OS/2-Programme sind leider viel aufwendiger als Win16 zu portieren. Einer entsprechenden Aktion sollte also eine klare und ausgiebige Bestandsaufnahme vorausgehen. Insbesondere Textmodus-Applikationen sind nämlich recht gute Kandidaten für das OS/2-Subsystem. Wenn Sie allerdings portieren wollen, dann machen Sie unbedingt Gebrauch von den Hilfsmitteln, die Microsoft hierfür zur Verfügung stellt. Die lösen zwar keineswegs alle Probleme, aber sie helfen schon ganz enorm. Nicht zuletzt deswegen, weil sie sehr viele der routinemäßigen und »langweiligen« Anpassungen automatisch vornehmen können, und Ihnen großzügigerweise die schwierigen, aber dafür auch interessanteren Brocken überlassen.

Portable Programme in C und C++

Dieses dritte Kapitel wird diejenigen Teilbereiche der portablen Windows-Programmierung beleuchten, die von spezifischen Betriebssystemen oder Entwicklungswerkzeugen weitgehend unabhängig sind. Die Portabilität (und damit der Portierungsaufwand) einer Applikation hängt nämlich nicht nur von der Gleichartigkeit der Programmierschnittstellen ab, welche die jeweiligen Betriebssysteme bieten;* sie ist auch ein Charakteristikum, das Quelltexte, ganz unabhängig vom Zielsystem, mehr oder weniger stark auszeichnet. Manche durchaus komplexen Win16-Programme sind mit erstaunlich geringem Aufwand, andere, oft weniger umfangreiche nur nach extensiven Modifikationen unter Win32 zum Laufen zu bringen. Der Aufwand, der zur Portierung zu leisten ist, hängt also einerseits von der möglichst rückwärtskompatiblen Gestaltung des Win32-APIs ab. Und für diesen Teil, der im folgenden Kapitel abgehandelt wird, ist zum Glück Microsoft zuständig. Andererseits kann man dort noch so viel Mühe in ein kompatibles API investieren — wenn bei der Formulierung des zu portierenden Programmtextes nicht ebenfalls einige Grundsätze beherzigt werden, kann sich diese Übung für den Portierenden doch als ziemlich aufwendig herausstellen.

Portabilität und die Formulierung der Quelltexte.

** also ihren APIs.*

3.1 Einige elementare Überlegungen

»Die Unklarheit ist das Reich des Irrtums.« Marquis de Vauvenarges, Réflexions et Maximes

Im letzten Kapitel hatten wir ja eingehend darüber diskutiert, welche *allgemeingültigen* Voraussetzungen Ihre Quelltexte bzw.

Projekte idealerweise erfüllen sollten, um eine möglichst gute Portierbarkeit sicherzustellen. Die folgenden Abschnitte gehen nun detailliert auf die konkreten Einzelheiten portabler C/C++-Programmierung ein (soweit diese für die Portierung von Win16 nach Win32 relevant sind). Die einzelnen Punkte sind jedoch von Win16/Win32-API-Differenzen überwiegend unabhängig, sondern spiegeln vielmehr die veränderte Prozessor- bzw. Hardware-Umgebung wider. Schließlich kommen Sie um einige grundlegende Eigenschaften der 32-Bit-Programmierung auch dann nicht herum, wenn Sie nur ein ganz einfaches textbasiertes MS-DOS-Prográmmchen mit Hilfe des »console API« unter Windows NT ablaufen lassen möchten. Und genau diese prinzipiellen, mehr sprachbezogenen Fragen stehen in den weiteren Passagen im Mittelpunkt. Natürlich werde ich zur Illustration bestimmter Sachverhalte trotzdem auf bereits definierte Win32-Datentypen und dessen API zurückgreifen.

Auf Programmiersprachen bezogene Fragen.

Naturgemäß sind beim Übergang vom vertrauten 16-Bit-Microsoft- oder Borland-Compiler auf deren 32-Bit-Pendants geringere Hürden zu erwarten als beim Wechsel auf eine R4000-Maschine mit dem MIPS-Compiler (vom Alpha AXP ganz zu schweigen). Manche der folgenden Hinweise sind für Entwickler, die auf der x86-Seite bleiben wollen, daher nicht immer sofort relevant. Andererseits soll Windows NT sowohl auf MIPS-Rechnern als auch der DEC-Hardware fast hundertprozentig quelltextkompatibel zur x86-Version sein, so daß sich eine (spätere) Portierung auf RISC-Plattformen eigentlich nicht ausschließen läßt.

Windows NT läuft auch auf nicht-Intel-Maschinen.

Bevor Sie sich nun aber zwar mit großem Elan, aber vielleicht geringem Effekt in die konkrete Umsetzung Ihrer Quelltexte stürzen, beschäftigen Sie sich doch für ein paar Minuten, um sich auf das Nachstehende einzustimmen, mit ein paar ganz einfachen, aber möglicherweise folgenschweren Fragen:

Vorher ein wenig Nachdenken kann nicht schaden.

- Welche Datentypen benutzen Sie am häufigsten? Und warum gerade diese?
- Welche Änderungen (nicht Erweiterungen!) würden Sie gern vornehmen, wenn Sie die Quelltexte Ihres Projektes zwei Monate lang ganz zweckfrei und ohne jeden (Termin-)Druck bearbeiten könnten?

- Wieviele Regeln, um Quelltexte konsistent, les- und wartbar zu halten, kennen Sie? Setzen Sie einige (welche?) davon tatsächlich ein?
- Wie oft haben Sie nicht »unterwegs« bemerkt, daß eine bestimmte Vorgehensweise zwar sinnvoll wäre, sie aber im weiteren aus (scheinbar?) zwingenden Gründen (z.B. Zeitmangel) ignoriert bzw. nicht global auf Ihre Quelltexte angewandt?
- Die Liste dieser Fragen, die ich mir auch schon öfter vorgelegt habe, ließe sich ohne weiteres verlängern und kreist dabei doch immer um die grundsätzlichen Fragen der Kunst der Programmierung.*

** Und diese Formulierung ist durchaus nicht zufällig!*

Die Crux mit der Entwicklung komplexer Programme ist eben die Tatsache, daß der gesamte Entwicklungsprozeß inhärent ein iterativer ist. Das gilt für das ganze Umfeld: der Wissensstand des Programmierers verbessert sich im Laufe der Zeit, das Programmprojekt selbst unterliegt dauernden Veränderungen; Compiler, Linker etc. werden ebenfalls regelmäßig Up-to-Date gebracht** und so weiter — das Ganze ist ein Teufelskreis par Excellence. Das gesamte Phänomen (das auch in Abbildung 3.1 auf der folgenden Seite dargestellt wird) kann man sehr schön unter dem Sammelbegriff »Ad Hoc«-Programmierung zusammenfassen, denn sehr oft zählt, für die Kleinigkeiten wie für weitreichende Design-Entscheidungen, nur das Diktat des Augenblicks (das sich dann prompt einige Zeit später als ungenügend oder fehlerhaft herausstellt...). Und in diesem fortwährenden Chaos soll man nun korrekte und halbwegs strukturierte Programme schreiben, von deren Portabilität gar nicht erst zu reden? Mir will scheinen, daß man sich gerade als Entwickler hin und wieder einmal im Sessel zurücklehnen sollte, Gates und seine API-Erfinder gute Männer sein läßt, und sich in aller Ruhe ein paar grundlegende Gedanken über das Schreiben von *gutem* Programm-Code macht. Programmierer, insbesondere solche, die ständig mit den aktuellen Entwicklungen und Technologien Schritt halten müssen, brauchen nun einmal einfach Zeit, um diese neuen Ideen und Konzepte soweit zu verdauen, daß diese auch konsistent und fruchtbringend in neuen oder bestehenden Applikationen eingesetzt werden können. Und ständiger Termindruck verschlimmert diesen

*** von deren Fehlern, um die Herumzuprogrammieren doch immer wieder eine Lust ist, gar nicht zu reden...*

Teufelskreis nur — führt aber nicht zwangsläufig zu pünktlichen, geschweige denn *zuverlässigen* Resultaten. Diese Anmerkungen sollten durchaus auch einen gewissen Denkprozeß bei Projektleitern auslösen: selten wird ein Programm dadurch besser, daß ununterbrochen an ihm (bzw. den Symptomen) herumgeflickt wird, keiner der Verantwortlichen jedoch Überlegungen darüber anstellt, wie man den tieferen Ursachen für den zum großen Teil eigentlich überflüssigen Wartungsaufwand beikommen kann.

Abb. 3.1: Ein Teufelskreis, den jeder Programmierer nur zu gut kennt!

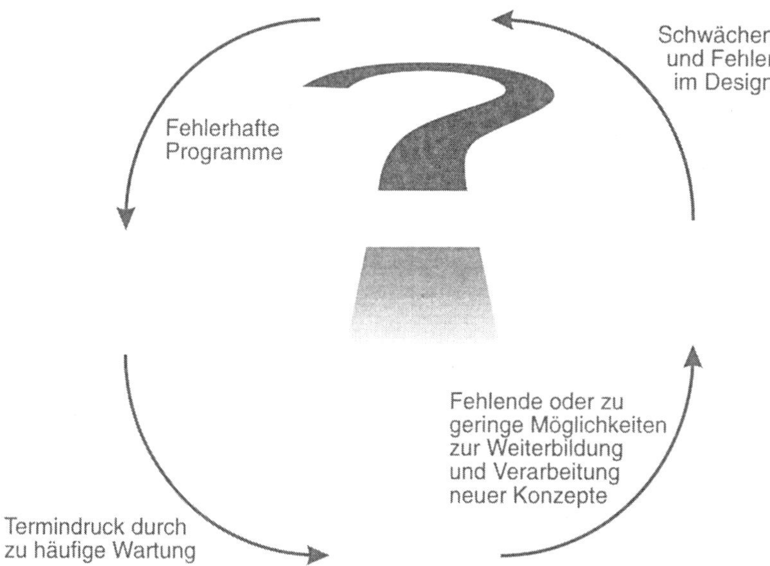

Und die Abhilfe?

Statt nur endlos Zeit und Geld in die Fehlerbeseitigung zu investieren, sollte man an verantwortlicher Stelle auch einmal darüber nachdenken, ob nicht bessere Schulung, Aus- und Weiterbildung der Entwickler einerseits, vernünftige Planung, die Schaffung konsistenter Programmierrichtlinien und zu Ende gedachte Grundkonzepte andererseits langfristig zu besseren Produkten führen würden. Oder, um zur Illustration einen anderen Berufsstand zu bemühen: wenn die Architekten und Baumeister auf die gleiche Art an die Aufgabe eines Hausbaus gingen, wie selbst heute noch viele EDV-Projekte durchgezogen werden, würde kein Mensch in diesen Bruchbuden wohnen und wir hätten uns wieder in die Höhlen zurückgezogen. (Und wer mir jetzt entgegenhält, daß Baumeister ja schließlich ein paar Jahrhunderte Zeit zum Üben hatten, der sei darauf hingewiesen, daß sie dafür keine Debugger hatten. Wenn's also mal nicht so richtig klappte, war das Fiasko gleich meilenweit sicht- und hörbar, von den notwendigen Aufräumungsarbeiten gar nicht zu reden...)

Im Idealfall müßte man, um es drastisch (und sicherlich etwas pauschalisierend) auszudrücken, den »ganzen alten Mist« in den Mülleimer* werfen können, dann erst einmal in Ruhe nachdenken und sich dabei Klarheit über die Ziele sowie die angemessenen Mittel und Wege dahin verschaffen. Dabei sollte man erheblich mehr Gewicht als bisher auf die Schaffung und vor allem die konsequente Anwendung wohldurchdachter Programmierkonzepte legen (es gibt eben auch beim *Schreiben* von Programmen so etwas wie »state of the art«, siehe oben) und sich nicht von Anfang an in einen ohnehin aussichtslosen Grabenkampf mit all den unzähligen Details eines großen Projektes verwickeln lassen. Wenn nämlich erst einmal ein brauchbarer und tragfähiger Unterbau da ist, kann man diese viel besser einordnen und wird so erheblich schneller und besser mit ihnen fertig.

** ... und zwar zur Endlagerung, nicht zum Recycling!*

Für völlig neue Projekte ist dieses Vorgehen sicherlich ein praktikabler** Ansatz. Aber leider müssen die meisten von uns irgendwie eben auch die Gigabytes an Code am Laufen halten, die heute schon real existieren und deren weiteres Funktionieren zwingend notwendig ist. Und da führt kein Weg an der Erkenntnis vorbei, daß manches im Argen liegt, durch die selten effektiven Rettungsversuche nicht grundlegend besser wird und auch künftig noch beliebig viel Aufwand und Probleme bescheren wird. Sei's drum: die folgenden Hinweise können Ihnen auf jeden Fall helfen, sowohl bestehende Programme (mit gewissem Aufwand) zu verbessern als auch (mit recht geringem Aufwand) neue Projekte portabler zu gestalten. Sie sind aber ohne eine Portion eigenes Nachdenken garantiert nur halb so effektiv!

*** ... wenn auch nicht immer praktizierter.*

3.2 ANSI C, was sonst?

»Ob Sie C noch gar nicht kennen oder mit einem früheren Dialekt vertraut sind, Sie haben [mit ANSI C] eine komplett neue Sprache zu erlernen.« P.J. Plauger und J. Brodie, Standard C

Auch als Classic C bezeichnet.

Nun, wenn Sie C schon benutzen, wird es hoffentlich nicht ganz so schlimm werden. Allerdings weicht ANSI C von K&R C* in einigen ganz wichtigen und vielen weniger bedeutenden Bereichen doch deutlich ab. Die meisten dieser Änderungen dienen entweder der besseren Portabilität von C-Programmen (also das, was uns primär interessiert) oder der sicheren und korrekten Benutzung einer Sprache, die notorisch für (manchmal auch ungewollten) Mißbrauch und unübersichtliche bis unleserliche Quelltexte ist.

Die wichtigsten Vorteile von ANSI C

Eine standardisierte Sprache ist ein Muß für die portable Programmierung.

Ich will im weiteren keine Einführung in die Benutzung von ANSI C geben, erstens renne ich bei einer ganzen Reihe von Lesern damit ohnehin offene Türen ein; zweitens haben sich mit diesem Thema genügend Autoren schon mehr oder minder erfolgreich beschäftigt. Eine kleine Auswahl einiger (nach meiner Ansicht) brauchbarer Bücher zum Thema finden Sie im Literaturverzeichnis [Literatur 5 und 6 sowie eventuell 13]. Nein, dieser Abschnitt soll insbesondere verdeutlichen, daß die Benutzung einer durch anerkannte (und brauchbare) Standards festgeschriebenen Programmiersprache eine unbedingte Notwendigkeit für portable Programmierung darstellt. Und ANSI-C-Compiler sind mittlerweile sowohl auf PCs als auch Workstations teilweise von mehreren Anbietern in guter bis sehr guter Qualität verfügbar — auch was ihre Optimierungsfähigkeiten angeht. Sie stellen neben einer präzisen Sprachdefinition, die nur in relativ wenigen und eindeutig identifizierbaren Punkten implementationsabhängig ist, vor allem eine standardisierte Laufzeitbibliothek zur Verfügung, die einige der grundlegenden Bereiche abdeckt (z.B. Datei-I/O, String-Behandlung, Speicherallokation).

Unter Benutzung dieser Bibliothek, der ANSI-C-Sprachregeln und *konsequenter* Beachtung bestimmter Portabilitätsrichtlinien geschriebene Programme sind mit vergleichsweise geringem Aufwand auf andere Plattformen zu portieren, sofern dort nur ebenfalls ein (brauchbares) ANSI-C-Entwicklungssystem zur Verfügung steht. Unter MS-DOS tummeln sich ja diverse Anbieter, ich berücksichtige, wie schon erwähnt, vor allem Microsoft und Borland, die beide auch Win32-Compiler in Entwicklung und auch als Beta-Produkte verfügbar haben. Borland beschränkt sich dabei zur Zeit auf die x86-Plattform, während Microsoft ein fast völlig zum C/C++ 7.0 kompatibles System kurzfristig für MIPS-Maschinen (und gerüchteweise für DEC's Alpha) verfügbar machen will. Auf diesen beiden Plattformen stehen allerdings zur Zeit schon recht gute und von den Prozessorherstellern selbst produzierte Entwicklungssysteme zur Verfügung.

Unter DOS: Microsoft und Borland.

Es gibt noch einen weiteren wichtigen Grund für die Benutzung von ANSI C statt K&R C als Basissprache: eine ganze Reihe von Spracheigenschaften fördern die Formulierung von (im Vergleich zu Classic C) sicherem und wenigstens formal korrektem C-Code. Darunter fallen z.B. die Benutzung von ANSI-C-Prototypen, die Verwendung von const Objekten sowie striktere Regeln zur Konversion von Datentypen. Und in diesem Sinne ist an obigem Zitat schon etwas dran: man muß sich sicherlich eine ganze Weile mit diesen neuen Features beschäftigen, um erstens ihre korrekte Benutzung zu erlernen und zweitens ihren tatsächlichen Wert einschätzen zu können (ganz ehrlich: ich weiß heute nicht mehr, wie ich jemals ohne ANSI-Funktionsprototypen ausgekommen bin). Aber so ist das häufig mit Neuem: zuerst Skepsis und Ablehnung, weil mit Lern- und, schlimmer noch, Umstellungsaufwand verbunden; nach einiger Zeit aber, wenn man sich erst richtig an die Verbesserungen gewöhnt hat, scheint ein Verzicht völlig undenkbar.

ANSI-Code ist außerdem sicherer.

Ein Wort zu Pascal und Modula-2

Wenn Sie also portable C-Programme (gleichgültig in welchem Kontext) schreiben wollen, dann tun Sie das am sinnvollsten mit einem ANSI-C-System. Sollten Sie allerdings Pascal oder Modula-2 favorisieren, werden Sie wohl nicht umhin kommen, solange zu warten, bis der Hersteller des von Ihnen genutzten Compilers sich bequemt, auf oder für die Zielplattform ein Entwicklungssystem zur Verfügung zu stellen. Die Standardisierung dieser beiden Sprachen ist nämlich graue Theorie. Es gibt zwar einen ISO-Standard für Pascal, der ist aber so wenig mächtig, daß ihn so gut wie jeder Hersteller mit zahlreichen Erweiterungen aufbläst.* Am ehesten würde ich vor allem aufgrund der großen installierten Basis das gute, alte Turbo Pascal — seit neuestem unter dem Alias Borland Pascal — als einen gewissen Standard bezeichnen. Aber das hilft Ihnen leider nicht viel, denn erst wenn Borland eine echte 32-Bit-Version herausbringt, können Sie über die Portierung Ihrer Programme nachdenken. Ich könnte mir aber recht gut vorstellen, daß Anders Heijlsberg in dem Moment, in dem ich diese Zeile schreibe, gerade dabei ist, seinen (bemerkenswerten) Code-Generator auf 32 Bit und das »flat memory model« umzustricken.

** ... die natürlich in den seltensten Fällen untereinander kompatibel sind.*

Auch bei Modula-2 ist die Situation kaum besser. Zwar ist die Sprachdefinition halbwegs brauchbar standardisiert, aber auch hier haben die meisten Hersteller Erweiterungen für notwendig gehalten, die portable Programme zwar nicht unmöglich machen, deren Formulierung aber doch um einiges schwieriger gestalten. Ein gravierendes Problem in diesem Zusammenhang (das auch Pascal betrifft) ist das Fehlen eines *brauchbaren* Makro-Präprozessors. Eine leistungsfähige Makroverwaltung ist gerade bei der Formulierung portabler Quellen, die auf unterschiedlichen Plattformen laufen müssen, extrem hilfreich. Zwar haben einige Compilerbauer ihre Systeme schon mit rudimentären Makroprozessoren** ausgerüstet, aber die sind erstens nicht der wahre Jakob und zweitens natürlich ihrerseits absolut nicht portabel...

*** soll heißen: bedingte Compilierung...*

Einen weiteren ganz entscheidenden Nachteil sehe ich darin, daß mit der Modula-2-Sprachdefinition leider keine umfassende, allgemein akzeptierte und implementierte Standardbibliothek festgeschrieben wird. Von wenigen genormten Modulen (wie z.B. InOut oder Math) abgesehen, existiert leider keine mit der ANSI-C-Standardbibliothek vergleichbare Norm.

Und so kocht eben auch hier wieder jeder Hersteller (notgedrungen) sein eigenes Süppchen...

Obwohl die weiteren Ausführungen sich also auf ANSI C beziehen, sind die enthaltenen Informationen größtenteils auch für Pascal- und Modula-2-Entwickler interesssant. Schließlich unterscheidet sich das RECORD-Konzept von Modula-2 nicht grundlegend von structs und unions in C. Auch die einfachen Datentypen haben gewöhnlich direkte Entsprechungen — genau wie die eigentlichen Sprachkonstrukte. Einige Hinweise und Ratschläge finden Sie auch im Anhang 6, der sich mit einigen speziell für Windows-Programmierer relevanten Fragen der Pascal- und Modula-2-Entwicklung beschäftigt.

Dennoch finden hier auch Pascal und Modula-2-Entwickler viel Interesssantes.

3.3 Der C-Präprozessor

»Man kennt nur die Dinge, die man zähmt...« Antoine de Saint-Exupéry, Der Kleine Prinz

Nicht, daß der ANSI-C-Präprozessor eine gar so schreckliche Bestie wäre. Aber man kann neben den »normalen« Einsatzmöglichkeiten wie simplem Textersatz oder bedingter Compilierung mit ihm doch ein paar ganz bemerkenswerte Dinge anstellen, welche sicher einige C-Programmierer in Erstaunen versetzen. Und so manche trickreichere Nutzung erleichtert die portable Programmierung nicht unwesentlich. Zuerst wollen wir jedoch die einfacheren, offenkundigen Möglichkeiten beleuchten und einige diesbezügliche Ratschläge geben.

Einfache Tricks mit #define

Konstanten definieren.

Ziehen Sie #define möglichst oft zur Definition von numerischen und String-Konstanten, die nicht in .RC-Dateien landen sollen, heran. Spätestens, wenn der gleiche konstante Wert an zwei getrennten Stellen verwendet wird, sollten Sie eine benannte Konstante einführen. Aber auch die meisten Stellen, an denen Konstanten nur einmalig verwendet werden, gewinnen durch die Verwendung eines expliziten Namens an

Klarheit und Lesbarkeit. Welche der folgenden Definitionen erscheint klarer?

```
char chBuf[80];                    // ???

// oder
#define MAX_FILENAME_LEN  80
...
char chBuf[MAX_FILENAME_LEN]       // Aha!
```

Ähnliche Beobachtungen gelten für häufig wiederkehrende zusammengesetzte Ausdrücke: wo immer sinnvoll, verwenden Sie besser ein entsprechend definiertes Makro. Wenn Sie beispielweise eine Reihe von Windows mit einem Satz von Standard-Flags erzeugen, fassen Sie die einzelnen WS_*-Flags doch in einer Konstante zusammen:

```
#define STD_WS_FLAGS  ((WS_OVERLAPPEDWINDOW)|(WS_VISIBLE))
```

Spart Tipparbeit und erleichtert Anpassungen.

Dieses Vorgehen hat gleich zwei Vorteile: es spart Tipparbeit und erleichtert spätere Anpassungen (z.B. wenn all diese Standard-Windows irgendwann ein weiteres Flag benötigen). Sie können ggf. auch mehrere solcher Konstanten für unterschiedliche Window-Klassen (WS_OVERLAPPED, WS_POPUP, WS_CHILD etc.) einführen. Ein Bemerkung noch zur Form der obigen Definition: die Flags werden zuerst geklammert, dann mit dem Or-Operator (|) zusammengefügt und *noch* einmal geklammert. Warum dies? Diese Klammerung stellt sicher, daß die Verwendung des Makros STD_WS_FLAGS in jedem Kontext korrekt ausgewertet werden kann und immer das gleiche Resultat liefert. Ein (negatives) Beispiel zur Illustration und Abschreckung:

Klammerung wegen der C-Präzedenzregeln.

Ein Beispiel:

```
#define SHL_FALSCH(a,b)            a<<b
#define SHL_NICHTSOFALSCH(a,b)     (a<<b)
#define MULT_FALSCH(a,b)           (a*b)
#define MULT_RICHTIG(a,b)          ((a)*(b))
...
z=SHL_FALSCH(1,2)+3;          // z == 32 statt 7
z=SHL_NICHTSOFALSCH(1,2)+3;   // z nun zwar == 7, aber ...
```

```
z=MULT_FALSCH(1+2,3+4);        // z == 11 statt
z=MULT_RICHTIG(1+2,3+4);       // z == 21
```

Die fehlerhafte Auswertung der Makros ist offensichtlich darauf zurückzuführen, daß die Makroexpansionen ohne weiteres mehrere Operatoren zusammenwerfen können. Achten Sie daher bei komplexen Makrodefinitionen immer auf die Präzedenzregeln von C-Operatoren und die korrekte Klammerung.* Makrodefinitionen immer in Großbuchstaben zu schreiben, erleichtert die Wiedererkennbarkeit, jedermann sieht dann bei der Benutzung, daß es sich hierbei um ein Makro und keinen Funktionsaufruf handelt. Wegen der Seiteneffekte, die Makros** wegen mehrfacher Evaluation ihrer Parameter haben können, ist dieser Signaleffekt nicht unerheblich.

** Motto: »Besser eine Klammer zuviel als zwei Stunden im Debugger.«*

*** siehe z.B. das Paar min/max in WINDOWS.H, das im übrigen leider kleingeschrieben ist.*

Besonders gute Kandidaten, um konstante Ausdrücke durch Makros zu ersetzen, sind Größen- und Längenangaben (z.B. für Puffer, Dateinamen etc.), ID-Werte für Ressourcen und Control-Windows oder selbstdefinierte Flags (für viele dieser Fälle kommt eventuell auch eine Definiton als enum-Typ in Betracht). Auch die Benutzung nichtstandardmäßiger Schlüsselworte (wie __based, __segment etc.) ist mit Makros leichter an andere Verhältnisse anzupassen. Auch hier kann ich Ihnen nur empfehlen, die mit den jeweiligen Windows-SDKs gelieferten Header-Dateien einmal zu überfliegen!

#define BASED __based.

Von entscheidender Bedeutung für portable Quellen sind die Präprozessoranweisungen zur bedingten Compilierung. Zum einen erlauben sie die geschickte Implementation systemspezifischer Makrodefinitionen, die unterschiedliche APIs vor den Quelltexten verbergen können; sie erleichtern auch die portable Benutzung von compilerspezifischen #pragmas. Zum anderen kann jederzeit an entsprechenden Stellen zwischen 16- und 32-Bit-Code unterschieden werden. Das folgende Exzerpt illustriert die beiden Varianten:

```
#ifdef WIN32 // erst der Win32 spezifische Code
  #define GETCONTROLID(hwnd)  GetWindowLong(hwnd,GWL_ID);
#else // dann good old Windows 3.x
  #define GETCONTROLID(hwnd)  GetWindowWord(hwnd,GWW_ID);
#endif
...
```

Die Konstante WIN32 ist bei jeder Compilation unter Windows NT oder 4.0 definiert.

```
VOID StartBackgroundProcess(...)
{
#ifdef WIN32
  HANDLE hThread=CreateThread(...);
  ...
#else
  UINT uTimer=SetTimer(...);
...
#endif
}
```

Die im Beispiel benutzte Konstante WIN32 ist immer dann definiert, wenn ein C/C++-Programm für das Win32-API compiliert wird. Daneben stehen noch weitere Makros wie _X86_, _MIPS_ oder _ALPHA_, die den Zielprozessor angeben, zur Verfügung. Näheres dazu finden Sie in Abschnitt 5.1, Seite 355.

Makros als Pseudofunktionen.

Eine große Erleichterung, das zeigt obiges Beispiel, ist die Definition von Pseudofunktionen als Makros. Vieles, was Sie in C mit einem komplexen Funktionsaufruf erledigen, kann durch ein klug definiertes Makro viel einfacher und überschaubarer gemacht werden. Noch ein simples Beispiel:

```
#define WS_STD_FLAGS ...  // Siehe oben
#define MAINWIN(class,title,menu,inst) CreateWindow(class,\
  title,WS_STD_FLAGS,CW_USEDEFAULT,0,CW_USEDEFAULT,\
  0,NULL,menu,inst,NULL)
```

Das Erzeugen von Toplevel-Windows mittels dieses Makros ist übersichtlicher und weniger tippfehlergefährdet als der direkte Aufruf der SDK-Routine. In die gleiche Kategorie fällt auch die Definition von Pseudofunktionen, die z.B. in WINDOWS.H hin und wieder vorgenommen wird:

```
#define MAKEINTRESOURCE(i)   ((LPCSTR)MAKELP(0,(i)))
#define UnlockResource(h)    GlobalUnlock(h)
#define GlobalDiscard(h)     GlobalReAlloc(h,0L,\
  GMEM_MOVEABLE)
```

Und für Typkonversionen.

Auch bei Typkonversionen können Makros enorm hilfreich sein: erstens erleichtern sie den konsistenten Einsatz von Casts, zweitens muß man sich nicht jedesmal daran erinnern, wie die korrekte Cast-Operation genau auszusehen hat; drittens kann ein solches Makro, wenn sich der zugrundeliegende Datentyp ändert, ganz schnell angepaßt werden, was mit Sicherheit angenehmer ist, als die Quelltext-Dateien zu durchforsten und womöglich einige Hundert Stellen von Hand zu ändern... In dieser Hinsicht sind die OS/2-Header-Dateien schon immer vorbildlich gewesen: dort werden z.B. eine ganze Reihe von Konversionsmakros definiert, um von und nach den polymorphen Datentypen der Parameter einer Window-Prozedur (dort MPARAM, unter Win16/32 WPARAM und LPARAM) zu konvertieren. Ein paar Beispiele in diesem Geiste:

LRESULT nach HWND...

HWND nach LRESULT.

```
// Makros zur Typkonversion
#define HWND_FROM_LRESULT(lR)    ((HWND)(UINT)(DWORD)lR)
#define PTR_FROM_LPARAM(lP)      ((LPVOID)lP)
#define HWND_TO_LRESULT(hwnd)    ((LRESULT)(UINT)hwnd)
#define PTR_TO_LPARAM(lP)        ((LPARAM)lP)
// etc.
```

Es wäre der Sache durchaus förderlich, wenn Microsoft sich dazu entschlösse, u.a. einen kompletten Satz von Hilfsmakros zur Konversion der wichtigsten Datentypen zur allgemeinen Verfügung zu stellen. Einen gewissen Schritt in diese Richtung stellt immerhin die Header-Datei WINDOWSX.H dar, zu der wir im nächsten Kapitel (siehe die Abschnitte 4.3 bis 4.5) kommen.

Komplexe Makros: eine Dosis Portabilität

Portable Datentyp-Definitionen.

Aber weiter im Text: die schon im zweiten Kapitel im Zusammenhang mit der STRICT-Option erwähnten Makros DECLARE_HANDLE und DECLARE_HANDLE32 zeigen, wie mit Hilfe von (zugegebenermaßen nicht ganz trivialen) Makros portable Datentyp-Definitionen vereinfacht werden können. Solch komplexe Makros werden Sie wahrscheinlich zwar nur selten benötigen, aber sie zeigen immerhin, daß und wie es geht! Und damit sind wir auch schon beim Thema »Kreative Makros«! Was halten Sie z.B. von folgendem Satz von Win16-

Makros zur portablen Bearbeitung von (zusätzlichen) Window-Informationen mit Hilfe von [Get/Set]Window[Long/Word]()?

MEMBERSIZE bestimmt die Größe einer Struktur-Komponente.

```
// Ein Hilfsmakro, damit der Rest halbwegs lesbar bleibt
#define MEMBERSIZE(s,m)   (sizeof(((s NEAR*)1)->m))
```

»extra bytes« lesen...

```
// Makros für den Zugriff auf die »extra bytes«
#define GET_EXTRA(h,s,m,t)  \
   ((t)(MEMBERSIZE(s,m)==sizeof(WORD)?\
  GetWindowWord(h,FIELDOFFSET(s,m)):\
  GetWindowLong(h,FIELDOFFSET(s,m))))
```

und schreiben.

```
#define SET_EXTRA(h,s,m,i)  (MEMBERSIZE(s,m)==sizeof(WORD)?\
  SetWindowWord(h,FIELDOFFSET(s,m),(WORD)(UINT)i):\
  SetWindowLong(h,FIELDOFFSET(s,m),(LONG)i))
```

Windows-Standardinfo lesen...

```
// Makros für den Zugriff auf Standardinfos
#define GET_STDINFO(h,m,t)    ((t)(m==GWW_HINSTANCE||\
  m==GWW_HWNDPARENT||m==GWW_ID?\
  GetWindowWord(h,m):GetWindowLong(h,m)))
```

und schreiben.

```
#define SET_STDINFO(h,m,i)    (m==GWW_HINSTANCE||\
  m==GWW_HWNDPARENT||m==GWW_ID?\
  SetWindowWord(h,m,(WORD)(UINT)i):\
  SetWindowLong(h,m,(LONG)i))

// Selbstdefinierte Struktur für die »extra bytes«
typedef struct {
  UINT uInfo;
  LONG lMoreInfo;
  HWND hwndFirst;
} EXTRABYTES;
```

Die obigen Makros, wie auch eine ganze Reihe weiterer Hilfen finden Sie auch auf der beiliegenden Diskette (näheres in Anhang 7).

```
// Später bei der Registrierung der Klasse:
wc.cbWndExtra=sizeof(EXTRABYTES);  RegisterClass(&wc);

// Und in WinMain():
HWND hwnd=CreateWindow(...);
SET_STDINFO(hwnd,GWW_ID,7);
SET_EXTRA(hwnd,EXTRA,hwndFirst,hwnd);
```

Nun kann, wie im obigen Ausschnitt gezeigt, mit den [GET/SET]_STDINFO-Makros auf die standardmäßig für jedes Window vorhandenen Words bzw. Longs (Konstanten GWL_* und GWW_*) zugegriffen werden. [GET/SET]_EXTRA greifen dagegen unter Zuhilfenahme einer vom Programmierer explizit definierten Struktur auf die Informationen in den Window-Extrabytes zu. Um diese Informationen nutzen zu können, muß bei der Registrierung der Window-Klasse der entsprechende Speicherplatz im WNDCLASS-Member cbWndExtra reserviert werden. Und weil diese Makros »automatisch« sowohl den korrekten Offset als auch die Länge des Datentyps berechnen, hat ihre Verwendung zum einen den Vorteil höherer Transparenz; zum anderen sind etwaige Änderungen der zugrundeliegenden Datentypen (wie z.B. ein von 16 auf 32 Bit angewachsener HWND!) extrem einfach vorzunehmen, indem nur die EXTRABYTES-Struktur und ggf. die Makrodefinitionen angepaßt werden müssen (oft ist selbst das nicht notwendig). Die zahlreichen Stellen, an denen die Makros benutzt werden, brauchen dagegen in keiner Weise geändert werden!

Und was bringt die komplizierte Definition?

Statt eines Satzes von Makros hätten wir natürlich auch äquivalente Funktionen definieren können. Dieser Ansatz führt in ganz ähnlicher Weise zu portableren Programmen; die Entscheidung, welche Variante zu bevorzugen ist, hängt zum einen von der Größe des Makros bzw. der Funktionen ab (je mehr Code ein immer wieder eingesetztes Makro generiert, desto mehr wird das Gesamtprogramm aufgeblasen). Kurze und übersichtliche Makros können andererseits gegenüber Funktionsaufrufen manchmal sogar Platz einsparen (besonders, wenn der Optimizer des Compilers etwas taugt). Aber auch Performance-Überlegungen können hier eine große Rolle spielen. Die obigen Makros eignen sich recht gut, um diese Effekte zu illustrieren: obwohl die Makrodefinitionen zugegebenermaßen etwas »unhandlich« wirken und scheinbar sogar eine Laufzeitabfrage zur Feststellung der Datentyp-Größe bzw. der GW[W/L]_*-Konstanten implizieren, sollten die Makros selbst von mittelmäßigen Compilern so ausgewertet werden können, daß im generierten Code nur noch der Aufruf der jeweils korrekten [Set/Get]Window[Long/Word]()-Funktion übrigbleibt (siehe Abb. 3.2 auf der nächsten Seite). Zwar findet in allen Makros eine Abfrage statt, das Resultat kann der

Makro oder Funktion?

Compiler aber schon während der Übersetzung feststellen, so daß nur der Teil des Makros in Code umgewandelt werden muß, der absolut notwendig ist. Wie gesagt, wenn der Compiler nur halbwegs brauchbar optimiert und man geschickt mit Ausdrücken operiert, die schon während der Übersetzung ausgewertet werden können, sind zwar komplexe, aber dennoch effiziente Makros gar nicht so schwierig zu schreiben.

Komplexes Makro bedeutet nicht unbedingt viel Code!

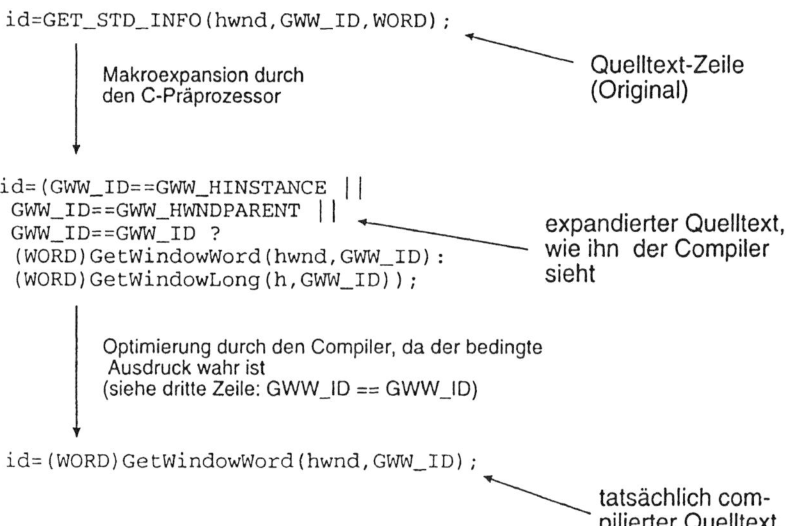

Abb. 3.2: Vom Makro zum Programm-Code.

Wir wollen uns noch ein weiteres, etwas einfacheres Beispiel ansehen, das den Abschnitt abrundet und Ihnen vielleicht als Inspiration dienen kann. Es dreht sich um ein Makro, das die Arbeit mit modalen Dialogboxen vereinfacht, indem die in der Win16-Version leider (noch) notwendige Klammerung mit [Make/Free]ProcInstance() gerade miterledigt wird:

Beachten Sie die durch { ... } eingeführte Blockstruktur im 16-Bit-Zweig.

```
#ifdef WIN32
  #define DLGBOX(hi,lpTemplate,hwndP,proc) \
    DialogBox(hi,lpTemplate,hwndP,proc)
#else // 16 Bit
  #define DLGBOX(hi,lpTemplate,hwndP,proc)  {\
    DLGPROC p=(DLGPROC)MakeProcInstance((FARPROC)proc,hi);\
    DialogBox(hi,lpTemplate,hwndP,p);\
    FreeProcInstance((FARPROC)p); }
#endif
```

Schließlich will ich zwei gravierende Nachteile von Makros nicht verschweigen: sie finden, da sie nur zum Textersatz *vor* der eigentlichen Compilation dienen, leider keinen Eingang in die Debugging-Informationen, die der Compiler in den Objektdateien ablegt. Sie können also beim Testen bzw. Debuggen nicht auf mit #define erzeugten Konstanten etc. zugreifen. Und statt der Aufrufe von Makrofunktionen wird natürlich immer der betreffende Ersatztext compiliert. Was Sie also im Debugger als *vorgeblichen* Quelltext sehen, ist nicht der Code, den der Compiler tatsächlich gesehen und compiliert hat! Um den anzuschauen, müssen Sie sich entweder auf die Assemblerebene hinabbegeben oder die Präprozessorausgabe studieren. Trotz dieser Nachteile erleichtern Makros das Schreiben und Warten portabler Programme in einem solchen Maß, daß sie nach meiner Einschätzung unverzichtbar sind — und ihr Fehlen bei Pascal und Modula-2 deswegen besonders schmerzt (aber vielleicht entwirft Wirth ja zur Abwechslung mal eine Sprache mit Makroprozessor?)

Wo viel Licht ist, ist auch Schatten.

3.4 Einfache Datentypen

»Words, words, words...« William Shakespeare, Hamlet

Tja, offensichtlich mußte schon Hamlet (und mehr noch sein Schöpfer) mit ihnen kämpfen: WORDs. Das Zitat paßt für Windows-Programmierer deswegen gut, weil unter den einfachen Datentypen WORD vermutlich mit die größten Portabilitätsprobleme aufwerfen dürfte. Die Benutzung der einfachen C-Datentypen bringt immer dann Schwierigkeiten mit sich, wenn der Quelltext implizit von bestimmten Voraussetzungen ausgeht, die sich von Plattform zu Plattform ändern können. Selbst der gleiche Prozessor* kann unterschiedliche Größen für die simplen Datentypen nahelegen: 386-Code in 16-Bit-Segmenten geht normalerweise von zwei Byte langen ints aus, in 32-Bit-Segmenten hat sich die »natürliche« Länge verdoppelt (dieser Effekt gilt übrigens auch für Datentypen, an die man im ersten Moment gar nicht denkt wie z.B. Enumerationen mit enum).

Einfache Datentypen sind (leider) plattformspezifisch.

** wenn er von Intel kommt...*

Und da ANSI C die Größen der einfachen Datentypen leider der betreffenden Implementation überläßt (eine der wenigen gravierenden Schwächen der Definition), ist ein int eben nicht überall das gleiche! Einen tabellarischen Überblick der zentralen Win16- und Win32-Datentypen finden Sie in Anhang 1, auch Abschnitt 4.2, Seite 225 geht detailliert auf die wichtigsten Feinheiten ein. Wir wollen uns in diesem Abschnitt aber weniger mit den konkreten Eigenschaften der diversen in den beiden APIs unterschiedlich definierten Datentypen auseinandersetzen, sondern einige grundlegende Hinweise und Beobachtungen diskutieren, die die Verwendung von einfachen Datentypen bei der Formulierung wartbarer und portabler Quelltexte überhaupt berühren. Es geht also nicht so sehr um den Unterschied zwischen HWND und WORD, sondern um die korrekte Benutzung der fundamentalen Datentypen für unterschiedliche Prozessoren (oder Prozessor-Modi). Mit einem Satz: was ist bei der Verwendung der einfachen Datentypen zu beachten, um möglichst portable Programme zu schreiben, die mit minimalem Aufwand auch an andere Prozessorarchitekturen angepaßt werden können?

Siehe auch Anhang 1 und Abschnitt 4.2.

Eigene Datentyp-Definitionen

Zusätzliche Indirektionsebenen einführen.

Die wichtigste Regel, die auch schon durch die zahlreichen Windows-Datentypen nahegelegt wird, lautet: führen Sie, wann immer sinnvoll, eine neue Indirektionsebene zwischen den eingebauten Datentypen und ihrer Verwendung, z.B. in Strukturdefinitionen oder Prototypen ein. Was damit gemeint ist, kann am besten ein einfaches Beispiel verdeutlichen. Stellen Sie sich vor, Sie haben (auf einer 16-Bit-Maschine wie einem 80286-AT) eine global definierte und häufig verwendete Datenstruktur, in der mehrere unsigned ints für ganz unterschiedliche Zwecke benutzt werden. Einer möge als Index für ein Array von doubles dienen, ein anderer ist für das Halten von Flags oder Bit-Informationen zuständig, eine dritte »Sorte« muß als Resultat einer numerischen Berechnung herhalten:

```
typedef struct {
  unsigned int Index;
  unsigned int Flags;
```

```
  unsigned int LastResult;
} MYOWN_STRUCT;
```

Die drei Member sind zusammen 3 x sizeof(unsigned int) == 6 Byte lang; Sie können damit ein Array mit maximal 65536 double-Elementen adressieren (das allerdings seinerseits als HUGE definiert sein müßte), bitweise 16 einzelne Flags speichern und Resultate bis 65536 unterbringen. Wenn Sie diese Struktur ohne jede Änderung für einen echten 32-Bit-Prozessor (mit sizeof(int) == 4) recompilieren, verdoppeln sich die Längen und die Struktur ist nun 12 Byte lang. Ihr Array kann jetzt weit über 4 Millionen Einträge haben und Berechnungen umfassen den Bereich von 0 bis 4294967296. Und natürlich können Sie auch bis zu 32 Flags abspeichern. Wenn das alles unter 32 Bit so auch notwendig oder zumindest sinnvoll ist: Glückwunsch, dann haben Sie vermutlich ziemlich wenig anzupassen. Aber angenommen, Sie haben überhaupt nur vier Flags zu speichern. Und das Array, das durch den Member Index adressiert wird, kann nie mehr als 512 Einträge haben. Dann verschlingt die obige Struktur (insbesondere wenn sie häufig benutzt wird) unter einem 32-Bit-System unnötig viel Speicherplatz. Was tun Sie also? Ganz einfach:

Nach dem Recompilieren auf einer 32-Bit-Maschine.

```
typedef struct {
  unsigned short index;
  unsigned short flags;
  unsigned int lastResult;
} MYOWN_STRUCT;
```

sizeof(MYOWN_STRUCT) nun == 8 (32 Bit) oder 6 (16 Bit).

Eine einzige kleine Änderung in den Header-Dateien, und Sie haben doch den gewünschten Effekt erzielt! Oder? Noch nicht ganz, wie folgender kleine Code-Ausschnitt aus einer der zahlreichen C-Dateien, in denen die Struktur benutzt wird, zeigt:

```
MYOWN_STRUCT myown;

void SetMyOwnStruct(unsigned int newIndex,unsigned int
  newFlags,unsigned int newResult)
{
```

```
    myown.index=newIndex;
    myown.flags=newFlags;
    myown.lastResult=newResult;
  }
```

Günstigenfalls wird solcher Code nur mit einigen Compiler-Warnungen garniert, in schlimmeren Fällen können sich hier allerdings böse Probleme verstecken. Die Lösung ist wiederum offensichtlich, Sie ändern sowohl Prototyp als auch Definition der Funktion. Aber dann stellen Sie fest, daß nun die zahlreichen Passagen, an denen diese Funktion aufgerufen wird, ihrerseits entsprechende Warnungen erzeugen. Also ändern Sie auch diese Stellen — was wiederum anderswo zu Holprigkeiten führt etc.; kurz: Sie sind etwa drei Wochen später immerhin soweit, daß Sie sich an die nächste Ihrer -zig Datenstrukturen heranmachen können... (dieses Szenario ist für große Projekte, die ohnehin nur mit Mühe und Not in die 16-Bit-Beschränkungen der segmentierten Intel-Welt gepreßt worden sind, wirklich nur leicht übertrieben!) Und die Moral* von der Geschicht? Eben die oben erwähnte Einführung von indirekten Typdefinitionen :

** Die eigentliche Moral ist eher: Nimm dich in Acht vor Intel-Programmierern, die sind meistens Masochisten!*

Eine weitere typedef-Ebene.

```
#ifdef WIN32 // als 32-Bit-System
  typedef unsigned short INDEX;
  typedef unsigned short FLAGS;
  typedef unsigned int   RESULT;
#else // Win16
  typedef unsigned int INDEX;
  typedef unsigned int FLAGS;
  typedef unsigned int RESULT;
#endif
...
typedef struct {
  INDEX index;
  FLAGS flags;
  RESULT lastResult;
} MYONW_STRUCT;

void SetMyOwnStruct(INDEX newIndex,FLAGS NewFlags,
  RESULT newResult);
```

Wie man sehr schön sieht, führt die Verwendung einer weiteren, selbstdefinierten Ebene von typedefs, kombiniert mit bedingter Compilierung, dazu, daß die drei Member jetzt transparent und ohne große Änderungen in den Quelltexten benutzt werden können (in gewissem Sinn ist ein typedef auch nur eine elaborierte Form von Makrodefinition!). Die vernünftige Gliederung der benutzten Standard-Datentypen in »logische« Klassen oder Kategorien und die entsprechenden Typdefinitionen sind zur Vermeidung von überflüssigem Portierungsaufwand extrem hilfreich. Die Hauptschwierigkeit ist, beim Entwurf eigener Datentypen einigermaßen die Balance zu wahren: die zu vorsichtige Benutzung dieses Abstraktionsmechanismus kann zu schwer wartbaren Programmen führen, die zu großzügige Anwendung dagegen zu komplexen und aufgeblasenen Quelltexten, die irgendwann selbst von ihrem Schöpfer nicht mehr begriffen werden. Als grober Anhaltspunkt würde ich sagen, daß alle Kategorien, die applikationsglobal* Verwendung finden, recht gute Kandidaten für eigenständige Typdefinitionen sind.

** oder zumindest in mehreren Quelltext-Modulen.*

... und Probleme damit

Eine Typenschale ist leider auch nicht ganz perfekt.

Leider kann man jedoch nicht alle Klippen, die mit dem Zugriff auf einfache Datentypen zusammenhängen, so elegant umschiffen. Ein gutes Beispiel ist die Benutzung von printf() oder wsprintf(), um Variablen formatiert auszudrucken. Als Beispiel bleiben wir bei den beiden oben systemabhängig definierten Strukturen. Der folgende einfache Ansatz zum Ausdrucken der Member mißglückt, da die Größe von myown.index und myown.flags nur unter Win16 mit der Angabe im Formatstring übereinstimmt:

```
printf("index:%u,flags:%u,lastResult:%u",
  myown.index,myown.flags,myown.lastResult);
```

Entweder man behilft sich mit einem #ifdef, der aber leider bei jedem printf() notwendig ist, und die Quelltexte, wenn im Übermaß benutzt, ziemlich unübersichtlich machen kann:

```
#ifdef WIN32
  printf("index:%hu,flags:%hu,lastResult:%u",...);
#else
  printf("index:%u,flags:%u,lastResult:%u",...);
#endif
```

Der Präprozessor hilft.

Oder man besinnt sich auf den vorhergehenden Abschnitt über den Präprozessor, der uns hier hilfreich beispringen kann:

```
#ifdef WIN32
  #define PF_INDEX  "%hu"    // printf-Flag unsigned short
  #define PF_FLAG   PF_INDEX // dito
  #define PF_RESULT "%u"     // für unsigned int
#else
  #define PF_INDEX  "%u"     // printf-Flag unsigned int
  #define PF_FLAG   PF_INDEX // dito
  #define PF_RESULT PF_INDEX // dito
#endif
...
printf("index:"PF_INDEX",flags:"PF_FLAG",lastResult:"\
  PF_RESULT),myown.index,myown.flags,myown.lastResult);
```

Solch trickreiche Verwendung scheint mir aber nur Sinn zu machen, wenn die betreffende Funktion sehr häufig aufgerufen wird. Auch hier ist wieder die Frage nach dem Gleichgewicht zwischen Arbeitserleichterung einerseits und Undurchschaubarkeit der Quellen andererseits zu klären.

Cast-Operationen.

Neben der Definition der wichtigsten Datentypen in einer eigenen, jederzeit anpaßbaren typedef-Schale sind vor allem klar und korrekt definierte Cast-Operationen für die Portabilität von großer Bedeutung. Schlampig (oder gar nicht!) durchgeführte Typkonversionen führen schnell zu Problemen, ich kann Ihnen daher die Beachtung der entsprechenden Compiler-Warnungen* nur wärmstens ans Herz legen! Wenn Sie immer wiederkehrende Cast-Operationen mit Windows- und/oder selbstdefinierten Datentypen durchführen müssen, sollten Sie auf jeden Fall über einen Satz von Makros nachdenken, der die ganze Sache erstens einfacher und zweitens transparenter macht. Hinweise und Beispiele dazu sind im Abschnitt 3.3 über den Präprozessor, Seite 155 nachzulesen.

** Siehe dazu Abschnitt 3.8 ab Seite 195.*

Von fehlerhaften Casts und anderen Übeltätern

Schreiben Sie nie Code, der implizit von der Größe oder anderen Eigenschaften eines bestimmten Datentyps ausgeht! Wer blind darauf vertraut, daß ein unsigned int nach 65535 überläuft und wieder bei 0 anfängt, wer zwei Win16-NEAR-Zeiger in einen LONG packt, wer gar HWND, short und WORD öfter mal gleichgesetzt hat, der wird beim Portieren garantiert hin und wieder sein blaues Wunder erleben. Natürlich sind *bestimmte* Annahmen über die benutzten Datentypen notwendig und zulässig. Problematisch wird es immer dann, wenn entweder eine nicht konsistente Nutzung vorliegt, oder eine grundlegende Eigenschaft ungesichert benutzt wird. Zwei abschreckende Beispiele sollen dies beleuchten:

```
hIcon=(WORD)SendMessage(hwndStatic,STM_GETICON,0,0);
```

HICON == WORD ?

Solcher oder ähnlicher Code geht implizit davon aus, daß ein HICON einem WORD entspricht. Ganz unabhängig davon, ob und in welchen Windows-Implementationen das zutrifft, ist es eine miserable Praxis und nur durch Gedankenlosigkeit oder Schlampigkeit zu erklären, an solchen Stellen den falschen Cast zu benutzen. Wenn hier einfach statt (WORD) der Cast (HICON) auftauchen würde, dann wäre dem Compiler alles klar und der resultierende Code würde auch dann laufen, wenn sizeof(HICON) != sizeof(WORD). Aber Microsoft geht hier wie so oft mit ausgesprochen gutem Beispiel voran: zahlreiche Stellen in den mit den diversen C-Compilern gelieferten Beispielprogrammen* sind so nachlässig wie oben codiert — was interessante (um nicht zu sagen besorgniserregende) Rückschlüsse auf die Windows-Quelltexte erlaubt... Gerade weil die meisten grundlegenden Datentypen in 32-Bit-Umgebungen einem Win16-DWORD oder -LONG entsprechen, (WORD) aber für viele Windows-Programmierer eine Art magischer Cast zu sein scheint, sind die Stolpersteine hier im wahrsten Sinn des Wortes vorprogrammiert. Eiserne und zweitwichtigste Regel für die Benutzung einfacher (auch selbstdefinierter) Datentypen: prüfen Sie, ob der Cast wirklich notwendig ist und arbeiten Sie dann immer (!) mit dem

** die doch eigentlich pädagogischen Wert haben sollten?*

Ist ein Cast wirklich notwendig?

korrekten Typ. Und hier gleich, sozusagen als zweiten Gang, das andere versprochene Beispiel:

```
WORD wTextLen=strlen(s);
```

Ich höre Sie förmlich aufschreien: »Was?? So ein *harmloses*, schon tausendmal benutztes und ganz offensichtlich korrektes Statement!!!« Bevor Sie glauben, ich sei nicht mehr ganz richtig im Kopf: erstens finden Sie exakt solche Statements auch in meinen Quelltexten* auch nicht gerade selten. Das ist eben die Macht der Gewohnheit! Aber, in Anlehnung an den sicherlich unverdächtigen Tucholsky: »Glauben Sie keinem Fachmann, der Ihnen sagt, er hätte das schon immer so gemacht: man kann eine Sache auch 20 Jahre lang falsch machen!« Aber man kann auch erkennen, daß man es eben solange falsch gemacht hat, danach jedoch richtig machen! Wenn man sich nämlich einmal den Prototyp von strlen() in STRING.H ansieht, stellt man schnell fest, daß der Rückgabewert der Funktion vom Typ size_t ist, der seinerseits in ANSI C als unsigned int definiert ist. Solange man obiges Statement in Win16 formuliert, ist also alles in Butter. Was aber geschieht unter Win32, wo ein unsigned int plötzlich 32 Bit umfaßt? Dann steht links eine WORD-Variable (16 Bit) und rechts ein Funktionsresultat mit 32 Bit. Im besten Fall hat man Glück, wenn man nämlich nur mit Strings kleiner 64 KB arbeitet. Selbst wenn man die fällige Compiler-Warnung ignoriert, kann dann nicht allzuviel passieren. Ein erheblich unangenehmerer Fall könnte unter Win32 dagegen so aussehen:

** zu meinem Leidwesen!*

size_t == unsigned int.

```
// Der String in lpszTextBuf sei 66000 Zeichen lang
WORD wTextLen=strlen(lpszTextBuf); // wTextLen == 464!
HGLOBAL h=GlobalAlloc(GMEM_MOVEABLE,wTextLen);
LPSTR lpsz=GlobalLock(h);
strcpy(lpsz,lpszTextBuf); // GP fault oder Schlimmeres
```

Zugegebenermaßen ist dieses Szenario für 16-Bit-Umgebungen nicht sehr wahrscheinlich, aber mit Win32-Edit-Controls** ist solcher Code überhaupt nicht abwegig... Und der in den ANSI-C-Bibliotheksfunktionen recht häufig benutzte Typ size_t (der sich jedoch leider in den wenigsten Programmen wiederfindet) ist nun einmal nicht portabel mit einem 16-Bit unsigned int zu

*** die ohne weiteres mehr als 64 KB Text verarbeiten können.*

vereinbaren. Diese sagenhafte 64 KB-Grenze gilt eben nicht nur für Segmente und (oft) für Länge, Breite, Höhe irgendwelcher Objekte, sie (ver-)formt in gewissem Sinn auch die Denk- und Programmiermodelle in unseren Köpfen. Je schneller es Ihnen gelingt, sich dieser Denkweisen zu entledigen und je besser Ihre Quelltexte diese Änderungen dann widerspiegeln, desto einfacher wird eine Portierung — und natürlich auch die Programmierung unter Win32 als solche. Und in diesem Sinn ist es der ganzen Sache mit Sicherheit insgesamt zuträglicher, sich vor der *konkreten* Beschäftigung mit dem Win32-SDK in einer (oder mehreren) ruhigen Stunde(n) ein paar Gedanken über die grundlegenden konzeptionellen Unterschiede zwischen 16- und 32-Bit-Umgebungen zu machen.

Konzeptionelle Unterschiede zwischen 16- und 32-Bit.

Gestatten: sizeof()

Aber zurück zum Thema: zu den impliziten Annahmen, die man häufig macht, die sich aber unter Win32 gewöhnlich als fatal erweisen, gehört auch die Verwendung von numerischen Konstanten *im Quelltext*, um die Größe bestimmter Datentypen zu beschreiben, nach dem Motto: eine HWND oder ein NEAR-Zeiger sind selbstverständlich zwei Byte lang, ein LONG oder FAR-Zeiger natürlich vier! Daß man das so im Kopf hat (siehe oben), ist zwar schon bedauerlich genug, aber so ist es nun mal. Wenn diese Annahmen auch noch im Quelltext auftauchen, wird es oft gefährlich, wie folgender Ausschnitt, unter Win32 compiliert, beweist:

Woher nimmt man die Größe eines Datentyps?

```
// Platz für 8 HWNDs reservieren
hahwnd=LocalAlloc(LMEM_FIXED,16); // 4*8 ist nicht 16!
// Oder im Ansatz zwar etwas besser, aber am Ende genauso
// falsch:
hahwnd=LocalAlloc(LMEM_FIXED,sizeof(WORD)*8);
...
pahwnd[7]=hwnd7; // Entweder GP fault oder,
// wahrscheinlicher, unkontrollierter Zugriff in den
// eigenen Adressraum
```

Wie schon an anderer Stelle erwähnt, sollten Sie alle numerischen Konstanten (besonders, wenn Sie Monate später nicht mehr wissen, warum an einer bestimmten Stelle die Zahl 42 auftaucht...) durch adäquate #defines bzw. in diesem Fall durch den sizeof-Operator ersetzen:

```
hahwnd=LocalAlloc(LMEM_FIXED,sizeof(HWND)*8);
// oder, oft noch besser:
#define CHILD_WNDS  8
...
hahwnd=LocalAlloc(LMEM_FIXED,sizeof(HWND)*CHILD_WNDS);
```

Siehe auch LIMITS.H und FLOAT.H.

Bezüglich Größe und vor allem Wertebereich der verfügbaren ANSI-C-Basistypen sind im übrigen die beiden Header-Dateien LIMITS.H für ganzzahlige sowie FLOAT.H für Fließkomma-Typen eine recht interessante Lektüre.

BOOL: Immer für eine Überraschung gut!

Eine wichtige Bemerkung, die nicht nur die Portierung auf Win32, sondern die Windows-Programmierung allgemein betrifft, möchte ich auch noch zu einem ganz bestimmten Datentyp, nämlich BOOL sowie den beiden Konstanten FALSE und TRUE machen. In C ist eine Bedingung bekanntlich falsch, wenn sie den Wert 0 hat. Sie ist wahr, wenn sie einen Wert ungleich 0 hat. Und genau hier liegt das Problem: es gilt zwar »#define TRUE 1«, und damit schon ungleich 0; dennoch bedeutet logisch wahr nicht unbedingt das gleiche wie TRUE. Verursacher dieser Verwirrung sind Windows-Funktionen, deren Rückgabewert vom Typ BOOL so definiert ist, daß eine Angabe ungleich 0 das Gelingen anzeigt. Oft wird hier ein BOOL geliefert, der auch tatsächlich nur die Werte FALSE oder TRUE (bzw. 0 oder 1) annehmen kann. Eine der gar nicht so seltenen Ausnahmen ist aber die häufig verwendete Funktion RegisterClass(), die bis einschließlich Windows 3.0 mit dem Rückgabetyp BOOL definiert war. Hier zeigt die Rückgabe von 0 bzw. FALSE auch wirklich das an, was der (naive?) Programmierer vermutet: Mißerfolg. Erfolg wird dagegen nicht durch 1 bzw. TRUE angezeigt, sondern durch einen Wert

Daher »#define FALSE 0«.

Eine der Ausnahmen: RegisterClass().

ungleich 0 (nämlich den Atomwert für den Klassennamen, der zwischen 0xC000 und 0xFFFF liegt). Folgendes Statement geht also garantiert in die berühmte Hose:

```
if (RegisterClass(&wc)==TRUE) ... // So nicht!
```

Nun höre ich schon die C-Gurus aufjaulen, daß solchen Code doch ohnehin kein echter C-Programmierer schreibt. Schon recht, in diesem simplen Fall ist das wahrscheinlich richtig. Aber u.a. die ausgiebige Benutzung von Makros* kann sehr schnell dazu führen, daß ein vermeintlich harmloses und korrektes Statement so expandiert wird, daß Code wie der obige resultiert. Ein anderes, noch trickreicheres Beispiel findet sich in der Funktion GlobalUnlock() mit folgendem Prototyp:

* oder Code-Generatoren.

```
BOOL WINAPI GlobalUnlock(HGLOBAL); // TRUE == Erfolg?
```

Faktisch liefert die Funktion als Rückgabe bei Win16 jedoch den aktuellen Wert des Lock-Zählers!** Und das legt die Schlingen gleich für zwei Fallen: erstens denkt jeder *halbwegs normale* Programmierer, wenn er den Prototyp sieht, daß die Rückgabe den Erfolg der Operation anzeigt: also FALSE == Objekt nicht ungelockt, TRUE == Objekt ungelockt. Weit gefehlt: die Rückgabe ist genau andersherum definiert. (Im Laufe der Zeit schleppt man als Windows-Entwickler so viele »Ausnahmen« mit sich herum, daß der Regelfall die Ausnahme wird.)

** Eine wahre API-Glanzleistung, selbst für Microsoft-Verhältnisse!

Zweitens, und jetzt kommen wir wieder zum eigentlichen Knackpunkt: die Rückgabe ist also der aktuelle Wert des Lock-Zählers. Und der kann natürlich ohne weiteres Werte ungleich 0 oder 1 annehmen! Unangenehm macht sich das bei Programmzeilen wie den folgenden bemerkbar:

```
if (GlobalUnlock(hMem)==TRUE) ... // Ja, was nun?
...
if (GlobalUnlock(hMem)) ... // Auch nicht besser!
```

Was immer der Programmierer mit der Zeile im Sinn hatte, der gewünschte Effekt wird unter Garantie nur erreicht, wenn Weihnachten und Ostern zusammenfallen. Fazit: prüfen Sie erstens (insbesondere bei Funktionen, die Sie nur sporadisch verwenden), ob Ihre »intuitive« Verwendung des Rückgabewertes BOOL in etwa mit dem übereinstimmt, was sich der Programmierer der Funktion gedacht hat.* Und stellen Sie zweitens sicher, daß explizite Vergleiche auf TRUE (oder 1) entweder gar nicht oder garantiert nur mit Funktionen vorgenommen werden können, die auch wirklich einen BOOL liefern. Das folgende simple Makro kann als Schale um solche Funktionsaufrufe verwendet werden, bei denen das nicht der Fall ist:

* Oder nicht gedacht hat?

```
#define TO_BOOL(fPseudoBool)  (fPseudoBool?TRUE:FALSE)
```

Zum Glück brauchen wir uns bei der Portierung von Win16-Programmen nicht auch noch mit einigen anderen, ebenfalls eher unangenehmen Eigenschaften einfacher Datentypen herumzuschlagen. Ich denke da besonders an die portable Verwendung von Bitfeldern und natürlich an den Gegensatz in der Byte-Folge zwischen z.B. Intel-CPUs einerseits und Motorola-Prozessoren andererseits.** Hier bleiben uns einige ganz böse Fallen erspart (aber Windows NT ist ja portabel angelegt; vielleicht wird es ja auch mal auf Macs portiert, ich habe da schon so etwas läuten hören...) Trotzdem ist die Verwendung von Zugriffsmakros auf jeden Fall ratsam, um entweder bestimme Teile einer Variablen zu isolieren oder umgekehrt einen Wert aus mehreren Teilen zusammenzusetzen. WINDOWS.H stellt dafür schon einige Makros zur Verfügung (siehe z.B. [HI/LO]WORD, MAKELONG etc.), die Sie jederzeit durch weitere ergänzen können. Orientieren Sie sich dabei ruhig an den Microsoft-Makros, noch schlimmer als gar kein Makro zu benutzen ist es nämlich, dauernd ein falsch definiertes zu verwenden!

** »little endian« kontra »big endian«.

3.5 Strukturierte Daten

»Ist dies schon Wahnsinn, so hat es doch Methode.« William Shakespeare, Hamlet

Auch für die Definition von eigenen, zusammengesetzten Datentypen, die in C durch structs und unions ermöglicht wird, hat Shakespeare eine passende Bemerkung übrig. Wenn Sie die Regeln und Hinweise des vorhergehenden Abschnitts beherzigen, haben Sie hier keine besonderen Probleme zu erwarten. Einige Spezialitäten gilt es allerdings schon zu beachten. Fangen wir mit unions an, die werden nämlich zum Glück seltener eingesetzt. (Ein kleiner Hinweis für nicht-C-Programmierer: eine C-struct entspricht einem RECORD in Pascal oder Modula-2; eine union kann man sich als varianten RECORD ohne explizite CASE-Variable vorstellen).

struct und RECORD.

Unions: Ökonomie oder undurchsichtige Manöver

Meist führen zwei Gründe dazu, daß eine union definiert wird: entweder man will Speicherplatz sparen und überlagert daher mehrere Variablen unterschiedlichen Typs oder man benötigt ganz besonders trickreiche Typkonversionen, die sich mit Casts nicht so einfach machen lassen. Der erste Fall ist für uns nicht so wichtig: solange die zugrundeliegenden Datentypen korrekt definiert und benutzt werden, ist an der Definition und Verwendung von unions gar nichts auszusetzen. Ein paar Augenblicke sollte man allenfalls der Frage widmen, wie die einzelnen Member die Speicheraufteilung und Performance beeinflußen können, wenn die union in weiteren structs zum Einsatz kommt. Hinweise zu diesem Thema finden sich später bei der Diskussion von structs.

unions und trickreiche Speichermanipulationen.

Ganz anders sieht die Sache dagegen aus, wenn Sie eine union für pfiffige Typmanipulationen (miß-)brauchen: diese Definitionen müssen fast sicher angepaßt werden. Das folgende (konstruierte) Kleinod ist mit besonderer Aufmerksamkeit zu delektieren (zum Layout im Speicher siehe auch Abb. 3.3 auf der folgenden Seite):

```
typedef struct { WORD ofs,seg } OS;
typedef VOID FAR* LP;
typedef struct { VOID NEAR* np; WORD ds; } NP;
...
typedef union {
  OS os;
  LP lp;
```

```
   NP np;
} BOESER_TRICK;
...
BOESER_TRICK bt; // globale Variable (im Datensegment)
...
bt.lp=&bt;
printf("seg:ofs = %x:%x\n",bt.os.seg,bt.os.ofs);
printf("Datensegment: %x",bt.np.ds);
```

Erstens ging der Schreiber dieser union davon aus, daß sich Segment (oder Selektor) und Offset einer Adresse in je 16 Bit unterbringen lassen. Zweitens glaubt er, daß ein FAR-Zeiger aus Segment und Offset besteht. Drittens nutzt der Code pfiffigerweise die Kenntnis aus, daß globale Variablen in einem Datensegment in NEAR-Zeiger sowie DS als Basisregister aufgespalten werden können. Last not least ist der Autor sicher, daß NEAR-Zeiger plus Selektor einen FAR-Zeiger ergibt. All diese Annahmen sind unter Win16 korrekt, unter Win32 jedoch entweder falsch oder aufgrund des vollkommen anderen Speichermodells überhaupt nicht anwendbar.

Abb. 3.3: Das Speicherlayout der union BOESER_TRICK.

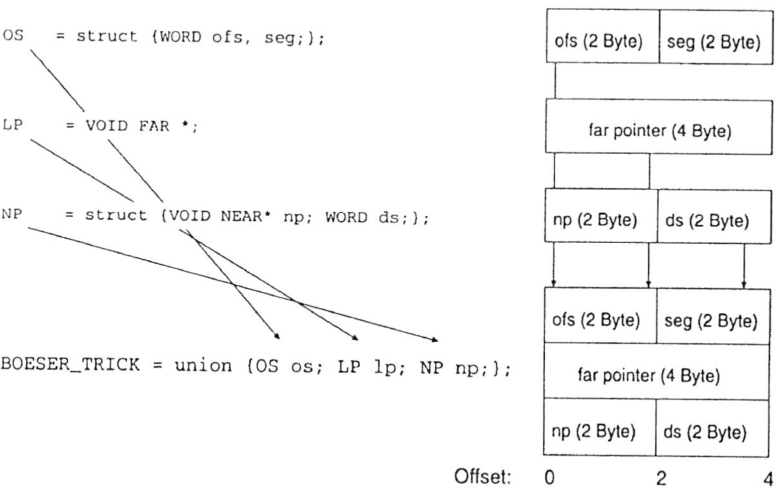

Wie das Beispiel illustriert, sind unions, wenn sie denn so trickreich definiert und benutzt werden, garantiert nicht portabel. BOESER_TRICK läßt sich unter Win32 nicht (sinnvoll)

umsetzen, weil das ganze Adressierungskonzept ein vollständig anderes ist. Selbst weniger extreme Fälle machen im Regelfall Gebrauch von nichtportablen Informationen über die verwendeten Datentypen* — unions sind daher so änderungsgefährdet, daß dieses Konstrukt nur verwendet werden sollte, wenn sich auch nach längerem Nachdenken absolut kein portabler Weg zu Lösung des Problems finden läßt. Und wenn's denn sein muß: den Gebrauch bitte strikt auf ganz wenige Module isolieren und möglichst Zugriffsmakros oder -funktionen benutzen statt die union bequemlichkeitshalber an jeder passenden Ecke verwenden.

** Logisch, sonst bräuchte man ja keine union zu definieren!*

Strukturen strukturiert benutzen

Kommen wir zu den Strukturen: da sie zu den wichtigsten Abstraktionsmechanismen zählen, von denen der C/C++-Programmierer Gebrauch machen kann, sollten sie, mit entsprechenden Funktionen zur Bearbeitung, durchaus häufig eingesetzt werden. Auch wenn mit C das Klassenkonzept von C++ nicht annähernd umgesetzt werden kann, sind doch bei disziplinierter und systematischer Programmierung auch mit C sichere und wartbare komplexe Datentypen möglich. Das schon weiter oben erwähnte Verfahren der Einführung einer weiteren Indirektionsebene kann hier ebenfalls förderlich sein. Einerseits sollte man für bestimmte Member durchaus eigene Datentypen definieren (wie das Beispiel im vorhergehenden Abschnitt gezeigt hat), andererseits ist ein Satz von Arbeitsfunktionen (zum Lesen, Schreiben und Verarbeiten der einzelnen Member) hilfreich. Nehmen wir die folgenden Definitionen in einem Win16-Programm an, die ein dynamisches Integer-Array abbilden:

Ein wichtiger Abstraktionsmechanismus.

```
typedef struct {
  HGLOBAL hMem;
  int iCount;
  int iArray[1];
} IARRAY, FAR* LPIARRAY;
...
hTmp=GlobalAlloc(GHND,sizeof(IARRAY)+sizeof(int)*100);
```

```
lpia=(LPIARRAY)GlobalLock(hTmp);
lpia->hMem=hTmp;
lpia->iCount=100;  // 100?
lpia->iArray[352]=42;  // Oh weh!
```

Der Code ist (bis auf die letzten zwei Zeilen) einwandfrei, wenn auch noch verbesserungsfähig: für die Größe des jeweils zu erzeugenden Arrays könnte man eine Konstante definieren, außerdem ist bei der Allokation zu berücksichtigen, daß ein Element mehr allokiert wird, als der Code auf den ersten Blick nahelegt.* Der größte Nachteil scheint mir aber in der Tatsache zu liegen, daß jeder Benutzer der IARRAY-Struktur über ihre Internas Bescheid wissen muß, um sie korrekt einsetzen zu können (siehe Abb. 3.4). Das hat zwei Nachteile: erstens kann man dabei natürlich Fehler machen (wie z.B. 101 Elemente allokieren und lpia->iCount auf 100 setzen); zweitens müssen alle Quelltexte, die den Datentyp IARRAY benutzen, angepaßt werden, wenn die Definition der Struktur irgendwann einmal geändert wird. Und gerade beim Übergang auf ein neues Betriebssystem ist diese Möglichkeit nicht von der Hand zu weisen!

* Immerhin besser als umgekehrt...

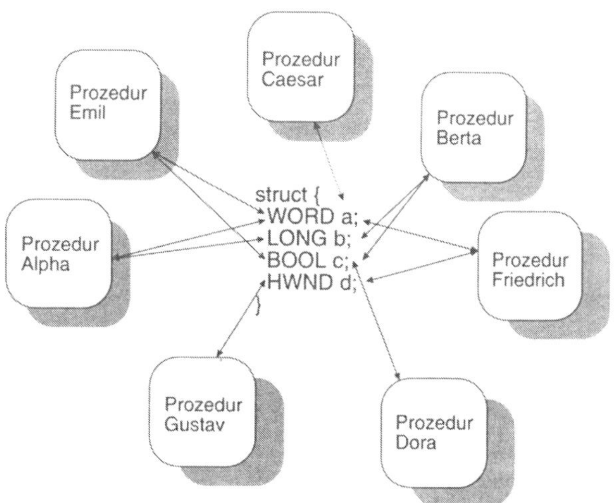

Abb. 3.4: Direkter Zugriff auf Struktur-Komponenten: einfacher, aber schlecht wartbar.

Die folgenden modellhaften Definitionen schlagen beide Fliegen mit einer Klappe:

```
#define STRICT
...
// typedef struct {...}; wie oben
DECLARE_HANDLE HIA;          // eine eigene STRICTe Handle...
HIA AllocIA(int iCount);     // allokiert iCount ints
VOID FreeIA(HIA hIA);        // deallokiert Array nur, wenn
  // hIA==hMem
VOID GetBound(HIA hIA); // liefert iCount
int SetElement(HIA hIA,int el,int val); // schreibt ...
int GetElement(HIA hIA,int el); // bzw. liest Element
```

Die Implementation der fünf Funktionen schenke ich mir, sie ist offensichtlich. Die Vorteile dieses Ansatzes sind nach dem bereits Gesagten offensichtlich (und werden in Abbildung 3.5 gezeigt); man sieht allerdings sofort auch den entscheidenden Nachteil: der unter Benutzung dieser Funktionen geschriebene Code ist zwar sicherer, leichter wartbar und portabler; er ist aber auch erheblich langsamer (besonders was Array-Zugriffe mittels [Get/Set]Element() angeht). Ein klassisches Dilemma: entweder man schreibt guten Code, dann schläft jedoch der Benutzer der Applikation womöglich ein — oder der Code ist flott, der Programmierer aber wendet sich mit Grausen...

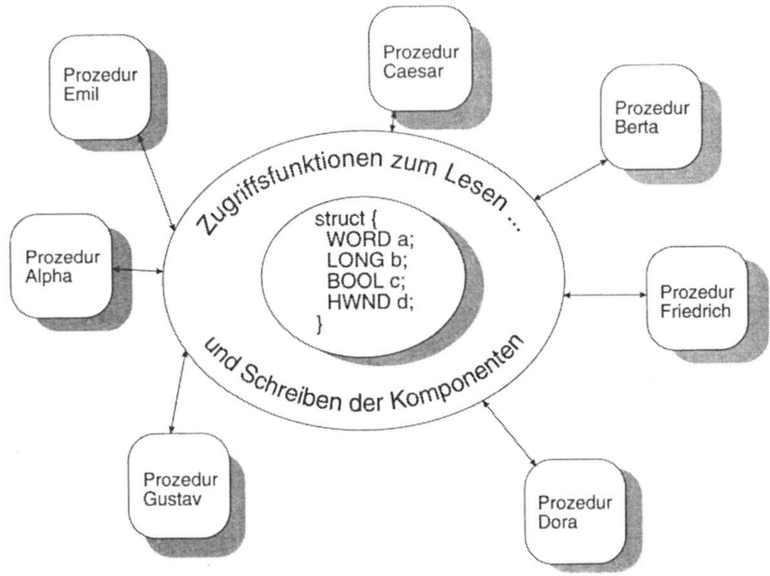

Abb. 3.5: Strukturierter Zugriff über eine Funktionsschale.

Leider wird aus dieser Zwickmühle häufig die falsche Konsequenz gezogen, indem die Performance des Programmes seiner Wartbarkeit und Sicherheit *grundsätzlich* vorgezogen wird. Aber warum die Flinte so schnell ins Korn werfen? Bevor Sie vorschnelle Entscheidungen treffen, bedenken Sie doch erst einmal das Umfeld:

Performance? Oder Wartbarkeit?

- Zugegeben, der wartbare Code *ist* langsamer. Aber um wieviel? Und wo macht sich das überhaupt bemerkbar? Oft sind nur ganz wenige Stellen eines Programms Performance-Flaschenhälse. Und die kann man mit einem Profiler erstens leicht herausfinden und zweitens gezielt anpassen. Unspezifische Behauptungen über (zu) große Geschwindigkeitseinbußen sind deshalb mit großer Vorsicht zu genießen.

Ein Profiler hilft!

- Können nicht wenigstens die Teile der Funktionalität in eigene Zugriffsfunktionen gepackt werden, die entweder selten aufgerufen werden oder deren interner Overhead ohnehin so groß ist, daß der zusätzliche Funktionsaufruf gar nicht weiter ins Gewicht fällt?

Und wie groß ist der Funktions-Overhead?

- Gibt es darüberhinaus nicht doch Mittel und Wege, den angestrebten Effekt zu erreichen? [Set/Get]Element() könnte man vielleicht als zwei Makros definieren. Oder man macht Gebrauch von der Möglichkeit, (kleinere) Funktionen inline zu definieren. Letzteres ist zwar leider auch nicht portabel (ANSI C kennt kein inline), kann aber mit vielen C-Compilern schon eingesetzt werden. Mitentscheidend dürfte hier die Frage sein, auf welche Plattformen der Code wahrscheinlich portiert werden soll: wenn ein Win16-Programm unter Verwendung der Microsoft- oder Borland-C Compiler nach x86-Win32 portiert wird, können inline-Funktionen ohne weiteres benutzt werden. Und wenn als Zielplattform ein völlig anderes System in der Debatte steht, dann ist der Portierungsaufwand ohnehin so hoch, daß man bestimmte Teile des Projektes vielleicht besser gleich in C++ reformuliert (wo u.a. inline-Funktionen zum Sprachumfang gehören).

Makros?

Oder inline?

- Überhaupt ist diese Frage ebenfalls eine Überlegung wert: C++ bietet extrem leistungsfähige Mechanismen zur Datenstrukturierung und -abstraktion. Möglicherweise sind

Oder C++?

ja Teile oder gar das gesamte Programm besser in C++ zu implementieren?

- Schließlich sollte man sich fragen, ob langsamerer Code (in vertretbarem Rahmen) nicht trotz allem durch die höhere Sicherheit und Wartbarkeit gerechtfertigt wird. Auf den Punkt gebracht: noch lieber als mit einem superschnellen Programm arbeiten viele Benutzer doch *tatsächlich* mit einem zuverlässigen! Oder um es provokativer zu formulieren: wenn mir ein sehr wichtiges Programm zu langsam ist, wird früher oder später eben ein Hardware-Update fällig. Wenn es dagegen regelmäßig abstürzt, bleibt mir kaum eine Alternative, als es (zähneknirschend) zu akzeptieren. Natürlich ist die Anschaffung neuer Hardware nicht in jedem Umfeld vertretbar, aber eine gewisse Logik steckt schon dahinter: warum eigentlich sollen Programmierer die Zeche für die Hardware-Ingenieure bezahlen? Wenn die brauchbarere Prozessoren* bauten, könnte man auch vernünftiger programmieren. (Und da ich für diese Feststellung von den harten Boys ohnehin »Prügel« beziehen werde: Abschnitt 4.6, Seite 272 enthält einige weitere, in dieser Hinsicht recht polemische Feststellungen und Behauptungen...)

** z.B. eine CPU mit einem so großen Cache, daß man die Laufzeitbibliotheken im optimierten Microcode dort unterbringen kann...*

Aber zurück zu den Strukturen! Fazit dieser Betrachtungen ist die Feststellung, daß Zugriffe auf Strukturen in C meistens traditionell, soll heißen direkt, vorgenommen werden. Während das die Portabilität nicht in jedem Fall negativ berührt, ist es vom Standpunkt des Software Engineerings aus allemal eine stark verbesserungswürdige Praxis. Leider werden jedoch Anstrengungen in dieser Richtung eher neuen Projekten als bestehendem Code zugute kommen...

Fazit: direkte Zugriffe sind eine verbesserungswürdige Praxis.

Strukturen und Speicher-Layout

Das gilt leider nicht für einen weiteren Punkt, den es im Zusammenhang mit Strukturen unbedingt zu beachten gibt und der durchaus gewisse Änderungen an vorhandenen Quelltexten erzwingen kann. Es dreht sich um das Packen der einzelnen Komponenten in Strukturen (»structure alignment«). Alle bisherigen Windows-Versionen mußten da keine besonderen

Rücksichten auf den ohnehin eher tumben Prozessor nehmen und konnten deswegen, um Speicherplatz zu sparen, im Regelfall die dichtest mögliche Packung benutzen. Dieses Vorgehen ist allerdings nicht die Spur portabel, weil die allermeisten Prozessorarchitekturen vorschreiben, daß alle Datentypen einer bestimmten Länge auch nur mit einer definierten Speicheraufteilung (»alignment«) verwendet werden können. Entweder führt die Nichtbeachtung dieser Regeln zu langsamerem Code* oder das Programm läuft überhaupt nicht. Im allgemeinen läßt sich daher festhalten, daß die »natürliche« Registergröße eines Prozessors auch die Anordnung von Variablen im Speicher bestimmt. Im Klartext bedeutet das für x86-CPUs bei Zugiffen in 32-Bit-Segmente auf n-Byte-Integer ein Alignment auch auf eine n-Byte-Grenze (n = 1, 2, 4). Prinzipiell gleiches gilt auch für die MIPS R4000- und DECs Alpha-Prozessoren, wenn diese auch 8-Byte-Integers kennen. Ein unsigned short kann also an jeder 2-Byte-Grenze (Offset 0, 2, 4, etc.) beginnen, während ein unsigned int an einer 4-Byte-Grenze ausgerichtet werden sollte (Offset 0, 4, 8 etc.).

** weil der Prozessor dauernd Adressbus-Exceptions bearbeiten muß.*

Während nun allerdings ein x86 den Zugriff auf eine nicht entsprechend ausgerichtete Variable nur mit einigen Waitstates bestraft, sind die beiden RISC-Prozessoren da etwas rabiater: sie lösen eine Prozessor-Exception aus, die vom Betriebssystem abgefangen und bearbeitet werden muß. Der zuständige Exception-Handler kann zwar die Fehlerursache normalerweise beheben und das gewünschte Speicherdatum zur Verfügung stellen; es bleibt jedoch ein ganz enormer Performance-Verlust. Und ob andere Architekturen, für die NT vielleicht einmal verfügbar wird, nicht noch restriktiver sind, ist heute gar nicht abzusehen.

Diese Umstände haben natürlich Konsequenzen: in erster Linie ist davon der Compiler betroffen, der nicht passende (»unaligned«) Strukturdefinitionen so mit weiteren Füll-Bytes versehen muß (»structure padding«), daß ein einwandfreier Zugriff möglich wird. Aber weil heutzutage für jedes Compiler-Feature ein Schalter (und/oder #pragma) existiert,** kann dieses Korrektiv vom Programmierer jederzeit nach Belieben ein-, aus- und umgeschaltet werden. Win16 erfordert ja sogar wegen des möglichst engen Packens die explizite Benutzung eines Compiler-Schalters bzw. #pragmas, mit denen das vom Compiler

*** Mindestens!*

normalerweise vorgenommene »padding« auf eine 2-Byte-Grenze ausgeschaltet wird (und nicht wenige Programmierer haben deswegen schon schier endlose Nächte mit Debugging-Sitzungen verbracht...).

Für Win32 gilt dagegen im Regelfall: Finger weg von diesen Schaltern! Strukturen müssen, um auf den diversen Prozessoren einwandfrei einsetzbar zu sein, korrrekt definiert werden. Und das kann der jeweilige Compiler allemal besser besorgen! Was heißt das aber für den Win32-Entwickler? Erstens sollten Sie sich einmal mit dem Speicher-Layout Ihrer Win16-Strukturen beschäftigen und dabei die Größe der Basistypen (siehe dazu Anhang 1, Seite 387) und ihr »alignment« berücksichtigen. Im Zuge dieser Kontrolle sollten Sie ungünstig ausgerichtete Fälle unbedingt beseitigen. Folgen Sie dabei einfach der obigen Regel: n-Byte lange Datentypen werden an einer n-Byte-Grenze ausgerichtet. Und scheuen Sie, wenn möglich und der Quelltext nicht zu stark angepaßt werden muß, auch nicht davor zurück, bestimmte Member den Platz tauschen zu lassen. Ein Beispiel zur Illustration:

Speicher-Layout der Win16-Strukturen prüfen.

```
// Win16 mit eingeschaltetem Byte-Packing
typedef struct {
  WORD wSizeXYZ;      // Offset : 0, OK
  char chX;           // 2, OK
  WORD wXLen;         // 3, non aligned, verbessern!
  char chY;           // 5, OK
  WORD wYLen;         // 6, OK
  char chZ;           // 8, OK
  WORD wZLen;         // 9, non aligned, verbessern!
  LONG lSum;          // 11, dito
  DWORD dwXYZ;        // 15, dito
} XYZ; // sizeof(XYZ) == 19
```

Wie man an den Offsets leicht erkennt, sind die Member wXLen, wZLen, lSum und dwXYZ nicht korrekt ausgerichtet. Diese Struktur würde, wenn sie ohne weitere Änderung unter Win32 recompiliert wird, vom Compiler intern wie folgt abgelegt:

Unkorrekte Ausrichtung.

```
typedef struct {
  WORD wSizeXYZ;     // Offset : 0, OK
  char chX;          // 2, OK
  char Filler;       // vom Compiler: 1 Byte als Füllsel
  WORD wXLen;        // 4, OK
  char chY;          // 6, OK
  char Filler;       // wieder 1 Byte als Füllsel
  WORD wYLen;        // 8, OK
  char chZ;          // 10, OK
  char Filler;       // ein drittes Byte als Füllsel
  WORD wZLen;        // 12, OK
  char Filler[2];    // LONG erfordert 4-Byte-Ausrichtung,
                     // daher 2 Byte als Füllsel
  LONG lSum;         // 16, OK
  DWORD dwXYZ;       // 20, OK
} XYZ; // sizeof(XYZ) == 24
```

Ausrichten und optimieren.

Um diese fünf Byte, die jedes XYZ jetzt länger wird (siehe auch Abb. 3.6, nächste Seite), zu minimieren, könnten Sie die Struktur z.B. wie folgt umstellen:

```
typedef struct {
  WORD wSizeXYZ;     // Offset : 0, OK
  char chX;          // 2, OK
  char chY;          // 3, OK
  char chZ;          // 4, OK
  WORD wXLen;        // Compiler schiebt vorher ein Byte ein,
                     // daher 6, OK
  LONG lSum;         // 8, OK
  DWORD dwXYZ;       // 12, OK
  WORD wYLen;        // 16, OK
  WORD wZLen;        // 18, OK
} XYZ; // sizeof(XYZ) == 20
```

Ein Byte länger und optimal ausgerichtet!

Diese letzte, optimierte Definition ist nur ein Byte länger als das Win16-Original und dennoch für 32-Bit-CPUs optimal ausgerichtet. Allerdings erkauft man sich diese vier Byte Speicherplatzersparnis pro Struktur mit einer Definition, die zwar für Intel x86- und R4000-Prozessoren optimiert ist, nicht aber zwangsläufig für andere Prozessoren. Wenn die zur Debatte stehende Struktur jedoch oft benutzt wird, hat das Platzargument sicherlich größeres Gewicht als die mögliche spätere Umstellung auf einen anderen Prozessor. Falls Sie den Wechsel von Komponenten übrigens »live« erleben möchten, dann schauen Sie sich doch einmal die TEXTMETRIC-Definition in WINDOWS.H (Win16) bzw. ihr Gegenstück TEXTMETRICA in WINGDI.H (Win32) an.

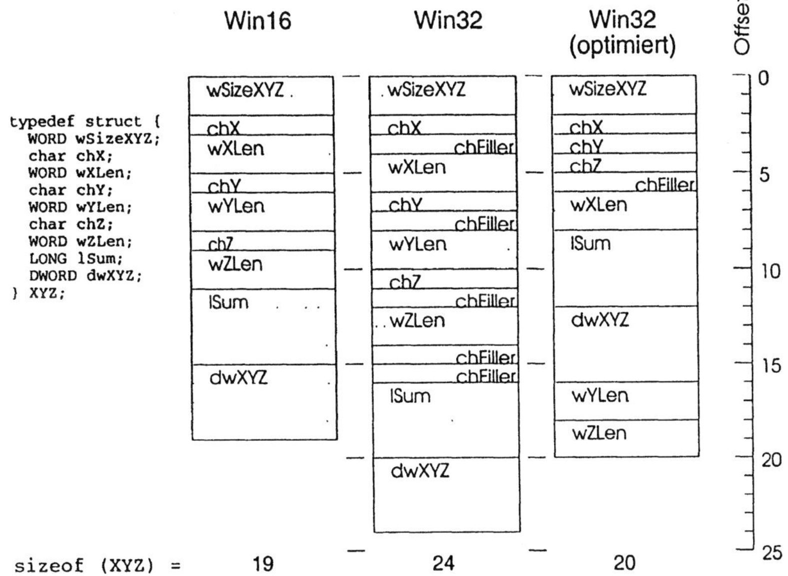

Abb. 3.6: Das Speicher-Layout der Struktur XYZ unter Win16 und Win32.

Das »padding« bzw. »alignment« von Strukturen führt im übrigen dazu, daß die effektive Größe einer struct von ihrer theoretischen* durchaus abweichen kann. Niemals sollten Sie daher die Größe einer Struktur »von Hand« ausrechnen und danach (womöglich -zigmal) als numerische Konstante im Quelltext verwenden. Dafür ist sizeof() da! Diese elementare Maßregel gilt, wie schon erwähnt, nicht nur für structs, sondern für alle Stellen, an denen die Größe von Variablen oder Datentypen benötigt wird (was jedoch gerade bei den Standardtypen gerne »vergessen« wird):

* Also aus der Addition des Platzbedarfs der einzelnen Member gewonnenen Größe.

```
typedef struct { UINT u1,u2; } SOSO;
...
hSoso=GlobalAlloc(GMEM_FIXED,40); // Platz für 10 SOSOs...
// So, so!
```

Auch wenn Sie die Größe von Arrays von Strukturen herausfinden wollen, sollten Sie besser nicht von impliziten Annahmen ausgehen. Eine Struktur mit einem LONG und einem WORD, 100 mal aneinandergereiht, braucht unter Win32 eben nicht 600, sondern 800 Byte! Oder im Quelltext:

```
typedef struct {
  LONG l; WORD w;
} HA;
HA aha[100];
// sizeof(aha) != (sizeof(LONG) + sizeof(WORD))*100
// 800         != 600
```

Kommunikation zwischen Win16- und Win32-Applikation.

Der zweite Punkt, der beim Arbeiten mit Strukturen ggf. beachtet werden muß, ist die Kommunikation zwischen der Win16-Version Ihrer Applikation und der Win32-Variante. Wenn Sie z.B. Datenstrukturen in Dateien abspeichern und dabei die normalen I/O-Funktionen benutzen, wird ein Speicherblock geschrieben, dessen Layout *exakt* der Strukturdefinition entspricht:

```
_lwrite(hFile,&xyz,sizeof(XYZ));  // unter Win16 19 Byte
```

Wenn Sie obige Struktur von Win32 aus direkt einlesen, kommt nichts Vernünftiges dabei heraus:

```
_lread(hFile,&xyz,sizeof(XYZ));  // unter Win32 24 Byte
// mit völlig anderer Aufteilung
```

ASCII-Format zum Datenaustausch.

Folglich muß entweder eine der beiden Applikationen im anderen Format kommunizieren können, favorisieren würde ich vermutlich eher die Win16-Variante, weil diese keinerlei Einschränkungen bei der Strukturdefinition zu berücksichtigen hat. Oder, der andere Weg, man benutzt ein drittes, einheitliches Format, indem man die einzelnen Komponenten z.B. mit fprintf() in eine ASCII-Datei schreibt. Die andere Applikation kann die Daten dann mit fscanf() problemlos wieder einlesen. Dieser letztere Ansatz ist allerdings nicht ohne weiteres verwendbar, wenn Sie Informationen zwischen den beiden Programmen via DDE, OLE oder ein privates Clipboard-Format austauschen. Dann bleibt wirklich nur der Weg über eine zweite, kompatible Strukturdefinition. Meistens sind solche Überlegungen aber deswegen Makulatur, weil schon Tausende von Benutzern Dateien in einem bestimmten Format angelegt haben und erwarten, daß dieses auch weiterhin unterstützt wird. Ein prominentes Beispiel findet sich in der Datei WINGDI.H: die dort definierte Struktur BITMAPFILEHEADER verstößt ganz ungeniert gegen alle Regeln zum »structure alignment«. Nichtsdestoweniger muß sie so definiert werden, damit Bitmap-Dateien im »alten« Win16-Format überhaupt eingelesen werden können. In diesen Fällen muß entweder ein Konversionsprogramm mitgeliefert werden oder die Win32-Version arbeitet zumindest beim Datei-I/O mit nicht korrekt ausgerichteten Strukturen (die dann ausgelösten Bus-Exceptions lassen sich aber meist leicht verschmerzen, da die I/O-Operationen ohnehin relativ zeitaufwendig sind).

Und noch 'ne Ausnahme!

3.6 Zeiger-Subtilitäten

»Es ist sehr leicht, Zeiger zu erzeugen, die irgendwohin zeigen.«
Brian W. Kernighan und Dennis M. Ritchie, Programmieren in C

Drei Dinge sind es vor allem, die dem Windows-Entwickler Portabilitäts-Bauchschmerzen bereiten: Änderungen an den Basistypen, inkorrekter Gebrauch von Casts — und natürlich Zeiger. Wenn es in C fragwürdige oder obskure Stellen zu entdecken gilt, ist ein Zeiger meist nicht fern. Und wie das obige Zitat von K&R* zeigt, ist beim Gebrauch von Zeigern eine gewisse Achtsamkeit wünschenswert. Im Detail werden wir in Abschnitt 3.8 ab Seite 195 u.a. auch auf die Warnungen bzw. Fehlermeldungen eingehen, welche die diversen Compiler erzeugen, wenn ihnen am Gebrauch eines Zeiger irgendetwas verdächtig erscheint. Um Zeiger plattformübergreifend portabel zu benutzen, sind für Windows-Programmierer aber leider nicht nur korrekte Casts notwendig.

** die es ja wohl wissen müssen!*

FAR? NEAR? Weder — noch: FLAT!

Erstes Problemgebiet ist die Tatsache, daß segmentierte Umgebungen (wie z.B. x86-CPUs im Real oder 16-Bit-Protected Mode) gerne mit zwei Zeigergrößen jonglieren: NEAR-Zeiger, die einen Offset in einem festgelegten Segment (meist dem Datensegment des Programmes) beschreiben und FAR-Zeiger, die den gesamten Speicher beliebig adressieren können (zumindest im Real Mode). Dieses ingeniöse Duo Infernale kann in dieser Form auf nicht segmentierte Architekturen natürlich überhaupt nicht portiert werden. Dort erscheint die Idee, daß ein Zeiger aus zwei Teilen, nämlich einem Selektor und dem eigentlichen Offset besteht, eher skurril. Es gibt stattdessen einen linearen, meist ziemlich großen Adressraum (z.B. 32 Adress-Bits entsprechen 4 GB), in dem einzelne Adressen, wenn man denn unbedingt darauf besteht, als Offset bezeichnet werden können. Dieses Speichermodell wird häufig auch als »flat memory model« bezeichnet. Von der Konzeption her ist daher ein solcher linearer 32-Bit-Zeiger, wenn überhaupt, mit einem Win16-NEAR-Zeiger zu vergleichen. Von Segmenten und FAR-Zeigern dürfen wir dagegen Abschied nehmen. (Was mir, ehrlich gesagt, schon ein wenig leid tut: vorbei sind die Tage, als man im Real Mode noch ganz einfach den ganzen Speicher durchforsten und vor allem manipulieren konnte — Protected Mode und abgesicherte Betriebssysteme sind eben nichts für Hacker und Patcher. Oder?)

Segment und Offset?

Linear!

Folgende Ratschläge scheinen mir geeignet, um dem Problem NEAR/FAR möglichst portabel beizukommen:

Benutzen Sie konsequent für Ihre Win16-Projekte möglichst nur ein einziges Speichermodell und machen Sie sich mit den Mechanismen der Speicherverwaltung und Zeigerarithmetik für dieses Modell vertraut. Wenn es keine wirklich guten Argumente für andere Modelle gibt, sollte dieses ab Windows 3.1 das »large model« (Compiler-Schalter -ml für Borland, /AL für MSC) sein. Ich weiß, daß unisono fast alle Autoren in ihren Büchern zum Thema Windows-Programmierung das »small model« empfehlen und sich nur im allerschlimmsten Falle die Hände am »medium model« schmutzig machen. Aber die allermeisten dieser Bücher wurden von »Windows-Veteranen« zu einem Zeitpunkt geschrieben, als Windows überhaupt nur

Nur ein Speichermodell benutzen!

Und zwar das »large model«!

im Real Mode verfügbar war. Und damals waren gewisse Einschränkungen ja durchaus notwendig oder mindestens sinnvoll. (Schließlich mußte z.B. der Memory Manager auf einem relativ »einfältigen« Prozessor eine leistungsfähige Speicherplatzverwaltung für multiple Prozesse implementieren. Und das ging eben mangels Hardware-Unterstützung nicht ohne bestimmte Regeln...) Seit aber Win16 den Real Mode endgültig hinter sich gelassen hat, ist eine ganze Menge von dem, was einstmals zum »guten Ton« der Windows-Programmierung gehörte, schlicht und ergreifend überflüssig, um nicht zu sagen kontraproduktiv. Der Grund liegt eben genau darin, daß vieles von dem Verwaltungsaufwand, mit dem sich der Entwickler früher herumschlagen mußte (»Locking« und »Unlocking« von Speicher, »moveable memory« etc. etc.) im Protected Mode jetzt vom Prozessor übernommen werden kann. Aber jemand, der sein erstes Windows-Programm vor sieben oder acht Jahren geschrieben hat,* der hat eben noch eine Menge alter Gewohnheiten. Wie sagen die Amerikaner doch immer so schön: »Old habits die hard.«

** ... und nicht vor Schreck ohnehin gleich ganz die Finger davon gelassen hat!*

Für Objekte, die Sie auf dem lokalen Heap allokieren, müssen Sie natürlich unter Win16 nach wie vor NEAR-Zeiger einsetzen, globale Allokationen werden dort wie bisher über FAR-Zeiger abgewickelt. Benutzen Sie aber immer entweder entsprechend definierte Zeigertypen aus dem reichhaltigen Windows-Angebot (NPSTR, LPVOID etc.) oder definieren Sie, wenn Sie eigene Datentypen verwenden, dazu analoge Zeigertypen. Zum Beispiel:

Eigene Zeigertypen definieren.

```
typedef struct { ... } XYZ;
// Zeiger auf XYZ nicht so:
XYZ NEAR* npXYZ;
// oder so:
XYZ FAR* lpXYZ;
// sondern besser mit expliziten Typdefinitionen:
typedef XYZ NEAR* NPXYZ;
typedef XYZ FAR*  LPXYZ;
...
NPXYZ npXYZ;
LPXYZ lpXYZ;
```

Die Definition der Zeigertypen ist nämlich unter Win32 so ganz einfach anzupassen, wogegen das Suchen und Modifizieren der vielen Stellen, an denen ein Zeiger (z.B. auch als Parameter einer Funktion) explizit und nicht portabel als NEAR oder FAR definiert wird, erheblich aufwendiger ist. Und dazu noch ein Hinweis: benutzen Sie bei diesen Deklarationen sinnvollerweise immer die in WINDOWS.H definierten Makros* und nicht die jeweiligen Schlüsselworte _near und _far selbst (wieder eine zusätzliche Indirektionsebene!). Diese Empfehlung gilt auch für andere compilerspezifische Schlüsselworte wie _huge, _export, _pascal etc. Zur Not können Sie nämlich NEAR, FAR etc. als Leermakros definieren (dies wird teilweise in den Win32-Header-Dateien schon durchgeführt).

** wie beispielsweise »#define NEAR _near«.*

Finger weg von Segment- und Offset-Arithmetik

Keine arithmetischen Tricks mit Zeigern.

Hin und wieder sieht man Code, der davon ausgeht, daß ein NEAR-Zeiger nur 64 KB adressieren kann. Der Zeiger wird über die magische Zahl 65535 hinaus inkrementiert — und startet wieder beim Offset 0. Diese Praxis, wie überhaupt alle arithmetischen Tricks mit NEAR- oder FAR-Zeigern, ist nicht portabel. Dabei sind zwei Stufen zu unterscheiden: berechnete Zugriffe auf völlig willkürliche Segmente, die im Real Mode ja zulässig sind, werden schon im 3.x-Protected Mode entweder mit »unrecoverable application errors« (UAEs) oder sogar Systemabstürzen geahndet. Solche ganz üblen Praktiken sollten Sie aus Ihren Programmen ohnehin schon entfernt haben. Aber auch in den Win16-Protected-Modes ist Selektor-Artistik nicht ganz verboten: HUGE-Objekte werden aus mehreren maximal 64 KB großen Speicherbereichen mit dazugehörigen LDT-Selektoren zusammengesetzt (siehe dazu Abb. 4.3, Seite 231). Und diese müssen ja nach einer eindeutigen Methode errechnet werden können... Konsequenz: Selektormanipulationen gehören auch im Protected Mode oft noch dazu. Microsoft hat dafür sogar ein paar Makros und Funktionen im Angebot: MAKELP, um einen FAR-Zeiger aus Selektor- und Offsetwert zusammenzuflicken, SELECTOROF und OFFSETOF, um ihn wieder zu zerstückeln sowie u.a. das komplette Selektor-API. Wenn Sie schon mit Selektoren und Offsets hantieren müssen, benutzen

Selektormanipulationen im Protected Mode.

Sie auf jeden Fall diese (oder adäquate selbstdefinierte) Makros, die entsprechenden Stellen lassen sich später dann viel leichter finden und anpassen. Denn das ist klar: solcher Code ist in einem linearen Speichermodell prinzipiell nicht einsetzbar und daher überhaupt nicht portabel.

Eine weitere Gefahr beim Umgang mit Zeigern liegt in der Notwendigkeit begründet, diese z.B. in Window-Prozeduren in Integertypen zu konvertieren (und umgekehrt). Bisher werden traditionell FAR-Zeiger in LONGs oder DWORDs, NEAR-Zeiger in WORDs oder ints konvertiert. Diese Praxis nutzt wiederum das implizite Wissen, wie groß die einzelnen Zeigertypen sind. Während bei FAR-Zeigern unter Win32 bei der reinen Konversion keine besonderen Schwierigkeiten zu erwarten sind, dürften (dort fehlerhafte) NEAR-Konversionen vernehmliche Rülpser des Compilers auslösen. Schlimmer noch: besonders trickreich codierte Fälle kann auch der Compiler nicht mehr entdecken. Da NEAR-Zeiger in Win32 ebenfalls 32 Bit breit sind (also faktisch kein Größenunterschied mehr zwischen FAR und NEAR besteht), führt ein WORD-Cast dort zuverlässig ins Nirwana. Ein int- (oder UINT-)Cast dagegen funktioniert vollkommen korrekt, da ja ein int mittlerweile ebenfalls auf 32 Bit angeschwollen ist. Konsequenz: wenn schon eine Konversion mit NEAR-Zeigern, dann via int oder UINT, nie aber mit WORD!

Konversionen: Zeiger in Integer und umgekehrt.

Wenn schon ein Cast, dann mit int oder UINT!

Last not least noch eine Bemerkung zu eigentlich »ungefährlicher«* Pointer-Arithmetik, hier insbesondere zur Substraktion von Zeigern. In der segmentierten 16-Bit-Welt hat es bei NEAR-Zeigern im Regelfall ausgereicht, eine 16-Bit-Variable für das Resultat einer Substraktion bereitzustellen. Wie aus den bisherigen Ausführungen hervorgeht, ist das im »flat model« im allgemeinen nicht mehr ausreichend: zwei (NEAR-) Zeiger können hier durch eine beliebig breite 32-Bit-Kluft voneinander getrennt sein. Wie schon anderswo gilt daher: nur ein int (bzw. UINT) ist unter *beiden* Betriebssystemen garantiert hinreichend groß, ein WORD (oder short) hingegen unter Win32 nicht!

** weil mit Standard-C-Mechanismen vorgenommen.*

Substraktion von Zeigern.

3.7 Codierungs-Praxis

»Never change running code!« Alte Programmiererweisheit

Jetzt sind wir immerhin bald durch: noch ein paar Worte zum eigentlichen Programm-Code und dann ist dieser Teil abgehakt. Interessant ist übrigens, daß Probleme im Zusammenhang mit Code-Konstrukten im Vergleich zu den Typ- und Datendefinitionen doch vergleichsweise wenig Platz einnehmen. Ein recht klares Indiz dafür, daß man der Strukturierung seiner Applikation auf der Ebene der Datentypen ein ganz erheblich größeres Maß an Aufmerksamkeit zuwenden sollte. Hier drückt sich eben die Tatsache aus, daß ANSI C zwar bei den Sprachkonstrukten strikt und klar definiert ist, die einfachen skalaren Datentypen dagegen fast vollkommen implementationsabhängig* sind. Eine wirklich portable Sprache würde auch diesen Bereich durch zwar mannigfaltige, aber strikt festgelegte Basisdatentypen abdecken. Je nach Prozessor könnte das allerdings mit ganz *geringfügigen* Performance-Verlusten einhergehen — und wer die C-Gurus kennt, weiß, daß das selbstredend *vollkommen* inakzeptabel ist. Wichtiger als das Anliegen, daß entsprechend formulierte Programme zwischen 99% der modernen (!) Prozessoren mit geringstem Aufwand portabel sind, scheint oft die Unterstützung irgendwelcher dubioser oder steinalter Prozessorarchitekturen mit einer Registerbreite von 37-zweidrittel Bits oder der faszinierenden Eigenschaft sizeof(int *) != sizeof(int *()). Nun ja, nobody is perfect...

Code-Probleme sind seltener.

** ... und damit leider plattformspezifisch!*

Makros, Prototypen und Libraries

Über das hinaus, was zu den Warnungen und Fehlermeldungen der C-Compiler im folgenden Abschnitt 3.8 noch zu sagen sein wird und zum großen Teil die nichtportablen Konstruktionen berücksichtigt, scheinen mir noch folgende Punkte erwähnenswert:

Machen Sie regen Gebrauch von der Möglichkeit, compiler- oder systemspezifische Erweiterungen (_loadds, _fastcall etc.) in einer anpaßbaren Makroschale zu verpacken. Untersuchen

Auch hier hilft eine Makroschale!

Sie auch auf die Nutzung von #pragmas, die fast immer system- oder compilerspezifisch sind. Das ist insbesondere deswegen unbedingt erforderlich, weil ANSI C spezifiziert, daß ein Compiler ihm unbekannte Pragmas ohne Warnung oder sonstige Meldung überlesen kann. Auf deren Anpassung müssen Sie also ggf. selbst wie ein Schießhund achten!

#pragmas und andere System-Spezifika.

Funktionen mit variabler Parameteranzahl sollten, wie alle anderen Funktionen auch, mit dem korrekten Prototyp, also z.B. int Proc3(int i, ...), deklariert werden. Außerdem sollten zum Zugriff auf die einzelnen Parameter möglichst die portablen Makros aus STDARGS.H (va_start, va_arg und va_end) benutzt werden.

Variable Parameterlisten.

Ein schöne Falle verbirgt sich bei den Bit-Operationen. Das Setzen oder Abfragen von Bits ist meistens ohne weiteres portierbar, interessant wird es beim Löschen eines Bits. Dafür wird oft folgender Code eingesetzt:

Bit-Operationen.

```
int iFlags;
... // iFlags wird initialisiert
// und nun soll das Bit 0 gelöscht werden:
iFlags &= 0xFFFE;
```

Dieser Ansatz funktioniert auf 16-Bit-Maschinen recht gut. Er kann aber auf 32-Bit-CPUs ziemlich ungewöhnliche Effekte hervorrufen: wenn dort nämlich der Ausdruck 0xFFFE als unsigned betrachtet wird, füllt der Compiler die höherwertigen 16 Bit mit 0 auf und nicht, wie es eigentlich erforderlich wäre, mit 1. Das Resultat ist, daß iFlags wahrscheinlich falsch berechnet wird. Einfache Abhilfe ist der Verzicht auf die explizite Konstante 0xFFFE und stattdessen die Invertierung des zu löschenden Bits:

Fehler durch »sign extension«!

```
// und nun soll das Bit 0 gelöscht werden:
iFlags &= ~1;
// ~1 wird vom Compiler immer korrekt ausgewertet!
```

Eigentlich selbstverständlich: ob Code, der auf nichtportablen Seiteneffekten beruht, unter Win32 noch läuft, bleibt dem Zufall überlassen. Hierzu zählen z.B. Konstrukte, bei denen das Resultat von der Reihenfolge der Auswertung abhängig ist.

Code mit Seiteneffekten.

Solcher Code ist zwar schlechter Stil, schleicht sich aber eben doch manchmal ein. Auch Makros, die ihre Argumente gleich mehrfach evaluieren, gehören in diese Kategorie. Wenn das Makro auf beiden Systemen gleich definiert ist, sollten solche Effekte allerdings keine Rolle spielen. Falls jedoch auf einer Plattform ein Makro, auf der anderen aber eine echte Funktion eingesetzt wird, kann es schnell zu rätselhaften Fehlfunktionen kommen.

Mehrfach evaluierte Argumente bei Makros.

Ebenfalls bedenklich für die Portabilität sind _asm-Blöcke. Erstens passiert dort meistens etwas, was kaum portabel ist (wie z.B. Segment-Fummeleien). Aber selbst wenn wirklich Performance-Gründe zu einem Assemblerausflug führen, müssen Sie sich darüber im klaren sein, daß dieser Code nur auf x86-Prozessoren läuft (aber selbst dort an den 32-Bit-Modus angepaßt werden muß). Um solche Programmteile auf RISC-CPUs umzustellen, ist entweder viel Arbeit notwendig — oder eine Umsetzung des Assemblerteils nach C fällig.

Meist kritisch: _asm-Blöcke.

Wenn Sie die Größe von Variablen oder Datentypen benötigen, verlassen Sie sich nicht auf Ihr vermeintlich sicheres Wissen oder gar Ihren Instinkt. Benutzen Sie lieber ausnahmslos den sizeof-Operator, der weiß es nämlich sicher! Ich weiß, daß dies schon mehrfach angeschnitten wurde, mir scheint dieser Hinweis jedoch wichtig genug für eine weitere Erwähnung. (Ich habe nämlich, leider, leider, bisher noch in fast jedem meiner Programme entsprechende Korrekturen vornehmen müssen.)

Und nochmal: sizeof()!

Wenn Sie eine bestimmte Aufgabe zu erledigen haben, suchen Sie zuerst nach einer (portablen) Funktion aus der Windows-API. Werden Sie nicht fündig, dann ist die ANSI-C-Standardbibliothek dran. Wenn Sie auch dort keine passende Funktion finden können, bleiben noch die vom Compiler-Hersteller gelieferten erweiterten Laufzeitbibliotheken, die aber meist zahlreiche nicht portable Aufrufe enthalten. Wirklich *gute* Dokumentationen machen genaue Angaben zur Portabilität dieser Funktionen. Minimieren Sie solche Stellen und versuchen Sie, soweit sinnvoll möglich, die Benutzung nicht portabler Funktionen in einer eigenen Schale abzutrennen und in möglichst wenigen Funktionen zu isolieren.

Korrekte Reihenfolge der APIs.

Schließlich sei nochmals auf die Dokumentationen der Compiler-Hersteller verwiesen. Zum einen wird dort (hoffentlich) das von einem ANSI-C-Compiler geforderte Verhalten genauestens beschrieben; zum anderen, und das ist wichtiger, sollte man (meist in einem der Anhänge versteckt) präzise Informationen darüber finden, wie die verschiedenen in der ANSI-Definition offengelassenen Punkte vom Compilerbauer implementiert wurden.

3.8 Compiler-Warnungen und Fehlermeldungen

»In zweifelhaften Fällen entscheide man sich für das Richtige.« Karl Kraus, Sprüche und Widersprüche

Ein sehr brauchbares Rezept, nicht wahr? Um Ihnen die Entscheidung aber doch etwas zu erleichtern und um den schon mehrfach erwähnten Begriff (z.B. bei der Diskussion der STRICT-Option in Abschnitt 2.5 ab Seite 113) der »ernstzunehmenden« Warnungen etwas zu konkretisieren, wollen wir uns in diesem Abschnitt mit diversen Bruchstücken aus einem eher nutzlosen Mini-Programm auseinandersetzen, das nur eine hervorstechende Eigenschaft hat: es produziert allerlei interessante Compiler-Warnungen und -Fehlermeldungen. Dabei tut sich eine Frage auf, die sich auch im weiteren noch häufiger stellen wird: welchen Compiler bzw. welches Entwicklungssystem soll ich zur Illustration auswählen?

Ein Testprogramm für Warnungen und Fehlermeldungen.

Mit der Win32-SDK-Prerelease wird ein dem Microsoft C/C++ 7.0 Compiler entsprechender Übersetzer ausgeliefert, der jedoch selbstverständlich 32-Bit-Code generiert. Da bereits eine ganze Reihe von Entwicklern mit diesem SDK arbeiten und der Microsoft-Compiler für die meisten Programmierer zur Zeit die einzige Möglichkeit darstellt, 32-Bit-Programme zu entwickeln, muß er selbstverständlich berücksichtigt werden. Auf der anderen Seite setzen mittlerweile mehr Software-Häuser Borland C++ ein, als Microsoft lieb sein kann. (Gerüchteweise hört man ja, daß ja selbst in Redmond inzwischen eine ganz *erstaunliche* Anzahl der Mitarbeiter mit BCC arbeiten. Warum? Weil Microsoft in der letzten Zeit ziemlich viele externe Produkte dazugekauft hat, so bekanntlich einige Tools von Central Point. Und gar nicht wenige dieser Utilities liegen nun einmal im BC++-Quelltext vor...) Borland hat darüberhinaus mit viel Tamtam eine Win32-Version seines Systems angekündigt, die

Behandelt werden Microsoft und Borland C/C++.

wie schon die DOS-Version bei den Entwicklern wohl auf große Gegenliebe stoßen wird. Daher scheint es mir nicht angebracht, mich allein auf das Microsoft-Gewächs zu kaprizieren.

Achtung: Beta!

Sie sollten im weiteren jedoch unbedingt beachten, daß mir zur Zeit von all diesen Werkzeugen nur Vorab- bzw. Beta-Versionen vorliegen. Es dürfte sich zwar Grundlegendes vermutlich nicht mehr ändern — aber im Detail kann in den endgültigen Versionen doch manches geringfügig anders sein. Versuchen Sie dann, indem Sie einfach Ihre Phantasie spielen lassen, herauszufinden, was bei solchen Abweichungen genau gemeint sein könnte (wie schon erwähnt, bin ich für konkrete Rückmeldungen, die ich in weiteren Auflagen berücksichtigen kann, immer zu haben).

Warnungen und Fehler im Detail

Falls Sie bislang schon auf die Compiler-Warnungen geachtet und beim Auftauchen einer solchen umgehend entsprechende Änderungen in Ihren Programmtexten vorgenommen haben, können Sie die weiteren Ausführungen natürlich überfliegen, und sich nur mit den Meldungen beschäftigen, die Ihnen neu sein sollten. Wenn Sie aber ein großmütiger Zeitgenosse sind, der Warnungen bislang eher für die Äußerungen eines zu empfindsamen Compilers gehalten hat, seien Sie gewarnt: eine ganze Reihe dieser nicht-fatalen Meldungen dürfen bei der Windows-Programmierung keineswegs ignoriert werden* — insbesondere dann nicht, wenn Sie im STRICT-Modus arbeiten wollen und Ihre Quelltexte später unter Win32 annähernd das gleiche tun sollen wie bisher.

** Faktisch sind manche dieser Warnungen ernste Fehlermeldungen!*

Die folgenden knapp drei Dutzend Warnungen und Fehlermeldungen basieren, wie gesagt, auf einem vollkommen sinnlosen Programm, das nochmals vollständig in Anhang 4 abgedruckt ist. Die »schuldigen« Zeilen werden im weiteren vor dem eigentlichen Text der Meldung noch einmal angegeben, um Ihnen das lästige Blättern zu ersparen. Einige der Fehlermeldungen werden jedoch nur im Kontext des Gesamtprogrammes gänzlich einsichtig. Der Anhang enthält im übrigen auch eine an den betreffenden Stellen korrigierte und mit Kommentaren versehene Variante, die im STRICT-Modus

Anhang 4: ab Seite 411.

ohne ernstzunehmende Warnungen compiliert. Die folgenden Absätze zeigen (sofern vorhanden) immer zuerst die Microsoft-Variante (gut zu erkennen an den Nummern Cxxxx), danach die Borland-Meldung(en). Die einzelnen Meldungen sind durch eine Linie voneinander getrennt:

Zeile 19.

```
int Decr(LONG i);
...
Decr();

example.c(19) : error C2198: 'Decr' : too few actual
parameters
Error example.c 19: Too few parameters in call to Decr in
function CallIncr
```

Eine Funktion wurde mit mindestens einem Parameter weniger aufgerufen als in ihrem Prototyp festgelegt. Entweder wurde beim Aufruf einfach ein Parameter vergessen oder der Prototyp ist fehlerhaft definiert.

Zeile 20.

```
Decr(6,3);

example.c(20) : warning C4020: 'Decr' : too many actual
parameters
Error example.c 20: Extra parameter in call to Decr in
function CallIncr
```

Das gleiche Problem, nur in die andere Richtung: der Funktion wurden mehr Parameter übergeben, als der Prototyp fordert. Für Microsoft ist das (in diesem Fall) interessanterweise nur eine Warnung wert, während Borland (wie ich finde, konsequent) auch dieses Problem mit einer entsprechenden Fehlermeldung quittiert. Falls Sie Funktionen mit variabler Parameteranzahl implementieren müssen, dann benutzen Sie für die Prototypen unbedingt das dafür vorgesehene ANSI-C-Konstrukt (sowie zum Zugriff auf die Parameterliste möglichst die Standardmakros in STDARGS.H, die ANSI C für diesen Fall vorsieht):

```
int IntLongDoubleVarParms(int i, long j,double d, ...);
```

Zeile 21. Die nächste Warnung weist fast immer auf einen fehlenden und/oder fehlerhaften Funktionsprototypen hin (oder einen Schreibfehler bei der Benutzung der Funktion) und sollte wie eine Fehlermeldung behandelt werden:

```
return Incr(6U);
```

```
example.c(21) : warning C4013: 'Incr' undefined; assuming
extern returning int
Warning example.c 21: Call to function 'Incr' with no
prototype in function CallIncr
```

In diesem Falle wäre vor dem erstmaligen Aufruf der Funktion Incr() folgende Zeile notwendig (die sinnvollerweise in eine passende Header-Datei geschrieben wird):

```
int Incr(DWORD j);
```

Nebenbei führt die Deklaration der Funktion in diesem Fall dazu, daß der Compiler den notwendigen Cast von unsigned int nach DWORD selbsttätig vornehmen kann und auch die vier Byte auf dem Stack übergibt, die Incr() dort erwartet!

Zeile 21.

```
return Incr(6U);
```

```
example.c(21) : warning C4098: 'CallIncr' : 'void' function
returning a value
Warning example.c 21: Void functions may not return a value
in function CallIncr
```

Ein einfaches Problem: die Funktion (in diesem Fall CallIncr()) wurde zwar als VOID (ein Makro, das in WINDOWS.H als void expandiert wird) definiert, liefert aber an mindestens einer Stelle einen Wert zurück. Entweder — oder! Die etwaige

Änderung des Rückgabetyps z.B. in LONG muß natürlich auch im Prototyp vorgenommen werden! Auch alle Stellen, an denen der Rückgabewert benutzt wird, sind bei einer eventuellen Änderung desselben zu überprüfen.

Zeile 22.

```
}

example.c(22) : warning C4101: 'z' : unreferenced local
variable
Warning example.c 22: 'z' is declared but never used in
function CallIncr
```

Die angegebene lokale Variable (in diesem Fall z) wird zwar angelegt, aber in der Funktion nie benutzt, was oft eine Folge von Optimierungen sein kann, in deren Folge die Variable überflüssig geworden ist. Das Statement kann dann entweder auskommentiert oder gelöscht werden. Hin und wieder findet man so aber auch einen Schreib- oder gar Denkfehler...

Zeile 24.

```
int Incr(j)
DWORD j;

example.c(24) : warning C4131: 'Incr' : uses old-style
declarator
```

Diese Warnung (die in Borland C keine Entsprechung hat), gibt Microsoft aus, um darauf hinzuweisen, daß die Funktion mit dem veralteten K&R-Stil definiert wird. Die Definition sollte auf ANSI C umgestellt werden, der resultierende Prototyp (siehe auch oben) gehört in eine Header-Datei, wenn die betreffende Funktion von mehr als einem Quellmodul aus aufgerufen wird.

Zeile 28.

```
j+j;

Warning example.c 28: Code has no effect in function Incr
```

Ein freundlicher Hinweis des (Borland-)Compilers, daß dieses Statement keinerlei Wirkung hat und daher sinnlos ist. Entweder löschen oder korrigieren.

Zeile 29.

```
if (j>=0) return ++j;
```

```
Warning example.c 29: Condition is always true in function
Incr
```

Wieder hat Borland die Nase vorn und meldet, daß die Bedingung nach dem if keinen Sinn macht, weil sie immer TRUE ergibt — da ein DWORD (unsigned long!) nie kleiner 0 werden kann. Diese Warnung ist ernstzunehmen, da sie vermutlich auf einem Mißverständnis Ihrerseits beruht, wodurch die gewünschte Funktion des Statements verhindert werden kann.

Zeile 30.

```
else if (j==-1) return --j;
```

```
example.c(30) : warning C4018: '==' : signed/unsigned
mismatch
Warning example.c 30: Constant out of range in comparison in
function Incr
```

Der Vergleich einer unsigned Variable (in diesem Fall einem DWORD) mit -1 ist vermutlich nicht das, was Sie im Sinn hatten. Falls doch, sollten Sie besser mit 0xFFFFU oder mit 0xFFFFFFFFLU vergleichen. Auf keinen Fall würde ich die Variable j umcasten, um den Compiler zum Schweigen zu bringen, besser ist immer die Bestimmung und Benutzung des jeweils korrekten Typs. Diese Warnung kann ebenfalls gravierende Programmfehler anzeigen!

Zeile 31.

```
else return;
```

```
example.c(31) : warning C4033: 'Incr' must return a value
```

```
Warning example.c 31: Both return and return with a value
used in function Incr
```

Ein Rückgabeproblem, ähnlich wie oben, nur umgekehrt: eine Funktion mit Rückgabe ungleich VOID wird beendet, ohne daß ein expliziter Wert zurückgeliefert wird. In diesem Fall ist die Rückgabe mehr oder minder zufällig (nämlich die gerade in den zum Transport des Resultats benutzten CPU-Registern befindlichen Werte).

Zeile 32.

```
}
```

```
Warning example.c 32: 'z' is assigned a value that is never
used in function Incr
```

Siehe die Warnung für Zeile 22 weiter oben. Der kleine Unterschied: z wurde immerhin initialisiert. Prüfen Sie daher, bevor Sie das Statement löschen, ob die Initialisierung einen notwendigen Seiteneffekt hat und daher trotzdem erfolgen muß.

Zeile 36.

```
return --i;
```

```
example.c(36) : warning C4135: conversion between different
integral types
Warning example.c 36: Conversion may lose significant digits
in function Decr
```

Die Funktion Decr() übernimmt, wie man auch dem Prototyp entnehmen kann, einen LONG, liefert jedoch einen int zurück. Die (unter 16 Bit) notwendige Konversion nimmt der Compiler zwar vor, nicht aber ohne vernehmliches Murren. Dabei trifft die Borland-Warnung den Kern der Sache besser: bei dieser Konversion gehen nämlich die oberen 16 Bit des LONGs unwiderruflich verloren. Prüfen Sie, ob das Statement wirklich so beabsichtigt ist; falls ja, sollten Sie Ihre Absicht dem Compiler durch einen expliziten Cast kundtun:

```
return (int)--j;
```

Da Sie die Warnung damit im weiteren jedoch unterdrücken, sollten Sie wirklich ganz sicher sein, daß das Abschneiden der oberen Hälfte hier sinnvoll und erwünscht ist!

Zeile 42.

```
int PASCAL WinMain(HANDLE hInst,HANDLE hPrev,LPSTR
lpszCmdLine,int nCmdShow)
```

```
example.c(42) : warning C4028: formal parameter 1 different
from declaration
example.c(42) : warning C4028: formal parameter 2 different
from declaration
Error example.c 42: Type mismatch in redeclaration of
'WinMain'
```

Ein STRICTer Fehler! Wenn Sie WinMain() bisher wie oben definiert haben, dann müssen Sie bei Benutzung der STRICT-Option umdenken. Die beiden ersten Parameter, wie die etwas genaueren Microsoft-Meldungen verkünden, lauten in dieser Definition anders als im Prototyp in WINDOWS.H — Folge der strikten Typisierung: eine HINSTANCE (denn dieser Typ wird im Prototyp verwendet) ist nun einmal keine HANDLE mehr! Korrigieren Sie einfach die Parametertypen in HINSTANCE. In der Folge können Sie allerdings Warnungen an solchen Stellen erhalten, bei denen die so veränderte Funktion aufgerufen* wird, denn diese Stellen gehen noch von HANDLE als Typ aus.

** WinMain() ist hier kein gutes Beispiel...*

Zeile 45.

```
if (!ClientInit(hInst)) return 0;
```

```
example.c(45) : warning C4013: 'ClientInit' undefined;
assuming extern returning int
Warning example.c 45: Call to function 'ClientInit' with no
prototype in function WinMain
```

Auch in diesem Fall wurde wie schon oben (Zeile 21) die Deklaration des Prototyps vergessen. Achten Sie bei der fälligen

Nachbearbeitung darauf, gleich die korrekten (STRICTen) Datentypen (hier HINSTANCE für hInst) zu verwenden.

Zeile 55.

```
}

example.c(55) : warning C4100: 'hPrev' : unreferenced formal
parameter
example.c(55) : warning C4100: 'lpszCmdLine' : unreferenced
formal parameter
Warning example.c 55: Parameter 'hPrev' is never used in
function WinMain
Warning example.c 55: Parameter 'lpszCmdLine' is never used
in function WinMain
```

Einige freundliche Hinweise darauf, daß bestimmte Funktionsparameter im Funktionsblocks nicht benutzt wurden. Diese Warnungen fallen im Prinzip in die gleiche Kategorie wie die für definierte, aber nicht benutzte lokale Variablen (Zeile 22).

Zeile 61.

```
wc.lpfnWndProc=ClientWndProc;

example.c(61) : warning C4028: formal parameter 2 different
from declaration
example.c(61) : warning C4028: formal parameter 3 different
from declaration
Warning example.c 61: Suspicious pointer conversion in
function ClientInit
```

Eine trickreiche Fehlermeldung, bei der wiederum Microsoft die hilfreichere Information liefert. Die Warnung rührt daher, daß dem Member lpfnWndProc einer WNDCLASS-Struktur, der als WNDPROC typisiert ist, die Adresse einer Funktion zugewiesen wird, die nicht exakt diesem Typ entspricht. Unser Prototyp gibt für den msg- und wP-Parameter den Datentyp WORD an, WNDPROC ist aber mit UINT bzw. WPARAM definiert. Im Prinzip haben wir es hier mit dem gleichen Problem zu tun wie schon oben in Zeile 42 (daher sind die

Microsoft-Meldungen auch identisch). Borland dagegen stellt zwar fest, daß der Typ des Members lpfnWndProc nicht mit der Aufrufsequenz für die angegebenen Funktion übereinstimmt, reduziert das ganze Problem aber auf die Konversion einer Prozeduradresse (was es vordergründig ja auch ist). Die Lösung ist, wie oben schon, die exakte Definition von ClientWndProc() wie im Datentyp WNDPROC (in WINDOWS.H) vorgesehen:

```
// WNDPROC in WINDOWS.H :
typedef LRESULT (CALLBACK* WNDPROC)(HWND,UINT,
  WPARAM,LPARAM);

// der korrekte Prototyp lautet daher :
LRESULT CALLBACK ClientWndProc(HWND hwnd,UINT msg,
  WPARAM wP,LPARAM lP);
```

Sowohl das Ignorieren dieser Warnung als auch das simple Umcasten der Adresse kann, da Callback-Funktionen als FAR PASCAL definiert sind und direkt von Windows aufgerufen werden, fatale Konsequenzen haben!

Zeile 74.

```
LONG FAR PASCAL ClientWndProc(HWND hwnd,WORD msg,LONG
wP,WORD lP)

example.c(74) : warning C4028: formal parameter 3 different
from declaration
example.c(74) : warning C4028: formal parameter 4 different
from declaration
Error example.c 74: Type mismatch in redeclaration of
'ClientWndProc'
```

Und noch einmal die Window-Prozedur! Hier liegt der Fehler darin, daß die Typangaben des dritten und vierten Parameters vertauscht worden sind und nicht mehr der Deklaration im Prototyp entsprechen. Einfache Abhilfe ist hier der Austauch der beiden Typen. Im allgemeinen weist die Warnung darauf hin, daß bei der *Definition* der Funktion andere Parametertypen verwendet wurden als bei der *Deklaration* des Prototyps. Wenn

Sie inzwischen übrigens, nach den Warnungen von Zeile 61, den Prototyp von ClientWndProc() STRICT gemacht haben, werden Sie vom Compiler beim nächsten Mal darauf hingewiesen, daß die Typisierungen für msg und wP immer noch nicht ganz korrekt sind (da WORD und UINT bzw. WPARAM nicht das gleiche sind).

Zeile 83.

```
CallIncr();
```

```
Warning example.c 83: Call to function 'CallIncr' with no
prototype in function ClientWndProc
```

Hah! Der Borland-Compiler tickt wohl nicht mehr ganz richtig? Wie man unschwer sieht, ist für die Funktion CallIncr() doch (in Zeile 11) ein Prototyp definiert:

```
VOID CallIncr();
```

Tja, zwar scheint diese Zeile ein Prototyp zu sein (für C++ ist sie wirklich einer!). Aber in ANSI C sagt diese Deklaration nur, daß über die Parameter der Funktion weiter nichts bekannt ist. Wenn Sie eine Funktion deklarieren möchten, die *keine* Parameter hat, benutzen Sie als Pseudotyp void oder das Makro VOID:

```
VOID CallIncr(VOID);
```

Um dagegen anzuzeigen, daß diese Funktion tatsächlich eine variable Parameterliste hat (was ja ebenfalls möglich sein muß, siehe z.B. printf()), schreibe man einfach:

```
VOID CallIncr(int z,...);
```

Siehe auch die Diskussion für Zeile 88 weiter unten.

Zeile 87.

```
GetCursorPos(pt);
```

```
example.c(87) : error C2115: 'argument' : incompatible types
```

```
example.c(87) : warning C4024: 'GetCursorPos' : different
types for formal and actual parameter 1
Error example.c 87: Type mismatch in parameter 1 in call to
'GetCursorPos' in function ClientWndProc
```

Microsoft meint es wieder besonders gut, indem es uns mit einer Warnung und einer Fehlermeldung beglückt. Der Grund ist einfach: GetCursorPos() erwartet die Adresse eines POINTs (&pt) als Parameter und nicht den POINT selbst.

Zeile 88.

```
CallIncr(&pt);
```

```
example.c(88) : warning C4087: 'CallIncr' : declared with
'void' parameter list
Warning example.c 88: Call to function 'CallIncr' with no
prototype in function ClientWndProc
```

Im Grundsatz haben wir hier das gleiche Problem wie schon in Zeile 83. Allerdings ist die Meldung des Microsoft-Compilers nicht ganz korrekt, denn CallIncr() wurde nicht mit einer »void parameter list«, sondern überhaupt ohne Parameterliste deklariert. Und nach ANSI C sind das zwei Paar Schuhe. Der Lapsus ist den Microsoft-Entwicklern wohl unterlaufen, weil die leere Parameterliste à la () für C++ in der Tat (void) bedeutet.

Zeile 89.

```
HandleButton(pt);
```

```
example.c(89) : warning C4013: 'HandleButton' undefined;
assuming extern returning int
Warning example.c 89: Call to function 'HandleButton' with
no prototype in function ClientWndProc
Warning example.c 89: Structure passed by value in function
ClientWndProc
```

Zuerst der bekannte Hinweis, daß für HandleButton() keinerlei Prototyp aufzufinden war, danach noch ein Wink des Borland-Compilers, daß einer Funktion eine Struktur als Wertparameter übergeben wird. Normalerweise wird, weil effizienter, die Adresse übergeben. Diese Meldung erfolgt im übrigen nur, weil für HandleButton() kein Prototyp definiert wurde: in diesem Falle hätten beide Compiler eine Fehlermeldung generiert.

Zeile 90.

```
CallIncr(2,3,4);
```

```
example.c(90) : warning C4087: 'CallIncr' : declared with
'void' parameter list
Warning example.c 90: Call to function 'CallIncr' with no
prototype in function ClientWndProc
```

Siehe die Anmerkungen für Zeile 83, Seite 205 und 88.

Zeile 94.

```
OtherProblems(ps.hdc);
```

```
example.c(94) : warning C4049: 'argument' : indirection to
different types
Warning example.c 94: Suspicious pointer conversion in
function ClientWndProc
```

Ein weiterer Fall, bei dem die STRICT-Option voll zuschlägt. Die Funktion wurde nämlich in Zeile 14 mit dem folgenden Prototyp deklariert: VOID OtherProblem(*HWND* hwnd);. Nun wird ihr jedoch frecherweise ein *HDC* (ps.hdc) übergeben, was die Compiler mit den entsprechenden Meldungen quittieren. Der Microsoft-Compiler stellt fest, daß die beiden Zeiger auf unterschiedliche Typen verweisen, Borland klagt über eine »verdächtige« Zeigerkonversion. Diese beiden Warnungen sind (nicht nur in diesem Zusammenhang) *unbedingt* ernstzunehmen und durch Quelltext-Anpassungen zu entfernen! Ein expliziter Cast darf nur verwendet werden, wenn der Effekt wirklich so gewünscht wird.

Zeile 97.

```
return hfont;
```

```
example.c(97) : warning C4047: 'return' : different levels
of indirection
Error example.c 97: Nonportable pointer conversion in
function ClientWndProc
```

Und noch ein Problem mit der Konversion von Zeigern: hfont vom Typ HFONT ist (STRICT gesehen) ein NEAR-Zeiger, eine Callback-Funktion erwartet als Rückgabe aber ein LRESULT (long). Auch hier gilt, daß ein Cast vorgenommen werden kann, um den Effekt ohne Warnung zu produzieren:

```
return (LRESULT)hfont;  // Fehlerhafter Cast !
```

Dieser einfache Ansatz allerdings führt in die Irre, denn was der Compiler jetzt tun soll, ist nicht so ganz klar: entweder er soll den NEAR-Zeiger in ein LRESULT verwandeln und dabei dessen obere 16 Bit mit 0 initialisieren. Oder die Nachricht soll einen gültigen FAR-Zeiger zurückliefern, in welchem Fall der NEAR-Zeiger so umgewandelt werden muß, daß die obere Hälfte des LRESULT mit dem betreffenden Datensegment beschrieben wird. Je nachdem, was als Rückgabe erwartet wird, muß der korrekte Cast also wie folgt aussehen:

```
return (LRESULT)(UINT)hfont;  // obere Hälfte == 0
return (LRESULT)(LPVOID)hfont;  // obere Hälfte == DS
```

Im ersten Fall wird der NEAR-Zeiger zuerst in einen unsigned int umgewandelt, der dann seinerseits konvertiert wird (und dabei wunschgemäß mit 0 aufgefüllt wird). Die zweite Zeile wandelt hingegen den NEAR-Zeiger erst einmal in einen FAR-Zeiger um (dabei wird das Datensegment hinzugefügt), der dann ohne Informationsverlust einfach in ein LRESULT gecastet wird. Die Notwendigkeit solch dubioser Konstruktionen gipfelt in einer Erkenntnis: die Firma Intel hätte sich statt mit CPU-Design vielleicht doch besser mit einem *anderen* Fachgebiet als Spielwiese für ihre Segmente beschäftigen sollen (nicht so ganz abwegig wäre z.B. die Konstruktion von Stahlröhren-Segmenten für Pipelines gewesen).

Alle Konversionen von NEAR-Zeiger in LONGs oder DWORDs und umgekehrt sind mit der größten Achtsamkeit vorzunehmen! Alle Warnungen, die auf Probleme in diesem Bereich hindeuten, sind unbedingt zu bearbeiten. Im Zweifelsfall schauen Sie sich den Assembler-Code für das fragliche Statement an, erst dann wissen Sie wirklich sicher, was sich tatsächlich unter der C-Fassade abspielt.

Zeile 99.

```
return psz;
```

```
example.c(99) : warning C4047: 'return' : different levels
of indirection
Error example.c 99: Nonportable pointer conversion in
function ClientWndProc
```

Das gleiche Problem wie eben, diesmal allerdings mit einem expliziten Zeigertyp, nämlich PSTR. Und während beim hfont-Beispiel der richtige Cast vermutlich ein (LRESULT)(UINT) gewesen wäre, dürfte hier (LRESULT)(LPSTR) korrekt sein.

Zeile 101.

```
return DefWindowProc(hwnd,msg,wP,lP);
```

```
example.c(101) : warning C4135: conversion between different
integral types
Warning example.c 101: Conversion may lose significant
digits in function ClientWndProc
```

Die Warnung ist auf die Tatsache zurückzuführen, daß die Typen der Parameter wP und lP in der Funktionsdeklaration vertauscht worden sind. Der wP ist also tatsächlich ein LONG, so daß natürlich vom Compiler beim Aufruf der Funktion DefWindowProc() eine Konversion von LONG nach WPARAM vorgenommen wird und durch die Warnung quittiert wird. Sie verschwindet, wenn die Typdefinitionen korrigiert werden.

Zeile 105.

```
VOID HandleButton(LPPOINT lppt,int z)
```

```
example.c(105) : error C2371: 'HandleButton' : redefinition;
```

```
different basic types
Error example.c 105: Type mismatch in redeclaration of
'HandleButton'
```

Zwei ganz allerliebste Meldungen, die daher rühren, daß für HandleButton() kein Prototyp existiert, die Funktion jedoch bereits aufgerufen wurde (in Zeile 89). Wenn dieser Fall eintritt, machen beide Compiler basierend auf dem ersten Aufruf bestimmte Annahmen über Rückgabewert und Funktionsparameter. Falls die Funktionsdefinition dann auftaucht und diesen Annahmen *nicht* entspricht, sind die obigen Fehlermeldungen fällig, die mit der Deklaration des Prototyps verschwinden.

Zeile 106.

```
LPRECT lprc=lppt;

example.c(106) : warning C4049: 'initializing' : indirection
to different types
Warning example.c 106: Suspicious pointer conversion in
function HandleButton
```

Ein offensichtliches Problem: lppt ist ein FAR-Zeiger auf einen POINT, lprc zeigt dagegen auf ein RECT. Diese Zeigerumwandlung wird von den Compilern zwar vorgenommen, aber ein gewisses Aufbegehren können sie doch nicht ganz unterdrücken. Abhilfe: entweder korrigieren oder, wenn so wirklich gewünscht, explizit casten.

Zeile 107.

```
LPVOID lp=z;

example.c(107) : warning C4047: 'initializing' : different
levels of indirection
Warning example.c 107: Nonportable pointer conversion in
function HandleButton
```

Ein ähnlich gelagerter Fall, nur wird zur Initialisierung des FAR-Zeigers eine int-Variable herangezogen. Die Warnung kann natürlich mit einem Cast behoben werden. Allerdings gilt für diesen speziellen Fall (von int (16 Bit) auf FAR-Zeiger (32 Bit) das schon bei den Warnungen für Zeile 97 Gesagte!

Zeile 108.

```
LPSTR lpsz=MAKEINTRESOURCE(ID_ICON);
```

```
example.c (108) : warning 4090: different 'const/volatile'
qualifiers
Warning example.c 108: Suspicious pointer conversion in
function HandleButton
```

Ein interessante Meldung, die darauf zurückzuführen ist, daß das Makro MAKEINTRESOURCE (übrigens genau wie sein Kollege MAKEINTATOM) mittlerweile einen LPCSTR (also einen const char FAR *) zurückliefert. Und das ist nun einmal etwas anderes als ein LPSTR, der als char FAR * definiert ist. Entweder ist der Typ der Variablen lpsz in LPCTSR zu ändern oder ein expliziter Cast einzusetzen.

Zeile 110.

```
lp++;
```

```
example.c(110) : error C2036: 'void __far *' : unknown size
Error example.c 110: Size of the type is unknown or zero in
function HandleButton
```

Der Versuch, mit einem untypisierten Zeiger arithmetische Übungen zu veranstalten, geht natürlich schief. Diese Warnung können Sie dann häufiger zu Gesicht bekommen, wenn Sie den Rückgabewert von z.B. GlobalLock() entsprechend mißhandeln. Der war früher nämlich vom Typ LPSTR (mit dem Zeigerarithmetik jederzeit möglich ist), in einer STRICTen Umgebung ist er jedoch ein LPVOID. Code, der dem folgenden ähnelt, muß also entsprechend umgeSTRICT werden:

```
*(GlobalLock(Hmem)+12)=c;
```

wird daher (beispielsweise) zu:

```
{ LPSTR lpChar=(LPSTR)GlobalLock(hMem);
*(lpChar+12)=c; }
```

Die Taktik, Funktionsresultate wie oben direkt zu manipulieren, scheint mir jedoch ohnehin etwas dubios.

Zeile 111.

```
if (hwnd==1)
```

```
example.c(111) : warning C4047: '==' : different levels of
indirection
Warning example.c 111: Nonportable pointer conversion in
function HandleButton
```

Die Warnung wird nur im STRICT-Modus ausgegeben, weil eine HWND hier kein unsigned short, sondern ein NEAR-Zeiger ist. Prüfen Sie, ob das Konstrukt wirklich Sinn macht. Falls ja, sollten Sie entweder einen expliziten Cast oder ggf. eine der schon vordefinierten Konstanten (z.B. HWND_DESKTOP, HWND_BROADCAST etc.) benutzen.

Zeile 112.

```
*lp=CallIncr();
```

```
example.c(112) : error C2100: illegal indirection
example.c(112) : error C2120: 'void' illegal with all types
Error example.c 112: Not an allowed type in function
HandleButton
```

Siehe die Bemerkungen über die Benutzung untypisierter Zeiger bei den Warnungen für Zeile 110.

Zeile 113.

```
hwnd=lp;
```

```
example.c(113) : warning C4059: segment lost in conversion
Warning example.c 113: Suspicious pointer conversion in
function HandleButton
```

Im Regelfall verbirgt sich hinter dieser Warnung ein ernstes Problem, denn das direkte Zuweisen eines FAR-Zeigers an einen NEAR-Zeiger führt außer bei Adressen, die definitiv ins eigene Datensegment zeigen, zu undefinierten Zeigern. Falls Sie diesen Effekt jedoch wirklich erzielen wollen (was mich verwundern sollte), gehen Sie wie folgt vor:

```
hwnd=(HWND)(UINT)(DWORD)lp;
```

Auch die nächste Meldung basiert (STRICT gesehen) auf einem Zeigerkonflikt:

Zeile 119.

```
HBRUSH hbr=SendMessage(hwnd,WM_GETFONT,0,0);
```

```
example.c(119) : warning C4047: 'initializing' : different
levels of indirection
Error example.c 119: Nonportable pointer conversion in
function OtherProblems
```

SendMessage() liefert nämlich ein LRESULT, während hbr letzten Endes ein NEAR-Zeiger ist. Obiges Statement enthält aber noch einen Fehler: WM_GETFONT liefert einen *HFONT* und keineswegs eine Handle auf einen Brush. Der Rückgabewert sollte daher vor der Zuweisung unbedingt gecastet werden. Außerdem ist die Definition der Variablen hbr zu ersetzen:

```
HFONT hfont=(HFONT)(UINT)SendMessage(hwnd,WM_GETFONT,0,0);
```

Wie die Diskussion der verschiedenen Fehlermeldungen zeigt, ist der Microsoft-Compiler normalerweise etwas spezifischer als das Borland-Produkt, welches dafür allerdings einige Punkte aufspürt, die seinem Konkurrenten entgehen. Wenn möglich, kann es daher nicht schaden, den Quelltext in turnusmäßigen Abstanden durch beide Compiler zu jagen, um solchen Feinheiten auf die Spur zu kommen.

Merke: zwei sehen mehr als einer.

Besonders hinter den diversen Konversionswarnungen (Zeiger, integrale Typen etc.) verbirgt sich ziemlich regelmäßig ein Problem. Die vordergründig einfachste Lösung, nämlich einen Cast einzuführen, ist manchmal* auch die richtige. Es gibt aber zahlreiche Fälle, in denen der Cast den Konflikt dann zwar *scheinbar* erfolgreich verdeckt, dieser sich aber später, wenn das Programm erst einmal beim Kunden abgestürzt ist, auf das Blamabelste wiedermeldet. Ein Beispiel:

* aber seltener als man glaubt!

```
int FAR PASCAL DoSomethingWeirdWithText(void)
{
  TEXTMETRC tm;
  OUTLINETEXTMETRIC otm;
  LPOUTLINETEXTMETRC lpotm=&otm; // Zuweisung ist OK
  ... // weiterer Code
  lpotm->otmLineGap=...; // Zugriff auch, da lpotm ja auf
  // eine LPOUTLINETEXTMETRIC-Struktur zeigt
  ... // weiterer Code
  lpotm=&tm; // Trickreicher Teil, erzeugt eine Warnung
  ... // 30 Zeilen später...
  lpotm->otmLineGap=... // undefinierter Zugriff, da
  // lpotm immer noch auf einen TEXTMETRIC zeigt
}
```

Die Warnung im trickreichen Teil zu entfernen, ist ganz einfach:

```
lpotm=(LPOUTLINETEXTMETRIC)&tm;
```

Der eigentliche Fehler passiert aber dummerweise erst 30 Zeilen später und wird durch das Unterdrücken der Warnung keineswegs verhindert. Leider wimmelt C-Code oft von solchen und ähnlich unschönen Zeigerspielereien,** die entweder aus Performance-Gründen, oder um Speicher zu sparen, gar nicht selten auch aus schlichter Faulheit benutzt werden. Casts sind zugegebenermaßen häufig notwendig, um eine Datei ohne Warnungen übersetzen zu können. Sie nehmen allerdings dem Compiler auch jede Möglichkeit, Fehlgriffe des Programmierers zu erkennen und anzuzeigen. Im obigen Fall hätte man z.B. besser zwei lokale Zeiger benutzt. Jeder Cast, den Sie aufgrund eines defensiveren Programmierstils vermeiden können, ist eine Einladung weniger an Mr. Murphy...***

** Denken Sie an das K&R-Zitat von Abschnitt 3.7!

*** sofern der überhaupt Einladungen braucht...

Cast-Operationen können, im Übermaß eingesetzt, auch noch anderweitig schaden, wie folgendes Beispiel illustriert:

```
// im Small Model compilieren!
#define STRICT
#include <windows.h>
#include <stdio.h>
int main()
{
  char c; PSTR p=&c;
  printf("Near: %x\n",p);
  printf("Far1: %lx\n",(LONG)p);
  printf("Far2: %lx\n",(LONG)(WORD)p);
  return 0;
}
```

Das Programm erzeugt folgende irritierende Ausgabe:

```
Near: 0efa
Far1: 22850efa
Far2: 0efa
```

Offensichtlich läuft beim Casten des NEAR-Zeigers für Far2 etwas schief. Dem Compiler wird nämlich durch den (WORD)-Cast vorgegaukelt, es handele sich hier gar nicht im einen Zeiger. Er hängt daher auch nicht das Datensegment an (im Gegensatz zu Far1, wo der (LONG)-Cast das DS-Register korrekt hinzufügt). Der (WORD)-Cast war sicher gut gemeint, aber er kann, wenn das Resultat ein FAR-Zeiger sein soll, ungeahnte Auswirkungen haben.

Viel hilft viel?

All diese Beispiele und Ausführungen münden in einer Feststellung: casten Sie *sowenig* wie möglich. Denn die drei wichtigsten Regeln bei allen expliziten Typkonversionen lauten: erstens prüfen, ob der Cast wirklich notwendig ist; zweitens prüfen, ob der Cast wirklich notwendig ist; und drittens *ganz genau* prüfen, ob der Cast wirklich notwendig ist. Und wenn es sich denn absolut nicht vermeiden läßt, dann machen Sie sich detailliert klar, warum und was Sie in welchen Typ konvertieren wollen (dabei kann ein Blick auf die zugrundeliegenden

Drei simple Regeln zum Casten.

Definitionen in WINDOWS.H sowie auf die Datentyp-Tabelle in Anhang 1 sehr hilfreich sein!).

Die meisten der Ausführungen in diesem Abschnitt treffen im übrigen in entsprechender Form auch auf Pascal- und Modula-2-Programme zu. Beide Sprachen waren zwar im Urzustand, als Wirth sie schuf, strengstens typisiert; zu langer Kontakt zu dänischen Compilerschreibern* hat aber in beiden Fällen zu mehrfachem schweren Sündenfall geführt. Heutzutage lassen sich daher mit den allermeisten kommerziell verfügbaren Implementationen mindestens die gleichen Freveltaten wie mit C oder C++ anstellen...

** z.B. bei Borland oder JPI.*

3.9 Und wie steht's mit C++?

»Spät kommt Ihr — doch Ihr kommt!« Friedrich Schiller, Wallenstein

C++ — wo hängt's?

In der Tat: sehr lange hat es gedauert, bis Microsoft einen C++-Compiler zur Verfügung stellen konnte. Zwar haben sich in diesem Gebiet schon andere Sprachenspezialisten (vorneweg Zortech und Borland) erfolgreich getummelt; die richtige Weihe scheint eine Programmiersprache im PC-Markt aber erst dann zu erlangen, wenn sich auch Microsoft damit beschäftigt hat (vielleicht ist darin ja mit ein Grund zu suchen, daß Modula-2 nie so recht den Durchbruch geschafft hat). Wie dem auch sei: mit den Borland- und Microsoft-Systemen stehen zwei brauchbare und stabile Produkte zur Verfügung, die auch schon in Beta-Versionen für 32-Bit-Windows-Plattformen verfügbar sind. Und weil C++ ja abwärtskompatibel zu ANSI C ist, steht dem Siegeszug der Sprache eigentlich nichts mehr im Wege. Oder?

Hindernisse.

Es gibt doch eine Reihe von Gründen, warum sich C++ bislang nicht so recht durchgesetzt hat und warum dies auch für eine ganze Weile noch so bleiben wird. Ohne zu sehr ins Detail zu gehen, kann man doch stichwortartig folgende Hindernisse festhalten:

Doch nicht so ganz abwärtskompatibel.

- C++ ist zwar in der Tat weitgehend abwärtskompatibel zu (ANSI) C, es gibt aber dennoch einige Unterschiede, die teilweise ganz erhebliche Änderungen an bestehenden Quelltexten mit sich bringen können. Neben grundsätzlichen

Differenzen (z.B. const vs. #define) können insbesondere die gegenüber ANSI C noch erheblich strikteren Typ- und Konsistenzprüfungen zu Problemen mit älteren Quelltexten führen, die noch K&R-kompatibel sind (z.B. mangelnde Prototypen).

- Des weiteren ist die Sprachdefinition ein, mit Verlaub gesagt, völlig unübersichtliches Sammelsurium von Regeln, Ausnahmen davon, Erweiterungen, um die Ausnahmen halbwegs konsistent handhaben zu können und so weiter und so fort. Weniger wäre mehr gewesen: schließlich soll eine Programmiersprache in erster Linie ein brauchbares Werkzeug und kein barocker Schnitzaltar sein.

Unübersichtliche Sprachdefinition.

- Und diese monströse Sprachdefinition ist zu allem Überfluß bis jetzt nicht einmal stabil: es darf noch an allerlei Ecken und Kanten herumgefeilt werden. Während das sicherlich den »Eierlegenden-Wollmilchsau«-Faktor ganz beträchtlich erhöht und die C++-Gurus von einem Begeisterungstaumel in den nächsten treibt, ist es der Akzeptanz der Sprache in breitem Rahmen nicht unbedingt förderlich.

Instabile Sprachdefinition.

- Nicht zuletzt ist auch der Wechsel zu einer anderen Sprache, so kompatibel sie (bzw. das verwendete Entwicklungssystem) auch immer sein mag, für den Entwickler mit schwer einschätzbarem zeitlichen Aufwand und daraus resultierenden finanziellen Risiken verbunden. Schließlich ist unstrukturierter, aber laufender C-Code allemal besser als zwar elegante, aber abstürzende C++-Programme.

Wechsel des Systems ist immer problematisch.

Wer allerdings nach dieser pessimistischen Vorrede nun glaubt, daß ich C++ deswegen in den tiefsten Höllenschlund wünsche, täuscht sich. Schon das Wallenstein-Zitat läßt ja vermuten, daß mir eine konzeptionelle Erweiterung des ANSI-C-Standards, die zu leichter les- und wartbaren Programmen führt, durchaus nicht ungelegen kommt. Zwar gibt es in der Tat manches zu kritisieren, wer sich aber erst einmal erfolgreich durch die Sprachbeschreibung und/oder diverse C++-Tutorials gekämpft hat (erstere [vgl. Literatur 7] ist etwas für jene Klarsichthüllen-Typen, die fließend EBNF sprechen; letztere sind mit Abstand besser geeignet für uns Normalsterbliche, siehe daher auch [Literatur 8]), der kann danach sicherlich mit geringerem Zeitaufwand bessere, vor allem aber portablere Programme

EBNF — Extended Backus Naur Form.

schreiben als mit ANSI C. Kann, muß aber nicht. Denn auch C++ läßt außerordentlich weitgehende Manipulationen* der Maschine zu. Alle Feststellungen, die für unleserliche oder trickreiche C-Programme gelten, lassen sich also jederzeit auf C++ übertragen! Wenn man sich aber an einige Konventionen hält, die sozusagen den Knigge der C++-Programmierung ausmachen (siehe u.a. [Literatur 9]), kann man als Entwickler schon ganz enorm von den erweiterten Möglichkeiten profitieren (wie auch durch [Literatur 10] ziemlich eindrucksvoll bestätigt wird).

** Logisch, sonst könnte es ja nicht abwärtskompatibel sein!*

Zwei gute Gründe für C++.

Ich sehe darüber hinaus noch zwei weitere, entscheidende Beweggründe, sich als Windows-Programmierer mittelfristig mit C++ zu beschäftigen. Wie schon der kurze Exkurs über portable Zusatzbibliotheken in Abschnitt 2.4, Seite 107 gezeigt hat, kann man nämlich mit Hilfe von durchdacht entworfenen Klassenbibliotheken (z.B. MFC 2.0) relativ einfach eine fast hundertprozentig portable C++-Schale um die Win16/32-APIs legen, die in viel stärkerem Maß als C die Verhüllung von eigentlich völlig uninteressanten, aber dennoch notwendigen Detailunterschieden zwischen beiden APIs ermöglicht. Gerade die Tatsache, daß MFC so dicht an Windows implementiert ist, gibt dem Entwickler die Möglichkeit, sich beim Portieren von Win16-Programmen mehr auf die wesentlichen Design-Fragen zu konzentrieren; die vielen kleinen und größeren Unterschiede der beiden Systeme handhabt die Klassenbibliothek größtenteils transparent, ohne dabei jedoch »unterwegs« Funktionalität zu verlieren. Ähnliche Feststellungen gelten mit Sicherheit für jede andere Klassenbibliothek, die sich nicht so weit von den Basis-APIs entfernt, daß sie grundlegende Eigenschaften (z.B. DDE oder OLE) nicht mehr unterstützen kann.

1. Portable Klassenbibliotheken.

Schließlich und endlich scheint mir der ganze Trend der Entwicklung bei Microsoft darauf hinzudeuten, daß C als SDK-Sprache irgendwann einmal ausgedient haben dürfte. Man sehe sich nur die OLE-Spezifikationen an: sowohl Konzepte als auch die Terminologie könnten aus einem C++-Buch entsprungen sein. Meiner Ansicht nach ist dies ein klares Indiz dafür, daß künftige SDKs immer mehr im Zeichen von Visual C++ bzw. vergleichbaren Systemen stehen werden und spätestens unsere Nachfolger dann nicht mehr mit dem etwas kantigen WM_!@#&!Q#$@? hantieren müssen, sondern modern mit

2. Trend zu C++ auch in der Windows-Programmierung und den APIs.

Methoden, virtuellen Klassen und überladenen Operatoren um sich werfen können. (Ob deren Programme dadurch allerdings wesentlich besser sein werden, wollen wir erst einmal abwarten.) In gewissem Sinn ist die jetzige Windows-API nur ein (zugegebenermaßen recht) leistungsfähiger Gerätetreiber, der irgendwann durch zusätzliche Layer hoffentlich zu einem auch für Programmierer halbwegs einfach einsetzbaren Interface zwischen Mensch und Programm wird.

Portable Windows-Programmierung

Das Win32-API unterscheidet sich, wie wir schon festgestellt haben, in einigen ganz grundlegenden Punkten von seinem 16-Bit-Vorgänger. Einige dieser Änderungen (z.B. die Benutzung von Speicherbereichen größer als 64 KB) sind bei der Portierung entweder vollkommen transparent oder bedürfen nur relativ geringfügiger Anpassungen (in diesem Fall das Entfernen des Schlüsselwortes huge oder _huge). Viele andere Diskrepanzen sind da leider erheblich weniger »entgegenkommend« und zwingen den Entwickler zu teilweise recht weitgehenden Änderungen an bestehenden Quelltexten, deren detaillierter Charakter uns im weiteren beschäftigen wird. In Abschnitt 1.5 ab Seite 45 wurden die sechs Kategorien, in die man den allergrößten Teil dieser Änderungen einteilen kann, schon im Überblick beschrieben. Auch einige Hinweise zur DLL-Programmierung wurden dort bereits gegeben. Dieses Kapitel (das längste des Buches...) geht nun detailliert und mit vielen praktischen Beispielen versehen auf die wichtigsten programmtechnischen Unterschiede zwischen den 16- und 32-Bit-Windows-Umgebungen ein.

Sechs Problemkategorien plus DLL-Programmierung.

4.1 Wegweiser für portable Windows Programme

»Sieh nach den Sternen! Aber gib acht auf die Gassen!« Wilhelm Raabe, Die Leute aus dem Wald

Wir können bei den mit der Portierung auf Win32 verbundenen Problemen grob zwischen zwei Varianten unterscheiden: zum einen werden Quelltext-Modifikationen deswegen erforderlich, weil sich die Syntax (z.B. die Benennung von Konstanten und

Syntax kontra Semantik.

Datentypen oder die Parametertypen und/oder -reihenfolge bei Funktionen etc.) geändert hat. Solche Dinge ziehen meist nur begrenzte Änderungen nach sich: bestenfalls eine oder zwei Quelltext-Zeilen müssen jeweils angepaßt werden und die Vorgehensweise ist gewöhnlich methodisch und unkompliziert. Dafür, und das ist die Kehrseite der Medaille, kommen solche Fälle ziemlich häufig vor. Für die Bestimmung dieser Stellen und ihre Anpassung ist das SDK-Hilfswerkzeug PORTTOOL gedacht, das seiner Aufgabe allerdings teilweise nur mit Mühe gerecht wird (insbesondere der verwendete Such-Algorithmus könnte etwas elaborierter sein). Immerhin findet man mit seiner Hilfe tatsächlich eine ganze Reihe der oben angesprochenen Problempunkte. (Auf der diesem Buch beiliegenden Diskette finden Sie im übrigen eine eingedeutschte und erweiterte Version der Datei, die PORTTOOL für seine Arbeit benötigt. Näheres zu dieser Datei und ihrer Benutzung können Sie Anhang 2 entnehmen; der Disketteninhalt wird in Anhang 7 erläutert).

Syntaktische Maßnahmen: einfach, aber zahlreich.

PORTTOOL hilft.

Von ganz anderem Schlag ist der zweite Vertreter: es handelt sich dabei weniger um einfache syntaktische, sondern um semantische Unterschiede, welche teils ganz beträchtliche und nicht immer unkomplizierte Änderungen an den Quelltexten erfordern. Allerdings haben diese meist die angenehme Eigenschaft, im Laufe eines Projektes nur an relativ wenigen Stellen aufzutauchen und Probleme zu bereiten. Leider wird der überwiegende Teil dieser Änderungen von PORTTOOL entweder unvollständig oder gar nicht erfaßt. Der Grund dafür liegt teils in der komplexen Natur dieser Problembereiche, die sich an einfachen syntaktischen Einheiten (wie Prozedurnamen oder Nachrichten) kaum festmachen lassen und teilweise an der relativ schlichten PORTTOOL-Implementation.

Semantische Unterschiede: meist aufwendig.

Syntax kontra Semantik: ein Musterbeispiel

Zwei konkrete Beispiele mögen den Unterschied zwischen den beiden Problembereichen klarmachen:

Syntax: GWW_ID in GWL_ID ändern.

- ein typisches *syntaktisches* Problem ist die Änderung der für [Get/Set]WindowWord() benutzten Konstanten GWW_ID, um die ID eines Child-Windows oder einer Control zu erfragen bzw. zu setzen. In Win32 wird die ID nun nicht mehr durch ein WORD, sondern einen LONG repräsentiert; die Konstante ist also in GWL_ID umbenannt worden und die nun aufzurufenden Funktionen sind folglich [Get/Set]-WindowLong(). Eine einfache textuelle Suche in allen Quelltextdateien z.B. mit einem Editor oder via PORTTOOL und die anschließende Anpassung lösen dieses (simple) Problem. Eine ganze Reihe ähnlicher Stolpersteine hat Microsoft schon dadurch ausgeräumt, daß jeweils eine Header-Datei für Win16 bzw. Win32 mit zahlreichen vollkommen portablen Makrodefinitonen geschaffen wurde. Auch dazu folgt unten mehr.

Semantik: hPrevInstance == 0.

- Ein unangenehmes *semantisches* Problem kann dagegen die Tatsache sein, daß die zweite als Parameter an WinMain übergebene Instance-Handle (gemeinhin als hPrevInstance bezeichnet), unter Win32 immer gleich 0 ist. Wie schon in Abschnitt 1.5 beschrieben, ist dies eine Folge der Separation der Adressräume. Wenn nun eine weitere Instanz geladen wird und mit der ersten Instanz Daten austauschen muß, ist es mit einer einfachen syntaktischen Anpassung der Win16-Funktion GetInstanceData() leider nicht getan: da muß eben doch einiges an zusätzlichem Programmcode z.B. in Form einer DDE-Kommunikation* oder »memory mapped files« geschrieben werden. *Alle* bedeutenden semantischen Unterschiede der APIs werden in diesem Kapitel in den jeweiligen Abschnitten beschrieben und meistens auch durch konkrete Beispielprogramme illustriert.

** DDE — »dynamic data exchange«.*

Windows-Portabilität im Überblick

Die WINDOWSX.H-Header-Datei.

Die syntaktischen Änderungen kann man in einfachen Fällen meistens entweder durch sinnvoll definierte Makros, kleinere Abschnitte mit bedingter Compilierung oder, wenn es etwas schwieriger wird, mit ganz kurzen Hilfsfunktionen erledigen. Und wie gesagt hat Microsoft da, wohl nicht zuletzt für eigene Zwecke, schon einen großen Teil der Arbeit geleistet. Neben der Benutzung entsprechend angepaßter und portabler Datentypen, die in Abschnitt 4.2 erläutert wird, ist insbesondere die Header-Datei WINDOWSX.H, die mit dem 3.1-SDK und in angepaßter

Form auch mit dem Win32-SDK ausgeliefert wird, in diesem Zusammenhang hervorzuheben. Sie enthält eine ganze Reihe von Makrodefinitionen, die zum großen Teil der Portabilität, aber auch der besseren Übersichtlichkeit dienen. Weiteres dazu finden Sie in den Abschnitten 4.3 bis 4.5. Und gleich noch ein Hinweis: wenn Sie zur Zeit noch mit der Windows 3.1-SDK Originalversion von WINDOWSX.H arbeiten, sollten Sie sich besser die neueste Version, die sich WINDOWSX.H16 nennt, aus dem CompuServe MSWIN32-Forum (Library #7, »Tools — Win32 SDK«) besorgen. Auch innerhalb des Win32-SDK wird diese Datei (unter X:\MSTOOLS\H\WINDOWSX.H16) verfügbar gemacht. Einige der weiter unten beschriebenen Makros zur Zerlegung von Nachrichtenparametern (z.B. WM_GET_COMMAND_ID) finden sich nur in dieser neueren Variante, in der darüberhinaus auch noch einige Fehler korrigiert sind.

Makros in 16- und 32-Bit-Versionen.

Anpassungen und Überlegungen stehen im Mittelpunkt der Abschnitte 4.6, 4.7 und 4.8, die sich mit den globalen Änderungen in den drei bedeutendsten Windows-Modulen beschäftigen und die wichtigsten zu diesen Problemkreisen gehörigen Quelltext-Modifikationen beschreibt. Allerdings finden hier durchaus auch wichtige syntaktische Änderungen Erwähnung; um den Umfang dieses Kapitels und der Erläuterungen jedoch in halbwegs vertretbarem Rahmen zu halten, wurden hier nicht alle diese Einzelheiten detaillliert behandelt. Im Normalfall gibt der Compiler bei syntaktischen Problemen nämlich einen ziemlich eindeutigen Hinweis aus, welcher gemeinsam mit der Win32-Dokumentation (bzw. der API32WH.HLP-Datei) die einfache Lösung des Problems ermöglicht.

Änderungen in den bedeutendsten Windows-Modulen.

Die restlichen vier Sektionen dieses Kapitels beleuchten dann jeweils einen klar abgegrenzten Teilaspekt der Win32-Programmierung, der sich nicht so ohne weiteres in eine der bisher beschriebenen Kategorien einordnen läßt: was sich alles ändert bei der Programmierung von DLLs steht im Mittelpunkt des Abschnitts 4.9, während der folgende Punkt die Unicode-Funktionalität und den neuen 16-Bit-Zeichensatz erläutert und versucht, Ihnen eine Entscheidunghilfe bei der Frage zu geben, welches Zeichensatzsystem Sie in Ihren Programmen zweckmäßigerweise verwenden sollten. Abschnitt 4.11 gibt wichtige Hinweise und Ratschläge, wie Sie Ihre Applikation so anpassen

DLL-Programmierung.

Unicode.

können, daß sie nach wie vor als 16-Bit-Programm unter Windows 3.x läuft, gleichzeitig aber auch voll funktionsfähig als binärkompatible Win16-Applikation unter Win32 (via WoW) verwendet werden kann. Abgerundet wird das Kapitel durch einen knappen Exkurs zur Portierung von MS-DOS-basierten Programmen auf die Textmodus-Schnittstelle von Win32 (»console functions«). Zwei Hauptgründe haben mich veranlaßt, diesen Abschnitt aufzunehmen. Zum einen enthalten gerade größere Programmpakete oft Teilprogramme, die ohne weiteres im Textmodus unter DOS laufen können (oder sogar müssen, man denke nur an diverse systemnahe Utilities, die bisher gar nicht unter Windows 3.1 laufen). Deren Anpassung an die Win32-GUI-Schnittstelle ist erheblich aufwendiger als die simple Portierung auf den Win32-Textmodus, so daß diese Funktionen zumindest mittelfristig durchaus von Interesse sind. Zum zweiten ist das »console API« nach den GUI-Funktionen die zweitwichtigste (und oft einfachere) Methode, unter Win32 Benutzerein- und ausgaben zu realisieren; sie sollte daher der Vollständigkeit halber in jedem Fall erwähnt und auch kurz beschrieben werden. Windows NT und letzten Endes wohl auch Win32c bzw. Windows 4.0 sind eben vollkommen neue Betriebssysteme und nicht nur ein GUI-Aufsatz auf das simple MS-DOS.

16-Bit-Programme unter WoW.

Textmodus-Programme.

4.2 Die Benutzung der vergrößerten Datentypen

»Wer kann nun daran denken, wer auf die Vermutung kommen, wer so übermenschliche Vorsicht üben, solche Tücke des Objektes zu vermeiden!« Friedrich Theodor von Vischer, Auch Einer

Wir haben uns ja schon im dritten Kapitel intensiv mit den Auswirkungen der unter Win32 vergrößerten Datentypen im Lichte portabler C-Programmierung beschäftigt. Die folgende Diskussion bezieht sich daher mehr auf die korrekte Benutzung dieser Datentypen in Win16- und Win32-Programmen, dabei gerade die spezifischen Gegebenheiten der beiden Systeme berücksichtigend. Die entscheidende Änderung beim Übergang auf Win32 ist die Vergrößerung eines int von 16 auf 32 Bit. Hieraus lassen sich direkt oder indirekt fast alle weiteren

32-Bit-CPU — 32-Bit-Datentypen.

Modifikationen ableiten. Eine detaillierte tabellarische Übersicht der wichtigsten einfachen Datentypen sowie ihre Definition in beiden Umgebungen finden Sie übrigens im Anhang 1, Seite 387.

Tabelle der Datentypen in Anhang 1.

WORD, die zweite...

Von ganz besonderem Interesse ist für Win32-Programmierer der Datentyp WORD, der in Win16 u.a. für den zweiten und dritten Parameter einer Window-Prozedur (oft wMsg und wParam genannt) zuständig ist. Dieser Datentyp wird unter Win32 nicht, wie z.B. ein int, mitwachsen; er bleibt ein schlichter unsigned short. Dies bedeutet im Klartext, daß ziemlich viele Stellen, an denen eine WORD-Variable oder ein (WORD)-Cast benutzt werden, nicht portabel sind. Abhilfe besteht in den meisten Fällen in der Verwendung des Datentyps UINT, der die angenehme Eigenschaft hat, je nach System entweder 2 oder 4 Byte zu umfassen:

UINT statt WORD.

```
// gleiche Definitionen für Win16 und Win32!
// Erst UINT:
typedef unsigned int    UINT;
// und für WORD:
typedef unsigned short  WORD;
// Aber: sizeof(int) == sizeof(short) unter Win16
// gegenüber sizeof(int) == 2 * sizeof(short) unter Win32!
```

Achtung!

Diese Definitionen stellen sicher, daß die Verwendung von UINT statt WORD einerseits unter Win16 keinerlei Änderung für den resultierenden Programmcode mit sich bringt (da dort short == int), andererseits kann der unter Win32 gewachsene UINT dort seiner Rolle ebenfalls gerecht werden. Daher folgender Rat: Hände weg von WORD! Nur wenn Sie *absolut* sicher sind, sowohl unter Win16 als Win32 eine vorzeichenlose 16-Bit-Variable benutzen zu können (was ja z.B. aus Speicherplatzgründen in häufig benutzten Strukturen durchaus Sinn machen kann), sollten Sie weiterhin WORD verwenden. In *allen anderen* Fällen ist jedoch UINT die korrekte Wahl! Werfen Sie in

Zweifelsfällen ruhig einen Blick auf die Funktionsprototypen bzw. in die WinHelp-Hilfedateien!

UINTs werden z.B. benutzt, um den Nachrichten-Code an Window-Prozeduren zu transportieren, sie dienen auch zum Transport des Nachrichten-Parameters wParam (dort allerdings »verkleidet«, da als expliziter Datentyp WPARAM benutzt wird, der allerdings direkt auf UINT zurückgeführt werden kann). Explizite WORDs werden dagegen in Win16 (ab Windows 3.1) und Win32 nur noch sehr selten eingesetzt.

UINT für wMsg — WPARAM für wParam.

Für bestehende Quellen gilt die obige Regel natürlich ebenfalls: vermutlich führt kein Weg daran vorbei, sowohl alle Definitionen von WORD-Parametertypen und -variablen als auch die Benutzung von WORD in Typkonversionen und Casts zu überprüfen. Der ganz simple Ansatz, mittels globalem Suchen/Ersetzen aus jedem WORD ein UINT zu machen, funktioniert dabei gar nicht mal so schlecht. Die Stellen, an denen Sie auch unter Win32 lieber ein WORD hätten, sind danach relativ leicht herauszufinden. Achten Sie aber darauf, wenn Sie einen solchen Austausch z.B. durch Ihren Editor vornehmen lassen, daß Sie wirklich nur den Datentyp WORD, nicht aber die Buchstabenfolge WORD ersetzen: aus DWORD ein DUINT zu machen, ist wenig hilfreich. Ein Editor mit der Möglichkeit, reguläre Ausdrücke (»regular expressions«) als Suchmuster zu verwenden, ist nicht nur dabei sehr hilfreich. Darüberhinaus sollten Sie konsequenterweise PWORD und LPWORD ggf. gegen UINT NEAR * bzw. UINT FAR * (oder besser noch entsprechend selbst nachdefinierte typedefs) austauschen.

Ein Editor mit »regular expressions« hilft.

Eng mit dieser WORD/UINT-Malaise hängen auch die beiden Makros LOWORD und HIWORD zusammen: jegliche Benutzung ist auf Korrektheit auch unter Win32 zu kontrollieren. Besonders häufig werden die Makros nämlich eingesetzt, um in Window-Prozeduren an die in den Nachrichtenparametern versteckten Informationen zu gelangen. Und diese Verwendungen sind sehr häufig nicht portabel und müssen für Win32 unbedingt kontrolliert und angepaßt werden (siehe auch Abschnitt 4.4, Seite 249). Umgekehrt gilt Ähnliches: oft wird unter Win16 aus zwei WORDs via MAKELONG ein LONG (bzw. mittels MAKEL[PARAM/RESULT] ein LPARAM oder LRESULT) zusammengebastelt, der für einen SendMessage()-

Vorsicht: LOWORD und HIWORD...

... sowie MAKELONG, MAKELPARAM und MAKELRESULT.

Aufruf als vierter Parameter herhalten muß. Dies ist, da die so codierten Informationen (z.B. Window-Handles) sich unter Win32 meist nicht mehr gemeinsam in einen LPARAM quetschen können, der Portabilität ebenfalls nicht besonders förderlich. Beachten Sie daher die folgenden Abschnitte 4.3 bis 4.5, in denen u.a. diese Probleme aufs Korn genommen werden.

Benutzen Sie immer den korrekten Datentyp!

Benutzen Sie schon in Ihren 3.1-Quelltexten *immer* den Datentyp, den Sie auch meinen. Wer z.B. ein ATOM erzeugt, sollte dies nicht in einer WORD- oder UINT-Variable abspeichern, weil damit implizite Voraussetzungen über dessen Größe gemacht werden. Der einzig korrekte und portable Weg ist es, eine Variable vom Typ ATOM zu definieren und ihr den Wert zuzuweisen. Die konsistente Benutzung der zahlreichen mit typedef eingeführten einfachen Datentypen sowohl in Variablendefinitionen und Funktionsprototypen als auch in Casts ist (neben der Verwendung des Präprozessors) tatsächlich eines der einfachsten, gleichzeitig aber effektivsten Mittel der portablen Windows-Programmierung!

Wohin zeigt der Zeiger?

NEAR-Zeiger.

Aber nicht nur bei WORDs macht sich die Verbreiterung von Datentypen besonders unangenehm bemerkbar: ein anderes Minenfeld versteckt sich bei den NEAR-Zeigern, die sich in Win32 ebenfalls doppelt so groß präsentieren. Und welche Konsequenzen das auf die portable Formulierung von C-Programmen im allgemeinen hat, wurde weitgehend schon im dritten Kapitel abgehandelt, ich will jetzt wiederum auf Windows-Spezifika eingehen. Die erste Beobachtung ist, daß NEAR-Zeiger bislang immer als (16-Bit-)Offset in ein bestimmtes Segment dienen. Im Regelfall ist das wohl das Datensegment Ihrer Applikation, wenn Sie hier »nach den Regeln der Kunst« programmiert haben und einen NEAR-Zeiger immer nur als solchen behandelt haben, dürfte sich nicht allzuviel ändern. Anders (nämlich düster) sieht es dagegen aus, wenn Sie Code geschrieben haben, der explizit die Tatsache ausnutzt, daß ein NEAR-Zeiger in ein bestimmtes Segment zeigt. Eine beliebte Übung ist es beispielsweise, sich auf solchen Wegen interne Informationen aus den Kernel-, User- und GDI-Datensegmenten zu besorgen. Eine HWND beispielsweise ist nichts anderes als ein NEAR-Zeiger auf eine zwar undokumentierte, aber nicht unbekannte WND-Struktur (siehe [Literatur 3]) in einem USER-Datensegment.* Auf diese Weise verschafft sich so manches Programm — das die Regeln der Kunst eben etwas großzügiger auslegt — Informationen, die auf anderen Wegen entweder gar nicht oder sehr schwierig zu besorgen sind (siehe Abb. 4.1). Während dieses Vorgehen oft notwendig ist, um entweder ganz spezielle Effekte zu erzielen oder um Schwächen des Windows-Designs herumzukurven, muß man sich darüber klar sein, daß solch trickreicher Code entweder nur mit sehr viel Aufwand oder gar nicht nach Win32 portiert werden kann. Die gleiche Beobachtung gilt für eine ganze Reihe von TOOLHELP-Aufrufen, die auf diesen internen Datenstrukturen aufbauen. (Es soll zwar *irgendwann* eine an Win32-Verhältnisse angepaßte Version von TOOLHELP.DLL verfügbar sein, die 16-Bit-spezifischen APIs, wie beispielsweise SystemHeapInfo() dürften aber ersatzlos gestrichen werden.)

** dessen Wert relativ leicht herausgefunden werden kann.*

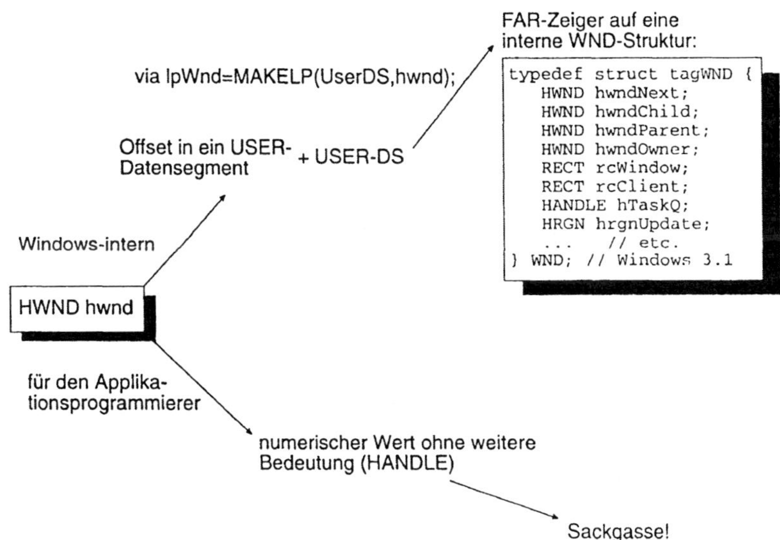

Abb. 4.1: Nicht-portable Zugriffe auf interne Datenstrukturen in Windows-Segmenten.

FAR-Zeiger.

Bei FAR-Zeigern hat sich (scheinbar) nichts geändert, die sind und bleiben 32 Bit breit. Das zwar schon — aber ihre interne Interpretation ist eine vollkommen andere: das Konzept eines Zeigers, der aus Segment und Offset besteht, ist mit der Einführung des »flat memory models« null und nichtig. Oder anders gesagt: ein FAR-Zeiger aus der 16-Bit-Welt verwandelt sich in einer 32-Bit-Umgebung in einen schlichten NEAR-Zeiger (allerdings mit einer Breite von 32 Bit). Sowohl der Größenunterschied als auch die konzeptionellen Diskrepanzen zwischen einem Win16-NEAR- und einem ebensolchen FAR-Zeiger verschwinden dort völlig! (Auf die Konsequenzen für die lokale und globale Speicherverwaltung gehe ich in Abschnitt 4.6 ein). Trotz der unterschiedlichen Größe hat also ein Win16-NEAR-Zeiger mehr mit einem Win32-Zeiger gemein als der (gleich große) Win16-FAR-Zeiger. Erst ein 48-Bit-Zeiger (mit 16 Bit für den Selektor plus 32-Bit-Offset) entspräche konzeptionell den alten FAR-Zeigern. Der 32-Bit-Microsoft-Compiler kennt jedoch keinen eingebauten Datentyp dieses Formats, und er wird im Win32-API weder benutzt noch benötigt. Die wichtigen Segment-Register (CS, DS, SS etc.) werden nämlich nur einmal initialisiert* und behalten danach ihren Wert. Die Adressraumtrennung der Prozesse voneinander wird nicht durch Segmente, sondern ausschließlich durch das Paging der CPU vorgenommen (indem das Register, das die »page directory« hält, prozeßweise umgeschaltet wird). Auch Abschnitt 3.6, Seite 188 widmet sich dem Thema NEAR- und FAR-Zeiger, allerdings aus der Sicht der Programmiersprache. Die diversen Zeigertypen illustriert Abbildung 4.2:

sizeof(NEAR) == sizeof(FAR).

48-Bit-Zeiger?

** und zwar auf Base == 0, Limit == 0xFFFFFFFF.*

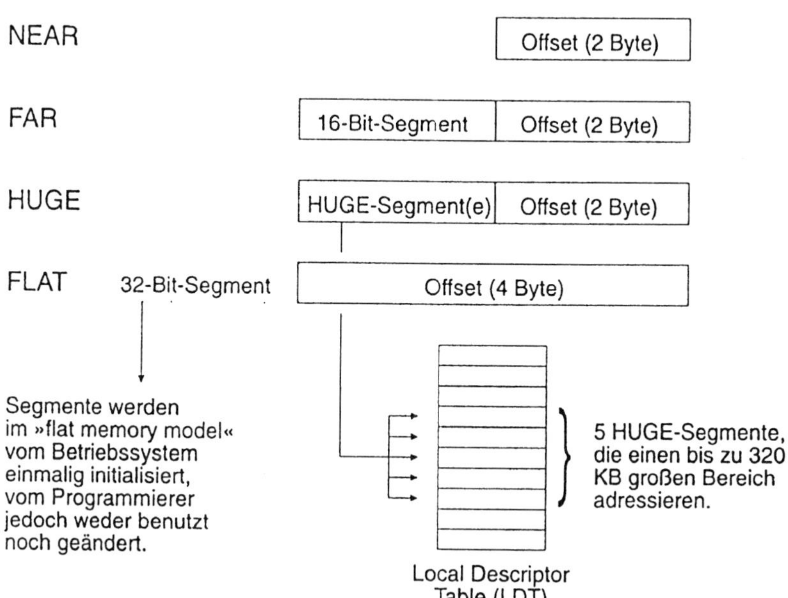

Abb. 4.2: NEAR, FAR, HUGE und FLAT: der Zeiger-Zoo von Windows.

Das völlige Verschwinden des Segmentwertes und die Vergrößerung des Offsets (wenn man diese Terminologie denn unbedingt beibehält) auf 32 Bit führen natürlich dazu, daß fast alle nichtstandardisierten* Zeigermanipulationen unmöglich werden: weder sind die Makros SELECTOROF und OFFSETOF unter Win32 brauchbar, um einen Zeiger in seine Bestandteile zu zerlegen, noch kann man einen solchen (z.B. mittels MAKELP) sinnvoll zusammenbauen. Ironischerweise muß auch die Verwendung von _huge-Zeigern und -Speicherbereichen entsprechend angepaßt werden, was aber im Regelfall unproblematisch ist, da oft nur das Schlüsselwort gestrichen werden muß. (Falls Sie unter Win16 mit dem Makro HUGE gearbeitet haben, brauchen Sie gar nichts zu ändern, dieses ist unter Win32 nämlich als Leermakro definiert; ein gutes Beispiel für den Sinn von Makroschalen.)

* also nicht auf ANSI-C-Mechanismen beruhenden.

#define HUGE _huge.

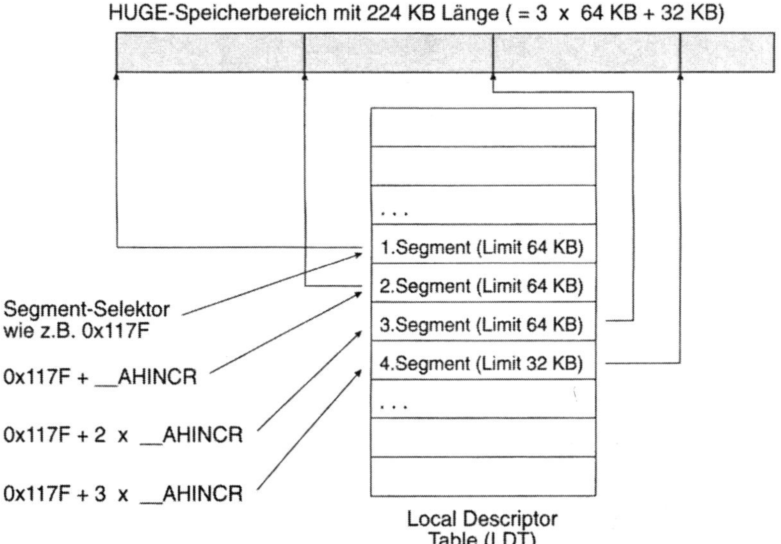

Abb. 4.3: Adressierung von Speicher durch HUGE-Zeiger.

Nicht ganz so unproblematisch geht diese Anpassung jedoch vonstatten, wenn Sie die Adressierung von _huge-Bereichen nicht dem Compiler überlassen haben, sondern (z.B. aus Effizienzgründen) selbst übernommen haben. In diesem Fall (wie bei allen Rechnereien mit Segment/Selektorwerten) muß natürlich die gesamte Zugriffslogik auf den Speicher an das »flat memory model« angepaßt werden. Sicheres Kennzeichen einer solchen »selbstgemachten« Verwaltung ist die Benutzung

Selbstadressierte _huge-Bereiche.

der Pseudo-Variablen __AHINCR (via KERNEL.113) oder __AHSHIFT (KERNEL.114), die angeben, um welchen Wert ein _huge-Segment inkrementiert werden muß, um in der »local descriptor table« (LDT) den Selektor für das nächste _huge-Segment zu finden (siehe Abb. 4.2, Seite 230 sowie Abb. 4.3 auf der vorhergehenden Seite). Da übrigens weder Pascal noch Modula-2 das »huge model« oder _huge-Zeiger kennen, werden in Programmen, die mit Speicherbereichen > 64 KB arbeiten, ebenfalls Anpassungen erforderlich.

Speicher > 64 KB und Pascal / Modula-2.

Polymorphe Typen: LPARAM und WPARAM

Eine Bemerkung möchte ich auch noch zu den neu eingeführten polymorphen Datentypen für Window-Prozeduren machen. Der Prototyp einer solchen Funktion war bis Windows 3.0 folgendermaßen definiert:

Window-Prozeduren bis 3.0.

```
LONG FAR PASCAL xxxWndProc(HWND hwnd,WORD wMsg,
  WORD wParam,LONG lParam);
```

Grundlegendes hat sich bei Windows 3.1 natürlich nicht geändert, aber einige, der besseren Portabilität wegen eingeführte Details sind doch augenfällig:

Und ab Windows 3.1.

```
LRESULT CALLBACK xxxWndProc(HWND hwnd,UINT wMsg,
  WPARAM wParam,LPARAM lParam);
```

Dieser Prototyp kann, im Gegensatz zum ersten, unter Win32 unverändert übernommen werden, weil für alle benutzten Da tentypen jeweils eigenständige, portable typedefs eingeführt wurden. Natürlich können Sie bei der Umstellung bestehender Programme die Tatsache ausnutzen, daß sowohl LRESULT als auch LPARAM unter beiden Systemen letzten Endes einen long repräsentieren — diese Umstellung muß daher nicht zwingend sofort vorgenommen werden. Anders sieht es leider bei den Parametern wMsg und wParam aus: da beide ihre Größe ändern, müssen sie vor einer Portierung wie oben dargestellt angepaßt werden. Der Nachrichtenwert selbst ist unter Win32 ein UINT, der Parametertyp für den wParam heißt sinniger-

Portabler Prototyp durch portable typedefs.

weise WPARAM. Ich würde Ihnen unbedingt raten, von Anfang an die korrekten Datentypen zu verwenden, da die Parametertypen ja ohnehin angeglichen werden müssen. (Bei dieser Gelegenheit sollten Sie auch gleich die Aufrufkonvention von FAR PASCAL auf das neuere CALLBACK ändern; mehr dazu finden Sie in Abschnitt 4.7 auf Seite 287.)

4.3 WINDOWSX.H: ein Weg zur portablen Programmierung

»Es ist Arznei, nicht Gift, was ich dir reiche.« Gotthold Ephraim Lessing, Nathan der Weise

Haben Sie schon einmal einen Blick in diese Header-Datei geworfen? Vermutlich nicht, denn Microsoft läßt sich in den allgemein zugänglichen Referenzmaterialien für den 3.1-SDK leider nur äußerst ungenügend über den Sinn und Zweck, geschweige denn die Benutzung von WINDOWSX.H aus. Kurz gesagt verfolgt diese etwa 70 KB lange Header-Datei, in der rund 500 (!) Makros definiert werden, folgende vier Ziele:

WINDOWSX.H — wofür?

- die Erleichterung der Erstellung portabler Programme durch einen Satz von Makros zur Nachrichtenbearbeitung, die je nach Zielsystem unterschiedlich definiert sind, aber nach außen die gleiche Funktionalität bieten (näheres siehe Abschnitt 4.4);
- sowie Pseudo-APIs für die Kommunikation mit Child-Windows der vordefinierten Klassen (Edit, Button, ListBox etc.), die ebenfalls zur Vereinfachung und Übersichtlichkeit beitragen und in Abschnitt 4.5 abgehandelt werden;
- eine gewisse Vereinfachung der Windows-Programmierung durch einfachere und leistungsfähige Pseudo-APIs;
- übersichtlichere Gestaltung komplexer Window-Prozeduren zur Vermeidung überlanger switch-Statements (es wäre gar nicht schlecht, wenn diese Makros auch irgendwann einmal ihren Weg in den Quelltext von DefWindowProc() fänden...). Die beiden letzten Punkte werden im folgenden genauer beschrieben.

Portable Programme.

Erleichtert Kommunikation mit Child-Windows.

Vereinfachung durch Pseudo-API.

Übersichtliche Window-Prozeduren.

Beta vom März 1993 sowie WINDOWSX.H16 aus CompuServe.

Die weiteren Ausführungen beziehen sich im übrigen auf die mit dem Beta-Win32-SDK vom März 1993 gelieferte Variante von WINDOWSX.H sowie, wie schon oben erwähnt, auf eine neuere Version dieser Datei für Win16-Entwickler (namens WINDOWSX.H16). Diese ist so, wie man sie von CompuServe herunterlädt bzw. von der CD kopiert, nur für den Microsoft-Compiler direkt verdaulich. Für das Borland-System sind geringfügige Änderungen notwendig: insbesondere die #pragmas in den Zeilen 15 sowie 1205 müssen wie folgt angepaßt werden (dies gilt nur für die *16-Bit*-Version der Datei!):

Änderungen für Borland C.

```
// in Zeile 15 statt:
#pragma pack(1)          /* Assume byte packing throughout */
// für Borland:
#pragma option -a-       /* Assume byte packing throughout */

// und in Zeile 1205 statt:
#pragma pack()          /* Revert to default packing */
// für Borland:
#pragma option -a.      /* Revert to default packing */
```

Die einfachen Hilfsmakros

Makros zur Speicherverwaltung.

Wenden wir uns also den WINDOWSX-Makros zu, den Anfang bildet eine Gruppe von Definitionen zur Speicherverwaltung. Mit der alleinigen Unterstützung der 386-Protected-Modi ab Windows 3.1 hat das andauernde Sperren (»memory locking«) sowie Freigeben (»unlocking«) von dynamisch allokierten Speicherbereichen ganz erheblich an Bedeutung verloren. Da in diesen Modi die Verschiebeoperationen von Segmenten durch die CPU-Hardware erleichtert wird und vom System für den Programmierer transparent vorgenommmen werden kann, muß dieser Mechanismus explizit nur noch im Fall von Speicher mit den Attributen »discardable« oder »moveable« benutzt werden. In allen anderen Fällen kann nach der Allokation ein einmaliger Lock erfolgen, der Speicher bleibt dann während der gesamten Zeitspanne, die er in Gebrauch ist, gesperrt und wird erst direkt vor dem Freigeben wieder ungelockt. Die sechs Makros liefern daher einige Abkürzungen, die den Umgang mit dem globalen Heap im Protected Mode erleichtern. Sie sind relativ einfach aus grundlegenden Global...()-Funktionen zusammengesetzt (man beachte aber die Verwendung des Komma-Operators z.B. bei GlobalFreePtr) und können jederzeit durch eigene Definitionen — beispielsweise für den lokalen Heap — erweitert werden. Die Allokation und Freigabe von globalen Speicherbereichen in jeweils einem Schritt geht mit Hilfe dieser Makros wie folgt vor sich:

Allokation und Freigabe von globalem Speicher in einem Schritt.

```
lpMem=GlobalAllocPtr(GMEM...,4096);
// lpMem ist nun entweder ein gültiger Zeiger oder NULL,
// ein expliziter Lock ist daher überflüssig
...
if (fGetMore) lpMem=GlobalReallocPtr(lpMem,8192,GMEM...);
// dito
...
// Kein expliziter Unlock vor der Freigabe von lpMem nötig
GlobalFreePtr(lpMem);
```

Leider werden diese und auch die weiteren API-Hilfsmakros nicht großgeschrieben, so daß ihre Benutzung relativ leicht mit einem expliziten Funktionsaufruf verwechselt werden kann. Nach einem ähnlichen Schema sind die dann folgenden knapp 20 GDI-Hilfsfunktionen aufgebaut. Meist stellen sie entweder bestehende Funktionalität in neuem Gewande inklusive korrektem Typ-Casting dar (wie beispielsweise [Select/Delete]-[Font/Pen/Brush/Bitmap]()) oder sie vereinfachen z.B. den Umgang mit Regions, indem sie die Funktion CombineRgn() je nach dem Wert des vierten Parameters in mehrere Einzelfunktionen zerlegen. Ihre Benutzung ist offensichtlich und auch die Definitionen sind eher simpel, daher brauche ich auf diese Gruppe wohl nicht weiter einzugehen.

GDI-Hilfsfunktionen.

Dies gilt im großen und ganzen auch für die folgenden 25 Definitionen für den Umgang mit Windows, der Maus und Dialogboxen. Besonders interessant erscheint mir nur das Makro SetDlgMsgResult, das es erlaubt, in Dialogbox-Prozeduren über die standardmäßigen Nachrichten (z.B. WM_CTLCOLOR) hinaus den Rückgabewert des Aufrufs auch für alle anderen Nachrichten zu setzen. Da man aber dabei in die »inner

Makros für Maus, Windows und Dialogboxen.

workings« der internen Dialogbox-Window-Funktion eingreift, sollte man erstens genau wissen, warum man welchen Wert setzt; zweitens leidet unter solchem Tun eventuell auch die Portabilität, denn ob die entsprechende Win32-Funktion die gleichen Manipulationen erlaubt, ist nirgendwo eindeutig dokumentiert. Der Vergleich der (teilweise ziemlich unterschiedlichen) Makrodefinitionen in den beiden Versionen von WINDOWSX.H für 16 bzw. 32 Bit ist im übrigen gar keine schlechte Methode, um das zum Schreiben von eigenen Portierungs-Makros notwendige Know How zu vertiefen und sich einen Überblick zu verschaffen, worauf man dabei besonders zu achten hat. Nebenbei kann man sich auch noch Inspirationen für eigene Kreationen holen.

Schreiben von eigenen Portierungs-Makros.

In die Vollen: die »message cracker«

Während die bisher beschriebenen Makros jeweils gruppenweise einen ganz bestimmten Aspekt der Windows-Programmierung vereinfachen, in ihrer Definition und Verwendung aber voneinander weitestgehend unabhängig sind, stellt die nächste große Gruppe von Makros (die mit gut 250 Stück etwa die Hälfte aller Definitionen in der Datei ausmacht!) einen richtigen Anschlag auf Ihre womöglich in langen Jahren erworbenen Gewohnheiten beim Schreiben von Window-Prozeduren dar. Sie sind so etwas wie die »poor man's« Version von objektorientierter Programmierung; viel mehr läßt sich in dieser Hinsicht eben mit ANSI C leider nicht anstellen...

Ein Hauch von OOP...

Worum geht es dabei? Um Sinn, Zweck und vor allem die Benutzung dieser Makros zu beleuchten, müssen wir uns etwas genauer mit den beiden Nachrichtenparametern (gemeinhin auch als wParam und lParam bezeichnet) bzw. den mit ihnen transportierten Informationen beschäftigen. Windows-Nachrichten (wie z.B. WM_COMMAND) bestehen grundsätzlich aus sechs Bestandteilen, die so auch in der C-Struktur MSG auftauchen, welche in der »message loop« des Programmes zum Lesen von Nachrichten aus der Queue und ihrem weiteren Versand via DispatchMessage() an die zuständige Window-Prozedur dient:

Der Aufbau einer Windows-Nachricht.

```
typedef struct {
  HWND   hwnd;     // Empfänger-Window
  UINT   message;  // Nachrichtenwert
  WPARAM wParam;   // 16 (bzw. 32 Bit) für weitere
                   // Informationen
  LPARAM lParam;   // 32 Bit für weitere Informationen
  DWORD  time;     // Zeitpunkt der Generierung der
                   // Nachricht
  POINT  pt;       // und zugehörige Mauszeigerposition
} MSG;
```

MSG: nur die ersten vier Komponenten kommen bei der Window-Prozedur an.

Die beiden Member time und pt werden nicht an die Window-Prozedur weitergegeben, sondern müssen dort ggf. explizit erfragt werden. Die anderen vier Komponenten bilden jedoch die vier Parameter einer Window-Prozedur und kommen, nachdem DispatchMessage() aufgerufen wurde, auch so bei der jeweils zuständigen Window-Funktion an. Parameter 1 und 2 sind klar: der erste ist eine Window-Handle, die das Window beschreibt, für das die Nachricht bestimmt ist. Und wMsg ist eben der Nachrichtenwert selbst (WM_*, BM_*, CB_* etc.), der nun gewöhnlich in einer mehr oder weniger großen switch-Orgie verarbeitet wird. Interessant wird es aber bei Nr. 3 (der ja bekanntlich in Win32 etwas gewachsen ist) und 4: sehr viele Nachrichten müssen natürlich weitere Informationen liefern (z.B. über Benutzereingaben, Fenstereigenschaften etc.). Die »Bedürfnisse« der einzelnen Nachrichten sind dabei aber ziemlich unterschiedlich, wie folgende kleine Aufstellung (für Win16) belegt:

wParam (Nr.3) und lParam (Nr. 4) liefern weitere Informationen.

Tab. 4.1: Informationen, die mit Nachrichten versandt werden.

Nachricht	wParam	lParam (lo, hi)
WM_COMMAND	idItem	hwndCtl, wNotifyCode
WM_KEYDOWN	wVKeyCode	wRepeat, bScan, fFlags
EM_SETTABSTOPS	wTabCount	lpTabStopArray
WM_SIZE	fSizeType	nWidth, nHeight
WM_MEASUREITEM	nIDCtl	lpMeasureItemStruct

Wie man unschwer sieht, werden da Zähler, Flags, ID-Werte, Zeiger auf Arrays und Strukturen, Handles etc. etc. durch die

Gegend gewuchtet — im lParam findet man meistens sogar zwei Informationen. Die Aufteilung der diversen Informationen auf wParam und lParam im Falle von WM_KEYDOWN zeigt beispielhaft Abbildung 4.4:

Abb. 4.4: Die Informationen, die mit WM_KEYDOWN kommen.

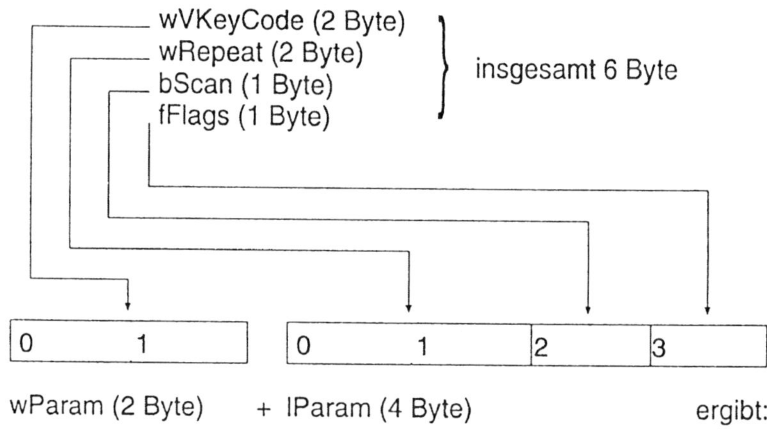

Als Notlösung entschied man sich bei Microsoft vor fast zehn (!) Jahren dafür, eben diese bewußten Hilfsparameter einzuführen: der eine mit einer Breite von 16 Bit, der zweite* als 32-Bit-Wert. Und die zu übergebenden Informationen wurden, wie es gerade paßte, in diese sechs Parameter-Byte hineingepfercht. Der Programmierer mußte (muß!) die Teile, die ihn bei der Verarbeitung einer Nachricht interessieren, erst mehr oder minder mühsam aus den 48 Bit Nachrichtenparametern herausklauben. Aber dieses eher komplizierte und fehlerträchtige Verfahren ist nun einmal der einzige Weg, um mit einer so wenig objektorientierten Sprache wie C Funktionen mit polymorphen Parametern zu implementieren bzw. zu simulieren (in C++ könnte man natürlich mit überladenen Funktionen, besser noch mit Memberfunktionen arbeiten). Und so haben wir alle treu und brav in riesigen Statements à la:

** damit es auch für FAR-Zeiger reichte.*

C und polymorphe Parameter?

```
switch(wMsg) {
  case WM_CREATE: ...;
  case WM_PAINT: ...;
```

```
    case WM_DESTROY: ...;
    // etc. etc.
  }
```

diese Nachrichten verarbeitet und uns dabei bei WM_SIZE immer wieder gefragt, ob nun die Breite im LOWORD und die Höhe im HIWORD* steckt oder umgekehrt. All dies hat jetzt, Microsoft sei Dank, endlich sein verdientes Ende gefunden: wenn man sich nämlich mit den neuen Makros aus WINDOWSX.H anfreunden kann...

** Wenigstens eine gute Eselsbrücke!*

Beispiele: WM_COMMAND...

Tatsächlich sind diese Definitionen schon ziemlich hilfreich, sie haben nur den Nachteil aller neuen Dinge: man kennt sie nicht und kann** sie daher auch nicht so richtig einsetzen. Sehen wir uns die Sache doch anhand einiger Nachrichten einmal näher an (Kommentare wurden dem Code absichtlich nicht hinzugefügt!). Erstes Studienobjekt ist WM_COMMAND:

*** oder will?*

```
// alter, unübersichtlicher Code:***
switch (wMsg) {
...
  case WM_COMMAND:
    switch (wParam) {
      case ID_BUTTON_QUIT:
        if (HIWORD(lParam)==BN_DOUBLECLICKED)
          SendMessage(LOWORD(lParam),...);
        else if (HIWORD(lParam)==BN_CLICKED)
          EnableWindow(LOWORD(lParam),FALSE);
        break;
// Wie die ganze Sache aussieht, wenn jetzt noch je vier
// Notifications für weitere fünf Controls bearbeitet
// werden müssen, kann sich jeder selber ausmalen...
```

**** In einer Window-Prozedur, wo sonst?*

So war's bisher eben. Mit den funkelnagelneuen Makros für die Nachrichtenbehandlung wird jedoch alles ganz anders. Zuerst schreibe man sich eine Funktion, die allein zur Abhandlung von WM_COMMAND-Nachrichten für Windows einer bestimmten

Pro Nachricht eine Funktion!

Klasse dient und folgende Aufrufsequenz hat (die Namen der Funktion sowie der Parameter können völlig frei bestimmt werden, Typen und Reihenfolge der Parameter sind dagegen durch die Makros in WINDOWSX.H festgelegt):

int id == LOWORD(wParam)

HWND hwndCtl == LOWORD(lParam)

UINT codeNotify == HIWORD(lParam)

```
// Der neue, viel übersichtlichere Code:
void Input_WMCommandHandler(HWND hwnd,int id,HWND hwndCtl,
  UINT codeNotify)
// WM_COMMAND-Handler für alle Windows der Klasse "Input"
{
  switch (id) {
    case ID_BUTTON_QUIT:
      if (codeNotify==BN_DOUBLECLICKED)
        SendMessage(hwndCtl,...);
      else if (codeNotify==BN_CLICKED)
        EnableWindow(hwndCtl,FALSE);
      break;
    ...
}
```

Der Code ist in der Tat übersichtlicher, besser dokumentierend und durch seine Herausnahme aus dem meist umfangreichen switch-Statement der Window-Prozedur auch viel leichter zu identifizieren. Der Einwand, daß man dafür gleich eine ganze Funktion schreiben muß, kann eigentlich nur auf zwei Gründe zurückgeführt werden: entweder die zusätzliche Tipparbeit oder Überlegungen zur Effizienz des Programmes. Zum ersten Punkt kann ich nur sagen, daß nach meinen Erfahrungen viele Programmierer *erheblich* mehr Zeit damit verbringen, mit dem Debugger in den Innereien ihres Programmes herumzustochern als ihre Quelltexte im Editor einigermaßen »in Schuß« zu halten. Vielleicht wäre es der Sache insgesamt förderlich, wenn man etwas mehr Mühe und Zeit in das Erzeugen konsistenter, wartbarer und übersichtlicher Quelltexte stecken würde, die eingesparten Debugging-Sitzungen werden es mit Sicherheit lohnen...

Mehr Tipparbeit?

Oder geringere Perfomance?

Das zweite Argument ist ebenfalls leicht zu entkräften: im allgemeinen wird bei der Nachrichtenbehandlung soviel mit anderen Windows-API-Funktionen herumjongliert, daß der vergleichsweise geringfügige Aufwand eines simplen Funktionsaufrufes so gut wie gar nicht ins Gewicht fällt. Und bei vielen Nachrichten wird ohnehin oft eine Funktion zur weiteren Bearbeitung aufgerufen.* Der Gesamteffekt der Verwendung dieser Makros auf die Gesamt-Performance scheint mir daher vernachlässigbar zu sein. Und wer's immer noch nicht glauben mag, sollte sich mal mit einem Profiler ansehen, an welchen Stellen sein Programm die meiste Zeit vertrödelt: dort bringen konkrete Optimierungen sicherlich mehr als die unspezifische Klage, der vorstehende Code sei ineffizient und der daraus folgende Verzicht auf bessere Strukurierung. Dazu kommt ein weiteres Argument: wissen Sie eigentlich, was ein Aufruf der Makros HIWORD und LOWORD an Prozessorzyklen kostet? Nun kontrollieren Sie mal, wie oft diese Makros (in obigem Stil) bei bestimmten Nachrichten immer und immer wieder innerhalb der Behandlung einer einzigen Nachricht aufgerufen werden! Da kann die *einmalige* Evaluation für die Parameter der von Ihnen geschriebenen Handler-Funktion in summa sogar wesentlich effizienter sein!

** aber erst, nachdem mühsam die Parameter dekodiert sind!*

Wer ruft diese schöne Funktion auf?

Und damit kommen wir zum eigentlichen Knackpunkt: wie und von wem wird diese schöne Funktion zur Behandlung der Nachricht denn nun aufgerufen? Ein genauso kurzer wie beeindruckender Quelltextausschnitt beantwortet diese sicherlich berechtigte Frage:

```
switch (wMsg) {
...
  case WM_COMMAND:
    return HANDLE_WM_COMMAND(hwnd,wParam,lParam,
           Input_WMCommandHandler);
```

Ein Makro namens HANDLE_WM_COMMAND.

Das war's! Das Makro HANDLE_WM_COMMAND (die Makronamen in dieser Gruppe werden interessanterweise wiederum vollständig großgeschrieben!?) verteilt die in den Nachrichtenparametern wParam und lParam verpackten Informationen wie gewünscht auf die drei letzten Parameter der von Ihnen geschriebenen Funktion Input_WMCommandHandler() und ruft diese dann selbsttätig auf. Dadurch wird auch klar, warum Sie beim Schreiben der Funktion die vorgeschriebene Parameterreihenfolge und -typen genau einhalten müssen: der Compiler bedankt sich sonst mit einer Warnung oder gar

Fehlermeldung. Für die von Ihnen jeweils zu schreibende Funktion gibt es keine expliziten Prototypen in WINDOWSX.H (was nicht wunder nimmt, denn Sie wollen ja Ihre eigenen Funktionsnamen vergeben). Allerdings wird die erforderliche Aufrufsequenz immer als Referenz-Prototyp oberhalb der Makrodefinitionen in Kommentarklammern angegeben: Microsoft nennt diesen nachrichtenspezifischen »Fingerabdruck« auch Signatur, er sieht für z.B. WM_COMMAND wie folgt aus:

Pseudo-Prototypen oder »Signaturen«.

Diese »Prototypen« müssen eingehalten werden.

```
/* void Cls_OnCommand(HWND hwnd,int id,HWND hwndCtl,
   UINT codeNotify); */
```

Ich habe mir WINDOWSX.H einmal komplett ausgedruckt, so daß ich jederzeit die Signatur eines bestimmten Nachrichten-Handlers herausfinden kann (was noch viel einfacher wäre, wenn Microsoft sich dazu hätte durchringen können, die Makros alphabetisch statt bunt gemischt anzuordnen). In Anhang 3, Seite 401 finden Sie daher eine entsprechend sortierte Liste aller Signaturen.

Anhang 3: sortierte Liste der Signaturen.

Für besonders Tippfaule, die ohnehin nur mit Mühe zum Schreiben einer Handler-Funktion für diese auch als »message cracker« bezeichneten Makrodefinitionen bewegt werden können, gibt es auch noch eine weitere Variante zum Aufruf:

```
switch (wMsg) {
...
  HANDLE_MSG(hwnd,WM_COMMAND,Input_WMCommandHandler);
```

Für Tippfaule: es geht sogar noch kürzer!

Hier werden verschachtelt gleich mehrere Makros aufgerufen. Zum einen erzeugt HANDLE_MSG eine Zeile mit einem case WM_COMMAND: und expandiert im zweiten Schritt das Makro HANDLE_WM_COMMAND. (Das Ganze ist eine der in Abschnitt 3.3 ab Seite 159 beschriebenen »trickreicheren« Einsatzmöglichkeiten des C-Präprozessors und durchaus ein lohnenswertes Studienobjekt.) Die Benutzung dieses schönen Makros setzt allerdings implizit voraus, daß die beiden Nach richtenparameter exakt mit wParam bzw. lParam bezeichnet werden. Wenn das jedoch gewährleistet ist, kann die konsequente Benutzung dieses Konzeptes von Handler-Funktionen und aufrufenden Makros zu *wirklich* übersichtlichen Window-Prozeduren und -Programmen führen:

```
LRESULT CALLBACK InputWndProc(HWND hwnd,UINT wMsg,
  WPARAM wParam,LPARAM lParam)
{
  switch (wMsg) {
    HANDLE_MSG(hwnd,WM_CREATE,Input_WMCreateHandler);
    HANDLE_MSG(hwnd,WM_SIZE,Input_WMSizeHandler);
    HANDLE_MSG(hwnd,WM_CHAR,Input_WMCharHandler);
    HANDLE_MSG(hwnd,WM_COMMAND,Input_WMCommandHandler);
    HANDLE_MSG(hwnd,WM_CLOSE,Input_WMCloseHandler);
    // etc.
  }
}
```

Die Handler-Funktionen sind weiter oben bzw. in einem anderen Modul definiert.

... und WM_MOUSEMOVE

Als weiteres Beispiel will ich die ebenfalls häufig benutzte Nachricht WM_MOUSEMOVE heranziehen. Die beiden nun folgenden Code-Ausschnitte sprechen für sich und bedürfen wohl kaum einer weiteren Kommentierung:

```
Z z;   // lokale Variable, die später gebraucht wird
...
switch (wMsg) {
...
  case WM_MOUSEMOVE:
    z.fMove=wParam&MK_CONTROL;
    z.fAdd=wParam&MK_SHIFT;
    z.xNew=LOWORD(lParam);
    z.yNew=HIWORD(lParam);
    if (wParam&MK_LBUTTON) DoSomethingLeft(&z);
    else if (wParam&MK_RBUTTON) DoSomethingRight(&z);
    else MessageBeep(0);
    return 0;
...
```

Ebenfalls wieder in einer Window-Prozedur.

Und hier nun zum Vergleich die für die Verwendung des WINDOWSX.H-Makros geschriebene Variante:

Die Funktion ...

... und ihr Aufruf.

```
void Input_WMMouseMoveHandler(HWND hwnd,int x,int y,
  UINT keyFlags)
{
  Z z; // Ein weiterer kleiner Vorteil: lokale Variablen
       // können ggf. aus der Window-Prozedur herausgezogen
       // und in den Handler-Funktionen angelegt werden.
  z.fMove=keyFlags&MK_CONTROL;
  z.fAdd=keyFlags&MK_SHIFT;
  z.xNew=x;
  z.yNew=y;
  if (keyFlags&MK_LBUTTON) {
    DoSomethingLeft(&z);
    // statt des DoSomethingLeft()-Aufrufes könnte hier
    // ggf. sogar der entsprechende Code stehen!
  }
  else if (keyFlags&MK_RBUTTON) {
    DoSomethingRight(&z);
    // dito;
  }
  else MessageBeep(0);
}
...
// Und der Aufrufcode in der Window-Prozedur:
  switch(wMsg) {
    ...
    case WM_MOUSEMOVE:
      return HANDLE_WM_MOUSEMOVE(hwnd,wParam,lParam,
             Input_WMMouseMoveHandler);
    // oder HANDLE_MSG(...)
```

Und umgekehrt?

So weit, so gut. Diese Aufteilung der Informationen aus den beiden Parametern scheint ja in der Tat ziemlich gut zu funktionieren und erleichtert die Sache sicherlich. Aber was, so könnten Sie mich mit Recht fragen, was passiert, wenn ich umgekehrt die beiden Nachrichtenparameter aus den einzelnen Informationen wieder zusammenbauen muß? Das kann ja z.B. beim Subclassing notwendig sein, auch das direkte Versenden einer Nachricht an ein anderes Window wäre ein solcher Fall. Auch hierfür hat Microsoft vorgesorgt: jede Nachricht, für die ein HANDLE_WM_...-Makro existiert, besitzt auch ein korrespondierendes Makro, um aus den einzelnen Parametern wieder wParam und lParam zu erzeugen (siehe Abb. 4.5). Das folgende Bruchstück erweitert die obige Prozedur zur Behandlung von WM_MOUSEMOVE, indem statt MessageBeep(0) in der letzten Zeile via FORWARD_WM_MOUSEMOVE die Default-Window-Funktion DefWindowProc() aufgerufen wird:

FORWARD_WM_-MOUSEMOVE.

```
void Input_WMMouseMoveHandler(HWND hwnd,int x,int y,
  UINT keyFlags)
{
  // wie oben
  ...
  // Aber statt MessageBeep(0):
  else FORWARD_WM_MOUSEMOVE(hwnd,x,y,keyFlags,
    DefWindowProc);
}
```

Sendet die Nachricht weiter an DefWindowProc().

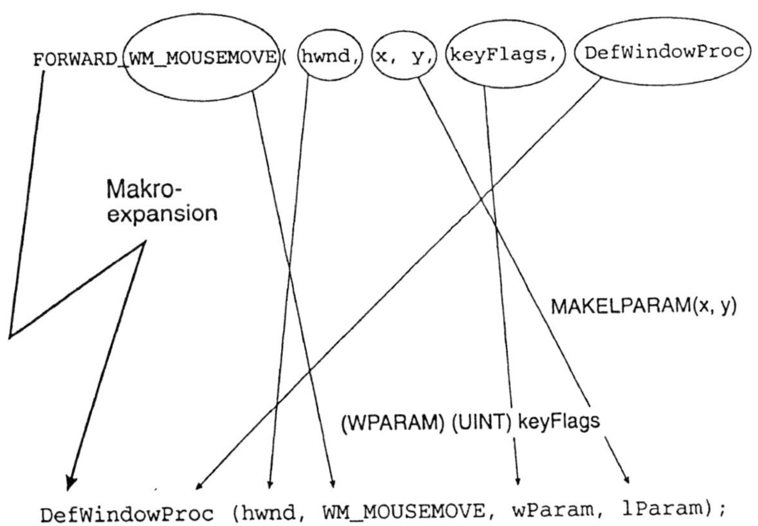

Abb. 4.5: Makroexpansion und Zusammensetzen der Nachrichtenparameter wParam und lParam.

Auf prinzipiell ähnliche Art können auch andere Windows bzw. Window-Prozeduren mit der wieder zusammengebauten Nachricht versorgt werden:

```
FORWARD_WM_MOUSEMOVE(hwnd,x,y,keyFlags,SendMessage);
// oder FORWARD_WM_MOUSEMOVE(...,PostMessage);
```

Alle WM_*-Nachrichten außer WM_USER und WM_NULL.

Wie erwähnt, werden in WINDOWSX.H rund 250 Makros in diesem Stil definiert, die alle (dokumentierten) WM_*-Nachrichten (außer WM_USER und WM_NULL) abdecken. In der Win32-Version sind sogar ein paar Makros dazugekommen, weil dort einige neue Nachrichten eingeführt worden sind (resp. bisher undokumentierte im Win32-API nun dokumentiert sind). Der Tatendrang der Microsoft-Entwickler reichte allerdings nicht mehr hin, um auch für die privaten Nachrichten von Child-Controls (Listboxen, Buttons etc.) entsprechende Zerlegungsmakros zur Verfügung zu stellen. Das läßt sich aber deswegen relativ leicht verschmerzen, weil diese ja nur beim Sub- oder Superclassing von Standardklassen überhaupt von Interesse wären. Makros, die andererseits bestimmte private Nachrichten an Child-Windows (z.B. BM_SETSTYLE an ein Button-Window) zusammenbauen und auch gleich versenden, sind sehr wohl vorhanden, näheres dazu bringt der Abschnitt 4.5 ab Seite 257.

Der wichtigste Vorteil: Portabilität

Portable Nachrichtenbehandlung.

Ach ja, und jetzt fällt mir natürlich noch der allerwichtigste Grund für die möglichst ausschweifende Verwendung der »message cracker« ein! Neben den schon oben beschriebenen Pluspunkten weisen diese Makros nämlich den wirklich entscheidenden Vorteil auf, daß sie (bis auf ganz wenige, leicht zu identifizierende und relativ selten verwendete Ausnahmen) die Nachrichtenbehandlung in Window-Prozeduren absolut portabel gestalten. Da das Entpacken der Informationen aus den beiden Nachrichtenparametern (bzw. umgekehrt auch das Verpacken) von den Makros selbst vorgenommen wird, kann der Entwicker sich darauf verlassen, daß seine Handler-Funktionen, einmal korrekt implementiert, unabhängig vom Window-System immer mit den gewünschten Parametern aufgerufen wird. Das Makro HANDLE_WM_COMMAND zum Beispiel, das oben aufgerufen wurde, ist wie folgt definiert:

```
// In der 16-Bit-Version:
#define HANDLE_WM_COMMAND(hwnd,wParam,lParam,fn) \
  ((fn)((hwnd),(int)(wParam),(HWND)LOWORD(lParam), \
  (UINT)HIWORD(lParam)), 0L)

// und die 32-Bit-Version:
#define HANDLE_WM_COMMAND(hwnd,wParam,lParam,fn) \
  ((fn)((hwnd),(int)(LOWORD(wParam)),(HWND)(lParam), \
  (UINT)HIWORD(wParam)), 0L)
```

Beachten Sie, wie einfach durch den unterschiedlichen Zugriff auf wParam und lParam ein nach außen hin identisches und damit portables Interface verfügbar gemacht werden kann!

Die Ausnahmen.

Die erwähnten Ausnahmen betreffen insbesondere solche Nachrichten, die String-Parameter übergeben: in der Win16-Version steht hier als Typ LPSTR, unter Win32 dagegen meist LPTSTR, was allerdings nur Auswirkungen haben dürfte, wenn das Programm den Unicode-Zeichensatz verwendet (siehe Abschnitt 4.10, Seite 327). Einige der Signaturen verwenden in der 16-Bit-Version einen UINT, im 32-Bit-Pendant dagegen einen int, was der Compiler in manchen Fällen mit einer Warnung bedenken mag. Ein Spezialfall sind schließlich die Signaturen für die Nachricht WM_ACTIVATEAPP, die sich ausnahmsweise im letzten Parameter wesentlich unterscheiden:

WM_ACTIVATEAPP.

```
// 16 Bit:
/*  void Cls_OnActivateApp(HWND hwnd, BOOL fActivate,
    HTASK htaskActDeact); */

//32 Bit:
/*  void Cls_OnActivateApp(HWND hwnd, BOOL fActivate,
    DWORD dwThreadId); */
```

Aber das ist, wie gesagt eine echte Ausnahme, ansonsten sind die Signaturen identisch und daher können die von Ihnen zu schreibenden Funktionen unter beiden Systemen von gleichen Parametern ausgehen. Eine Warnung scheint mir allerdings dennoch angebracht: das hohe Maß an Übereinstimmung der Parametertypen* garantiert keineswegs in allen Fällen auch eine absolut identische Implementation der zuständigen Handler-

** das nur ein syntaktisches Feature ist!*

Funktion. Wenn zwar der Typ des Parameters, nicht aber seine Bedeutung gleich ist, muß in der Funktion trotzdem zwischen der Win16- und Win32-Semantik unterschieden werden. Ein guter Vertreter ist hier die Nachricht WM_NCACTIVATE, die für Win16 und Win32 zwar die gleiche Signatur hat, die beiden letzten Parameter machen aber leider nur unter Win32 Sinn! Ein schönes Beispiel dafür, daß sich auch hinter absoluter syntaktischer Identität trotzdem noch einiges an Portierungsarbeit verbergen kann!

WM_NCACTIVATE.

Und eine abschließende Bemerkung betrifft die Benutzung dieser Makros in Ihren Programmen: bestehende Programme können natürlich jederzeit so angepaßt werden, daß sie die »message cracker« benutzen, der Aufwand für die konsequente Umsetzung kann allerdings relativ hoch sein. Prüfen Sie daher vorher, ob für die Anpassung existierender Quelltexte nicht die im folgenden Abschnitt beschriebenen »kleinen Brüder« verwendbar sind. Mit ihnen brauchen Sie die Struktur einer Window-Prozedur nämlich nur an den Stellen zu ändern, die tatsächlich nicht portabel sind. Inbesondere, wenn Sie schnelle Resultate sehen wollen (oder müssen), scheint mir dieser Weg interesssanter. Mittelfristig ist allerdings wohl auch die Umstellung von Applikationen auf die »message cracker«-Lösung einzuplanen (es sei denn, Sie recodieren ohnehin irgendwann die Quelltexte in C++, da stehen natürlich noch ganz andere Mechanismen zur portablen Programmierung zur Verfügung).

Einsatz der »message cracker«:

Relativ hoher Umstellungsaufwand für bestehende Programme.

Für neue Projekte würde ich dagegen keine Kompromisse eingehen, sondern von Anfang an *konsequent* »message cracker« sowie Handler-Funktionen einsetzen. Der Mehraufwand an Schreibarbeit kann zum einen durch einige weitere selbstdefinierte Makros in Grenzen gehalten werden, zum anderen habe ich ja schon oben darauf hingewiesen, daß bessere und übersichtlichere Quelltexte den Debugging-Aufwand ohnehin überproportional reduzieren. Und ein letztes Argument für immer noch nicht Überzeugte: wenn Sie Ihr Programm in ferner Zukunft einmal auf C++ und die schönen Klassenbibliotheken umstellen wollen, haben Sie mit der Aufteilung der einzelnen Nachrichten auf die zuständigen Handler schon einen ganz wichtigen ersten Schritt in Richtung Memberfunktionen und Einsatz von Methoden vollzogen!

Sehr gut jedoch für neue Projekte geeignet.

4.4 Nachrichtenverarbeitung und Parameter-Packing

»!@#$^&*^&*$#@%}"@!~#}}"{$]\|!!!!!« Nicht druckreifer Fluch eines geplagten Windows-Entwicklers angesichts des Parameter-packens der Nachrichten WM_KEYDOWN, WM_KEYUP sowie WM_CHAR*

Der letzte Abschnitt hat uns schon ziemlich weit in die Untiefen der beiden Window-Parameter und der je nach Nachricht in ihnen verpackten Informationen geführt. Die dort beschriebene Lösung mit »message crackern« wollen wir nun in etwas kleinerem Maßstab, der sich allerdings besonders gut für die Anpassung bzw. Umsetzung bestehender Programme eignet, wiederum mit einem Satz von Makros aus WINDOWSX.H verwirklichen. Im Gegensatz zu der oben beschriebenen Methode, die das Schreiben einer Handler-Funktion und die Anpassung der Window-Prozedur voraussetzt, kommt die folgende Variante mit letzterem aus.

Die kleinen Brüder der »message cracker«.

Bleiben wir doch gleich bei unserer Lieblings-Nachricht WM_COMMAND, die ja schon oben verwendet wurde. Folgender Ausschnitt aus einer Win16-Window-Prozedur sei gegeben:

```
switch(wMsg) {
  ...
  case WM_COMMAND:
    switch (wParam) {
      case ID_BUTTON_QUIT:
      ...
```

Der Code ist so nicht portabel, da unter Win32 im wParam ja zwei Informationen verpackt sind: in den unteren 16 Bit den Id-Wert der sendenden Control und in der oberen Hälfte der Notification-Code. Das switch(wParam)-Statement wird zwar anstandslos compiliert, führt aber nur für WM_COMMAND-Nachrichten zum Erfolg, die von Menus gesandt werden (denn dann ist unter Win32 HIWORD(wParam) == 0). In allen anderen Fällen liefert die Abfrage dagegen Müll.* Folgender Ausweg bietet sich an:

** »garbage in, garbage out«!*

```
  case WM_COMMAND:
#ifdef WIN32 // nun folgt 32 Bit Code ...
    switch (LOWORD(lParam)) {
#else // 16 Bit
    switch (wParam) {
#endif
      case ID_BUTTON_QUIT:
      ...
```

Die Lösung: bedingte Compilierung.

Jetzt wird, in Abhängigkeit einer Konstante, durch bedingte Compilierung der jeweils korrekte Code durchlaufen, so daß der Ausschnitt mittlerweile auch für Win32 verträglich ist. Immerhin! Und für einige selten auftretende Differenzen in den APIs ist dieses Vorgehen wohl auch das einfachste und übersichtlichste. Ob allerdings eine längere Window-Prozedur mit ihrem meist ohnehin unübersichtlichen Nachrichten-switch die richtige Stelle für regelmäßige #ifdefs ist, darf bezweifelt werden. Also muß eine einheitliche Lösung her, die, wie nicht anders zu erwarten, wiederum auf geschickt definierten Makros beruht, die ihrerseits durch bedingte Compilierung systemspezifisch angelegt werden können.

Die kleinen Brüder der »message cracker«

Studieren Sie die beiden folgenden Definitionsgruppen (die erste stammt aus der 16-Bit-Version, die zweite aus der 32-Bit-Variante von WINDOWSX.H):

Win16:

```
#define GET_WM_COMMAND_ID(wp,lp)        (wp)
#define GET_WM_COMMAND_HWND(wp,lp)      (HWND)LOWORD(lp)
#define GET_WM_COMMAND_CMD(wp,lp)       HIWORD(lp)
```

Win32:

```
#define GET_WM_COMMAND_ID(wp,lp)        LOWORD(wp)
#define GET_WM_COMMAND_HWND(wp,lp)      (HWND)(lp)
#define GET_WM_COMMAND_CMD(wp,lp)       HIWORD(wp)
```

Die Definitionen sind zwar unterschiedlich, der Endeffekt aber der gleiche! Der kleine Ausschnitt mit bedingter Compilierung vereinfacht sich drastisch und bleibt dabei doch völlig portabel:

```
case WM_COMMAND:
  switch (GET_WM_COMMAND_ID(wp,lp)) {
    case ID_BUTTON_QUIT:
    ...
```

Wie schon gesagt, können Sie mit diesen Makros direkt den entsprechenden, nicht portablen Code in einer Window-Prozedur ersetzen, ohne an der Struktur des Programmes irgendetwas zu ändern. Daher rührt auch die oben schon erwähnte Bezeichnung »kleine Brüder« der »message cracker«, sie eignen sich nämlich besonders für die schnelle Anpassung bestehender Programme.

Struktur des Programmes muß nicht geändert werden.

Welche Nachrichten sind von dieser Änderung nun im einzelnen betroffen? Die folgende Aufstellung zeigt sowohl die Nachrichten als auch die Aufteilung der Parameter. Die Abkürzungen für die in den Nachrichtenparametern enthaltenen Informationen wurden direkt aus der Microsoft-Referenz entnommen:

Tab. 4.2: Nachrichten, die von Parameterumstellungen betroffen sind.

System	Win16		Win32	
Nachricht	wParam	lParam (lo,hi)	wParam (lo,hi)	lParam
WM_ACTIVATE	state	fminimized, hwnd	state, fminimized	hwnd
WM_CHARTOITEM	char	pos, hwnd	char, pos	hwnd
WM_COMMAND	id	hwnd, cmd	id, cmd	hwnd
WM_CTLCOLOR	hdc	hwnd, type	siehe Text, Seite 253	
WM_HSCROLL sowie WM_VSCROLL	code	pos, hwnd	code, pos	hwnd
WM_MDIACTIVATE	factivate	hwndact, hwnddeact	hwnddeact	hwndact
WM_MENUSELECT	cmd	flags, hmenu	cmd, flags	hmenu
WM_MENUCHAR	char	hmenu, fmenu	char, fmenu	hmenu
WM_PARENTNOTIFY	msg	id, hwndchild	msg, id	hwndchild
WM_VKEYTOITEM	code	hwnd, item	code, item	hwnd

In der Tabelle nicht aufgeführt sind die drei Edit-Control-Nachrichten EM_GETSEL, EM_SETSEL und EM_LINESCROLL, die etwas aus dem Rahmen fallen. Wie man unschwer erkennt, waren bislang im lParam meist zwei Informationen verpackt:

eine Window- oder Menu-Handle und eine weitere Angabe, wie z.B. ein Id-Wert oder Flags. Die Handle* findet sich nach wie vor im lParam, die andere Angabe ist dagegen in den wParam und dort in die obere Hälfte gerutscht (siehe Abb. 4.6). Die Namen der Zugriffsmakros lassen sich ganz einfach bilden, indem man vor die Bezeichung der Nachricht GET_ setzt, dann folgt die Nachricht und schließlich die Information, die gelesen werden soll (einfach die Bezeichnung aus obiger Tabelle, aber in Großbuchstaben). Achten Sie beim Aufruf der resultierenden Makros unbedingt darauf, immer wParam und lParam *gemeinsam* anzugeben:

* Bekanntlich auf 32 Bit gewachsen.

```
fMin=GET_WM_ACTIVATE_FMINIMIZED(wParam,lParam);
idSender=GET_WM_COMMAND_ID(wParam,lParam);
pos=GET_WM_HSCROLL_POS(wParam,lParam);
uMsg=GET_WM_PARENTNOTIFY_MSG(wParam,lParam);
// etc.
```

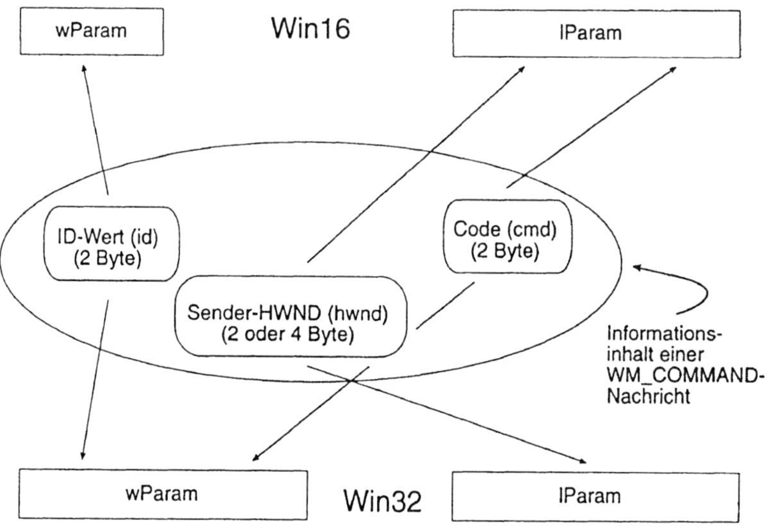

Abb. 4.6: Informationen und ihre Aufteilung auf wParam und lParam.

Eine Bemerkung zu WM_MDIACTIVATE.

Eine Bemerkung zu WM_MDIACTIVATE: es wird durch die Makros nur der Fall abgehandelt, daß der Empfänger ein MDI-Child-Window ist, das die Nachricht von seinem Parent-MDI-Client erhalten hat. Dazu kommt, daß bei der Win32-Version in den Nachrichtenparametern gar kein Platz mehr für das fActivate-Flag ist (da die beiden Handles die insgesamt acht

Byte schon vollständig aufbrauchen)! Das zugehörige Makro GET_WM_MDIACTIVATE_FACTIVATE ist daher eine Ausnahme der obigen Regel, daß den Entpacker-Makros immer wParam und lParam zu übergeben sei: hier muß als erstes auch noch die Window-Handle mit übergeben werden, damit (durch einen Vergleich von hwnd == hwndact) dieses Flag »berechnet« werden kann:

Window-Handle plus wParam und lParam.

```
// Win16:
#define GET_WM_MDIACTIVATE_FACTIVATE(hwnd,wp,lp) (BOOL)(wp)

// Win32:
#define GET_WM_MDIACTIVATE_FACTIVATE(hwnd,wp,lp) \
  (lp==(LONG)hwnd)
```

Ein Spezialfall liegt auch bei der (Win16-)Nachricht WM_CTLCOLOR vor, die dort drei Informationen liefert: im wParam eine Handle des Device Contexts des Child-Windows und im lParam die Window-Handle und den Typ des Windows (dafür werden die Konstanten CTLCOLOR_* benutzt). Zwei Handles — und der Platz unter Win32 ist schon belegt. Also muß die Typinformation eben auf anderem Wege transportiert werden. Flugs erfand man bei Microsoft sieben vollkommen neue, typspezifische Nachrichten, welche die eine Win16-WM_CTLCOLOR ersetzen:

WM_CTLCOLOR: aus eins mach sieben!

- WM_CTLCOLORMSGBOX für Messageboxen
- WM_CTLCOLOREDIT für Edit-Controls
- WM_CTLCOLORLISTBOX für Listbox-Controls
- WM_CTLCOLORBTN für Button-Controls
- WM_CTLCOLORDLG für Dialogboxen
- WM_CTLCOLORSCROLLBAR für Scrollbar-Controls
- WM_CTLCOLORSTATIC für Static-Controls

Eine vollkommen portable Makrodefinition, die eine bedingte Kompilierung überflüssig machen könnte, ist in diesem Falle also mit wParam und lParam allein leider nicht zu machen. Das folgende Exzerpt zeigt, wie man unter Verwendung der Makros aus WINDOWSX.H trotzdem ein Optimum an übersichtlicher Formulierung erreicht:

Leider nicht ganz portabel.

```
switch (wMsg) {
  ...
#ifdef Win32  // evtl. überflüssig, siehe unten
  case WM_CTLCOLORMSGBOX:
  case WM_CTLCOLOREDIT:
  case WM_CTLCOLORLISTBOX:
  case WM_CTLCOLORBTN:
  case WM_CTLCOLORDLG:
  case WM_CTLCOLORSCROLLBAR:
  case WM_CTLCOLORSTATIC:
#else         // evtl. überflüssig, siehe unten
  case WM_CTLCOLOR:
#endif        // evtl. überflüssig, siehe unten
    hdcChild=GET_WM_CTLCOLOR_HDC(wParam,lParam,wMsg);
    hwndChild=GET_WM_CTLCOLOR_HWND(wParam,lParam,wMsg);
    wType=GET_WM_CTLCOLOR_TYPE(wParam,lParam,wMsg);
    ...
}
```

WM_CTLCOLOR: Nachrichtenwert plus wParam und lParam.

Im wesentlichen muß bei den GET_WM_CTLCOLOR_*-Makros neben wParam und lParam auch noch der Nachrichtenwert (wMsg) selbst mit angegeben werden. Die Makrodefinition GET_WM_CTLCOLOR_TYPE nutzt unter Win32 nämlich die Tatsache aus, daß die einzelnen WM_CTLCOLOR...-Nachrichten numerisch aufeinanderfolgen, so daß die Gattung des sendenden Windows durch eine einfache Substraktion bestimmt werden kann:

```
// Unter Win32:
#define GET_WM_CTLCOLOR_TYPE(wp,lp,msg) \
  (WORD)(msg-WM_CTLCOLORMSGBOX)
// und Win16:
#define GET_WM_CTLCOLOR_TYPE(wp,lp,msg)  HIWORD(lp)
```

Eine Vereinfachung.

Der obige Programmausschnitt kann noch erheblich einfacher geschrieben werden, wenn man sich darauf verlassen könnte, daß man bei Microsoft die numerischen Werte der Win32-WM_CTLCOLOR...-Nachrichten auch künftig nicht mit denen von Systemnachrichten in Win16 überschneidet. In diesem Fall kann die bedingte Compilierung nämlich völlig wegfallen, da in den beiden Versionen von WINDOWSX.H die jeweils fehlenden Nachrichtenwerte aus dem anderen System numerisch korrekt nachdefiniert worden sind — was man allerdings bei der Geschwindigkeit, mit der Microsoft neue Ideen und Konzepte ausbrütet, bestenfalls als *Hinweis* auslegen sollte. Und leider schweigt sich die (ohnehin ziemlich spärliche) Dokumentation darüber beharrlich aus.

WM_CHANGECBCHAIN und Edit-Control-Nachrichten

Schließlich sind in WINDOWSX.H auch noch einige weniger bedeutsame Makros u.a. für die schon erwähnten Edit-Control-Nachrichten und WM_CHANGECBCHAIN definiert worden, auf die ich hier wohl nicht näher einzugehen brauche, ein Blick in die Header-Datei sagt vermutlich mehr als 1000 Worte...

Hilfsmakros zur Konstruktion der Nachrichtenparameter

Und das Zusammensetzen?

Die GET_WM_*-Makros entsprechen im Prinzip den »message crackern« (HANDLE_WM_*), setzen aber eine Ebene tiefer an, so daß, wenig erstaunlich, auch simplere Makrodefinitionen zum Zusammensetzen von Nachrichtenparametern existieren, den FORWARD_WM_...-Makros von oben entsprechend. Diese Makros (zwei Beispiele folgen gleich) übernehmen die jeweils nachrichtenspezifischen Informationen und basteln daraus wieder wParam und lParam zusammen. Der Makroname wird gebildet, indem vor die Nachrichtenbezeichnung ein GET_ und dahinter ein _MPS (vermutlich eine Abkürzung für Make ParameterS) gehängt wird:

```
// MPS-Makros für WM_COMMAND
// Win16:
#define GET_WM_COMMAND_MPS(id,hwnd,cmd) \
  (WPARAM)(id),MAKELONG(hwnd,cmd)

// Win32:
#define GET_WM_COMMAND_MPS(id,hwnd,cmd) \
  (WPARAM)MAKELONG(id, cmd), (LONG)(hwnd)

// Und ein Aufrufbeispiel:
  SendMessage(hwndParent,WM_COMMAND,
```

```
        GET_WM_COMMAND_MPS(ID_BUTTON,hwndButton,BN_CLICKED));

// ... und für EM_SETSEL
// Win16:
#define GET_EM_SETSEL_MPS(iStart,iEnd) \
  0,MAKELONG(iStart,iEnd)

// Win32:
#define GET_EM_SETSEL_MPS(iStart,iEnd) \
  (WPARAM)(iStart),(LONG)*(iEnd)

// Und ein Aufrufbeispiel:
  SendMessage(hwndEdit,EM_GETSEL,GET_EM_SETSEL_MPS(0,-1));
```

* LONG ???

Leider sieht man (nicht nur) anhand der zweiten Definition sehr schön, daß auch bei Microsoft nicht selten schludrig gearbeitet wird: die Benutzung des (WPARAM)-Casts für Win32 ist so völlig in Ordnung, warum aber für den lParam mit (LONG) statt (LPARAM) gecastet wird, ist mir vollkommen schleierhaft. Natürlich entspricht ein LONG einem LPARAM, das ist mir durchaus klar. Wie aber werden in einer *künftigen* 64-Bit-Version** die Datentypen LONG und LPARAM definiert sein? Identisch — oder unterschiedlich? Wenn hier LONG benutzt wird, warum, bitteschön, ist der Datentyp LPARAM denn überhaupt eingeführt worden?!? Wie gesagt, eine unschöne Nachlässigkeit, die bedauerlicherweise, wie ich aus eigener leidvoller Erfahrung sagen muß, leicht abfärbt...

** Win64?

Eigene Ideen und Konzepte.

Eine abschließende Bemerkung zum Thema »message cracker« und »parameter packing«: die zugrundeliegenden Konzepte und Ideen können und sollten Sie auch für die portable Behandlung selbstdefinierter Nachrichten z.B. in eigenen Window-Klassen einsetzen. Anhand der Microsoft-Definitionen können Sie relativ leicht nachvollziehen, wie die verschiedenen Datentypen und Nachrichten gehandhabt werden sollten. (Obwohl ein kritischer Blick, wie gesehen, nichts schaden kann — denn wie ja schon an anderer Stelle erwähnt, schadet ein falsch definiertes Makro mehr als überhaupt kein Makro!)

4.5 Portable Makros zur Kommunikation mit Child-Windows

»Wovon man nicht sprechen kann, darüber muß man schweigen.«
Ludwig Wittgenstein, Tractatus logico-philosophicus 7

Die letzte große Gruppe von (ca. 125) Makrodefinitionen in WINDOWSX.H nimmt all die Nachrichten aufs Korn, die gewöhnlich an Child-Windows gesandt werden, um entweder deren Dienste in Anspruch zu nehmen (Beispiel CB_DIR) oder Informationen von ihnen zu erfragen (wie LB_GETCURSEL). Die Makronamen dieser Gruppe werden gebildet aus einem Präfix, der die Klasse angibt und einem Verb, das die Aktion beschreibt (z.B. Edit_SetText); leider hat Microsoft hier wieder mal auf die Großschreibung verzichtet (ich frage mich wirklich, wer dort für dieses Makro-Chaos zuständig ist). Die Definitionen sind entsprechend der vordefinierten Window-Klassen in sechs Untergruppen aufgeteilt:

Nachrichten wie z.B. CB_DIR oder LB_GETCURSEL.

- Der Präfix Static_ deckt Nachrichten für Windows der Klasse »Static« ab (sechs Makros). *Static.*
- Button_* handelt die Push- und Radiobutton- sowie Checkbox-Nachrichten ab (neun Makros). *Button.*
- Die Edit_*-Makros sind zuständig für ein- und mehrzeilige Edit-Controls (32 Makros). *Edit.*
- ScrollBar_*-Definitionen kümmern sich um horizontale und vertikale Scrollbars (sechs Makros). *ScrollBar.*
- Makros mit dem Präfix ListBox_* stellen das Interface zur Listboxen zur Verfügung (39 Makros). *ListBox.*
- Und schlußendlich noch ComboBox_* zum Umgang mit Comboboxen. Editfelder bzw. Listboxen in Comboboxen müssen mit diesen Makros und nicht mit den Edit_*- oder ListBox_*-»Funktionen« angesprochen werden. (33 Makros) *ComboBox.*

Gemeinsame Definitionen

Allen sechs Gruppen gemeinsam ist das Makro *_Enable (siehe Abb. 4.7, folgende Seite), das dazu dient, ein Window der betreffenden Klasse entweder zu sperren oder eine vorherge-

Das Sternchen signalisiert die obigen sechs Klassen.

hende Sperrung aufzuheben und nichts weiter als eine simple Schale um EnableWindow() ist:

Schale um EnableWindow().

```
Static_Enable(hwndStatic,TRUE);
ComboBox_Enable(hwndCB,FALSE);
```

Abb. 4.7: Die sechs Control-Klassen und das _Enable-Makro.

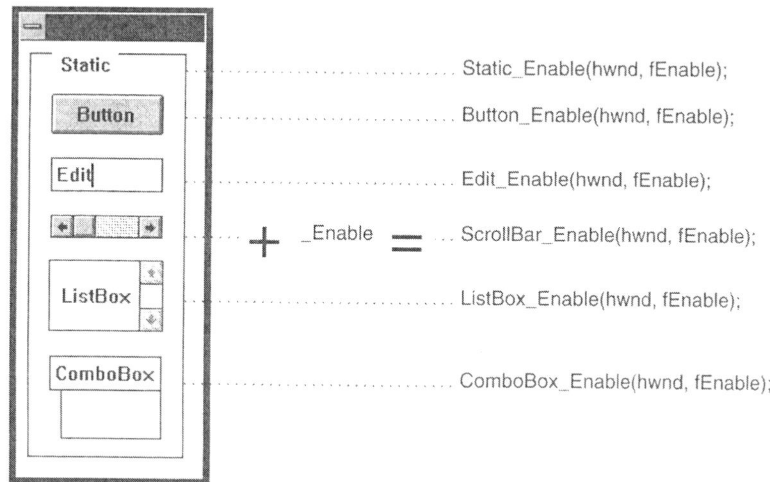

Weitere Standardmakros.

Bis auf Scrollbars, die ja keinen Window-Text verwalten, sind für alle Gruppen auch die Makros *_SetText, *_GetText sowie *_GetTextLength definiert, die zum Setzen oder Erfragen des Window-Textes dienen:

```
Edit_SetText(hwndEdit,"Neues zum Editieren!");
Button_SetText(hwndAction,fQuit?"Quit!":"OK!");
ComboBox_GetText(hwndCB,chBuf,BUFSIZE);
if (Static_GetTextLength(hwndStatic)>12) ...
```

Für die vier Klassen, die in obigem Beispiel Verwendung finden, werden die Makros ganz einfach übersetzt in die entsprechenden Aufrufe von [Get/Set]WindowText[Length]().

ListBox-Spezialitäten.

Eine Sonderrolle spielen allerdings die ListBox_*-Makros zur Manipulation des Window-Textes. Da nämlich eine Listbox normalerweise keinen expliziten Text hat, wird das Makro ListBox_GetText so interpretiert, daß der Inhalt eines bestimmten Eintrags gelesen werden soll (und ListBox_GetTextLen liefert dementsprechend die Länge des Eintrags):

```
l=ListBox_GetTextLen(hwndList,iCurr); // Len statt Length!
ListBox_GetText(hwndList,iCurr,chBuf); // Puffergröße?
```

Ich hätte es für glücklicher gehalten, entweder diese beiden Makros exakt mit dem gleichen Namen und der gleichen Aufrufsequenz zu versehen wie die für die anderen Klassen oder, besser, die Benennung so vorzunehmen, daß keine Verwechslungen möglich sind.

Klassenspezifische Makros

Alle weiteren Makros in den jeweiligen Gruppen sind dann klassenspezifisch und so implementiert, daß sie aus ihren Parametern das wParam/lParam-Paar für die entsprechende Nachricht konstruieren und dieses dann an das betreffende Window versenden. Statt alle Makros aufzulisten und/oder zu beschreiben, will ich nur einige der interessanteren Makrodefinitionen herausgreifen und erläutern; die genauen Details für die anderen Definitionen können Sie der Header-Datei jederzeit selbst entnehmen. Betrachten wir zuerst die Definition des Makros Static_SetIcon (die allerdings für Win16 und Win32 identisch ist):

Nachricht konstruieren und senden.

```
#define Static_SetIcon(hwndCtl,hIcon) \
  ((HICON)(UINT)(DWORD)SendMessage((hwndCtl),STM_SETICON, \
  (WPARAM)(HICON)(hIcon),0L))
```

Static_SetIcon.

Was neben der Einsparung an Tipparbeit bei Verwendung des Makros besonders auffällt, sind die diversen Cast-Operationen, die innerhalb der Makroexpansion durchgeführt werden. Der Rückgabewert beispielsweise wird von LRESULT in DWORD, dann in einen UINT und schließlich zum HICON gecastet. Der Grund für diese multiplen Casts ist der Größenunterschied von Handles unter Win16 bzw. Win32. So, wie das Makro formuliert ist (siehe die folgende Abb. 4.8), wird in beiden

Multiple Casts.

Fällen eine korrekte HICON zurückgeliefert (die allerdings vom Aufrufer nicht unbedingt verwendet werden muß).

Abb. 4.8: Casts unter der Lupe: von LRESULT nach HICON.

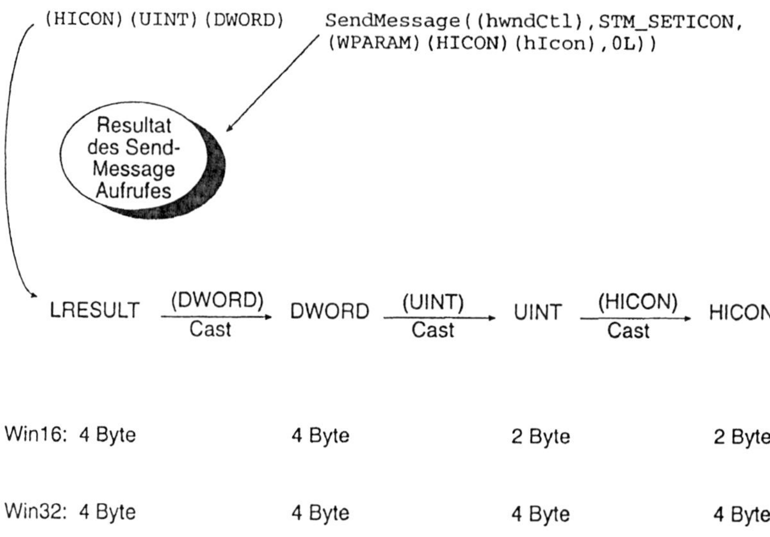

	LRESULT	DWORD	UINT	HICON
Win16:	4 Byte	4 Byte	2 Byte	2 Byte
Win32:	4 Byte	4 Byte	4 Byte	4 Byte

»Eingebaute« Typwandlungen.

Diese »eingebauten« Typwandlungen stellen einen der größten Vorteile dieser Makros dar: die Datentypkonversionen bzw. die daraus resultierenden Casts müssen nur einmal fehlerfrei durchdacht werden und können anschließend an zentraler Stelle einmalig explizit ausformuliert werden (siehe aber unten!). Die spätere Verwendung des Makros in den Quelltexten stellt dann sicher, daß die notwendigen Konversionen dort unabhängig von der Zielplattform stets korrekt durchgeführt werden.

Werfen wir nun einen Blick auf die Umsetzung der Nachricht BM_SETSTYLE der Klasse »Button«:

Button_SetStyle.

```
#define Button_SetStyle(hwndCtl,style,fRedraw) \
   ((void)SendMessage((hwndCtl),BM_SETSTYLE, \
   (WPARAM)LOWORD(style), \
   MAKELPARAM(((fRedraw)?TRUE:FALSE),0)))
```

Implementiert als Prozeduraufruf.

Zwei Dinge stechen hier ins Auge: zum einen die »Konversion« des Rückgabewerts in den Typ void, was darauf hinausläuft, daß die Rückgabe nicht weiter verwendet werden kann. Anders gesagt: Button_SetStyle ist quasi als Prozeduraufruf implementiert worden, und der Compiler kann die korrekte Benutzung auch sicherstellen. Zum anderen ist interessant, daß der übergebene BOOL fRedraw nicht einfach (nach dem Umcasten) weitergegeben wird, sondern vorher explizit in FALSE oder TRUE umgesetzt wird. In diesem Fall ist das zwar vermutlich nicht erforderlich (es schadet sicher auch nicht), es beleuchtet aber die auch schon im Abschnitt 3.4 angesprochene Problematik der Verwendung der Konstante TRUE bzw. allgemein von logischen Ausdrücken.

Weiter geht es mit einer etwas umfangreicheren Definition für die Edit-Nachricht EM_GETLINE:

Edit_GetLine.

```
#define Edit_GetLine(hwndCtl,line,lpch,cchMax) \
  ((*((int *)(lpch))=(cchMax)), \
  ((int)(DWORD)SendMessage((hwndCtl),EM_GETLINE, \
  (WPARAM)(int)(line),(LPARAM)(LPTSTR)(lpch))))
```

Ein ganz nettes Makro! Zuerst wird lpch (die Pufferadresse, vermutlich vom Typ LPSTR) in einen Zeiger auf einen int gecastet und die ersten zwei Bytes (unter Win32 sogar vier!) des Puffers mit der Länge desselben initialisiert.* Die Parameter werden korrekt konvertiert und das Makro liefert dann den in einen int umgewandelten Rückgabewert des SendMessage()-Aufrufs (man beachte den Komma-Operator, am Ende der zweiten Zeile). Recht trickreich, nicht wahr? Man kann von dieser Methode, die Länge eines Puffers zu übergeben, halten, was man mag, die Benutzung des Makros erspart auf jeden Fall einiges an Arbeit! Und wir verbleiben noch für eine weitere Nachricht bei der Klasse »Edit«:

** im übrigen eine äußerst fragwürdige Technik.*

Edit_SetWordBreakProc.

```
#define Edit_SetWordBreakProc(hwndCtl,lpfnWordBreak) \
  ((void)SendMessage((hwndCtl),EM_SETWORDBREAKPROC,0, \
  (LPARAM)(EDITWORDBREAKPROC)(lpfnWordBreak)))
```

Eigentlich ist an dieser Makrodefinition nichts sonderlich bemerkenswert. Aber eine bestimmte Kleinigkeit stört mich dabei schon — nämlich die Tatsache, daß die übergebene Variable lpfnWordBreak *vor* dem (LPARAM)-Cast erst noch explizit in eine EDITWORDBREAKPROC konvertiert wird, was mir vollkommen überflüssig erscheint. In der Tat wird der Cast nicht benötigt und er ist, bei Lichte betrachtet, nicht nur entbehrlich, sondern kann sich (hier zwar nicht, aber grundsätzlich) sogar ziemlich negativ auswirken. Der tiefere Grund für mein Unbehagen ist ganz einfach folgender: *entweder* enthält die Variable lpfnWordBreak tatsächlich die Adresse einer Funktion mit der für eine EDITWORDBREAKPROC korrekten Parametertyp- und Aufrufsequenz, dann ist der Cast genauso wirkungslos wie überflüssig. *Oder* diese Adresse zeigt auf eine Funktion mit anderer, nämlich unkorrekter Aufrufsequenz (z.B. weil bei der Funktionsdeklaration ein Parameter vergessen wurde), dann gibt der Compiler normalerweise eine Warnung* aus. Es sei denn, es erfolgt ein expliziter Cast wie oben! Der spiegelt dem Compiler nämlich vor, die Angabe der Adresse einer Funktion mit inkorrekter Aufrufsequenz sei vom Programmierer so gewollt! Das wiederum führt dazu, daß die Funktion später vom System mit einer anderen Parameteranzahl aufgerufen wird als von dieser erwartet, was das Programm bei der Verwendung der PASCAL-Aufrufsequenz fast sicher ins Land der Resetknöpfe befördert...

** wie »formal parameter 3 different from declaration« oder »suspicious pointer conversion«.*

Zugegeben, in diesem Fall ist der Cast ohnehin irrelevant, da letzten Endes ohnehin der große Gleichmacher LPARAM zuschlägt. Wenn aber statt SendMesssage() eine Funktion aufgerufen würde, die tatsächlich eine Funktionsadresse vom Typ EDITWORDBREAKPROC übernimmt, würde der Compiler deren Funktionsprototyp zur Parameterprüfung heranziehen. Und ein solcher Cast bei der Parameterübergabe nimmt ihm jede Möglichkeit der Überprüfung,** ob lpfnWordBreak auch wirklich auf eine »passende« Funktion zeigt. Oder, um den gleichen Sachverhalt mit einem ganz anderen Callback-Typ zu illustrieren — versuchen Sie einmal testweise, die beiden folgenden Statements zu compilieren (und ggf. auszuführen...):

*** Motto: Übersetzung gelungen — Programm abgesoffen!*

```
// Höchste Warnungsstufe einschalten!
EnumWindows(12345678L,0); // Compiler wird bitterböse...

EnumWindows((WNDENUMPROC)12345678L,0); // Compiler ist
// zwar ruhiggestellt, das Programm stürzt dafür aber mit
// ziemlicher Sicherheit ab!
```

Der obige Fall ist im übrigen innerhalb der WINDOWSX.H-Definitionen nicht der einzige, es werden leider ziemlich häufig Casts benutzt, die eigentlich gar nicht sein müßten. Und die Benutzung von überflüssigen Casts,* die dem Compiler alle Diagnose-Möglichkeiten nehmen, kann eine so grundlegende Fehlerquelle sein, daß ich mir diesen Hinweis einfach nicht verkneifen konnte. Ein wenig dubios kommt mir auch die folgende Definition vor — die Rückgabe von SendMessage() (die ja vom Typ LRESULT ist) wird erst zum DWORD und dann wieder zum LRESULT konvertiert:

* *Sie erinnern sich doch noch an die drei Regeln zum Casten?*

ComboBox_GetItemData.

```
#define ComboBox_GetItemData(hwndCtl, index) \
   ((LRESULT)(DWORD)SendMessage((hwndCtl), CB_GETITEMDATA, \
   (WPARAM)(int)(index), 0L))
```

Entweder hier passiert etwas ganz besonders Trickreiches, was ich nicht so recht durchschaue, oder der zuständige Mitarbeiter bei Microsoft wird nach Anzahl der benutzten Casts pro Makro bezahlt...

Hilfreiche Makros...

Nichtsdestoweniger sind diese Makrodefinitionen extrem hilfreich. Zum einen ersparen sie bei regelmäßiger Nutzung eine ganze Menge an eigentlich überflüssiger Tipparbeit, zum anderen führen sie die meisten Konversionen von und nach den Nachrichtenparametern ja durchaus korrekt durch (und ich denke schon, daß auch die von mir kritisierten Definitionen irgendwann einmal überarbeitet und korrigiert sein werden). Gerade diese »automatische« Konversion dient, wie auch die »message cracker«, natürlich der Portabilität der Quelltexte. Ein weiterer, nicht zu vernachlässigender Vorzug ist sicherlich auch in der größeren Klarheit und Übersichtlichkeit der Makros, zumindest verglichen mit den teilweise doch sehr kryptischen SendMessage()-Aufrufen, zu sehen.

... statt kryptischer SendMessage()-Aufrufe.

4.6 Änderungen in der Basis-Funktionalität

»... nur in der Bewegung, so schmerzlich sie sei, ist Leben.« Jakob Burckhardt, Weltgeschichtliche Betrachtungen

Dieser Abschnitt beschäftigt sich mit den wesentlichsten Änderungen im Win32-Basisbereich,* deren Auswirkungen sich weder durch die schon beschriebenen Makros noch mit anderen einfachen syntaktischen Ersetzungen abfangen lassen. Sie fallen im großen und ganzen in die eingangs des Kapitels am Beispiel von hPrevInstance beschriebene Kategorie der semantischen Anpassungen.

** grob umrissen also das Kernel-Modul sowie die Anbindung an das I/O-System.*

Der Zugriff auf vorhergehende Instanzen

»hPrevInstance == 0«

Bleiben wir doch gleich bei dem Problem »hPrevInstance == 0«! Wenn Sie nur feststellen wollen, ob bereits eine weitere Instanz Ihrer Applikation geladen wurde, die gerade gestartete Instanz mithin nur die Nr. 2 ist, genügt ein einfacher FindWindow()-Aufruf:

```
// Statt:
if (hPrevInstance!=0) ... // Code für weitere Instanzen
// für Win32 besser:
if (hwndPrev=FindWindow(szAppClass,"MyWindowTitle")) ...
// hwndPrev jetzt mit der Window-Handle der vorhergehenden
// Instanz oder 0 initialisiert.
```

FindWindow() oder...

Der erste Parameter ist die Window-Klasse, der zweite der Window-Text des Haupt-Windows, so daß FindWindow(), sofern es ein Window mit diesem Text findet, dessen Handle zurückgibt. Beachten Sie, daß obiger Aufruf daher nur Sinn macht, solange die zweite Instanz ihr Haupt-Window nicht ebenfalls erzeugt hat! Eine weitere, aber etwas aufwendigere Möglichkeit besteht im Versenden einer privaten Nachricht an das so gefundene Window. Diese Variante erlaubt Ihnen allerdings, sozusagen als Entschädigung für den höheren Aufwand, auch den Transport von maximal acht Byte an Information zwischen der ersten und zweiten (bzw. weiteren) Instanz(en).

»message broadcasting«.

Die folgenden Code-Ausschnitte zeigen die prinzipielle Vorgehensweise:

```
#define WM_INSTCHECK  WM_USER  // Private Nachricht

LRESULT lAppCount=1;
HWND hwndPrev;
...
// in WinMain vor der Erzeugung des eigenen Haupt-Windows
if (hwndPrev=FindWindow(szAppClass,szAppTitle)) {
  lFromFirst=SendMessage(hwndPrev,WM_INSTCHECK,
    wToFirst,lToFirst);
  // 2. Instanz, lFromFirst kann irgendwelche Informationen
  // von der 1. Instanz enthalten, [w/l]ToFirst können
  // insgesamt 8 Byte zur ersten Instanz transportieren.
else
  // Aha, keiner da, daher 1. Instanz
...
// In der Window-Prozedur für das Haupt-Window:
LRESULT CALLBACK MainWndProc(HWND hwnd,UINT wMsg,
  WPARAM wParam,LPARAM lParam)
{
...
    case WM_INSTCHECK:
      return hwndPrev?SendMessage(hwndPrev,WM_INSTCHECK,
        wParam,lParam):++lAppCount;
...
}
```

Globale Variablen.

Im Hauptprogramm.

Window-Prozedur für Toplevel-Window.

Der Quelltext enthält zwei oder drei Besonderheiten: für die zweite Instanz ist der obige Code noch ausreichend, aber für weitere Instanzen ist zu beachten, daß FindWindow() bei gleichem Klassennamen und Window-Text nicht unbedingt die Window-Handle der ersten Instanz liefert. Je nach den auszutauschenden Informationen muß ggf. für die verschiedenen Instanzen ein eindeutiger Window-Text erzeugt werden. Beim Versenden der Nachricht können in den beiden Nachrichtenparametern maximal acht Byte an Informationen an eine bereits gestartete Instanz übertragen werden. Umgekehrt kann diese im Rückgabewert bis zu vier Byte zurücktransportieren. Im Bei-

Welchen Wert hat hwndPrev ab der dritten Instanz?

spiel wird für jede weitere Instanz ein Zähler inkrementiert und dessen Wert als »Startposition« der Instanz zurückgeliefert. Der Code ist so geschrieben, daß es einerlei ist, welche der bereits laufenden Instanzen den SendMessage()-Aufruf beantwortet!

Abb. 4.9: Kommunikation und Informationsaustausch durch private Nachrichten.

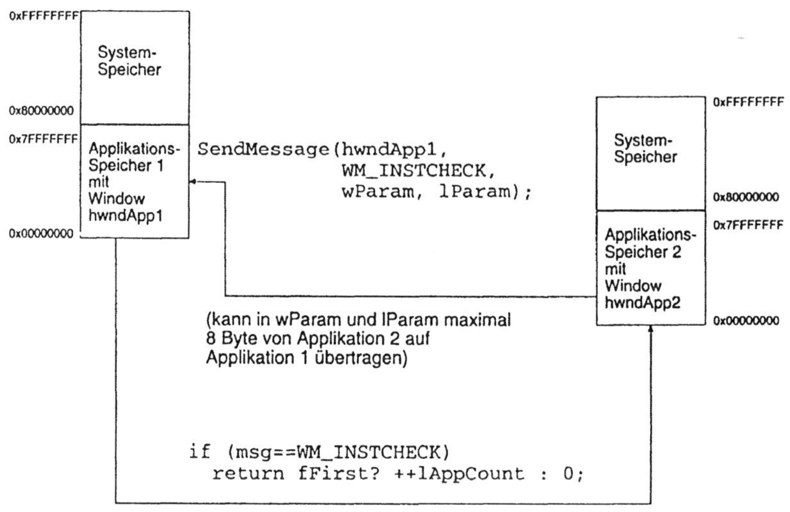

Keine Zeiger oder Adressen!

Es dürfen allerdings in beide Richtungen weder Zeiger noch Adressen übertragen werden, da die einzelnen Instanzen natürlich keinen Zugriff auf die Speicherbereiche der anderen Applikationen bzw. Instanzen haben, wie obige Abbildung illustriert.

GetInstanceData() gestrichen.

DDE?

»shared memory«?

Daher wird das Problem des Datenaustauschs etwas schwieriger, wenn größere Informationsblöcke zwischen den Instanzen auszutauschen sind: unter Win16 stand dafür ja die Funktion GetInstanceData() zur Verfügung, die unter Win32 jedoch ersatzlos gestrichen worden ist. Entweder Sie lassen sich daher auf die Fährnisse einer DDE-Konversation ein (was mir nur sinnvoll scheint, wenn Sie DDE entweder bereits gut kennen oder in Ihrem Programm ohnehin mit DDE-Konversationen arbeiten müssen). Oder Sie benutzen »shared memory«-Zugriffe, indem Sie z.B. ein »memory mapped file« erzeugen, ein komplettes Code-Beispiel dafür finden Sie im folgenden Kapitel bei der Diskussion über DLLs (Abschnitt 5.3, Seite 378). Falls Sie die zu kopierende Information als String verpacken können, gibt es noch eine dritte, relativ einfache Alternative. Es ist nämlich auch unter Win32 durchaus möglich, den Window-

Text (also z.B. die Titlebar) von Windows, die zu anderen Prozessen gehören, via GetWindowText() zu lesen (und mit SetWindowText() auch zu schreiben!). Also nutzen Sie wieder FindWindow(), diesmal aber nach einem Window suchend, das zu einer ganz bestimmten und von Ihnen nur zum Zweck des Datenaustauschs registrierten Klasse gehört. Die erste Instanz (bei der ja nach obiger Vorgehensweise hwndPrev == 0 gilt), erzeugt ein *nicht sichtbares* Window dieser Klasse und initialisiert dessen Window-Text gleich mit dem gewünschten String. Dessen Format und Inhalt kann vollkommen frei bestimmt werden, die Instanzen müssen nur so implementiert werden, daß sie die zu transportierenden Informationen dort einheitlich ablegen und auslesen können.

Oder mit Hilfe von [Set/Get]WindowText()?

Die zweite Instanz liest nun via FindWindow() die Handle hwndPrev, die jetzt natürlich ungleich 0 ist und ruft dann einfach GetWindowText() auf, wie der Ausschnitt zeigt:

Ein Beispiel für den Datenaustausch via Window-Text.

Zweite Instanz liest.

Erste Instanz schreibt.

```
// benötigte Klassen sind bereits registriert ...
if (hwndPrev=FindWindow("DataTransportClass",NULL)) {
  // hwndPrev!=0, daher zweite (oder weitere) Instanz
  CHAR chBuf[80];
  GetWindowText(hwndPrev,chBuf,sizeof(chBuf));
  // Die gesuchte Information findet sich jetzt in chBuf:
  // chBuf == "Data:123!456"
}
else // hwndPrev == 0, also erste Instanz
  CreateWindow("DataTransportClass","Data:123!456",...);
```

Durch Abbildung 4.10 auf der nächsten Seite wird das Zusammenspiel der beiden Instanzen illustriert. Es existieren im übrigen zahlreiche unterschiedliche Lösungen zur Feststellung, ob eine Applikation die erste oder eine weitere Instanz ist und natürlich auch, um Daten zwischen mehreren Instanzen oder Applikationen auszutauschen (z.B. die bisher nicht erwähnte neue Win32-Nachricht WM_COPYDATA, die weiter unten bei der Behandlung der Speicherverwaltung erläutert wird). Die hier gezeigten Ansätze, und das gilt auch für alle weiteren Beispiele, sind zwar *prinzipiell* für den jeweiligen Zweck geeignet, müssen aber dennoch je nach konkreter Applikation und vorgefundenem Umfeld sorgfältig ausgewählt und dement-

Zahlreiche Ansätze zur Programmkommunikation.

sprechend implementiert werden! Sie sind daher auch eher als Anregung denn als die beste oder gar einzig wahre Implementation zu verstehen.

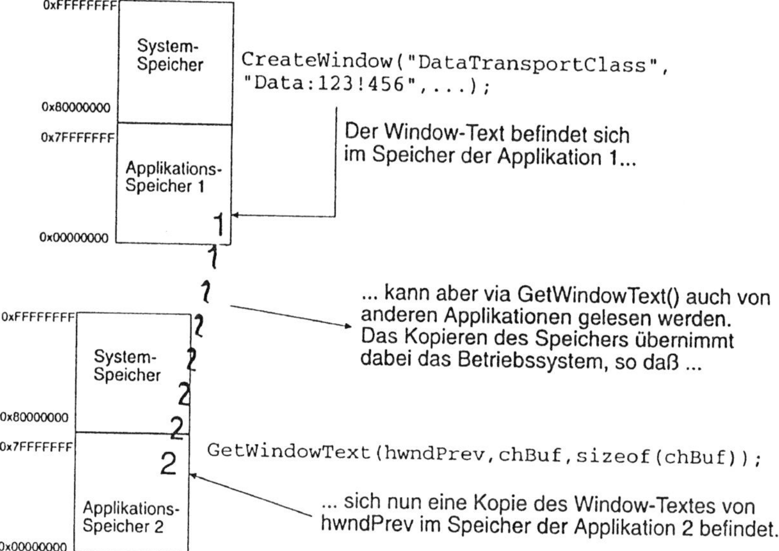

Abb. 4.10: Einfacher Datentransfer über den Window-Text.

Die Speicherverwaltung: lokaler und globaler Heap

Wenden wir uns nun dem Bereich zu, der diese ganze Malaise zu verantworten hat und der unter Win32 grundlegend anders aufgebaut ist als bei Win16: die dynamische Speicherverwaltung. Unter Win16 existieren bekanntlich zwei (weitestgehend) unabhängige Mechanismen zur dynamischen Anforderung und Verwaltung von Speicherbereichen: der lokale Heap, der in der Regel eher für kleinere Objekte (in der Größenordnung um maximal 100 bis 200 Byte) verwendet wird und der globale Heap, der vorwiegend zur Allokation größerer Bereiche oder zum Austausch von Daten zwischen Applikationen benutzt wird. Ich kann im folgenden nicht detailliert auf die Besonderheiten dieser beiden Verfahren eingehen, denn hier spielt z.B. auch der Systemmodus, in dem Windows 3.x gerade läuft, eine bedeutende Rolle (siehe dazu [Literatur 11] und für Internas [Literatur 3]). Aber einige Ähnlichkeiten und grundlegende Erkenntnisse zwischen den beiden Win16-Ansätzen und der

Lokaler Heap.

Globaler Heap.

Win32-Speicherverwaltung können wir in der folgenden Aufstellung durchaus festhalten:

	lokaler Heap (Win16)	**globaler Heap (Win16)**	**lokaler und globaler Heap (Win32)**
theoretisches Maximum	64 KB	je nach Modus mehrere MB	2 GB
Zeigertyp (und -größe in Byte)	Offset (2)	Selektor und Offset (4)	Offset (4)
Anzahl der Allokationen begrenzt durch	verfügbaren Speicher (im Rahmen des theoretischen Maximums)	verfügbaren Speicher und LDT-Einträge	verfügbaren Speicher (im Rahmen des theoretischen Maximums)
Locking der Handle	notwendig für »moveable« Speicher	grundsätzlich notwendig	notwendig für »moveable« Speicher
Verfügbarkeit	Applikation	Systemweit	Applikation

Tab. 4.3: Unterschiede und Ähnlichkeiten der Win16- und Win32-Speicherverwaltungen.

Wie man unschwer erkennt, findet sich die Win32-Verwaltung konzeptionell viel näher am lokalen als am globalen Heap von Windows 3.x. Außerdem ist bemerkenswert, daß ich in der Tabelle bei Win32 *überhaupt* nicht zwischen diesen beiden Methoden unterschieden habe. Das ist kein Wunder, gibt es dort zwischen lokalen und globalen Speicherallokationen doch keinen signifikanten Unterschied mehr. Einzig, um bestehende Win16-Quelltexte leichter portieren zu können, wurde diese (veraltete) Auftrennung und die entsprechenden Funktionen übernommen. Tatsächlich wird, unabhängig vom Typ der Allokation, immer der gleiche, vordefinierte Standard-Heap benutzt. Die Global/Local...()-Aufrufe sind unter Win32 daher nichts weiter als zwei fast identische Schalen um das neu eingeführte Heap-API (das seinerseits auf der virtuellen Speicherverwaltung aufsetzt) und Funktionen wie HeapAlloc() und HeapFree() verfügbar macht. Die Abbildungen 4.11 und 4.12 auf den folgenden Seiten illustrieren die unterschiedlichen Ebenen der Speicherverwaltung unter Win16 und Win32.

Keine signifikanten Unterschiede zwischen lokalem und globalem Heap.

Welche Konsequenzen hat diese Vereinheitlichung nun für bestehende Programme? Die lokalen Allokationen können, sofern sie bislang korrekt codiert waren, ohne jede Änderung übernommen werden. Das gleiche gilt für das Locken und

Lokale Allokationen: kaum Änderungen.

Unlocken der so erhaltenen Speicher-Handles. Beim Hantieren mit Zeigern in den lokalen Heap (im Regelfall NEAR-Zeiger) können, je nach Verwendung, allerdings kleinere Änderungen erforderlich werden. Die Zuweisung eines solchen Zeigers an eine 16-Bit-Variable (z.B. vom Typ WORD) dürfte unter Win32 nicht wie erwartet funktionieren, hierfür sollte grundsätzlich ein UINT verwendet werden. Auch das Verschicken von NEAR-Zeigern in privaten Nachrichten kann problematisch sein. Zwar ist der mitgewachsene WPARAM auch unter Win32 breit genug für einen Zeiger in den »lokalen« Heap, aber z.B. das Packen von zwei NEAR-Zeigern in einen LONG (bzw. LPARAM) geht natürlich nicht mehr... LocalInit() und die damit zusammenhängende Aufruflogik (Datensegment-Modifikation etc.) können unter Win32 vollkommen gestrichen werden, das Konzept mehrerer lokaler Heaps ist hier weder notwendig noch implementiert.

Aber Vorsicht: Spezialfälle.

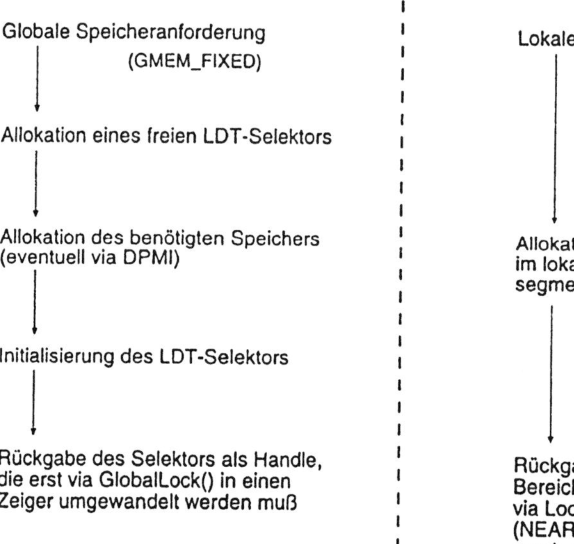

Abb. 4.11: Die Mechanismen zur Speicherverwaltung (Win16).

Die als LMEM_FIXED allokierten lokalen Memory-Handles konnten bislang direkt (also ohne folgenden LocalLock()-Aufruf) als NEAR-Zeiger (Offset) in das zugehörige Datensegment verwendet werden, global allokierte Bereiche (auch solche mit dem Attribut GMEM_FIXED) müssen dagegen unabhängig von ihren Allokations-Flags wenigstens einmal gelockt werden, eben um an eine gültige Adresse heranzukommen. Die Win32-

To Lock Or Not To Lock?

Allokationsroutinen gleichen (auch) in dieser Hinsicht dem ersten Verfahren. Es wird sogar in der Win32-Dokumentation explizit darauf hingewiesen, daß der Rückgabewert einer mit [G/L]MEM_FIXED erfolgten Allokation eben *keine* Speicher-Handle, sondern *direkt* der gewünschte Zeiger ist. Der unter Win16 nach GlobalAlloc() gewöhnlich folgende GlobalLock() wird in diesem Fall als NOP behandelt. Beachten Sie aber, daß diese Ausführungen nur für »fixed memory« gelten! Falls Sie Speicher mit dem Attribut [G/L]MEM_MOVEABLE allokieren, müssen Sie in jedem Fall einen korrespondierenden Lock-Aufruf durchführen, da beide Alloc-Funktionen in diesem Fall wirklich eine Handle und nicht die zugrundeliegende Adresse liefern. Warum man allerdings in einem System, das über eine virtuelle, seitenbasierte 32-Bit-Speicherverwaltung verfügt, Speicher mit diesem Attribut benötigt, ist eine andere Frage...

Handle oder Adresse?

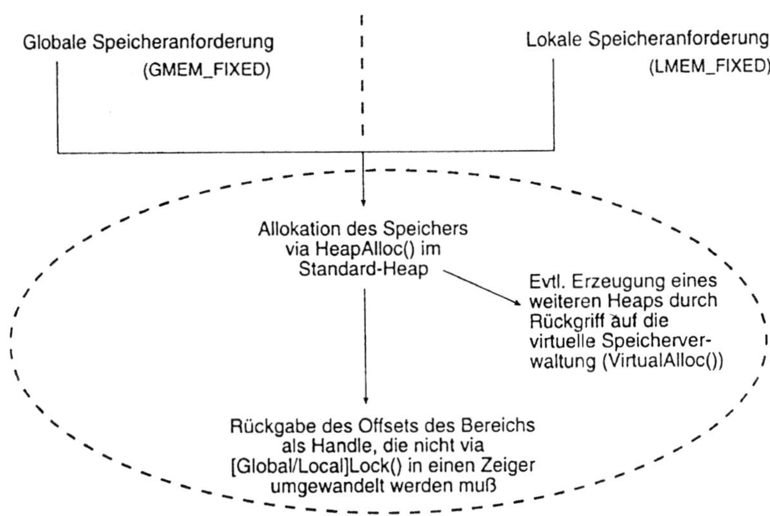

Abb. 4.12: Speicherverwaltung unter Win32.

Ganz anders gelöst: »shared memory«

Solche globalen Allokationen, die Speicher zum Zwecke des Datenaustauschs mit andern Programmen anfordern (mit Hilfe der beiden Flags GMEM_(DDE)SHARE), müssen für Win32 wegen der separaten Adressräume zwingend angepaßt werden, siehe hierzu die obigen Ausführungen zum Kopieren von

Probleme mit globalen Allokationen und GMEM_(DDE)SHARE.

Informationen zwischen mehreren Instanzen. Die Win32-Speicherverwaltung kann (wie schon Win16) übrigens jederzeit via GlobalHandle() aus einer gültigen Adresse die dazugehörige Handle ermitteln. (Die bereits im Abschnitt 4.3 erwähnten Makros zur Speicherverwaltung machen von dieser Möglichkeit regen Gebrauch.) Auch die Funktionen malloc() und free(), unter Windows-Entwicklern durch die handle- und lockbasierte Speicherverwaltung ziemlich in Verruf geraten, sind wieder salonfähig geworden. Denn da die Win32-Speicherverwaltung auf dem Paging des jeweiligen Prozessors aufbaut, ist jetzt der ganze Zauber entbehrlich, der seit Windows 1.x veranstaltet werden mußte, um den (seinerzeit) knappen Speicher* halbwegs akzeptabel auf die laufenden Applikationen verteilen zu können. (Und ein kleiner Seitenhieb gegen die Verfechter jener Theorie, daß die Software-Entwicklung dem Hardware-Design immer *so* furchtbar weit hinterherhinke: als irgendwann zu Beginn der 80iger Jahre die grundlegenden Windows-APIs entworfen wurden, war die 80286-CPU zwar gerade verfügbar geworden, aber aufgrund diverser Design-Schwächen und vor allem mangelnder Verbreitung nicht gerade die CPU der Wahl. So mußte die Speicherverwaltung von Windows für einen Prozessor zurechtgeschneidert und implementiert werden, der selbst keinerlei brauchbare Unterstützung für diesen Zweck bot — nämlich den 8088. Und letzten Endes geht wohl auch der mißglückte Start von OS/2 zu einem Gutteil auf das Konto des 80286 bzw. der Entscheidung, diese CPU und nicht ihren Nachfolger, den 80386, als Basis zu verwenden. Erst die mit diesem eingeführten Verbesserungen** änderten die Situation für Systemprogrammierer dramatisch: als der 386 jedoch endlich erschien, war die MS-DOS-Übermacht schon so fest zementiert, daß es mittlerweile enorm schwierig geworden war, etwas nicht 100%-DOS-Kompatibles am Markt zu etablieren. Wenn nur der 386 schon 1982 verfügbar gewesen wäre,*** hätte man sowohl den Windows-Entwicklern bei Microsoft als auch zahlreichen Programmierern so manche Kopfschmerzen ersparen können — oder halten Sie MakeProcInstance(), um nur *eine* der dubiosen »Hilfs-«Funktionen zu erwähnen, etwa für sonderlich elegant?)

** den die 8088-CPU zu allem Überfluß noch nicht einmal vernünftig verwalten konnte!*

*** Stichworte: 32-Bit-Verarbeitung, V86-Modus, »demand paging«.*

**** oder wenn IBM in den ersten PC gleich einen Prozessor wie den 68000 eingebaut hätte...*

Aber dieses Kind ist bereits in den Brunnen gefallen, also kehren wir lieber zurück zur Speicherverwaltung: das formlose

Hin- und Hersenden von globalen Speicher-Handles oder, noch schlimmer, FAR-Zeigern zwischen Applikationen zum Datenaustausch gehört unter Win32 endgültig der Vergangenheit an. Nur wer sich des standardisierten DDE-Protokolls (resp. der DDE Management Library) bedient hat, sieht einen Silberstreif am Horizont: offensichtlich übersetzt das Win32-Subsystem nämlich speziell bei diesen Nachrichten die Handles (bzw. die Speicherbereiche) von einem virtuellen Adressraum in den anderen. Und zwar völlig transparent! Alle anderen »shared memory«-Ansätze dagegen, die auf dem Austausch globaler Handles durch *private* Nachrichten beruhen, müssen für Win32 zwangsrenoviert werden: entweder unter Verwendung der neuen WM_COPYDATA-Nachricht oder durch die explizite Einführung eines gemeinsamen Speicherbereichs (via »memory mapped files«). Für letzteres findet sich ein komplettes Beispiel in Abschnitt 5.3, ersteres wird durch folgende kleine Kostprobe hoffentlich etwas klarer:

Nur DDE funktioniert.

Neu: WM_COPYDATA.

Kopiert einen Speicherbereich mit WM_COPYDATA.

```
#define BLOCK_SIZE 2048
...
HGLOBAL hG=GlobalAlloc(GMEM_FIXED,BLOCK_SIZE);
// GMEM_(DDE)SHARE hat unter Win32 ohnehin keinerlei
// Effekt und ist daher nicht notwendig!
COPYDATASTRUCT cds;
... // Speicher-Bereich initialisieren und dann...
cds.dwData=12345678L; // 4 Byte beliebige Daten
cds.cbData=BLOCK_SIZE;
cds.lpData=(LPVOID)hG; *
SendMessage(hwndOtherApp,WM_COPYDATA, (WPARAM)hwndSender,
   (LPARAM)&cds); // WM_COPYDATA nur via SendMessage()!
```

** GlobalLock() wegen GMEM_FIXED unter Win32 nicht erforderlich.*

Wie der Code zeigt, kann die sendende Applikation entweder bis zu vier Byte in einer COPYDATASTRUCT unterbringen oder aber einen Speicherbereich allokieren und mit den zu transportierenden Daten initialisieren (bzw. eine Kombination aus beidem: dwData könnte z.B. den Typ der Daten in lpData beschreiben). Win32 übersetzt den in cds.lpData angegebenen Speicherbereich (mit der Länge cds.cbData) innerhalb des SendMessage()-Aufrufs transparent in den Adressraum des Empfängers. Dabei ist zu beachten, daß der Datenbereich keine

Der Datenbereich darf keine weiteren Zeiger enthalten!

weiteren Zeiger in andere Bereiche enthalten darf, da diese *nicht* automatisch von Win32 in den Adressraum des empfangenden Prozesses umgesetzt werden (können). Dieser kann die Daten nun entweder nur lesen oder, nach dem Anlegen einer Kopie, auch ändern bzw. anderweitig bearbeiten. WM_COPYDATA liefert daher kein echtes »shared memory«, sondern dient eher zum Austausch von Datenblöcken. Wirklich *gleichzeitig* von mehreren Prozessen geteilte Speicherbereiche sind also nur mit »memory mapped files« zu machen.

Kein echtes »shared memory«.

```
// In der Window-Prozedur des Empfängers:
case WM_COPYDATA:
  pcds=(PCOPYDATASTRUCT)lParam;
  ...=pcds->dwData;
  memcpy(&myData,pcds->lpData,...);
  // Ändern von myData OK, nicht jedoch von *pcds->lpData!
```

Ein gewisser Nachteil der WM_COPYDATA-Nachricht liegt darin, daß sie vom Empfänger immer erst explizit angestoßen werden muß, indem dieser dem Lieferanten z.B. eine Nachricht übermittelt. Immerhin können mit Hilfe dieses Mechanismus relativ leicht private Protokolle zum Austausch von globalen Speicher-Handles umgesetzt bzw. implementiert werden. Bestehender Programm-Code muß zwar angepaßt werden, der Aufwand hält sich aber in Grenzen. Das schematische Vorgehen des Win32-Subsystems beim Versenden der WM_COPYDATA-Nachricht zeigt die Abbildung auf der nächsten Seite.

Private Protokolle.

Einmal I/O-System und zurück

Anbindung an I/O-System und Hardware.

Kommen wir zum nächsten großen Problembereich, nämlich der Anbindung an die Dateisysteme und die Hardware. Windows NT und auch das kommende, vermutlich nicht mehr MS-DOS-basierte Windows 4.0 sind hier gut dran: es gibt faktisch keine Trennung mehr zwischen dem GUI-API und den anderen Betriebssystem-Teilen, so daß sich quasi automatisch eine konsistente und portable Benutzung aller Ressourcen des Computers ergibt. Leider ist die Situation bei den aktuellen DOS-Versionen im Zusammenspiel mit Windows 3.x nicht ganz

so rosig. Da muß doch noch manches zu Fuß erledigt werden: hier ein BIOS-Call, da ein INT 21, dort ein Zugriff auf das BIOS-Datensegment etc. etc.

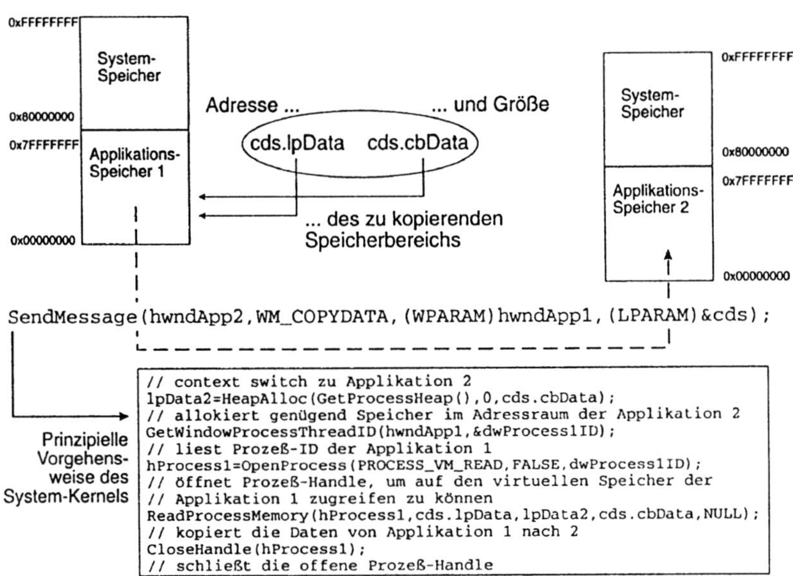

Abb. 4.13: Die Umsetzung von Speicherbereichen bei WM_COPYDATA.

Zwei große Teilbereiche lassen sich dabei ausmachen: zum einen solche Eigenschaften, für die Win32 eine (wenigstens halbwegs) kompatible Funktion bereitstellt. Hierunter fallen fast alle der wichtigen, aber unter Win16 nicht durch ein benanntes Interface unterstützten INT-21-Subfunktionen zur Dateiverwaltung. Die andere Gruppe sind all die Calls und PC-Spezialitäten, für die einfach keine unter Win32 sinnvolle (bzw. portable) Funktion implementiert werden kann. Dies mag entweder daran liegen, daß die Funktionalität CPU- oder PC-spezifisch ist und sich nicht oder nur schwer auf andere Prozessorarchitekturen portieren läßt (wie direkte Zugriffe auf bestimmte I/O-Ports), womit eines der Ziele von Windows NT, nämlich die weitgehende Quelltext-Portabilität zwischen den unterstützten Plattformen, hinfällig würde. Es gibt allerdings auch Aufrufe, die unter einem 32-Bit-System prinzipiell völlig sinnlos sind.* Gehen Sie ruhig davon aus, daß jedweder direkte Hardware-Zugriff unter Win32 für Applikationen (genauer für Programme, die im User Mode ablaufen) verboten ist, nur der NT-Kernel und Gerätetreiber (oder allgemein Programmteile, die im Kernel Mode laufen) haben die dafür notwendige

Ersetzt: INT-21-Aufrufe zur Dateiverwaltung.

Gestrichen: PC- und CPU-Spezifisches.

* z.B. die gesamte EMS-Schnittstelle.

Berechtigung. Auch BIOS-Spezialitäten sind im Regelfall nicht portierbar, jeglicher Zugriff auf die »BIOS data area« ab 0x0040:0x0000 (für die unter Win16 ja sogar ein eigener Selektor namens __0040H existiert), landen auf einem 32-Bit-System im GP Fault-Handler. Natürlich sind auch die anderen aus dem Win16-Kernel-Modul exportierten Selektorwerte (wie __0000H, __A000H etc.) mit entsprechender Vorsicht zu genießen. Vermutlich dürfte sich Windows 4.0 in dieser Hinsicht allerdings etwas »entgegenkommender« zeigen als NT. Schließlich ist 4.0 ja als *Update* zu Win16 zu betrachten und da lassen sich zu weitgehende Änderungen nun einmal nicht so einfach verkaufen.* Außerdem soll Windows 4.0 nur auf Intel-Plattformen laufen, daher kann so manches, was unter NT als äußerst unschicklich gilt, dort wenigstens toleriert werden.

** Buchstäblich!*

Hardware-Zugriffe nur in Gerätetreibern.

Während also für maschinennahe Zugriffe außerhalb von Gerätetreibern endgültig das letzte Stündlein schlägt, hat Microsoft wenigstens alle wichtigen MS-DOS-Calls in Win32 als mehr oder weniger kompatible Funktionen verfügbar gemacht (was nicht verwundert, denn auch Windows NT muß ja den kleinsten gemeinsamen Nenner, das gute, alte FAT-Dateisystem unterstützen). Dieser Trend war schon bei Windows 3.x erkennbar, denn hier existieren ja bereits einige benannte INT-21-Interfaces (z.B. _lopen(), _lread(), _lclose() etc. oder die etwas einsame Funktion OpenFile()). Der große Rest mußte aber entweder direkt via INT 21 oder unter Benutzung der etwas dubiosen Funktion DOS3Call() durchgeführt werden. Letztere ist unter Win32 erwartungsgemäß gestrichen worden (obwohl die Win16-Dokumentation von Microsoft die Verwendung gerade dieser Funktion recht vollmundig** zur Erhöhung der Portabilität anpries...).

Win16: _lopen(), _lclose() etc.

*** Siehe Windows 3.1 Programmer's Reference, Volume 1, Seite 396.*

Von der Benutzung obiger Win16-Funktionen zum File I/O rät die Win32-Dokumentation zwar ab, sie sind aber dennoch vorhanden und können bis auf weiteres genutzt werden. Für den gesamten Bereich Datei-I/O steht dagegen ein völlig neues API zur Verfügung, das wohl auch seinen Weg in künftige Win16-Versionen (sofern es diese überhaupt noch geben wird...) »zurückfinden« dürfte. Dort finden sich CreateFile(), ReadFile(), WriteFile() oder CloseHandle() etc., welche die bisher benutzten Funktionen komplett ersetzen sollen, und noch dazu weitere Funktionalität anbieten (z.B. überlappende I/O-Operationen).

Win32: CreateFile(), CloseHandle() etc.

Mein Ratschlag, um auch für künftige API-Überschläge von Microsoft (die so sicher wie das Amen in der Kirche kommen) gerüstet zu sein: schreiben Sie sich einen *eigenen* Interface-Layer zu den jeweils vorliegenden Funktionen, den Sie (ein weiterer Vorteil) auch noch um Ihre besonderen Bedürfnisse erweitern können. Ein solche Schale ist relativ leicht zu implementieren und kann, wenn sie wohldurchdacht wurde, sogar einiges an Tipp-, Nachschlage- und Denkarbeit ersparen. Arbeiten Sie jedoch in jedem Fall konsequent mit einem einzigen Satz von Aufrufen, denn Datei-Handles können nicht unbedingt zwischen den alten Funktionen (also Öffnen via _lopen()...) und den Win32-Funktionen (... und Schließen via CloseHandle()) ausgetauscht werden! Diese wichtige Feststellung gilt auch für C-Runtime-Aufrufe wie fread() etc., denen Sie keine Win32-Datei-Handles direkt übergeben sollten. Zur Konversion existieren zwei Runtime-Funktionen namens _get_osfhandle() bzw. _open_osfhandle().

Schreiben Sie sich doch eine eigene I/O-Schale!

Die Handles gehören »ihren« APIs.

Wenden wir uns also den MS-DOS-Funktionen zu, die unter Win32 über eigene Funktionen aufgerufen werden. Die folgende Aufstellung deckt die mir *bekannten* Win32-Funktionen ab* (mit anderen Worten: wenn Sie einen von Ihnen benutzten INT-21-Aufruf finden, sollten Sie die entsprechende Funktion aufrufen; wenn Sie jedoch keinen Eintrag finden, werfen Sie nicht die Flinte ins Korn, sondern besser einen scharfen Blick in die API-Dokumentation). Das in der letzten Spalte angegebene Symbol gibt meine Einschätzung der Kompatibilität der neuen Funktion mit dem korrespondierenden MS-DOS-Aufruf wieder (+ heißt groß, 0 heißt akzeptabel und - bedeutet Arbeit):

** Sie basiert im übrigen auf einer ziemlich fehlerhaften Tabelle aus der Win32-SDK-Dokumentation.*

Tab. 4.4: INT-21-Aufrufe und korrespondierende Win32-Funktionen.

INT-21-Subfunktion	**Win32-Funktion**	
0EH, Select Disk	SetCurrentDirectory	+
19H, Get Current Disk	GetCurrentDirectory	0
2AH, Get Date	GetSystemTime, GetLocalTime	0
2BH, Set Date	SetSystemTime, SetLocalTime	0
2CH, Get Time	GetSystemTime, GetLocalTime	0

INT-21-Subfunktion	Win32-Funktion	
2DH, Set Time	SetSystemTime, SetLocalTime	0
36H, Get Disk Free Space	GetDiskFreeSpace	+
39H, Create Directory	CreateDirectory	+
3AH, Remove Directory	RemoveDirectory	+
3BH, Set Current Directory	SetCurrentDirectory	+
3CH, Create Handle	CreateFile	0
3DH, Open Handle	CreateFile	0
3EH, Close Handle	CloseHandle	+
3FH, Read Handle	ReadFile	+
40H, Write Handle	WriteFile	+
41H, Delete File	DeleteFile	+
42H, Move File Pointer	SetFilePointer	+
43H, Get File Attributes	GetFileAttributes	-
43H, Set File Attributes	SetFileAttributes	-
47H, Get Current Directory	GetCurrentDirectory	+
4EH, Find First File	FindFirstFile	0
4FH, Find Next File	FindNextFile	0
56H, Change Directory Entry	MoveFile	+
57H, Get Date/Time of File	GetFileTime	0
57H, Set Date/Time of File	SetFileTime	0
59H, Get Extended Error	GetLastError	-
5AH, Create Unique File	GetTempFileName	0
5BH, Create New File	CreateFile	0
5CH, Lock	LockFile	+
5CH, Unlock	UnlockFile	+
67H, Set Handle Count	SetHandleCount	+

Speicherung und Verarbeitung von Dateinamen.

Eng mit dem Betriebssystem-Verkehr hängt ein weiteres Thema zusammen, das unter Win32 aktuell wird: die Speicherung und Bearbeitung von Dateinamen. Die uns allen in Fleisch und Blut übergegangene 8.3-Notation von MS-DOS ist schon mit dem High Performance File System (HPFS) von OS/2 1.x ganz erheblich erweitert worden. Und da Win32 bekanntlich HPFS-Partitionen unterstützt und mit NTFS auch ein eigenes, noch leistungsfähigeres Dateisystem zur Verfügung stellt, müssen in portablen Programmen die langen Dateinamen künftig wohl (oder übel) berücksichtigt werden. Aber als so schlimm stellt sich das gar nicht heraus: einige Regeln sowie die extensive Benutzung von expliziten Konstanten für die Angabe von Puffergrößen erlauben eine weitgehend portable Behandlung dieser Erweiterung.

Einige Regeln und explizite Konstanten helfen.

Lang oder kurz: die Behandlung von Dateinamen

Vermutlich gehört die Zeit, als Dateinamen noch in 12 oder 13 Byte langen Puffern zwischengespeichert wurden, mittlerweile ohnehin endgültig der Vergangenheit an: die Einführung von hierarchisch gegliederten Directories mit MS-DOS 2.0 und die damit einhergehende Erweiterung auf Namen mit bis zu 80 Byte Länge haben hier schon eine gewisse Basis gelegt und die Flexibilität von Programmen bei der Verarbeitung von Dateinamen ganz erheblich gefördert. In vielen Programmen findet sich dieses famose 80-Zeichen-Limit trotzdem hardcodiert wieder;* und auch die Isolation des Dateinamens selbst von der Pfadangabe geht meist noch davon aus, daß der solcherart generierte Name dem 8.3-Format entspricht. Diese Probleme führen jedoch tückischerweise nicht unbedingt sofort zu Programmfehlern: erst wenn eine Win32-Applikation auf einem nicht-FAT-Dateisystem einen Dateinamen verwenden soll, der länger ist als die vorgegebene Größe und/oder gegen die 8.3-Regel verstößt, gibt's vermutlich *ernsthafte* Probleme. Besonders die Teile Ihrer Applikation, die mit der Bearbeitung von Dateinamen zusammenhängen, sollten daher nach einer vermeintlich erfolgreich abgeschlossenen Portierung noch einmal *intensiv* mit unterschiedlichsten Pfadnamen auf den diversen Dateisystemen getestet werden. Die nachfolgende Aufstellung erläutert einige der wichtigsten »Benimmregeln« im Zusammenhang mit der Speicherung und Verarbeitung von Dateinamen:

** à la »char chFilename[81]«.*

Diese Fehler sind oft ziemlich gut versteckt!

- Alle von Windows NT unterstützten Dateisysteme benutzen den Backslash (\ ) als Trennungszeichen für einzelne Pfad- und den Dateinamen. Trotzdem ist wie für die Puffergrößen

Backslash als Trennungszeichen.

die Definition und konsequente Benutzung von Character-Konstanten durchaus empfehlenswert:

```
#define PATH_SEPARATOR  TEXT('\\')
// siehe Abschnitt 4.10 über Unicode bezüglich
// des TEXT-Makros

#ifdef WIN32
  #define FILENAME_BUFFER_SIZE  257
#else
  #define FILENAME_BUFFER_SIZE  81
#endif
TCHAR chFileName[FILENAME_BUFFER_SIZE];
...
if (tcschr(chFileName,PATH_SEPARATOR)) ...
```

Länge des Pfadnamens.

- Pfadangaben sind als nullterminierte Strings zu bearbeiten. Die maximale Länge des von einem bestimmten Dateisystem unterstützten Pfadnamens kann dabei über die Funktion GetVolumeInformation() erfragt werden, die auch weitere wichtige Informationen über die verfügbaren Laufwerke liefert. Nach den mir bisher vorliegenden Informationen wird allerdings die schon unter HPFS vorliegende Begrenzung von 256 Zeichen auch für NTFS gelten.

Groß/Kleinschreibung beachten.

- Obwohl NTFS den Dateinamen genauso abspeichert, wie er eingegeben wurde (also dessen Groß/Kleinschreibung exakt beibehält), wird dies vom Betriebssystem nicht wirklich zur Unterscheidung von Dateien herangezogen. Ihr Programm text sollte daher Dateinamen grundsätzlich unabhängig von Groß/Kleinschreibung vergleichen (z.B. durch lstrcmpi()) und benutzen: WinWord.Exe wird in allen Dateisystemen als der gleiche Name wie WINWORD.EXE oder auch wINwOrd.eXe behandelt. Diese Feststellung gilt sowohl für selbst erzeugte Namen als auch solche, die das Betriebssystem als Rückgabe eines Systemaufrufs geliefert hat!

Keine ungültigen Zeichen in Pfad- und Dateinamen.

- Generieren Sie nur solche Dateinamen, die keine ungültigen Zeichen enthalten. Einige Zeichen sind ohnehin grundsätzlich in allen Dateisystemen verboten (< > : " \ / |), andere könnten durch das jeweilige Dateisystem als nicht erlaubt klassifiziert werden. Zwei Strategien sind hier möglich:

entweder Sie beschränken sich auf ein gemeinsames Subset, das in allen Dateisystemen gültig ist oder Sie stellen bei jedem Pfadnamen fest, für welches System er bestimmt ist und testen dann über eine zugeordnete Tabelle, ob alle Zeichen im Namen gültig sind. Einfacher und sinnvoller scheint mir der erste Ansatz — insbesondere auch deswegen, weil so beim Kopieren von Dateien zwischen verschiedenen Dateisystemen keinerlei Namensinkompatibilitäten auftreten können.

- Zwei aufeinanderfolgende Punkte im Pfadnamen (..) bezeichnen grundsätzlich die Parent-Directory der aktuellen Directory und dürfen nur in Pfadkomponenten benutzt werden.

Zwei Punkte: Parent-Directory.

- Ein Punkt (.) ist entweder die Kennung für die aktuelle Subdirectory oder als Separator in einem Pfad- oder Dateinamen zu verstehen. Beim Zerlegen von Pfadnamen ist besonders zu beachten, daß unter einigen Dateisystemen Komponenten mit mehr als einem Punkt zulässig sind: sowohl der Name »C:\SRC\PROJ.11.MÄRZ.1993\TEST.C« (mit mehreren Punkte in der zweiten Pfadkomponente, die offensichtlich ein Datum bezeichnen soll) als auch »D:\GARBAGE\TODO.LIST.FOR.TL«, wo der Dateiname selbst drei Punkte enthält, sind unter NTFS absolut gültige Dateinamen! Da der Punkt in Pfad- und Dateinamen als Separator eingesetzt werden soll, ist zu beachten, daß er nicht am Ende eines Namens auftauchen kann (in diesem Fall wird er vom Betriebssystem einfach unterdrückt). Allerdings werden mehrfache Wiederholungen des Punktes innerhalb von Pfad- und Dateinamen nicht mehr zu einem einzigen Punkt zusammengefaßt (siehe auch folgendes Beispiel).

Einzelne Punkte sind Separatoren.

Mehr als ein Punkt pro Name möglich!

- Grundsätzlich müssen alle Programmteile, die Pfad- oder Dateinamen zeichenweise analysieren, so angepaßt werden, daß sie auch mit Namen korrekt arbeiten, die bisher nicht mögliche Zeichen enthalten. Unter HPFS und NTFS ist es beispielsweise möglich, im Dateinamen u.a. Blanks unterzubringen, so daß die beiden folgenden Systemkommandos vollkommen korrekt sind (die Anführungsstriche des zweiten Dateinamens dienen nur als Delimiter):

Zeichenweise Analyse anpassen.

```
copy  data92.txt  "Meine Daten vom letzten Jahr als Text"
copy  test.doc  NurZumTest...!
```

Umsetzung der langen Dateinamen auf MS-DOS-Format.

- Selbst ganz normale MS-DOS- und Win16-Applikationen können unter Win32 via 16-Bit-Subsysteme auf NTFS- und HPFS-Partitionen zugreifen. Das Betriebssystem definiert für die dabei notwendig werdende Umsetzung der langen Dateinamen ein einfaches Schema, mit Hilfe dessen aus NTFS-Dateinamen solche im MS-DOS-verträglichen 8.3-Format generiert werden können. Dieses Mapping wird zwar für die MS-DOS-Applikation (erwartungsgemäß) völlig transparent vorgenommen, für den Benutzer gilt diese Transparenz jedoch vermutlich weniger: der so erzeugte »symbolische« DOS-Name ist nämlich oft ziemlich kryptisch. Beim Anlegen von Dateinamen sollte daher auch eine Win32-Applikation, soweit vertretbar, die für MS-DOS-Programme notwendige Umsetzung bei der Namenswahl bzw. -generierung berücksichtigen. Leider hat Microsoft im Win32-API bislang keine Möglichkeit vorgesehen, um einer Win32-Applikation die Bestimmung des »MS-DOS-Alias« selbständig zu überlassen.

»MS-DOS-Alias«.

INI-Dateien und Registrierungs-Datenbank

Initialisierungsinformationen.

Auch der nächste Punkt auf der Liste der Unterschiede hat mit Dateien zu tun: es geht um die berühmt-berüchtigten INI-Dateien, in welchen sowohl Windows selbst als auch viele Applikationen die Initialisierungs- und sonstigen Informationen ablegen, die zwischen zwei Aufrufen des Programms zwischengespeichert werden müssen. Die grundsätzliche Idee ist natürlich vernünftig, führte aber bei Windows 3.x schnell zu einem unübersichtlichen Wust von Dateien. (Eine ganze Reihe von Programmen haben sich auch oder zusätzlich noch in WIN.INI »verewigt«, was die Les- und Wartbarkeit dieser Datei nicht gerade fördert.). Dazu kommt, daß die INI-Dateien allesamt im ASCII-Format vorliegen und daher von jedem Benutzer frei manipuliert werden können — das kommt dem versierten Anwender zwar sicherlich entgegen, läßt den Unerfahrenen nach

INI-alt: ASCII-Format.

leichtsinnigen Modifikationen jedoch manchmal mit einem unbenutzbaren System zurück.

Außerdem machen fortschrittliche Möglichkeiten wie OLE ohnehin eine bessere gegenseitige Kontrolle und Kommunika tion der Programme untereinander und mit dem System erforderlich — und alle dafür notwendigen Informationen müssen natürlich ebenfalls an zentraler Stelle standardisiert abgelegt werden. Schon für Windows 3.1 wurde daher der Mechanismus der Registrierungs-Datenbank geschaffen, in der Applikationen zum einen die beispielsweise für OLE notwendigen Informationen ablegen müssen; zum zweiten kann diese Datei (namens REG.DAT) auch transparent zum Speichern aller Arten von Initialisierungsinformationen herangezogen werden (siehe Abb. 4.14 unten). Ein ziemlich leistungsfähiges eigenes API (mit RegOpenKey(), RegQueryValue() etc.), das wohl mittelfristig die Aufrufe zur Manipulation von textuellen INI-Dateien (wie [Get/Write]ProfileString()) ablösen soll, wurde ebenfalls mit Windows 3.1 zur Verfügung gestellt.

INI-neu: Registrierungs-Datenbank.

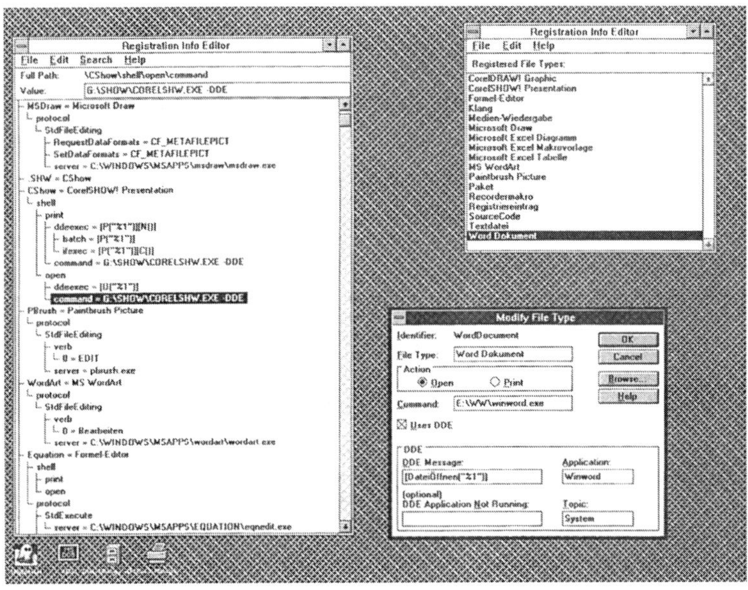

Abb. 4.14: 16-Bit-Registrationsinformationen in REG.DAT.

Win32 geht nun noch einen Schritt weiter, indem das Konzept der Registrierungs-Datenbank so erweitert wurde, daß es u.a. die gesamte Hard- und Software-Konfiguration einer Maschine inklusive der privaten Einstellungen aller angemeldeten Benutzer sowie beliebige weitere, applikationspezifische Informatio-

Konfiguration plus private Einstellungen plus weitere Informationen.

nen verwaltet (dieses umfangreiche Konglomerat an Daten wird unter Win32 als Registry bezeichnet). Dabei sind nicht mehr nur textuelle Einträge möglich, auch beliebig formatierte binäre Daten können mit dem Registry-API abgelegt werden (wie Abbildung 4.15 gegenüber zeigt). Die fehlerträchtige Koexistenz zweier nicht immer konsistenter Ebenen mit Systeminformationen in Windows 3.1 (nämlich REG.DAT einerseits, WIN.INI, SYSTEM.INI etc. andererseits) ist schlicht dadurch beendet worden, daß Win32 auf textuelle INI-Dateien vollständig verzichtet. Für Applikationen, welche die Zugriffe auf INI-Dateien (auch private) korrekt mit den dafür vorgesehenen API-Funktionen vornehmen, ändert sich hierdurch praktisch nichts, da das System die Umlenkung auf die Registry für das Programm unsichtbar im Hintergrund vornimmt. Anders, und jetzt wird auch der Sinn dieser ganzen Erläuterung klar, sieht es hingegen für Programme aus, die direkt auf INI-Dateien zugreifen, indem sie z.B. die Datei WIN.INI in der Windows-System-Directory öffnen und sich mit selbstgestrickten I/O-Operationen unmittelbar die notwendigen Informationen zusammenklauben. Gerade für die Bearbeitung umfangreicher INI-Dateien ist dieser Weg unter Win16 nämlich erheblich effizienter. Allerdings ist dieses Vorgehen unter künftigen Windows-Versionen nicht mehr möglich! Anders gesagt: entweder Sie benutzen für private Initialisierungsinformationen die systemweite Registry, dann müssen Sie zwingend mit dem dafür vorgesehenen API hantieren. Oder Sie schreiben diese in eine eigene Datei (deren Namen, Format etc. Sie natürlich selbst festlegen können), dann benötigen Sie die Registry-Aufrufe überhaupt nicht. Wenn Sie allerdings an Systeminformationen herankommen wollen, führt definitiv kein Weg an diesen Funktionen vorbei!

Win32-Registry.

Keine textuellen INI-Dateien unter Win32.

Daher kein direkter Zugriff.

Hierarchischer Mehrwege-Baum.

Da die Win32-Registry als hierarchischer Mehrwege-Baum abgespeichert wird, erfolgt der Zugriff auf die einzelnen Schlüsselworte erheblich schneller als bei den doch eher behäbigen und unstrukturieren Textdateien. Der bedeutendste Grund, diese direkt zu manipulieren, entfällt damit wohl. Auch das zweite wichtige Motiv ist unter Win32 obsolet: die Registry kann, wie oben schon erwähnt, auch Binärdaten speichern. Und da sie bis auf maximal 32 MB anwachsen kann, dürfte der Platz selbst für die speicherhungrigsten Programme ausreichen (sofern diese dort auch wirklich nur solche Angaben ablegen, die *zwischen* den Aufrufen der Applikation zur Initialisierung zwischengespeichert werden müssen). Um es noch einmal klar zu sagen: solange Sie mit den dafür vorgesehenen Profile-Funktionen auf systemweite und/oder private INI-Dateien zugreifen, wird die Umsetzung auf die Registry unter Win32 transparent vom Betriebssystem vorgenommen. Nur wenn Sie eigene, nicht standardisierte Zugriffsmethoden* benutzen, die auf der direkten Manipulation der jeweiligen INI-Datei beruhen, bekommen Sie Schwierigkeiten: diese Dateien existieren eben nicht mehr und können deswegen auch nicht mehr eingelesen oder verändert werden.

** sprich: direkte Dateioperationen.*

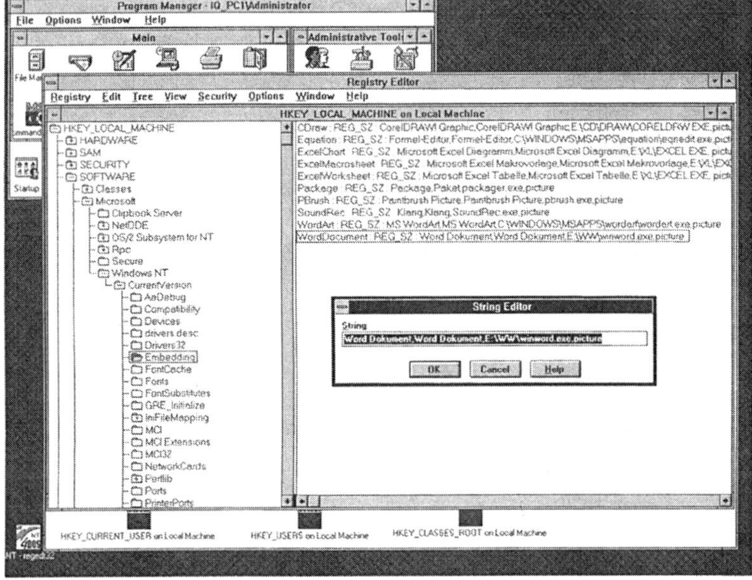

Abb. 4.15: Die Win32-Registry.

Zahlreiche weitere kleine Unterschiede und Anpassungen, die zum allergrößten Teil einfacher syntaktischer Natur sind und deren Behandlung hier zu weit führen würde, werden in der erweiterten und eingedeutschten PORT.INI-Datei (Anhang 2, ab Seite 391) beschrieben. Dort werden auch Hinweise zu den notwendigen Quelltext-Änderungen gegeben, die meist relativ leicht durchzuführen sind. Alle bislang beschriebenen Unterschiede werden natürlich ebenfalls berücksichtigt.

Weitere Kleinigkeiten: siehe Anhang 2, PORT.INI.

4.7 Abweichungen beim Window-Management

»Programmieren für Windows weist in der Tat Ähnlichkeiten auf mit objektorientierter Programmierung. Diese sind besonders auffällig bei dem Objekt, mit dem Sie am meisten arbeiten werden; das Windows auch den Namen gegeben hat; ein Objekt, das manchmal fast menschliche Züge anzunehmen scheint; ja, vielleicht sogar in Ihren Träumen auftauchen wird: das Window.« Charles Petzold, Programming Windows 3.1

Wenn denn Windows in Windows eine *so* hervorragende Rolle spielen, sollte man erwarten, daß sich gerade in diesem Bereich die meisten Änderungen und Erweiterungen ergeben haben. In der Tat, gemeinsam mit der Kernel-Funktionalität sind hier die wesentlichsten Unterschiede zu verbuchen. Aber immerhin, das API zur Window-Manipulation ist im großen und ganzen eine ziemlich strikte und vor allem rückwärtskompatible Umsetzung des Win16-APIs auf 32 Bit. Fast alle wichtigen Unterschiede sind daher entweder auf die Verbreiterung der grundlegenden Datentypen oder auf die strikte Prozeßtrennung zurückzuführen. Insbesondere die Einführung getrennter Adressräume macht je nach Programmtyp erhebliche Umstellungen und teilweise sogar algorithmische Anpassungen erforderlich. Wie da gegen die Abschnitte 4.2 bis 4.5 gezeigt haben, lassen sich die mit der Datentyp-Ausweitung zusammenhängenden Portabilitätsprobleme zum größten Teil durch die zahlreichen typedefs und besonders die in WINDOWSX.H definierten Makros umgehen. Gerade bezüglich der Ver- und Entpackung von Informationen in den Nachrichtenparameter sei hier auf die Abschnitte 4.3, 4.4 und 4.5 verwiesen.

Umsetzung des Win16-APIs auf 32 Bit.

Wie dort schon ausführlich diskutiert, werden sich die Parameter von Window-Prozeduren (worunter auch Dialogbox- und eine Reihe weiterer Callback-Funktionen fallen) mit Win32 ändern: während bislang insgesamt 10 Byte Informationen an diese Callbacks übergeben wurden (2+2+2+4), sind es nun geländegängige 16 Byte (4*4). Durch die Verwendung von teilweise eigens für die Window-Prozeduren definierten typedefs ist diese Modifikation jedoch durch einige einfache Quelltext-Anpassungen mit Hilfe eines brauchbaren Editors abzufangen.

Parameter von Window-Prozeduren.

Und die »message cracker« bzw. GET_WM_*-Makros tragen natürlich das ihre zur Formulierung portabler Programme bei!

Die Aufrufsequenz von Window-Prozeduren

In die gleiche Kategorie fällt eine weitere, auf den ersten Blick unbedeutende Änderung: die Pascal-Aufrufsequenz, die bisher via FAR PASCAL quasi hardcodiert bei Deklaration und Definition von Windows-Callbacks benutzt wurde, wird von einer ganz neuen Aufrufsequenz abgelöst, die sich hinter einem eigens dafür definierten Makro namens CALLBACK verbirgt; eine gute Idee, auf die Microsoft auch schon früher hätte kommen können. Nun ist nämlich in allen bestehenden Programmen eine entsprechende Anpassung vorzunehmen, was sich leicht hätte vermeiden lassen, wenn ein entsprechendes Makro schon von Anfang an für Win16 verfügbar gewesen wäre (es wurde aber leider erst mit 3.1 definiert und wird bislang selbst in den Win16-SDK-Beispielen kaum eingesetzt). Immerhin hat der C-Programmierer, abgesehen von dieser letzten Endes unkomplizierten Änderung, nichts weiter zu tun: um korrekte Parameterübergabe und -zugriffe sowie die Aufräumungsarbeiten auf dem Stack kümmert sich ja der Compiler. Etwas weniger begeistert dürften dagegen Assembler-Programmierer sein: die neue, als __stdcall bezeichnete Aufrufkonvention erzwingt nämlich die Anpassung *aller* Win16-Systemaufrufe sowie in Assembler geschriebenen Callback-Funktionen. Die portable Deklaration einer Window-Prozedur in C sieht wie folgt aus:

Statt FAR PASCAL nun CALLBACK.

Neue Aufrufsequenz __stdcall.

```
// CALLBACK ist für 3.1 als _far _pascal definiert
// für Win32 dagegen als __stdcall
LRESULT CALLBACK XyzWndProc(HWND hwnd,UINT wMsg,
  WPARAM wParam,LPARAM lParam);

// Dagegen vor Windows 3.1:
// LONG FAR PASCAL XyzWndProc(HWND hwnd,WORD wMsg,
// WORD wParam,LPARAM lParam);
```

* Die Prototypen in den Header-Dateien nicht vergessen!

Für den Hochsprachen-Programmierer ist die Anpassung an den neuen Aufrufmechanismus durch obige Deklaration für Win16 und Win32 erledigt.* Benutzen Sie daher konsequent die von Microsoft definierten Makros (CALLBACK für Callback-Funktionen und WINAPI für global bekannte Funktionen), das kommt erstens der Portabilität zugute und führt zweitens dazu, daß Ihre Callback- und DLL-Funktionen vom System auch korrekt aufgerufen werden können.

Assembler-Code und Zugriff auf die Parameter.

Bei Assembler-Code muß dagegen jeglicher Zugriff auf die Parameter so modifiziert werden, daß zum einen die korrekte Registergröße (also z.B. EAX statt AX etc.) verwendet wird, zum anderen muß sich das Ablegen und die Adressierung der Parameter auf dem Stack nach der __stdcall-Konvention richten. Die detaillierte, wohl nur für Assembler-Programmierer wichtige Beschreibung dieser Konvention, einige Bemerkungen zu den bisherigen Aufrufvarianten sowie ein Beispiel findet sich im Anhang 5. Dort betrachte ich exemplarisch die Verhältnisse sowohl für gewöhnliche Prozeduren als auch für solche mit variabler Parameterliste — die Diskussion kann sinngemäß jedoch auch auf die Callback-Typen (Windows, Dialogs, Hooks, Enums, etc.) übertragen werden. Natürlich sind die dortigen Ausführungen zu Aufrufsequenzen x86-spezifisch.

Window- und Klasseninformationen.

Aus GWW_ICON wird GWL_ICON.

Eine weitere Adaption, die auf relativ einfache textuelle Ersetzungen hinausläuft, betrifft WORD-Zugriffe auf spezifische Window- oder Klasseninformationen sowie die »extra bytes« mit Hilfe der Funktionsgruppen [Get/Set]Class[Long/Word]() bzw. [Get/Set]Window[Long/Word](). Unter Win16 konnten die diversen Handles etc. mit Hilfe von Konstanten wie GWW_HICON oder GCW_HCURSOR bearbeitet werden. Die Vergrößerung der Handle-Datentypen bringt es mit sich, daß nun all diese Informationen quasi als LONGs abgespeichert werden müssen — demzufolge sind die Bezeichnungen der Konstanten angepaßt worden (also z.B. GWL_HICON bzw. GCL_HCURSOR) und es sind folgerichtig die Funktionspaare [Get/Set]WindowLong() und [Get/Set]ClassLong() zu benutzen. Etwas problematischer ist möglicherweise die Anpassung, wenn Sie selbst in den Window-Extrabytes weitere, private Informationen abgespeichert haben. Prüfen Sie erstens, ob die Zugriffsfunktionen die unter Win32 geänderten Größenverhältnisse berücksichtigen (was sich ja nicht nur auf Handles erstreckt: ein int oder UINT ist ebenfalls doppelt so groß). Zweitens sollten Sie sicherstellen, daß auch bei der Klassenregistrierung selbst genügend Platz reserviert wird (in den beiden Komponenten cbClsExtra bzw. cbWndExtra der WNDCLASS-Strukur). Falls Sie dort nicht mit sizeof() arbeiten, ist vermutlich eine Anpassung fällig. Ich verweise im übrigen auf die Betrachtungen und Makrodefinitionen in Abschnitt 3.3, Seite 160.

Zugriff auf die »extra bytes«.

DDE und Konsorten

Kommen wir nun zum Thema »dynamischer Datenaustausch«! Hier haben wir zwei strikt getrennte Teilbereiche zu betrachten: zum einen die DDE-Nachrichten, die ja das eigentliche DDE-Protokoll definieren; zum anderen die seit Windows 3.1 verfügbare DDEML,* die ein vergleichsweise einfaches API um das unhandliche und ziemlich schwierig zu bedienende DDE-Protokoll legt. Alle Programmteile, die auf letzterer aufbauen, müssen im wesentlichen nur die allgemeinen Regeln für Win32-Programme beachten, das DDEML-API selbst ist bis auf einige kleinere Unterschiede zwischen beiden Systemen völlig portabel. Einerseits sind nämlich einige DDEML-Datenstukturen (CONVCONTEXT etc.) geringfügig erweitert worden, andererseits sind diverse Funktionen (z.B. DdeImpersonateClient()) hinzugekommen, um sicherzustellen, daß DDE-Konversationen im Lichte der NT-Schutzvorkehrungen korrekt funktionieren. Keine dieser Änderungen sollte bestehende Win16-Quelltexte, sofern diese korrekt formuliert sind, direkt beeinflußen.

** DDE Management Library.*

DDEML-API ist portabel.

Wie jedoch nicht anders zu erwarten, hat sich das Format der in den beiden DDE-Nachrichten-Parametern transportierten Informationen für Win32 geändert. Anwendungen, die statt der DDEML das Nachrichtenprotokoll selbst benutzen, müssen also angepaßt werden. Die Window-Handle des Senders verbleibt nach wie vor im wParam, der ja soweit mitgewachsen ist, daß er immer noch eine Window-Handle transportieren kann. Nicht so gut sieht es leider beim lParam für die diversen DDE-Nachrichten aus, der bisher fast ausnahmslos eine globale Speicher-Handle und weitere wichtige Informationen zu befördern hatte, unter Win32 aber einfach nicht mehr genügend Raum für beides zur Verfügung stellen kann. Microsoft ist da auf einen

Aber Änderungen bei den DDE-Nachrichten.

ziemlich »trickreichen« Ausweg verfallen: vor dem Absenden einer DDE-Nachricht muß erst einmal die Win32-Funktion PackDDElParam() aufgerufen werden. Sie übernimmt die zu sendende Nachricht sowie die beiden Informationen und verpackt diese in Abhängigkeit vom Nachrichtenwert entweder so, daß der Rückgabewert der Funktion ganz normal als lParam benutzt werden kann. Oder sie allokiert einen acht Byte großen Speicherbereich, schreibt die beiden lParam-Informationen dort hinein und liefert dessen Handle* zurück. Ein kurzer Ausschnitt diene zur Erläuterung:

* die angenehmerweise exakt vier Byte lang ist.

```
// Der folgende Aufruf ist Win16-kompatibel:
PostMessage(hwndDDEServer,WM_DDE_ADVISE,(WPARAM)hwndClient,
  MAKELPARAM(hOptions,aItem));
```

Einpacken ...

```
// Unter Win32 müssen die beiden Werte für den lParam
// dagegen vorher gepackt werden:
PostMessage(hwndDDEServer,WM_DDE_ADVISE,(WPARAM)hwndClient,
  PackDDElParam(WM_DDE_ADVISE,hOptions,aItem));
```

Natürlich kann auch der Empfänger einer so allokierten Handle nun nicht mehr so einfach auf die im lParam transportierte Information zugreifen, sondern muß hierfür folgerichtigerweise erst die Funktion UnpackDDElParam() aufrufen. Diese entpackt abhängig vom empfangenen Nachrichtenwert entweder die beiden Informationen im lParam oder kopiert sie aus dem von PackDDElParam() allokierten Speicherbereich, der »unterwegs« in den Adressraum des Empfängers übersetzt wurde:

... und Auspacken!

```
// Win16-kompatibel:
case WM_DDE_ADVISE:
  hOptions=LOWORD(lParam);
  aItem=HIWORD(lParam);

// Unter Win32 muß der lParam dagegen entpackt...
case WM_DDE_ADVISE:
  UnpackDDElParam(wMsg,lParam,(PUINT)&hOptions,
    (PUINT)&aItem); // So möglichst nicht!
// ... und freigegeben werden:
  FreeDDElParam(wMsg,lParam);
```

Diese Änderungen sind eigentlich ziemlich unproblematisch und grundsätzlich nur für die DDE-Nachrichten erforderlich, die unter Win32 mehr als 4 Byte Informationen im lParam transportieren müssen. Leider hat man bei Microsoft jedoch das Design der Funktionen als auch die Protoypen offensichtlich in großer Eile festgelegt:* erstens liefern bzw. akzeptieren die Funktionen einen LONG statt eines LPARAM (obwohl lParam ja sogar Namensbestandteil dieser Funktionen ist!). Während dies jedoch eher ein formales Problem ist, hat sich bei UnpackDDElParam() wohl ein echter Denkfehler versteckt. Die Funktion übernimmt nämlich laut Prototyp die Adressen zweier UINTs, die mit den in der DDE-Nachricht transportierten Informationen gefüllt werden sollen:

** bzw. etwas weniger diplomatisch: man hat gepfuscht...*

```
BOOL WINAPI UnpackDDElParam(UINT msg,LONG lParam,
  PUINT puiLo,PUINT puiHi);
```

PUINT ist die Adresse eines UINT...

Da bisher (unter Win16) hOptions und aItem direkt mit LOWORD(lParam) bzw. HIWORD(lParam) initialisiert wurden, dürfte die typische Umsetzung eines solchen Aufrufs vermutlich wie oben bei WM_DDE_ADVISE dargestellt vor sich gehen:

```
UnpackDDElParam(wMsg,lParam,(PUINT)&hOptions,
  (PUINT)&aItem); // Sehr nachlässige Implementation!
```

Und genau hier verbirgt sich eine ganz exquisiste Falle: ein ATOM wie aItem ist nur *zwei* Byte lang, UnpackDDElParam() schreibt aber *vier* Byte an die betreffende Adresse! (Wer's nicht glaubt, schaue sich den Assembler-Code der Funktion an). Unter Umständen — wenn nämlich aItem *nicht* als lokale Variable auf dem Stack liegt — kann der Aufruf dieser Funktion also die beiden hinter aItem im Datenbereich befindlichen Bytes zerstören (die womöglich gar nichts mit aItem und DDE zu tun haben). Und das Ganze ist deswegen so bedauerlich, weil es die Formulierung eines Quelltextes für Win16 und Win32 selbst bei Benutzung der Portabilitätsmakros (siehe unten) unmöglich macht. Korrekt muß der Aufruf von UnpacklDDElParam() nämlich so erfolgen:

... und der hat unter Win32 eine Länge von vier Byte!

```
case WM_DDE_ADVISE:
  UnpackDDElParam(wMsg,lParam,(PUINT)&hOptions,
    (PUINT)&uintTemp);
  aItem=(ATOM)uintTemp;
// ... und freigegeben werden:
  FreeDDElParam(wMsg,lParam);
```

Ich denke, diese ganze Problematik rührt letzten Endes daher, daß ein ohnehin unbefriedigendes Design, nämlich das DDE-Protokoll, mit weiteren dubiosen Zutaten verrührt werden muß, um es halbwegs kompatibel in das Win32-Konzept zu quetschen. Vielleicht wäre es klüger gewesen, die Gelegenheit beim Schopf zu packen und das Win16-Protokoll in der Versenkung* verschwinden zu lassen. Der ernsthafte Entwickler ist ohnehin mit der DDEML auf lange Sicht besser beraten.

* Genau da gehört es nämlich hin!

Die Win32-Dokumentation gibt im übrigen an, daß PackDDElParam() und Co. nur mit DDE-Nachrichten benutzt werden sollten, die via PostMessage() verschickt werden, nicht also mit WM_DDE_INITIATE (die beiden beim Initiate übergebenen Atome à zwei Byte passen ohnehin wunderbar in einen lParam). Die folgende Aufstellung zeigt alle DDE-Nachrichten und die korrekte Erzeugung des lParams:

Tab. 4.5: DDE-Nachrichten und PackDDElParam().

DDE-Nachricht	**PackDDElParam()-Aufruf notwendig?**
WM_DDE_ACK	Ja, wenn als Bestätigung für WM_DDE_EXECUTE
WM_DDE_ADVISE	Immer
WM_DDE_DATA	Immer
WM_DDE_EXECUTE	Nein, hCmd kann direkt benutzt werden
WM_DDE_INITIATE	Nie, da via SendMessage() versandt
WM_DDE_POKE	Immer
WM_DDE_REQUEST	Nein, cfFormat und aItem können direkt benutzt werden
WM_DDE_TERMINATE	Nein, da lParam immer == 0
WM_DDE_UNADVISE	Nein, cfFormat und aItem können direkt benutzt werden

Leider stehen in den bisherigen Versionen des 3.1 SDKs die neuen Funktionen zur Verwaltung von DDE-lParams (noch?) nicht zur Verfügung. Am einfachsten behilft man sich daher unter 16 Bit mit den folgenden Makros (siehe auch Anhang 7 bzw. PORTUTIL.H auf der beiliegenden Diskette):

Einige Hilfsmakros für Win16.

```
// Nur für 16 Bit-DDE!
#define PackDDElParam(m,lo,hi)          MAKELPARAM(lo,hi)
#define FreeDDElParam(m,lP)             // leer
#define ReuseDDElParam(lP,mi,mo,lo,hi) MAKELPARAM(lo,hi)
#define UnpackDDElParam(m,lP,plo,phi)  \
    *(LPWORD)(plo)=LOWORD(lP); *(LPWORD)(phi)=HIWORD(lP)
```

Mittelfristig würde ich allerdings, wie erwähnt, jedem DDE-Programmierer raten, statt des direkten Hantierens mit den unhandlichen DDE-Nachrichten besser die DDEML-Aufrufe zu benutzen. Erstens ist dieses API, wenn man es einmal »intus« hat, doch einfacher zu benutzen als das nackte DDE-Protokoll; zweitens ist die Portabilität erheblich höher. Last not least wird sich die DDEML weiter entwickeln und künftig zusätzliche Funktionalität zum Datenaustausch und zur Interaktion von Programmen zur Verfügung stellen, was bei den DDE-Nachrichten vermutlich (hoffentlich!) nicht mehr der Fall sein dürfte.

Besser mit DDEML.

Die Zusammenarbeit mit anderen Programmen

Überhaupt hat sich durch die Einführung getrennter Adressräume, aber auch der Möglichkeit, in der gleichen Applikation mit mehreren Threads zu arbeiten, eine ganze Menge bei der Kommunikation von Applikationen untereinander geändert — ein Komplex, dem wir uns im folgenden zuwenden wollen. Win16 stellt eine ganze Reihe von Funktionen zur Task-Manipulation zur Verfügung. Ein Task ist dabei die laufende Instanz einer Applikation, DLLs z.B. sind daher keine Tasks. Unter Win32 ist die Lage etwas komplizierter: es muß nämlich zwischen Prozessen und Threads unterschieden werden. Das wichtigste Kennzeichen ersterer ist der eigene virtuelle Adressraum sowie der Besitz bestimmter Ressourcen (wie offene Dateien und andere Systemobjekte). Erst durch Threads wird

Kommunikation von Applikationen.

Win16: Tasks.

Win32: Prozesse und Threads.

ein Prozeß jedoch »lebendig«, denn nur einem Thread kann CPU-Zeit zugewiesen werden. Die Erzeugung eines Win32-Prozesses läuft damit immer auch auf die Erzeugung (mindestens) eines Threads heraus. Da ein ohne Erweiterungen portiertes Win16-Programm jedoch per Definition »singlethreaded« sein muß, ist der Unterschied vorderhand nicht so wichtig.

Win16-Task-Funktionen beziehen sich unter Win32 auf Threads.

Allerdings beziehen sich die meisten Win16-Task-Funktionen unter Win32 nun auf Threads und nicht auf den Prozeß. Beide, Prozesse und Threads, werden systemweit durch DWORD-Werte identifiziert, mit deren Hilfe man sich, ausreichende Sicherheitsberechtigung vorausgesetzt, auch eine Handle und damit Zugriff auf den Prozeß bzw. Thread verschaffen kann. Der Win16-Datentyp HTASK ist dagegen verschwunden, genauso wie eine ganze Reihe von task-spezifischen Funktionen (IsTask(), GetCurrentTask() etc.). Einige andere — wie z.B. GetWindowTask() — werden durch eine entsprechende Makrodefinitionen auf ihre mehr oder weniger kompatiblen Win32-Äquivalente (in diesem Fall GetWindowThreadProcessId()) abgebildet.

Eine Makroschale bildet die Win16-Funktionen nach.

Auch die Funktion PostAppMsg() ist gestrichen worden, es wird jedoch durch eine Makrodefinition ihr Win32-Pendant PostThreadMessage() aufgerufen. Falls Sie eine bestimmte Win16-Task-Funktion benötigen, die unter Win32 nicht direkt unterstützt wird, dürften Sie bei den Thread-Funktionen fündig werden. Detailliert gibt die erweiterte PORT.INI in Anhang 2 über diese Änderungen bei den Win16-Funktionen Auskunft.

Allgemein läßt sich festhalten, daß ein Win16-Task unter Win32 in vielen Dingen einem Thread entspricht. Beispielsweise hatte bisher jeder Task eine eigene Nachrichtenschlange, was auf eine Queue pro laufende Applikation hinausläuft. Dies muß unter Win32 nicht genauso sein: hier wird für *jeden* Thread, der ein Window erzeugt, automatisch vom System auch eine eigene Queue erzeugt, deren Größe der Window-Manager *dynamisch* anpaßt. Mit anderen Worten: die Funktion SetMessageQueue() kann ersatzlos gestrichen werden. Die Zusammenhänge zwischen Prozeß, Threads, Queues und Windows werden durch die beiden Abbildungen 4.16 (für Win16) und 4.17 (für Win32) auf der folgenden Seite erläutert.

Pro Thread eine Queue.

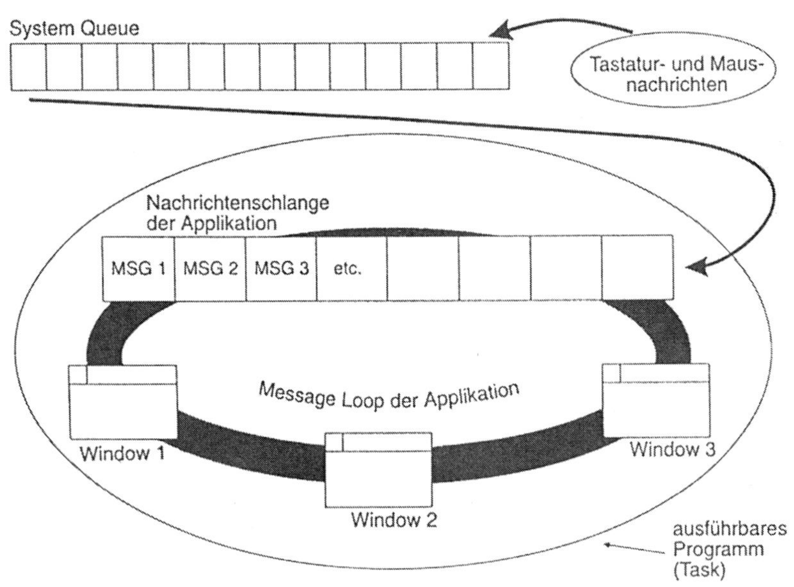

Abb. 4.16: Tasks, Nachrichten und Queues unter Win16.

Falls Sie in Ihren Programmen häufig Windows anderer Tasks manipulieren, dürften diese Programmteile unter Win32 zwar einwandfrei übersetzt und gelinkt werden können, nicht aber unbedingt auch korrekt funktionieren. Fast alle Funktionen, die den Zustand eines anderen Prozesses ohne dessen Zutun (möglicherweise negativ) verändern, sind nämlich unter Win32 nur noch im Ausnahmefall portabel.

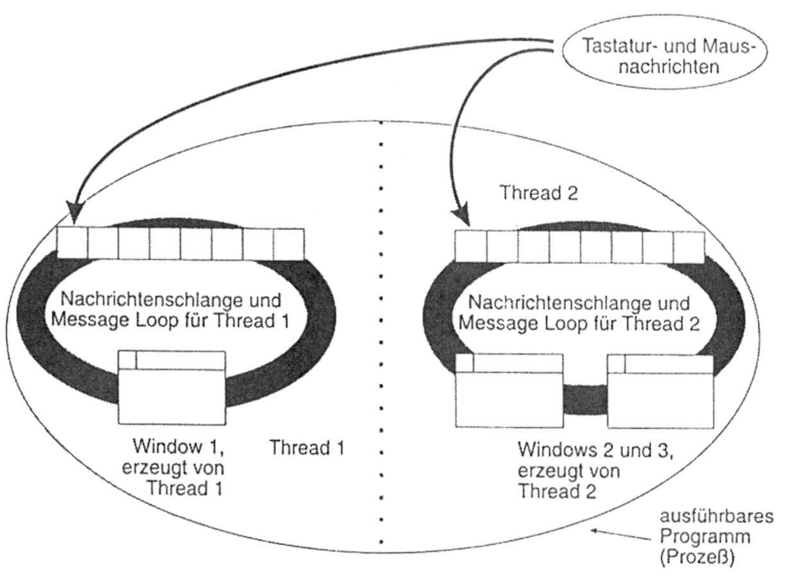

Abb. 4.17: Prozesse, Threads, Queues und Windows unter Win32.

Ein Beispiel par excellence ist die Funktion DestroyWindow(), mit deren Hilfe Sie nur noch Fenster in Ihrer Applikation zerstören können (der Versuch, ein Window eines anderen Prozesses zu zerstören, endet im Regelfall mit dem Fehler-Code ERROR_ACCESS_DENIED). Meist muß solcher Code daher durch explizite Interprozeß-Kommunikation ersetzt oder erweitert werden: in einfacheren Fällen durch die Einführung eines eigenen, simplen Nachrichtenprotokolls (siehe beispielsweise WM_COPYDATA); bei komplexen Szenarien besser unter Benutzung schon vorhandener Protokolle (wie DDEML) bzw. Mechanismen wie etwa »memory mapped files« oder »named pipes«.* Letzteres bringt Sie schon in die Nähe von Client/Server-Modellen, die dann möglicherweise ebenfalls in die engere Auswahl gehören.

** »named pipes« sind effiziente Ein- oder Zweiweg-Kommunikationskanäle.*

Maus und Tastatur: das lokale Eingabemodell

Eingabenachrichten in die privaten Nachrichtenschlange.

Ebenfalls mit der Kommunikation und dem Zugriff auf andere Prozesse bzw. Threads hat der nächste große Problembereich zu tun. Es geht um die Lokalisierung von Benutzereingaben, ein Thema, das schon im Überblick in Abschnitt 1.5 behandelt wurde. Mit einem Satz zusammengefaßt, werden durch diese Maßnahme alle Eingabenachrichten (Maus, Tastatur etc.) im Moment ihrer Erzeugung in der privaten Nachrichtenschlange der zuständigen Applikation abgelegt und nicht, wie unter Win16, in einer systemweiten Queue, wo nicht »abgeholte« Nachrichten den weiteren Ablauf von Applikationen unmöglich machen und das System blockieren können. Unter Win32 muß das zuständige Window also bereits ermittelt werden, sowie eine Eingabenachricht vorliegt, nicht wie unter Win16 erst dann, wenn sie aus der systemweiten Nachrichtenschlange gelesen wird.

Verteilung der Eingabenachrichten.

Der Knackpunkt an der ganzen Sache sind natürlich die unschuldigen Formulierungen »im Moment ihrer Entstehung« und »zuständiges Window«. Der Code innerhalb des Win32-Subsystems, der die Eingabenachrichten verteilt, muß quasi sofort darüber entscheiden können, für welches Window (bzw. welchen Thread) die gerade anstehende Eingabe gedacht ist und sie in dessen Queue kopieren. Bei den Tastaturnachrichten scheint dies völlig unproblematisch: die Nachricht wird natürlich an die gerade aktive Applikation weitergeleitet (genauer: an das Child-Window der aktiven Applikation, das den Fokus hat). Ganz so einfach ist die Sache jedoch nicht: denn eine dieser Eingaben könnte ja dazu führen, daß die aktive Applikation wechselt. Und dann hätten alle nachfolgenden Nachrichten gar nicht in der Queue der ersten, sondern entweder in der Queue der neuen aktiven Applikation plaziert oder gelöscht werden müssen. Und auch der Empfänger einer Mausnachricht muß nicht unbedingt das Window sein, über dem sich der Mauszeiger gerade befindet. Zum einen könnte ein Window zwischen dem Moment, in dem die Nachricht erzeugt wird und ihrer späteren Verarbeitung alle Mausnachrichten via SetCapture() auf sich selbst umlenken. Oder ein Child-Window wird, bevor die betreffende Nachricht verarbeitet wurde, an einer Stelle des Bildschirms erzeugt, an dem gerade der Mauszeiger bewegt wurde. Welches Window soll nun die Mausnachricht bekommen?

Komplikationen.

Um die allermeisten dieser Fragen kümmert sich glücklicherweise Win32 selbst und stellt eine korrekte und vor allem plausible Verwaltung der Eingabenachrichten zur Verfügung. Daher ändert sich auch bei der Verarbeitung dieser Nachrichten in den Window-Prozeduren praktisch nichts. Einige Konsequenzen hat das neue, lokale Eingabemodell jedoch für die Benutzung von Funktionen, die unter Win16 bestimmte globale Eingabeinformationen liefern bzw. modifizieren. Dies betrifft insbesondere die Verwaltung des Fokus- bzw. aktiven Windows sowie das systemweite Abfangen aller Mausnachrichten (»mouse capture«). Wenden wir uns zuerst dem Problemkreis des Fokus zu.

Keine Änderung bei der Verarbeitung der Nachrichten...

... aber bei einigen Funktionen.

Der Fokus und das aktive Window

Jede Applikation (unter Win32 genauer: jeder Thread, der ein Window erzeugt hat) besitzt, wie oben erwähnt, eine eigene Nachrichtenschlange, in die alle Nachrichten gelegt werden, die für diesen Thread (resp. seine Windows) bestimmt sind. Gekoppelt mit dieser Queue ist nun eine weitere Datenstrukur, die den Eingabestatus dieses einen Threads beschreibt und als

»local input state« bezeichnet wird. Und genau hier findet sich auch der entscheidende Unterschied zwischen Win16 und Win32: ersteres kannte nämlich nur einen einzigen, globalen Input-Status, auf den sich *alle* Eingabefunktionen und -nachrichten bezogen. Daher kann unter Win16 jede Applikation durch den Aufruf von GetFocus() feststellen, welches Window *systemweit* gerade den Eingabefokus hat. GetFocus() liefert dort im Regelfall also nie 0 zurück, sondern immer eine gültige Window-Handle. Genau die gleiche Feststellung gilt auch für GetActiveWindow(), womit unter Win16 die gerade aktive Applikation (bzw. ihr Toplevel-Window) erfragt werden kann. Ähnliches gilt auch für die Set...()-Funktionen.

»local input state«.

Unter Win32 ändert sich dies: die Einführung des lokalen Eingabestatus führt nun dazu, daß eine Applikation (bzw. ein Thread) via GetFocus() nur noch überprüfen kann, ob eines der eigenen Windows gerade den Eingabefokus hat. Dann, und nur dann, liefert der Aufruf nämlich eine gültige Window-Handle. Wenn dagegen ein Window den Fokus hat, das nicht zu dem Thread gehört, der GetFocus() aufruft, liefert die Funktion 0 zurück und *nicht* die betreffende Window-Handle. Unter Win16 ist es also immer möglich, die Handle des Fokus-Windows zu erfragen, unter Win32 dagegen nur dann, wenn dieses Window auch zum aufrufenden Thread gehört. Ähnliches gilt auch für das Verhalten von SetFocus(). Unter Win16 konnte jede beliebige Applikation jedem beliebigen Fenster, sofern nur dessen Handle bekannt war, den Fokus zuweisen. Unter Win32 geht das nur noch, wenn das Fenster auch vom aufrufenden Thread erzeugt wurde. Wir stellen fest: solange [Get/Set]Focus()-Aufrufe ausschließlich verwendet werden, um *selbst erzeugte* Windows zu manipulieren, verhält sich Win32 weitestgehend so ähnlich wie Win16. Sowie aber Windows, die von anderen Applikationen (oder Threads) erzeugt wurden, bearbeitet werden sollen, unterscheiden sich beide Systeme ganz gewaltig.

GetFocus().

SetFocus().

Diese Erkenntnis gilt in analoger Form natürlich auch für das Paar [Get/Set]ActiveWindow(). Mit diesen Funktionen konnte jede Win16-Applikation jederzeit das gerade aktive Window erfragen bzw. beliebige andere Toplevel-Windows aktivieren. GetActiveWindow() liefert jedoch unter Win32 nur dann eine gültige Handle, wenn das gerade aktive Window zur aufrufenden Applikation gehört. Wenn ein Toplevel-Window,

[Get/Set]ActiveWindow().

das zu einer anderen Applikation gehört, aktiv ist, liefert die Funktion dagegen 0. Auch SetActiveWindow() mißlingt, falls damit ein Window aktiviert werden soll, das nicht zur eigenen Applikation gehört. Wenn Sie bislang mit SetActiveWindow() und/oder SetFocus() andere Applikationen oder Windows einer anderen Task aktivieren, wird das unter Win32 wohl nicht wie erwartet funktionieren, da diese Funktionen dort nur den *lokalen* Eingabestatus manipulieren können. Für globale Maßnahmen existiert immerhin ein eigenes Funktionspaar namens [Get/Set]ForegroundWindow(), mit dem *systemweit* das gerade aktive Window erfragt bzw. geändert werden kann. Die Benutzung von SetForegroundWindow() ist zwingend erforderlich, um den Fokus oder Aktivierungsstatus zwischen verschiedenen Applikationen umzuschalten. GetForegroundWindow() liefert im übrigen nicht unbedingt das Fokus-Window, sondern das gerade aktive Toplevel-Window (das aber direkt oder indirekt der Parent des Windows ist, das zur Zeit den Fokus hat). [Get/Set]ForegroundWindow() sind damit die für globale Verwendung erweiterten Versionen von [Get/Set]ActiveWindow().

SetActiveWindow() und SetFocus() aktivieren keine anderen Applikationen.

Stattdessen [Get/Set]Foreground-Window().

Falls Sie in Ihren Programmen GetActiveWindow() oder GetFocus() aufrufen, stellen Sie sicher, daß die Behandlung des Resultats Win32-kompatibel erfolgt. Insbesondere die Tatsache, daß beide Funktionen jederzeit 0 liefern können, obwohl im System ein Fokus- bzw. aktives Windows existiert, muß unbedingt berücksichtigt werden. Ein vorangegangener SetFocus()-Aufruf garantiert keineswegs, daß GetFocus() einen Wert !=0 liefert! Achten Sie auch auf alle Stellen, wo Sie mit Windows anderer Applikationen arbeiten.

Die Mausefalle

Aber nicht nur die Tastaturbehandlung macht Schwierigkeiten, auch bei der Maus tut sich einiges. Normalerweise erhält jeweils das Window, über dem sich der Mauszeiger gerade befindet (genauer: der sogenannte »hot spot«*), die generierten Mausnachrichten. Allerdings kann dieses Standardverhalten dadurch umgangen werden, daß ein Window durch Aufruf von SetCapture() solange alle weiteren Mausnachrichten auf sich selbst (vielmehr seine Window-Prozedur) umlenkt, bis durch

** Ein bei der Definition des Mauszeigerbildes festgelegter Punkt.*

»mouse capture« ist eine Pseudo-Ressource.

ReleaseCapture() wieder in den Normalmodus geschaltet wird (oder bis ein anderes Window sich seinerseits mit GetCapture() alle Mausnachrichten schnappt). Wie der Fokus ist also auch der »mouse capture« eine Pseudo-Ressource, in deren Besitz immer nur ein einziges Fenster sein kann. Demzufolge gelten für die Funktion GetCapture() auch die gleichen Regeln wie für GetFocus(): nur wenn ein Window, das zur aufrufenden Applikation gehört, den »mouse capture« hat, liefert sie ein brauchbares Resultat. In allen anderen Fällen ist die Rückgabe 0, obwohl zum Zeitpunkt des Aufrufs durchaus ein Capture-Window existieren könnte.

Einfach: GetCapture().

Verwickelt: SetCapture().

Bei SetCapture() ist die Sachlage leider noch etwas verwikkelter. Erstens kann unter Win32 überhaupt nur das Window, das sich gerade im Vordergrund befindet (bzw. auch eines seiner Child-Windows) den »mouse capture« erhalten. Für alle nicht im Vordergrund befindlichen (nicht-aktiven) Windows werden auch nach einem SetCapture()-Aufruf nach wie vor nur dann Mausnachrichten geliefert, wenn sich der Mauszeiger auch tatsächlich über dem jeweiligen Window befindet: der Aufruf ist dann faktisch wirkungslos. Aber selbst wenn diese erste Bedingung erfüllt sein sollte, empfängt ein Window nach SetCapture() nicht zwangsläufig *alle* weiteren Mausnachrichten. Befindet sich der Mauszeiger nämlich über einem Window, das zu einer anderen Applikation gehört, werden die Mausnachrichten nur dann an das Capture-Window gesandt, wenn *zum Zeitpunkt* des SetCapture()-Aufrufs eine Maustaste gedrückt war! Wir haben also insgesamt drei Fälle zu unterscheiden:

Drei Fälle:

- Der Mauszeiger befindet sich über dem Window, das SetCapture() aufgerufen hat: die Nachrichten werden natürlich an dieses Window gesandt.
- Der Mauszeiger schwebt über einem Window, das zum *gleichen* Thread gehört wie das Capture-Window: die Mausnachrichten werden ebenfalls an letzteres gesandt.
- Oder, der dritte Fall, das Window unter der Maus gehört zu einem anderen Thread. Dann erhält das Capture-Window die folgenden Mauseingaben nur dann vollständig, wenn eine der Maustasten *während* des Aufrufs von SetCapture() niedergedrückt war.

Programme, die sich den »mouse capture« holen, wenn eine Maustaste gedrückt wird und ihn wieder freigegeben, wenn die Taste losgelassen wird, bekommen von diesen Änderungen daher nicht viel mit. Einzig und allein die Feststellung, ob ein anderes Capture-Window existiert, kann nur lokal (auf den eigenen Thread bezogen), nicht jedoch systemweit beantwortet werden. Das Setzen und Freigeben sowie die dazwischen liegenden Aktionen verlaufen aber grundsätzlich genauso wie unter Win16. In diesem Fall brauchen Sie nur die geänderte GetCapture()-Funktion zu berücksichtigen. Dieses trotz des lokalen Eingabemodells kompatible Verhalten wird im übrigen dadurch erreicht, daß, anders als unter Win16, die nach dem Drücken einer Maustaste generierten Mausnachrichten (in Form von WM_NCHITTEST), bis zum Loslassen derselben an das betreffende Window gesandt werden, und zwar auch dann, wenn dieses SetCapture() (noch) gar nicht aufgerufen hat!

Kompatibel bei gedrückter Maustaste.

Anders sieht es jedoch aus, wenn SetCapture() aufgerufen wird, ohne daß gerade eine Maustaste gedrückt ist. Dann ist es mit dem Empfang aller weiteren Mausnachrichten leider Essig, denn wie oben dargelegt, werden in diesem Fall nur dann Nachrichten an das Capture-Window gesandt, wenn die Maus sich über einem Window befindet, das zum gleichen Thread wie das Capture-Window gehört. Eine Applikation, die systemweit *alle* weiteren Mauseingaben benötigt, obwohl gerade keine Maustaste gedrückt ist, kann dies unter Win32 nicht mehr mit SetCapture() erreichen. Die einzig sinnvolle Möglichkeit (außer einem WH_MOUSE-Hook), die mir für Win32 einfällt, ist die Erzeugung einer Popup-Windows, das exakt so groß ist wie der Bildschirm und transparent (mit Hilfe des Window-Styles WS_EX_TRANSPARENT) *über* alle anderen Windows gelegt wird. Dann bekommt dieses Window natürlich ohnehin alle Mausnachrichten, das explizite Setzen des »mouse capture« ist dann gar nicht mehr notwendig. (Tatsächlich sind die Verhältnisse unter Umständen noch erheblich komplizierter als oben geschildert, um die Diskussion jedoch nicht vollkommen undurchsichtig werden zu lassen, habe ich ein oder zwei Vereinfachungen vorgenommen. Falls Sie wirklich an zentraler Stelle Ihres Programmes die Mausnachrichten abfangen müssen oder aus anderen Gründen SetCapture() ohne gedrückte Maustasten aufrufen müssen, würde ich Ihnen auf jeden Fall raten,

Änderungen bei nicht gedrückter Maustaste.

Lösung: Mouse-Hook oder WS_EX_TRANSPARENT.

neben der aufmerksamen Lektüre der WinHelp-Dateien zum Capture-API ein kleines Testprogramm zum »Herumspielen« mit Maus und Tastatur zu schreiben. Auch auf der Diskette zum Buch befindet sich ein einfaches Programm zum Experimentieren mit Maus- und Tastatureingaben.)

[Get/Set]SysModalWindow() gestrichen.

Mit diesem ganzen mangels eindeutig interpretierbarer Aussagen von Microsoft ziemlich unübersichtlichen Komplex des lokalen Eingabestatus hängt auch die Tatsache zusammen, daß die Funktionen [Get/Set]SysModalWindow() gestrichen worden sind. Einerseits ist das eine Folge der geänderten Eingabeverwaltung, andererseits scheint mir die Benutzung systemmodaler Windows in einer Umgebung wie Windows NT ohnehin ziemlich fragwürdig. Das neue Eingabemodell soll ja gerade, gemeinsam mit dem »preemptive multitasking« und den multiplen Threads die jederzeitige Bedienbarkeit aller gegenwärtig laufenden Applikationen sicherstellen. Natürlich sind applikationsmodale Fenster (z.B. modale Dialogboxen) nach wie vor möglich!

Last not least: Hooks

Aufwärtskompatible Funktionen schon unter Windows 3.1.

Einiges hat sich auch bei der Benutzung von Hooks geändert. Dieses Gebiet ist ein typischer Vertreter jener Win32-API-Teile, für die Microsoft vorausschauenderweise bereits im Windows-3.1-SDK einigermaßen aufwärtskompatible Funktionen verfügbar gemacht hat. Hooks werden wohl nicht so häufig eingesetzt, ich will mich daher kurz fassen, für Details verweise ich auf den Anhang 2 sowie die Win32-Dokumentation. Zwei Hinweise sollen hier genügen: versuchen Sie erstens, Ihre Programme soweit als möglich auf das neue, ab Windows 3.1 verfügbare Hook-API (SetWindowsHookEx() etc.) umzustellen. Diese Funktionen sind nämlich »fast« aufwärtskompatibel. Die Empfehlung gilt besonders dann, wenn Sie Hooks zur systemweiten Analyse von Nachrichten nutzen wollen. Win32 stellt nämlich über einige Makrodefinitionen zwar durchaus auch die älteren und etwas simpleren Hook-Funktionen zur Verfügung, diese können aber nur lokal in dem Thread verwendet werden, der sie aufruft! Sie führen also keineswegs zur Installation von systemweiten Hooks. Der zweite Punkt betrifft den letzten

Umstellung auf die neue Hook-API.

Parameter der neuen Funktionen: unter Win16 ist hier eine Task-Handle (HTASK) erforderlich, Win32 braucht jedoch eine Thread-Id (DWORD). Wie oben schon ausgeführt, bilden Tasks einerseits und Threads andererseits etwas vereinfacht gesagt zwei Seiten der gleichen Medaille. Deswegen sind hier Anpassungen erforderlich.

Task-Handle und Thread-Id.

Auf die Änderungen in den Koordinatensystemen und die damit verbundenen Probleme, die durchaus auch Rückwirkungen auf das Window-Management haben können, gehe ich im nächsten Abschnitt über das GDI ein. Eine ganze Reihe von weniger wichtigen Funktionen ist unter Win32 entweder komplett gestrichen worden oder durch anders benannte und mit etwas anderen Parametern aufzurufende Gegenstücke ersetzt worden. Meistens sind die notwendigen Anpassungen relativ einfach: ein Makro oder eine geringfügige Modifikation der Quellen, eventuell kombiniert mit bedingter Compilierung, löst das Problem. Einige zum Glück sehr seltene Stellen sind allerdings mit ganz erheblichem Aufwand verbunden (wie beispielsweise die dynamische Erzeugung von DialogBoxen via DLGTEMPLATE und DLGITEMTEMPLATE). Alle diese Funktionen und die eingetretenen Änderungen hier im einzelnen aufzuführen und zu kommentieren, würde den Umfang dieses Kapitels sprengen (und womöglich auch Ihre Geduld überstrapazieren), ich verweise daher auf die Behandlung der bisher besprochenen und der weiteren, mir bekannten Unterschiede im Anhang 2.

Koordinatensysteme: siehe GDI.

Siehe Anhang 2, PORT.INI.

4.8 Änderungen und Verbesserungen am Graphics Device Interface (GDI)

»Alle Kunst ist zugleich Oberfläche und Symbol.« Oscar Wilde, Das Bildnis des Dorian Gray

Ebenfalls ein ziemlich weites Gebiet, das sich da auftut: die Grafik-Schnittstelle von Windows. Aber erfreulicherweise sind hier nur relativ wenige einschneidende Änderungen zu beachten. Natürlich gibt es, wie in den anderen Bereichen auch, eine ganze Latte von kleinen und kleinsten Unterschieden, die, soweit sie mir bekannt sind, zum größten Teil im Anhang 2

Relativ wenige Änderungen.

abgehandelt werden. Aber globale Änderungen sind hier eher die Ausnahme. Immerhin: einige wichtige Dinge haben sich natürlich trotzdem geändert...

GDI: ab sofort in C++

Der vielleicht interessanteste Punkt ist die Tatsache, daß fast das komplette GDI neu in C++ recodiert worden ist. Zwar haben die meisten Funktionen ihre Aufrufsequenz (abgesehen von der Erweiterung der wichtigsten Datentypen auf 32 Bit) behalten, aber dennoch ist im Zuge dieser Neuformulierung mit subtilen Änderungen zu rechnen: es sind bekannte Fehler und Beschränkungen, um die bisher trickreich herumprogrammiert wurde, behoben worden (dafür arbeitet der trickreiche Code vermutlich unter Win32 nicht mehr wie erwartet); das neue GDI enthält seinerseits aber mit Sicherheit ebenfalls Fehler, die erst in künftigen Versionen entfernt oder zum Feature erhoben werden... Achten Sie daher darauf, daß der Grafik-Code Ihrer Applikation nicht nur korrekt compiliert, sondern die Ausgabe (insbesondere bei Grenzfällen) auch so aussieht, wie Sie es erwarten (das gute, alte ZOOMIN ist ebenfalls Bestandteil des Win32-SDK). Eine Warnung insbesondere zur Ausgabe von Linien: die bisherigen Windows-Versionen benutzten dafür einen leicht modifizierten Bresenham-Algorithmus. Der ist zwar relativ schnell und einfach zu implementieren, hat aber auch einen großen Nachteil: aufgrund von Rundungsfehlern kann die tatsächlich erhaltene grafische Ausgabe vom »theoretischen« Resultat geringfügig abweichen. Bei den hohen Auflösungen moderner Grafikkarten ist dieser Effekt jedoch normalerweise so klein, daß er vernachlässigt werden kann. Es gibt aber Fälle, wo er sich extrem störend bemerkbar macht: eine Linie, gezogen von Punkt A nach Punkt B, beinhaltet nicht immer die gleichen Pixel wie dieselbe Linie, nur umgekehrt gezogen von B nach A. Das hat Konsequenzen, wenn Linien in der Vordergrundfarbe gezeichnet werden und später durch erneute Ausgabe in der Hintergrundfarbe »gelöscht« werden sollen. Dann können, je nach Algorithmus, teilweise störende Pixel auf dem Bildschirm zurückbleiben. Win32 löst dieses Problem durch die Einführung eines verbesserten Algorithmus,

Grafikausgabe geringfügig modifiziert.

Beispiel: Linien ziehen.

dessen Verwendung allerdings zu einer gegenüber Win16 geringfügig modifizierten Grafikausgabe führen kann. Wie gesagt, diese Effekte sind nur im Extremfall wahrnehmbar.

Koordinaten im Breitwand-Format

GDI-Koordinaten wachsen von 16 auf 32 Bit.

Nach diesen einleitenden Bemerkungen nun aber zur Sache: gehen wir zuerst auf die wichtigste Änderung ein, nämlich die Verbreiterung der GDI-Koordinaten von 16 auf 32 Bit, hier am Beispiel der Strukur POINT gezeigt:

```
// unter Win16:
typedef struct tagPOINT {    /* pt */
   int x;
   int y;
} POINT;  // sizeof(POINT) == 2 * sizeof(int) == 4

// und unter Win32:
typedef struct tagPOINT {    /* pt */
   LONG x;
   LONG y;
} POINT;  // sizeof(POINT) == 2 * sizeof(LONG) == 8
```

Gilt für POINT, RECT, SIZE etc.

Vorsicht Falle: gepackte Koordinaten im Win16-Format.

Diese Verbreiterung gilt auch für alle anderen Strukturen, die mit Koordinaten bzw. Größenangaben umgehen (RECT, SIZE etc.). Sie wird korrekterweise auch für die diversen Window-Management-Funktionen benutzt, die mit Koordinatenangaben zu tun haben, wie z.B. WindowFromPoint(). Hierdurch öffnet sich eine kleine, aber feine Portabilitätsfalle: während nämlich alle Strukturkomponenten, die Koordinaten beschreiben, auf 32 Bit erweitert wurden und damit eine konsistente Behandlung von *GDI*-Koordinaten sicherstellen, werden diverse *Window*-Nachrichten (gezwungenermaßen) im gepackten Win16-Format bedient. Dieses famose Format ist nun so aufgebaut, daß eine Koordinaten- oder Größenangabe (x, y bzw. Breite, Höhe) codiert im LPARAM-Nachrichtenparameter transportiert wird; Beispiele dafür sind die Nachrichten WM_MOUSEMOVE oder WM_SIZE. LOWORD(lParam) liefert dabei grundsätzlich die x-Komponente bzw. die Breite, HIWORD(lParam) ist für den y-

Wert oder die Höhe zuständig. (Randbemerkung: die Funktion GetAspectRatioFilter() hat übrigens bis einschließlich Windows 3.0 die Werte gerade umgekehrt geliefert, ein API-Designfehler, der erst mit 3.1 behoben wurde). Eine typische Zuweisung von gepackten Werten an einen POINT sieht bei Win16 also etwa so aus:

```
case WM_MOUSEMOVE: {
  POINT pt;
  pt.x=LOWORD(lParam);
  pt.y=HIWORD(lParam);
  ...
}
return 0;
```

* In diesem Fall pt.x.

Dieser Code scheint vollkommen korrekt zu sein. Es wird zwar einem int * ein WORD als Ergebnis von LOWORD(lParam) zugewiesen (gleiches gilt für pt.y), aber erstens sind ja die zugrundeliegenden Typen gleich groß; zweitens sind die im lParam übergebenen Mauszeiger-Koordinaten ja auf die »client area« des Windows bezogen, mithin positive Werte. Ergo: alles in Butter.

Leider nicht Win32-kompatibel.

Leider zerrinnt die Butter unter Win32 so schnell wie Schnee in der Wüstensonne. Voraussetzung eins ist dort nicht mehr gegeben: pt.x ist nämlich ein LONG. Und Voraussetzung zwei ist schon unter Win16 nicht immer korrekt! Wenn nämlich ein WM_MOUSEMOVE an ein Window mit »mouse capture« gesandt wird, können die Koordinaten durchaus auch negativ werden! Und daß obiger Programmauschnitt in dieser oder ähnlicher Form in unzähligen Win16-Programmen bisher klaglos funktioniert, ist wirklich nur der Tatsache zuzuschreiben, daß dort sizeof(int) == sizeof(WORD) gilt.

Übergang von gepackten 16-Bit-Koordinaten auf das neue 32-Bit-Format.

Alle Stellen, an denen ein Übergang von gepackten 16-Bit-Koordinaten auf das neue 32-Bit-Format vorgenommen wird, sind daher mit größter Aufmerksamkeit zu studieren und ggf. anzupassen. Der folgende Code ist durch den expliziten Cast 3.x und Win32 kompatibel:

```
case WM_MOUSEMOVE: {
  POINT pt;
```

```
    pt.x=(short)LOWORD(lParam);
    pt.y=(short)HIWORD(lParam);
    ...
  }
  return 0;
```

Hilfsfunktion für die Konversion.

Nicht die allerschlechteste Idee ist wohl die Formulierung einer kleinen Hilfsfunktion, welche die Konversion eines gepackten LONGs nach POINT übernimmt. Leider ist das unter Win16 eingeführte Makro MAKEPOINT, das aus einem LONG einen entsprechenden POINT konstruierte, unter Win32 nicht mehr verfügbar. Es gibt ein ähnliches Makro namens MAKEPOINTS, welches einen gepackten LONG in eine Win32-POINTS-Struktur konvertiert, deren Komponenten wie unter Win16 nur 16 Bit breit sind. Und diese kann mit einem zweiten Makro namens POINTSTOPOINT dann in einen POINT umgewandelt werden (bzw. umgekehrt, siehe POINTTOPOINTS). Mir ist allerdings nicht so recht klar, warum diese Struktur und die Makros eingeführt worden sind: es gibt keine weiteren Funktionen, die mit POINTS arbeiten. Und da diese (bisher) auch nicht unter Win16 definiert ist, kann sie nicht einmal abwärtskompatibel benutzt werden. Möglicherweise denkt man bei Microsoft etwa an eine Verwendung wie folgt:

MAKEPOINT gestrichen.

Und wozu POINTS?

```
case WM_MOUSEMOVE:
  { POINTS pts; POINT pt;
    pts=MAKEPOINTS(lParam); // nach POINTS
    pt=POINTSTOPOINT(pts);  // nach POINT
    ...
  }
  return 0;
```

Da sich diese ganze Sache aber sicherlich irgendwann nochmals ändert, erscheint es mir am besten, an allen Stellen, wo Übergänge zwischen 16-Bit-Koordinaten (die meist auf den Bildschirm bezogen sind) und den neuen 32-Bit-Werten erfolgen (müssen), diese gleich und mit einer selbstgeschriebenen Funktion (die Sie leicht anpassen können) vorzunehmen und konsequent die breiteren Win32-Strukturen zu benutzen. Eine Liste der relevanten Funktionen und Nachrichten folgt weiter unten.*

* Siehe Tab. 4.7, Seite 310.

Gepackte Koordinaten

Das Thema der gepackten x/y-Koordinaten hat aber noch eine weitere Facette: nicht nur der Window-Manager benutzt dieses Format, auch diverse Win16-GDI-Funktionen liefern ihre Resultate so codiert zurück. Nehmen wir als einfachstes Beispiel die Funktion MoveTo(), die wie folgt unter Win16 verwendet werden könnte:

Auch bei GDI-Funktionen.

```
dwXYOld=MoveTo(hdc,xNew,yNew);
// nun kann mit LOWORD(dwXYOld) die x-Koordinate und mit
// HIWORD(dwXYOld) die y-Koordinate der bisherigen Position
// gelesen werden
...
POINT ptOld;
ptOld=MAKEPOINT(MoveTo(hdc,xNew,yNew));
// ptOld enthält jetzt die bisherige Position
```

MAKEPOINT nur unter Win16 definiert.

Eine ähnliche Verwendung des Rückgabewertes für ein Koordinatenpaar ist unter Win32 passé, da die beiden 32-Bit-Werte natürlich nicht mehr in einem DWORD untergebracht werden können. Microsoft hat daher das getan, was von Anfang an das Beste gewesen wäre: die Koordinaten werden, man höre und staune, in einer POINT-Variablen zurückgeliefert. Und wenn man an den Werten gar nicht interessiert ist, kann man als dessen Adresse sogar NULL übergeben! Live sieht dieses API-Mirakel namens MoveToEx() folgendermaßen aus:

Statt DWORD-Rückgabe eine POINT-Variable.

```
POINT ptOld;
MoveToEx(hdc,xNew,yNew,&ptOld);
// nun kann mit ptOld.x die x-Koordinate und mit
// ptOld.y die y-Koordinate der bisherigen Position
// gelesen werden
...
// Und wenn die bisherige Position nicht interessiert:
MoveToEx(hdc,xNew,yNew,NULL);
```

Diese Änderung betrifft alle Funktionen, die ein x,y-Paar als Resultat liefern, sie werden in der folgenden Aufstellung gelistet:

Funktionen zum Setzen...	bzw. Lesen von Koordinaten
MoveTo	GetCurrentPosition
OffsetViewportOrg	
OffsetWindowOrg	
ScaleViewportExt	
ScaleWindowExt	
SetBitmapDimension	GetBitmapDimension
SetBrushOrg	GetBrushOrg
GetTextExtent	
SetViewportExt	GetViewportExt
SetViewportOrg	GetViewportOrg
SetWindowExt	GetWindowExt
SetWindowOrg	GetWindowOrg
	GetAspectRatioFilter

Tab. 4.6: GDI-Funktionen zur Bearbeitung von Koordinaten.

Die korrigierten Funktionen werden einfach dadurch gebildet, daß an den bisherigen Namen der Suffix ...Ex angehängt wird.* Gleichzeitig verlängert sich die Parameterliste um die Adresse einer POINT-oder SIZE-Variablen. Und da diese Funktionen bereits ab Windows 3.1 zur Verfügung stehen, ist ihre Verwendung sogar abwärtskompatibel!

** Keine Regel ist bei Microsoft ohne Ausnahme: GetTextExtent() wird zu GetTextExtentPoint().*

NULL als Adresse.

Bei den um die Adresse eines POINT- oder SIZE-Strukur erweiterten Funktionen zum Setzen von Koordinaten ist zu beachten, daß hier auch explizit NULL als Adresse angegeben werden kann. In diesem Fall wird die jeweilige Information nicht zurückkopiert. Wichtig kann dies im Zusammenhang mit dem Zwischenspeichern von GDI-Aufrufen (»LPC Batching«, siehe unten) sein, denn ein Aufruf, der Koordinaten zurückliefern soll, muß *sofort* bearbeitet werden. Noch eine Bemerkung am Rande: die Funktion SetBrushOrg(), die bisher bei Positionsänderungen eines Windows zur Korrektur der Brush-Ausgabe aufgerufen werden mußte, kann in diesem Zusammenhang nun gestrichen werden, weil Win32 (hört, hört!) sich um die notwendige Anpassung mittlerweile selbst kümmert.

Win32-Funktionen mit gepacktem 16-Bit-Format.

Eine Reihe von Funktionen und Nachrichten liefern Koordinaten- oder Größenangaben nach wie vor auch unter Win32 im gepackten Format (man kann von Microsoft alles mögliche erwarten und manches davon erhält man sogar nach einer Weile; ein orthogonales, konsistentes API ist dagegen scheinbar beim besten Willen zuviel). Die folgende Liste zeigt diese Ausnahmen sowie die Kategorie der gelieferten Werte (Bildschirm- oder logische Koordinaten):

Tab. 4.7: Win32-Funktionen und -Nachrichten, die Koordinaten im gepackten Format liefern.

Funktion bzw. Nachricht	Koordinaten
GetDCOrg()	Bildschirm
GetMessagePos()	Bildschirm
WM_SIZE	Bildschirm
WM_MOVE	Bildschirm
WM_NCHITTEST	Bildschirm
WM_MOUSEMOVE	Bildschirm
WM_[L/M/R]BUTTON[DOWN/UP/DBLCLK]	Bildschirm
WM_NC[L/M/R]BUTTON[DOWN/UP/DBLCLK]	Bildschirm
WM_SYSCOMMAND	Bildschirm
GetTabbedTextExtent()	Logisch
TabbedTextOut()	Logisch

Bildschirm- und ...

logische Koordinaten.

Daß die erste Gruppe die Werte gepackt liefert, mag ja noch angehen, da es sich hierbei ohnehin um Bildschirmangaben handelt und Grafikkarten mit mehr als 32767 Punkten sicher noch etwas Zeit haben... Ein wahres Meisterstück sind dagegen die beiden letzten Funktionen, die wirklich und wahrhaftig gepackte logische Größenangaben zurückliefern! Versuchen Sie doch mal, die Breite eines etwas längeren Strings mittels GetTabbedTextExtent() im »mapping« mode MM_HIMETRIC zu berechnen...

Schöne, neue Welt-Transformation

Drei Transformations-ebenen.

Das Win32-GDI benutzt im übrigen nicht nur die beiden von Win16 bekannten Koordinatenebenen, sondern fügt oberhalb dieser noch eine weitere, als Weltkoordinatenraum bezeichnete, hinzu. Diese zusätzliche Transformationsebene erlaubt die einfache Implementation von Rotationen, Scherungen u.a. Der

Gang der Dinge unter Win32 ist daher wie folgt: die 32 Bit breiten GDI-Koordinatenangaben sind grundsätzlich Weltkoordinaten, die in einer ersten Transformation in die sogenannten Page-Koordinaten (die den logischen Koordinaten von Win16 entsprechen) konvertiert werden. Je nach dem eingestelltem »mapping mode« wird nun diese Ebene, wie unter Win16, in die Gerätekoordinaten umgesetzt. Diese wiederum werden in einer letzten Transformation in die endgültigen »client area«-Werte umgewandelt. Erwähnenswert scheint mir dabei noch die Tatsache, daß die Gerätekoordinaten nun ebenfalls in einem 32 Bit-Format vorliegen, das jedoch als »fixed point«-Integer mit 28 Bits für den ganzzahligen Anteil und 4 Bits als Nachkommastelle definiert ist. Gemeinsam mit der Verwendung der erweiterten Koordinaten lassen sich Rundungsfehler bei *sorgfältiger* Implementation nun sicher vermeiden (ein Problem, das bei komplexen Grafiken unter Win16 immer wieder auftritt und zu sehr langwierigen und schwer nachvollziehbaren »Ad Hoc«-Lösungen führt). Die folgende Abbildung zeigt das Transformationsschema für Win32:

1. Weltkoordinaten

2. Page-Koordinaten

3. Gerätekoordinaten.

Vorteil: keine Rundungsfehler.

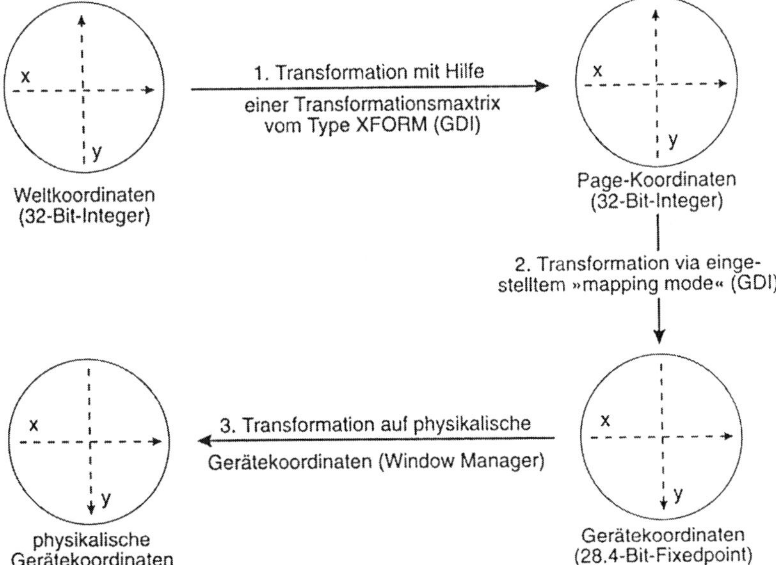

Abb. 4.18: Die GDI-Transformationen von Win32.

Glücklicherweise haben diese Änderungen für die Portabilität im Regelfall keine direkte Bedeutung, da die standardmäßig vordefinierte Transformationsmatrix (vom Typ XFORM) die Einheitsmatrix ist und keinerlei Änderung an den Koordinaten beim Übergang von Welt- auf logische Koordinaten bewirkt. Und die nächste Umsetzung von logischen (bzw. Page-) auf Gerätekoordinaten ist bis auf die Koordinatenerweiterung auf 32 Bit kompatibel zu Win16.* Dennoch ist es sicherlich ratsam, die Tatsache, daß unter Win32 eine weitere Transformationsebene eingeführt worden ist, im Hinterkopf zu behalten. Insbesondere die Verwendung einer anderen als der standardmäßigen XFORM-Transformationsmatrix (bzw. die Umschaltung in den sogenannten GM_ADVANCED-Grafikmodus via SetGraphicsMode()) hat über die eigentliche Transformation hinaus nämlich ungeahnte Folgen: die rechte, untere Ecke eines Rechtecks wird dann als Inklusivwert betrachtet, was zur Folge hat, daß ein Win16-RECT um eine Einheit nach rechts und unten »wächst« (siehe Abb. 4.19).

** inklusive der unsäglichen Window- und Viewport-Aufrufe.*

GM_ADVANCED-Grafikmodus via SetGraphicsMode().

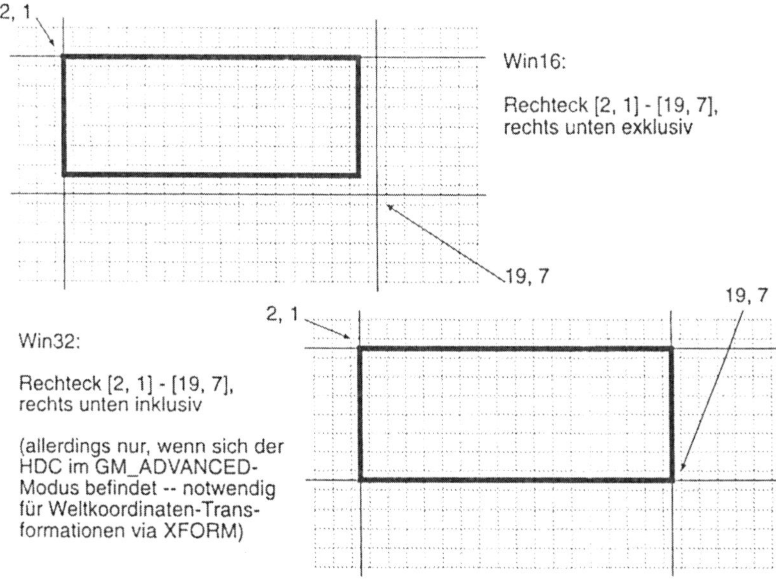

Abb. 4.19: Zweimal Rechtecke: Win16-exklusiv und Win32-inklusiv.

Der Grund für diese scheinbar überflüssige Änderung liegt darin, daß ein um 180 Grad rotiertes bzw. gespiegeltes Rechteck sich natürlich *nicht* von seinem unveränderten Original unterscheiden darf. Genau das geschieht aber, wenn die Ecke rechts-unten im Gegensatz zum linken, oberen Punkt als nicht mehr zum Rechteck zugehörig betrachtet wird. Man kann das zugrundeliegende Dilemma auch anders formulieren: mit einer Transformation, die beliebige Rotationen und Spiegelungen durchführen kann, verliert das Konzept einer Ecke rechts-unten

Rechts oben — links unten?

oder links-oben seinen Sinn. Auf der beiliegenden Diskette findet sich auch ein kleines Beispielprogramm, das u.a. diesen Effekt illustriert.

Handles: strictly private!

Grafische Objekte (Pens, Brushes, Fonts etc.) werden auch unter Win32 durch Handles gekennzeichnet — HPEN, HBRUSH etc. bleiben uns also erhalten. Allerdings sind diese Typen, wie fast alle anderen Handles, auf 32 Bit angewachsen. Diese Modifikation sollte jedoch keine besonderen Probleme verursachen, allerdings gelten natürlich alle Regeln und Anmerkungen, die für Window- und Speicher-Handles schon gemacht wurden, analog auch für GDI-Handles (unkorrekte Cast-Operationen, Vergrößerung von Strukturen etc.). Eine zusätzliche Besonderheit ergibt sich bei grafischen Objekten dennoch: wie schon erwähnt, sind Handles unter Win16 oft nichts anderes als NEAR-Zeiger in einen der diversen lokalen Heaps, die von den Windows-Modulen benutzt werden. So auch die Handles für GDI-Objekte, die in ein GDI-Datensegment verweisen, wo die jeweiligen Objekte gespeichert sind. Unter Win16 ist es in diesem Segment nun aufgrund der maximalen Segmentgröße von nur 64 KB oft etwas eng zugegangen, weshalb einige Applikationen dazu übergegangen sind, einmal erzeugte GDI-Handles gleichzeitig in verschiedenen Modulen zu benutzen. Entweder wurde dies durch das Vorhandensein mehrerer Instanzen der gleichen Applikation nahegelegt; einige große Programmpakete, die aus mehreren separaten Einzelprogrammen bestehen, haben auch zwischen diesen eifrig GDI-Handles hin- und hergeschoben. Dies funktioniert eben deshalb, weil diese Handles Offsets in ein globales GDI-Segment definieren. Unter Win32 sind die GDI-Objekte nun aber entweder lokal im Adressraum des jeweiligen Prozesses oder im GDI-Server angesiedelt, was darauf hinausläuft, daß unterschiedliche Applikationen (und demzufolge natürlich auch mehrere Instanzen des gleichen Programms) nicht mehr gemeinsam auf diese Handles zugreifen können. Multiple Threads eines Prozesses kennen diese Einschränkung natürlich nicht, da sie alle im gleichen Adressraum ablaufen. Das Versenden von GDI-Handles an

GDI-Handles im GDI-Datensegment.

Unmöglich: gemeinsamer Zugriff auf GDI-Objekte.

andere Applikationen bzw. sonstige Methoden des Kopierens von GDI-Objekten sind daher nicht portabel (ich habe indessen von mehreren Seiten gehört, daß Microsoft für Win32 ein Protokoll zum Austausch von GDI-Objekten definieren will, bislang ist mir dazu jedoch noch nichts wirklich Konkretes zu Ohren gekommen).

* »device dependent bitmap«.

** »device independent bitmap«.

Zumindest kurzfristig noch nicht problematisch ist die Verwendung von geräteabhängigen Bitmaps (alias DDBs*). Zwar orakelt die Win32-Dokumentation, daß diese schleunigst durch die neuen, mit Windows 3.0 eingeführten geräteunabhängigen Bitmaps (DIBs**) ersetzt werden sollten, weil erstere nur noch zur Unterstützung »alter« Applikationen vorhanden seien, irgendwann aber gestrichen würden. Da die DDB-Funktionen aber mit sehr gutem Grund (man denke nur den Klassenstil CS_SAVEBITS) nun schon einmal Eingang in das Win32-API gefunden haben, dürften sie daraus so bald nicht wieder verschwinden... Denn schließlich sind DDBs in vielen Anwendungsfällen nicht nur vollkommen ausreichend, sondern auch erheblich effizienter und einfacher handzuhaben. Ein Gebiet allerdings, wo die Benutzung von DIBs sicherlich wünschenswert ist, betrifft den Austausch von Bitmaps zwischen unterschiedlichen Applikationen bzw. Rechnern und zwar sowohl über Clipboard, DDE etc. als auch via Dateien. Nur so können Sie sicherstellen, daß die Bitmap auch korrekt weiterverarbeitet werden kann. Die Verwendung von DIBs ist (wie Hooks) im übrigen einer der Bereiche, wo »alter« Code relativ einfach so abgeändert werden kann, daß er absolut portabel sowohl unter Windows 3.1 als auch Win32 compiliert und läuft.

Austausch von Bitmaps zwischen unterschiedlichen Applikationen.

Neues auch von Metafiles

Geändertes Format.

Prinzipiell ähnlich stellt sich die Situation bei den Metafiles dar, die, wenn auch auf einer anderen Ebene, ebenfalls häufig zum Austausch von Grafikinformationen zwischen Applikationen dienen. Das unter Win16 hierfür verwendete Format wird unter Win32 weiterhin unterstützt; es wird hier allerdings auch eine neue, stark verbesserte Variante, die sogenannten »enhanced metafiles« (EMFs), eingeführt. Die Vorteile dieses Formats gegenüber der »alten« Version sind überzeugend: erheblich bessere Geräteunabhängigkeit, alle GDI-Transformationen werden durchgeführt, vollständige Unterstützung des Grafik-APIs, auch Informationsabfragen an den Metafile-DC sind möglich und einiges mehr. Leider ist die Verwendung der »enhanced metafiles« nicht rückwärtskompatibel, so daß eine portierte Applikation ohne weitere Änderung nur mit dem Win16-Format arbeiten kann. Die Anpassung der Quelltexte an diese neue Variante ist zwar relativ einfach und es existieren auch Prozeduren, die Metafiles im Win16-Format nach Win32 und umgekehrt konvertieren (z.B. [Set/Get]WinMetaFileBits()); man verliert jedoch dabei die Möglichkeit, die Quelltexte unverändert unter Win16 zu bearbeiten. Am einfachsten scheint mir hier die Einführung von getrennten Programmteilen, die je nach System durch bedingte Compilierung (oder Makros) aktiviert werden sowie in der Win32-Version die Implementation entsprechender Konversionsprozeduren. Ein kleines Beispiel:

»enhanced metafiles« (EMF)

EMF-Konversion.

```
void PlayMyMetafile(HWND hwnd,LPSTR lpszFile)
{
  HDC hdc=GetDC(hwnd);
#ifdef WIN32
// enhanced metafiles benutzen:
  HENHMETAFILE hemf=GetEnhMetaFile(lpszFile);
  RECT rc;
  GetClientRect(hwnd,&rc);
  PlayEnhMetaFile(hdc,hemf,&rc);
  DeleteEnhMetaFile(hemf);
#else
// Oder normale metafiles:
  HMETAFILE hmf=GetMetaFile(lpszFile);
  PlayMetaFile(hdc,hmf);
  DeleteMetaFile(hmf);
#endif
  ReleaseDC(hwnd,hdc);
}
```

Win32.

Win16.

Beachten Sie für den Austausch von Metafile-Dateien, daß sich die Dateiformate von »alten« und den »enhanced metafiles« unterscheiden und Win16-Programme (zur Zeit noch) nicht mit dem neuen Format zurecht kommen!

Eine grundlegende Änderung des Gesamtkonzepts, die detailliert ja schon im ersten Kapitel in Abschnitt 1.4, Seite 41 behandelt wurde, ist die Aufteilung von Windows-Code in DLLs einerseits und die eigentlichen Server-Applikationen* an dererseits. Aus Effizienzgründen wird dabei, soweit es ohne Sicherheitseinbußen möglich ist, ein Großteil der Funktionen bereits in den DLLs verarbeitet. Solche Aufrufe (resp. die resultierenden LPCs) jedoch, die zwingend vom zuständigen Subsystem bearbeitet werden müssen, werden in bestimmtem Rahmen in der dazugehörigen DLL zwischengespeichert und erst später, mit einem Aufruf, durchgeführt (»LPC batching«). Dieses Verfahren dient der Effizienzsteigerung, kann jedoch gerade bei grafischen Ausgaben unter ungünstigen Umständen zu einer etwas holprigen Darstellung führen. Ich konnte solche Effekte bisher zwar noch nicht beobachten, möglicherweise ist jedoch auf besonders langsamen Prozessoren (wie 386 SX) und entsprechend träge zu Werke gehenden Grafikkarten ein solches Phänomen zu vermerken. Das oben bei den Welttransformationen bereits angesprochene Beispielprogramm illustriert allerdings nebenbei auch, daß das »LPC batching« ungeschickt implementierte Programmteile durchaus negativ beeinflussen kann. Um entsprechende Auswirkungen zu verhindern, sei auf die Funktion GdiFlush() hingewiesen, die die sofortige Absendung aller noch wartenden LPCs zur Folge hat. Auch der Aufruf von GdiSetBatchLimit() könnte sich als hilfreich erweisen. Und wie schon erwähnt, sollten Sie bei den erweiterten GDI-Funktionen, die Koordinatenangaben zurückliefern könnten (wie z.B. MoveToEx()), nur dann eine gültige Adresse für den letzten Parameter angeben, wenn Sie den jeweiligen Wert auch tatsächlich benötigen. Der Grund liegt darin, daß diese Aufrufe, wenn sie Informationen zurückliefern müssen, prinzipiell nicht zwischengespeichert werden können, sondern sofort mitsamt allen wartenden LPCs zum zuständigen Server weitergeleitet werden. Alles in allem sollte dieser Komplex Ihnen aber kaum Probleme bereiten; möglicherweise können Sie nach dem erfolgreichen Portieren hier allerdings noch etwas Feinschliff anbringen.

** also die Subsysteme.*

»LPC batching«.

Und seine Auswirkungen.

Abhilfe: GdiFlush() und GdiSetBatchLimit().

4.9 Die Programmierung von DLLs

»Vom sichern Port läßt sichs gemächlich raten, da ist der Kahn und dort der See! Versuchts!« Friedrich Schiller, Wilhelm Tell

Ganz so abenteuerlich und kühn wie das Zitat von Schiller nahelegt, ist die Erzeugung von DLLs unter Win32 wohl nicht (mehr?). Aber schon unter Win16 gab es da mancherlei zu beachten, und wie Sie sich sicherlich schon gedacht haben, hält Microsoft auch unter Win32 die eine oder andere Überraschung parat. Ich gehe hier im übrigen nur auf programmtechnische Fragen und Anpassungen im Zusammenhang mit selbst ge schriebenen DLLs ein; alle Punkte, die mit der eigentlichen Erstellung derselben zu tun haben (insbesondere der deutlich modifizierte Link-Prozeß), werden im nächsten Kapitel (siehe Abschnitt 5.3) behandelt. Dort finden sich dann auch zwei komplette Programmbeispiele mit allen notwendigen Einstellungen und Definitionen.

Programmtechnische Fragen.

DLL-Erzeugung siehe Abschnitt 5.3, Seite 370.

DLLs und Speicherverwaltung

Eine Win32-DLL und auch das zugrundeliegende Konzept des dynamischen Linkens entsprechen im großen und ganzen den Verhältnissen unter Win16. Die folgenden prinzipiellen Unterschiede sind jedoch bei einer Portierung bzw. der Programmierung zu beachten:

Eine Win16-DLL wird nur einmal in den (globalen) Speicher geladen und ist danach *systemweit* sichtbar — alle laufenden Prozesse können danach jederzeit auf sie zugreifen. DLLs besitzen eigene Code-Segmente sowie normalerweise ein Datensegment inklusive lokalem Heap, leider jedoch keine Möglichkeit, weitere Datensegmente instanzenspezifisch (pro Client) anzulegen. Sie können allerdings dynamische globale Allokationen entweder im Auftrag des Aufrufers durchführen (der Normalfall) oder via GMEM_SHARE auch »auf eigene Rechnung« vornehmen. In jedem Falle wird dafür ein global sichtbarer Speicherbereich genutzt, der im Prinzip von allen Prozessen gelesen und — schlimmer — geschrieben werden

DLLs unter Win16.

Speicher mit GMEM_SHARE.

kann. Abbildung 4.20 zeigt schematisch die Zusammenhänge bei Win16:

Abb. 4.20: Die DLL-Speicherverwaltung unter Win16.

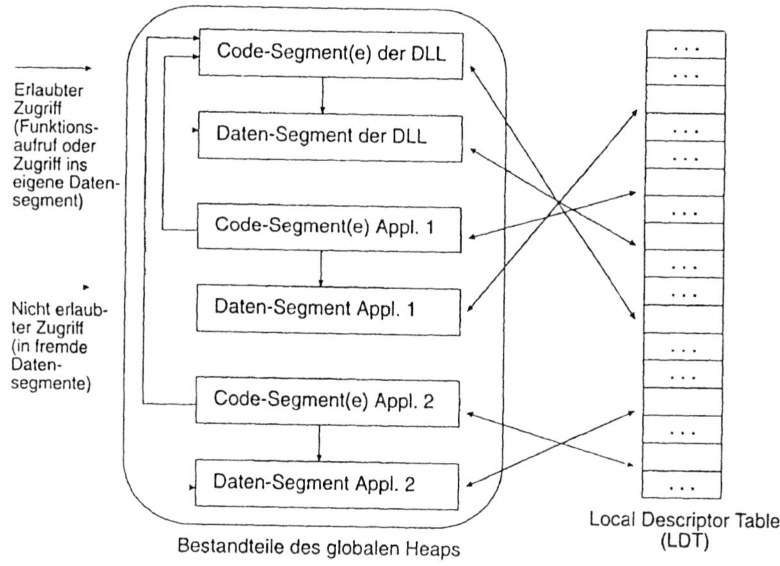

DLLs unter Win32.

Die Separation der Prozeß-Adressräume unter Win32 führt nun jedoch dazu, daß für jeden Prozeß die notwendigen DLLs (bzw. ihre definierten Segmente) erneut geladen bzw. in seinen Adressraum gemappt werden müssen. Dieser Vorgang wird als »DLL attaching« bezeichnet. Die Code-Segmente einer DLL sind von dieser Änderung nicht betroffen, da sie ohnehin nur einmal in den physikalischen Speicher geladen werden und durch die Win32-Speicherverwaltung* für die betreffenden Prozesse je nach Notwendigkeit über das Paging der CPU in deren Adressraum abgebildet werden. (Aus reiner Gewohnheit habe ich soeben den Begriff Segment gebraucht; um aber keine unnötige Verwirrung aufkommen zu lassen, will ich ab jetzt für die Code- und Datenbereiche lieber die Bezeichnung Sektionen verwenden, die auch in der Microsoft-Dokumentation benutzt wird.) Diese DLL-Datensektionen (die globalen und statischen Variablen) werden dagegen im Normalfall für jeden Prozeß separat und erneut in *dessen* Adressraum angelegt (dies könnte man auch als privat-global bezeichnen). Diese einschneidende Änderung läuft darauf hinaus, daß jeder Prozeß quasi mit einer »jungfräulichen« Version der initialisierten DLL-Daten arbeitet. Und solange die DLL nur streng prozeßspezifische Daten, aber

** bzw. den »virtual memory manager«.*

Sektion statt Segment.

keine für alle Prozesse wichtigen Informationen (die ich dementsprechend als publik-global bezeichne) halten muß, ist dieser Ansatz durchaus akzeptabel (bzw. aus Gründen der Isolation der Programme voneinander sogar vorzuziehen). Erinnern wir uns: die zweite Instanz einer bereits laufenden Applikation wird als neuer, eigenständiger Prozeß angelegt, der keinerlei implizite Verbindung mit seinem »Vorgänger« hat, insbesondere auf dessen Datenbereiche genausowenig wie auf die irgendwelcher anderen Prozesse zugreifen kann. Und diese konsequente Trennung der Adressräume bewirkt nun, daß eine geladene DLL unter Win32 grundsätzlich jedem Prozeß aufs neue zugewiesen wird und mit einem völlig unabhängigen Satz von Datensektionen, lokal für diesen Prozeß, arbeitet. Die folgende Abbildung demonstriert die Verhältnisse in diesem (Standard-)Fall. Das Win16-Modell eines *eigenen* Datensegments pro DLL, in dem diese schalten und walten kann, ist also nicht mehr der Regelfall unter Win32.

Keine gemeinsame DLL-Datensektion unter Win32!

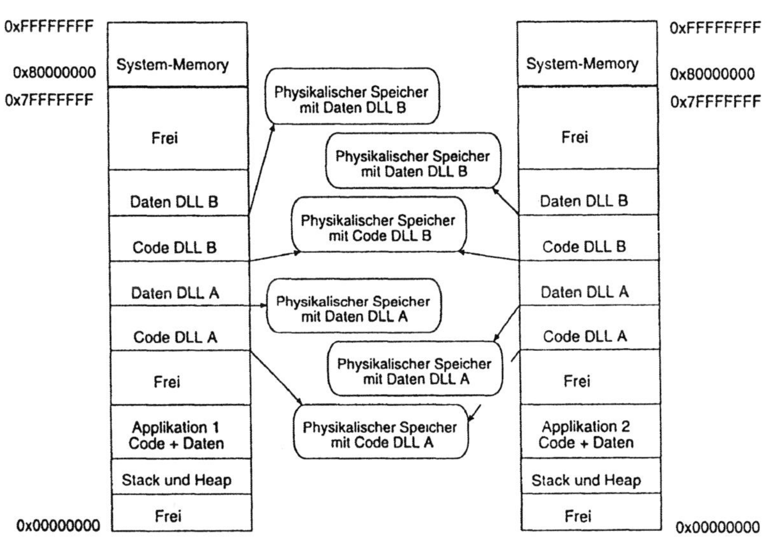

Abb. 4.21: Der Normalfall unter Win32: eine DLL-Datensektion pro Client.

Nun wird eine DLL zwar oft tatsächlich nur verwendet, um häufig benötigte Funktionen effizient und zentral zur Verfügung zu stellen. Viele DLLs gehen aber über diese einfache Verwendung hinaus; sie benötigen zur Verwaltung der einzelnen prozeßspezifischen privat-globalen Datenblöcke eben doch zusätzliche Datenbereiche, die allerdings, um ihren Zweck zu

Kein »shared memory«?

erfüllen, wirklich nur einmal angelegt werden dürfen (also für die DLL quasi »shared memory« darstellen). In diesem Fall muß beim Linken der DLL genau angegeben werden, welche Datenbereiche beim Laden der DLL in den Adressraum eines Prozesses jedesmal aufs neue angelegt werden sollen und für welche Bereiche nur einmalig, nämlich beim allerersten Laden, Platz (also in der Tat publik-global) reserviert werden darf. Erst die *explizite* Markierung einer Datensektion mit dem Attribut »shared« führt dazu, daß die Speicherverwaltung den betreffenden Speicherbereich allen Applikationen, welche die DLL nutzen, gleichzeitig zur Verfügung stellt. Detailliert werden die dafür notwendigen Änderungen der DEF-Datei in Abschnitt 5.3, Seite 375 beschrieben. Abbildung 4.22 zeigt schematisch die Verteilung der Datenbereiche im Falle einer DLL mit einer »shareable« und einer ganz normalen, prozeßspezifischen Datensektion.

Doch: durch explizite Sektionsattribute.

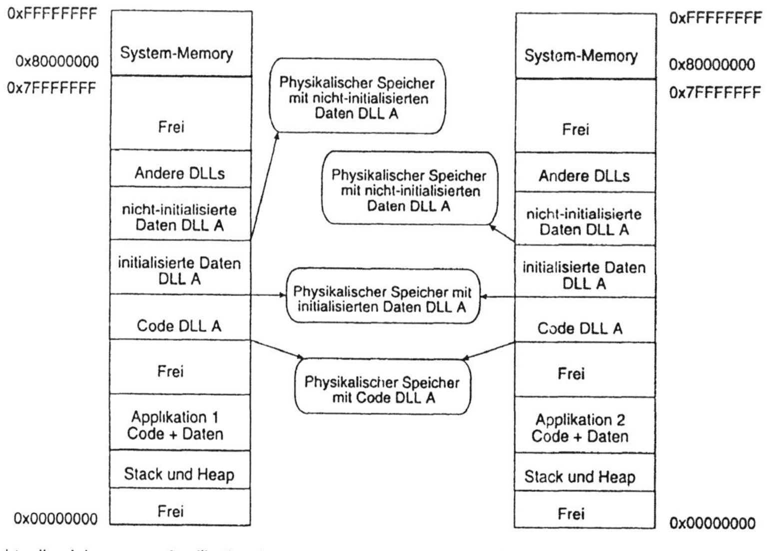

Abb. 4.22: Eine gemeinsame Sektion für alle Nutzer der DLL.

Bei der Erstellung von DLLs hat sich der Programmierer daher unbedingt Klarheit darüber zu verschaffen, welche globalen Variablen etc. für jeden Prozeß jeweils erneut oder insgesamt nur einmal anzulegen sind und die Speicherattribute der betreffenden Datensektionen entsprechend zu setzen. Nur für solche Datensektionen, die in der DEF-Datei explizit als »shareable« bezeichnet werden, wird beim zweiten, dritten etc. Laden einer

Attribute der Datensektionen korrekt setzen.

DLL nicht erneut im Adressraum des betreffenden Prozesses Platz allokiert, sondern diese stattdessen via Paging auf eine schon bestehende Sektion gemappt, die beim ersten Laden der DLL erzeugt wurde.

Dynamische Speicheranforderungen in der DLL.

Auch dynamische Speicheranforderungen innerhalb einer DLL werden *in jedem Fall* im Adressraum des verursachenden Prozesses ausgeführt: sie sind also grundsätzlich privat (denken Sie dabei auch daran, daß unter Win32 lokale und globale Allokationen quasi identisch sind). In scharfem Gegensatz hierzu steht die globale Allokation unter Win16: auf global in der DLL angeforderten Speicher kann von allen Nutzern im Prinzip gleichermaßen zugegriffen werden. Allerdings wird dort der betreffende Speicherbereich, wie üblich, freigegeben, wenn das Programm, das seine Allokation indirekt verursacht hat, beendet wird. Um dies zu unterbinden und der DLL die Möglichkeit einzuräumen, die »Lebensdauer« von globalen Speicherallokationen selbst zu kontrollieren, werden bei Win16-Allokationen die beiden GMEM_(DDE)SHARE-Flags benutzt. Solcherart innerhalb der DLL allokierter Speicher wird erst freigegeben, wenn die DLL selbst aus dem Speicher entfernt wird (oder natürlich explizit von der DLL durch GlobalFree()).

GMEM_(DDE)SHARE ist unter Win32 absolut wirkungslos!

Auch dieser Mechanismus ist nicht portabel: die beiden GMEM-Flags existieren zwar, faktisch hat ihre Verwendung auf die globale Speicherverwaltung jedoch keinerlei Einfluß! Der so zugewiesene Speicher wird keineswegs automatisch für alle Prozesse verfügbar gemacht, sondern ist, wie alle anderen Blöcke auch, nur im Kontext des Prozesses gültig, der die Allokation (direkt oder indirekt) veranlaßt hat.

Kein lokaler DLL-Heap!

Da die Win32-Speicherverwaltung darüberhinaus keine echte Trennung mehr zwischen lokalen und globalen Heaps macht, da weiterhin alle Allokationen in den Adressraum des zuständigen Prozesses abgebildet werden, existiert die von Win16 bekannte Möglichkeit, einer DLL einen eigenen lokalen Heap zu geben sowie dessen Größe zu bestimmen, unter Win32 nicht mehr. Allokationen in den lokalen Heap einer Win16-DLL, die speziell zum Austausch von Informationen zwischen mehreren Client-Programmen dienen, müssen unter Win32 unbedingt angepaßt werden. Das Fehlen des lokalen Heaps in DLLs wird auch dadurch nahegelegt, daß dieser in Win16 immer mit einem Datensegment verknüpft war: entweder dem eines Programmes oder dem der DLL. Und DLLs besitzen nun einmal unter Win32 kein eigenes Datensegment mehr, sondern schmarotzen beim betreffenden Prozeß, indem sie ihre Datensektionen in dessen Adressraum unterbringen.

Mit einem Wort: einmal abgesehen von der Möglichkeit, bestimmte Datensektionen über die DEF-Datei als »shareable« anzulegen, kann eine DLL, genau wie der mit ihr verbundene Prozeß, gemeinsame Speicherbereiche *nur* mit Hilfe der dafür vorgesehenen Win32-Mechanismen erzeugen. Falls Sie also für die Nutzer Ihrer DLL publik-globale dynamisch allokierte Informationsblöcke verfügbar machen müssen, werden Sie um entsprechende Anpassungen nicht herumkommen. Die schon angesprochenen Beispielprogramme im nächsten Kapitel können immerhin recht gut zur Erforschung der mit der DLL-Speicherverwaltung zusammenhängenden Sachverhalte genutzt werden!

Ergo: Win32-Mechanismen zum Datenaustausch wie »memory mapped files«.

Initialisierung und Terminierung

Bisher war für eine DLL eine Initialisierungsfunktion namens LibMain() erforderlich, falls notwendig, konnte auch noch eine Funktion für Aufräumungsarbeiten (genannt WEP()) hinzugefügt werden. LibMain() wurde dabei in einer Assembler-Datei namens LIBENTRY.ASM als extern deklariert, die resultierende OBJ-Datei mußte beim Linken der DLL mit angegeben werden. Unter Win32 existiert für diese Zwecke nur eine einzige (optionale) Funktion, die beliebig benannt werden kann (welch ungewohnter Luxus!). Sie hat folgenden Prototyp:

LibMain() und WEP().

```
BOOL WINAPI DLLInitAndExitProc(HINSTANCE hDLL,
  DWORD dwReason,LPVOID lpReserved);
```

Der erste Parameter gibt die Instance-Handle der DLL an und ist in dieser Form schon von Win16 bekannt. (Instance-Handles sind unter Win32 übrigens einfach Offsets in den virtuellen Adressraum des Prozesses, die den Speicherbereich angeben, wo die instanz-spezifischen Informationen verwaltet werden. Unter Win16 waren sie dagegen mit dem Datensegment des Programmes oder der DLL identisch.) Der zweite Parameter,

Instance-Handle der DLL.

dwReason, gibt den Grund für den Aufruf der Funktion an, in WINNT.H sind dafür vier Konstanten vordefiniert:

Tab. 4.8: Konstanten zur DLL-Initialisierung und -Terminierung.

DLL_PROCESS_ATTACH	Ein Prozeß, der diese DLL benutzt, wurde gestartet.
DLL_PROCESS_DETACH	Ein Prozeß, der die DLL benutzt, wurde beendet.
DLL_THREAD_ATTACH	In einem Prozeß, der die DLL benutzt, wurde ein weiterer Thread gestartet.
DLL_THREAD_DETACH	In einem Prozeß, der die DLL benutzt, wurde ein Thread beendet.

Prozeß- und Thread-Initialisierung.

Die beiden ersten Fälle decken die Funktionalität ab, die bisher durch die zwei getrennten Funktionen LibMain() und WEP() verfügbar war. Neu, aber eigentlich nicht sehr verwunderlich ist die Tatsache, daß auch einzelne *Threads* bei den betreffenden DLLs an- und abgemeldet werden. Für die Portierung von Win16-Programmen sind die beiden letzten Fälle nicht so wichtig, weil diese auch nach der Portierung immer noch »singlethreaded« sind. Der letzte Parameter der Initialisierungsfunktion, ein Zeiger namens lpReserved, ist gleich NULL und findet zur Zeit keine Verwendung. Falls Sie DLLs parallel für Win16 und Win32 entwickeln, scheint mir folgende Schale für die DLL-Initialisierung und -Beendigung unter Win32 am sinnvollsten:

Eine einfache Schale für Win32.

```
#if defined(WIN32)
BOOL WINAPI LibMain32(HINSTANCE hDLL,DWORD dwReason,
  LPVOID lpReserved)
{
  if (dwReason==DLL_PROCESS_ATTACH) { // Anmeldung
    ... // hier ggf. Win32 spezifische Initialisierungen
    return (BOOL)LibMain(hDLL,0,0,NULL); // und dort
         // gemeinsame Win16- und Win32-Initialisierungen
  }
  else if (dwReason==DLL_PROCESS_DETACH) { // Abmeldung
    ... // hier ggf. Win32 spezifischer Terminierungscode
```

```
        return (BOOL)WEP(WEP_FREE_DLL); // und dort
            // gemeinsamer Win16- und Win32-Terminierungscode
    }
    return TRUE;
}
#endif
```

* durch UnlockData().

Beachten Sie, daß Sie dann in der Win16-LibMain()-Funktion das dort übliche Unlocken des DLL-Datensegmentes* nur durchführen dürfen, wenn der entsprechende Parameter != 0 ist. Ansonsten können in der gemeinsamen LibMain()-Funktion die notwendigen Initialisierungen weitestgehend einheitlich vorgenommen werden. Die unter Win16 leider notwendige Assembler-Datei LIBENTRY.ASM bzw. das generierte OBJ-File sind übrigens unter Win32 endlich weggefallen: beim Linken der DLL muß dem Linker dafür allerdings der Name der Initialisierungsfunktion mitgeteilt werden. Mehr dazu und zu den weiteren Details der Win32-DLL-Erzeugung folgt im nächsten Kapitel.

Globale Window-Klassen

Registrierung von globalen Windows-Klassen.

Eine der typischen Initialisierung innerhalb von LibMain() stellt die Registrierung von globalen Windows-Klassen dar. Solange diese Klassen applikationsglobal registriert werden (also unter Verwendung des Klassen-Flags CS_GLOBALCLASS), ändert sich nicht sehr viel: der bisherige RegisterClass()-Aufruf kann unverändert übernommen werden. Eine kleine Schwierigkeit ergibt sich möglicherweise beim Laden der DLL: falls das Programm keine Funktionen aus der DLL direkt aufruft, sondern nur die innerhalb der DLL registrierten globalen Klassen via CreateWindow() nutzt, wird die DLL gar nicht in den Speicher geladen (das war übrigens auch schon mit Win16 so). Sie muß daher explizit via LoadLibrary() geladen werden. Unter Win16 kann das durch ein kleines Ladeprogramm bewerkstelligt werden, das beim Systemstart aufgerufen wird, die DLL lädt und in einer »message loop« verharrt (Borland liefert für seine BWCC.DLL einen solchen Lader). Dieses Verfahren läuft mit Win32 leider nicht wie gewünscht. Denn hier muß jeder Prozeß

Explizites Laden durch LoadLibrary().

explizit alle benötigten DLLs selbst laden (Sie erinnern sich: es gibt, außer den System-Libraries, keine global bekannten DLLs mehr!). Eine andere Möglichkeit, die die Win32-Dokumentation allerdings nur ganz am Rande erwähnt, besteht darin, die betreffende DLL als (Pseudo-)System-DLL zu markieren. Sie wird dann allerdings wie diese in den Adressraum jedes weiteren Prozesses gemappt, auch solcher Programme, die die DLL gar nicht benötigen. Um dies zu erreichen, muß via REGEDT32 (dem 32-Bit-Äquivalent von REGEDIT) folgender Schlüssel in der Win32-Registry modifiziert werden (Achtung: eine »logische« Zeile):

Markieren als Pseudo-System-DLLs

HKEY_LOCAL_MACHINE\Software\Microsoft\
WindowsNT\CurrentVersion\Windows\AppInit_DLLS

Hier ist nun der Dateiname der betreffenden DLL entweder anzugeben oder an die bestehende Liste daranzuhängen. Von diesem Verfahren sollten Sie allerdings nur Gebrauch machen, wenn es wirklich zwingend erforderlich ist. Besser scheint es mir im Regelfall, die benötigten DLL beim Programmstart explizit dazuzuladen.

Besser: beim Programmstart explizit dazuladen.

Anders liegen die Verhältnisse bei solchen Klassen, die bislang applikationslokal (also ohne CS_GLOBALCLASS-Flag) in einer DLL registriert werden. Die Registrierung selbst erfolgt zwar ordnungsgemäß, aber die Applikation kann partout kein Fenster der neu definierten Klasse erzeugen. Der Grund dafür liegt bei der Instance-Handle, die zur Registrierung der Klasse bzw. der Erzeugung des Fensters verwendet wird. Die beiden folgenden Quelltext-Ausschnitte, der erste aus der Initialisierungsphase der DLL, der zweite aus dem Hauptprogramm der Applikation, zeigen die typische Benutzung der beiden Funktionen:

Geändert: die Registrierung applikationslokaler Klassen.

```
// in der  DLL: LibMain - Registrierung der Klasse
WNDCLASS wc;
wc.style=CS_HREDRAW|CS_VREDRAW; // applikationslokal!
... // weitere WNDCLASS-Komponenten setzen
wc.hInstance=hInstDLL; // DLL-Instance-Handle!
... // restlichen WNDCLASS-Komponenten setzen
if (!RegisterClass(&wc)) ...
```

```
// und später, im Hauptprogramm:
hwndTestClass=CreateWindow(..., // diverse Parameter
  hInstance, // vorletzter Parameter: Instance-Handle des
             // Programmes!
  NULL);
```

DLL-Instance kontra Applikations-Instance.

Wie Sie sicher schon messerscharf geschlossen haben, liegt das Problem bei der unterschiedlichen Verwendung der Instance-Handles. Zum Registrieren wird diejenige der DLL verwendet (etwas anderes hat die DLL in LibMain() auch gar nicht zur Verfügung), während das Programm gewöhnlich natürlich seine eigene HINSTANCE benutzt. Und in der Tat liegt hier der Hund begraben: bei einer »normal«* registrierten Klasse stellt Win32 nämlich sicher, daß nur solche CreateWindow()-Aufrufe zur Erzeugung eines Fensters der betreffenden Klasse führen, bei denen die »Erzeugungs-HINSTANCE« auch mit der »Registrierungs-HINSTANCE« übereinstimmt. Ergo: der obige Erzeugungsversuch mißlingt. Die Lösung dieses Problems ist zum Glück relativ simpel: man füge auch den eigentlich nur applikationslokal definierten Klassen bei der Registrierung in einer DLL das Flag CS_GLOBALCLASS hinzu, et voilà! Das *einzige*, was dieses Flag nämlich unter Win32 bewirkt, ist die Unterdrückung obiger Überprüfung der beiden HINSTANCEs.

** also ohne CS_GLOBALCLASS.*

Keine globalen Klassen!

In keinem Falle stehen die so angemeldeten Klassen danach automatisch systemweit, also auch in anderen Programmen, zur Verfügung. Wie gesagt: nur solche Applikationen, die die betreffende DLL implizit (durch »load time linking«) oder explizit (mit Hilfe von »run time linking«) hinzuladen, können in der DLL global oder lokal registrierte Klassen überhaupt zur Fenstererzeugung heranziehen. (Wenn Sie bestimmte Klassen unter keinen Umständen mit CS_GLOBALCLASS anmelden wollen, können Sie beim CreateWindow()-Aufruf statt der HINSTANCE des Programmes auch die HINSTANCE der DLL angeben, in der die Klasse registriert wurde. Diese bekommen Sie entweder als Rückgabe von LoadLibrary() oder durch Aufruf von GetModuleHandle().)

4.10 Unicode: Pro und Contra

»Seid umschlungen, Millionen! Diesen Kuß der ganzen Welt!« Friedrich Schiller, An die Freude

Tja, der schon bei Windows 3.1 deutlich erkennbare Trend zur Internationalisierung wird mit Windows NT vielleicht seinen großen Durchbruch erleben. Schließlich ist Windows NT das erste in größerem Maßstab verfügbare Betriebssystem, das von Grund auf um einen weltweit umfassenden Zeichensatz herum entworfen wurde. Ja, Sie haben ganz richtig gelesen: der NT-Kernel, aber auch das Win32-Subsystem arbeiten intern nicht mehr mit ANSI, ASCII, ISO, OEM (und was immer es sonst noch an Zeichensätzen geben mag), sondern mit einem neuen Standard namens Unicode (der hoffentlich so definiert ist, daß dieses ewige Hin und Her mit den Zeichensätzen endlich seinen Abschluß findet).

NT-Kernel und Win32-Subsystem arbeiten mit Unicode.

Dieser Zeichensatz umfaßt theoretisch 65536 Zeichen und macht neben allen westeuropäischen Zeichen auch die gebräuchlichen kyrillischen, japanischen, chinesischen (und was immer es sonst noch an Sprachen geben mag) Sonderzeichen verfügbar. Damit wird für entsprechend implementierte Applikationen endlich die unselige Hin- und Herschaltung von Codepages überflüssig, Win32 unterstützt — nicht zuletzt auch aus Kompatibilitätsgründen — jedoch weiterhin die entsprechenden Konversionen. Intern, wie gesagt, wird allerdings nur mit Unicode gearbeitet, das Mapping von ANSI- oder ASCII-Applikationen findet automatisch statt. Daß es einen Layer geben muß, der ANSI-Aufrufe absolut transparent auf den intern verwendeten Unicode umsetzen kann, geht allein schon aus der Tatsache hervor, daß unter Win32 bestehende Win16-Programme (die nichts, aber auch gar nichts von Unicode wissen) ohne jede Änderung laufen sollen. Abbildung 4.23 auf der nächsten Seite zeigt die Anbindung der verschiedenen Applikationstypen an das Betriebssystem. Ich kann im weiteren leider nicht detailliert die genaue Unicode-Definition sowie die Aufteilung der diversen Alphabete auf den Zeichenraum beschreiben, interessierte Leser sollten sich näher mit [Literatur 12] beschäftigen. Stattdessen will ich im weiteren darauf eingehen, welche Konsequenzen diese doch einschneidende

Keine Codepages mehr.

Mapping von ANSI- oder ASCII-Applikationen findet automatisch statt.

Änderung für den Windows-Entwickler hat, und in welchem Rahmen eine Anpassung Ihrer Applikation notwendig bzw. wünschenswert ist.

Abb. 4.23: Win32-Applikationen und die Unicode-Umsetzung.

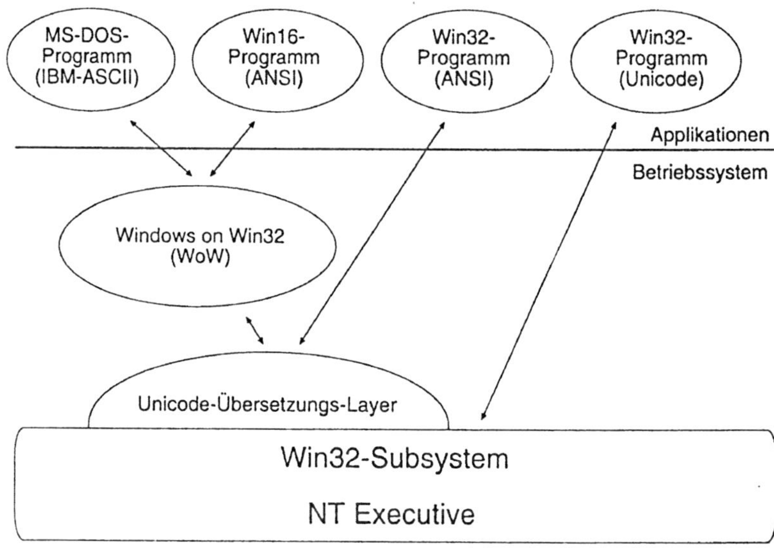

* welch ein Zufall!

Zur Darstellung von 65536 Zeichen braucht es* gerade 16 Bit == 2 Byte. Anders formuliert: die Äquivalenz von einem char mit einem Zeichen ist mit Unicode dahingegangen. Win32 arbeitet daher auch mit einem neu definierten Typ namens WCHAR (»ungarisches« Typkürzel wc):

Unicode-Zeichen = WCHAR.

```
typedef unsigned short WCHAR; // wc, 16-bit UNICODE char
```

Auch alle weiteren, unter Win16 auf char aufbauenden Typen (LPSTR und Co.) werden entsprechend nachdefiniert:

Nachdefinierte String-Typen.

```
typedef WCHAR *PWCHAR; // Zeiger auf einen Unicode-Char
typedef CONST WCHAR *LPCWCH, *PCWCH; // dito, aber konstant
typedef WCHAR *LPWSTR, *PWSTR; // Zeiger auf einen Unicode-
  // String
typedef CONST WCHAR *LPCWSTR, *PCWSTR; // dito, konstant
..// etc.
```

Und noch eine Makroschale!

Es existieren damit zwei komplette Sätze von Typdefinitionen: einerseits die abgebildeten Unicode-kompatiblen; andererseits die ja schon von Win16 bekannten, auf dem Typ char basierenden Definitionen wie LPSTR, LPCSTR, LPCH etc. Und dementsprechend stellt das Win32-API auch zwei Sätze von Funktionen zur Verfügung: solche, die direkt mit Unicode-Strings arbeiten (erkennbar am Suffix ...W) und solche, die (Win16-kompatible) ANSI-Strings verarbeiten (erkennbar am Suffix ...A). Fast alle Funktionen, die direkt (z.B. lstrlen()) oder indirekt (z.B. RegisterClass() via Komponenten in WNDCLASS) String-Argumente übernehmen, sind in diesen zwei Ausprägungen vorhanden:

Zwei Datentyp-Gruppen...

... zwei Funktions-Sätze.

```
int WINAPI lstrlenA(LPCSTR lpString);    // ANSI
int WINAPI lstrlenW(LPCWSTR lpString);   // Unicode
...
ATOM WINAPI RegisterClassA(CONST WNDCLASSA *lpWndClass);
ATOM WINAPI RegisterClassW(CONST WNDCLASSW *lpWndClass);
... // etc.
```

Die Strukturen WNDCLASSA und WNDCLASSW enthalten dabei ihrerseits wiederum die ANSI- bzw. Unicode-String-Datentypen. Vermutlich tun die A-Versionen nicht viel mehr, als alle Stringparameter nach Unicode zu übersetzen und dann die Unicode-Funktion (sprich die ...W-Variante) aufzurufen. Die Funktion lstrlenA() könnte daher (im Prinzip, der Code ignoriert z.B. DBCS-Sequenzen) wie folgt implementiert werden:

Strings umsetzen und Unicode-Funktion aufrufen.

```
int WINAPI lstrlenA(LPCSTR lpString)
{
  // 1. Prolog:
  int cb=strlen(lpString);  // Länge des ANSI-Strings
  // Puffer für Unicdode-String allokieren
  LPWSTR lpwstrBuf=malloc(sizeof(WCHAR)*(cb+1));
  // String nach Unicode konvertieren
  MultiByteToWideChar(CP_ACP,MP_PRECOMPOSED,lpString,
    -1,lpwstrBuf,cb);
  // 2. Verarbeitung:
```

```
    cb=lstrlenW(lpwstrBuf); // und mit Hilfe der korrekten
    // Unicode-Funktion bearbeiten
    // 3. Epilog:
    free(lpwstrBuf);
    return cb;
  } // Ich hoffe, daß Microsoft die Funktion jedoch etwas
  // effizienter geschrieben hat, denn in diesem (einfachen)
  // Fall ist die Allokation des Puffers und die folgende
  // Konversion natürlich Overkill.
```

#define UNICODE.

[*] Was auch sonst!

Aber diese ganze Unicode-Geschichte riecht doch verdächtig nach ziemlich viel Umstellungsarbeit. Das dachte man sich auch bei Microsoft und erfand deshalb flugs eine #definierte Konstante namens UNICODE, die fortan transparent — und vor allem portabel — festlegt, für welchen Modus ein Programm compiliert wird. Erreicht wird dieses durch den ungenierten Gebrauch bedingter Compilierung sowie die Definition zahlreicher Makros.[*] Zum einen werden diverse NT-Datentypen in Abhängigkeit von dieser Konstante so definiert, daß sie in Unicode- und ANSI-Programmen gleichermaßen einsetzbar sind, wie folgender Ausschnitt aus WINNT.H zeigt:

Unicode: TCHAR == WCHAR. sizeof(TCHAR) == 2!

ANSI: TCHAR == char. sizeof(TCHAR) == 1!

```
// Neutrale ANSI/UNICODE Typen und Makros
#ifdef UNICODE   // Aha, man wünscht UNICODE
  typedef WCHAR TCHAR, *PTCHAR;
  typedef LPWSTR LPTCH, PTCH;
  typedef LPWSTR PTSTR, LPTSTR;
  // etc.
#else   // Nein, der gute alte ANSI-Zeichensatz
  typedef char TCHAR, *PTCHAR;
  typedef LPSTR LPTCH, PTCH;
  typedef LPSTR PTSTR, LPTSTR;
  // etc.
#endif
```

Plus Makroschale für die Funktionen.

Und zweitens werden zwar alle relevanten Funktionen und Datentypen mit dem Suffix ...W bzw. ...A versehen, eine weitere (Makro-)Definition sorgt aber dafür, daß trotzdem ein portabler und der jeweiligen Umgebung angemessener Funktionsname bzw. typedef zur Verfügung steht:

```
#ifdef UNICODE
  typedef WNDCLASSW WNDCLASS;
  #define RegisterClass RegisterClassW
#else
  typedef WNDCLASSA WNDCLASS;
  #define RegisterClass RegisterClassA
#endif
```

Trickreich, trickreich! Der Endeffekt dieser ganzen Basteleien in den NT-Header-Dateien ist immerhin, daß ein bestehendes Programm, das die Konstante UNICODE nicht #definiert, weder von der Verwendung eines 16-Bit-Zeichensatzes noch von all den Typ- und Funktionsanpassungen irgend etwas mitbekommt. Das sind doch recht gute Nachrichten für Portierer, denn obwohl Windows NT intern mit einem radikal anderen Konzept zur Zeichensatz-Manipulation arbeitet, können bestehende Programme (in dieser Hinsicht) fast eins zu eins übernommen werden. Und Programme, die von Unicode Gebrauch machen wollen, können fast ebenso einfach erstellt werden, indem einfach vor dem Einlesen der Header-Dateien UNICODE #definiert wird.

Und der Endeffekt: Rückwärtskompatibel trotz neuen Zeichensatzes.

Unicode-Strings und der Compiler

Warum dann eigentlich diese ganzen Erklärungen, wenn sich an der Oberfläche nichts wesentliches geändert hat? Eine gute Frage, die ich in drei Teilen beantworte. Erstens kann die Verwendung von Unicode in bestehenden Programmen leider nicht in allen Fällen ohne Änderungen hunderprozentig transparent vorgenommen werden, dazu im nächsten Absatz mehr. Zum zweiten werden alle String-Ressourcen (nicht nur die vom Typ STRING, sondern auch Zeichenketten in Dialogboxen etc.) ohne Ausnahme* im Unicode-Format abgelegt. Und solange Sie diese nur mit den Win32-Funktionen zur Ressourcebearbeitung bzw. den dafür vorgesehenen SDK-Programmen manipulieren, braucht Sie dies nicht weiter zu interessieren. Wenn Sie jedoch (textuelle) Ressourcen in den Speicher laden und selbst direkte Modifikationen vornehmen wollen, müssen Sie das Unicode-Format zwingend berücksichtigen. Das gleiche gilt auch für die

** soll heißen, im Speicher wie in der EXE-Datei.*

dynamische Erzeugung von Ressourcen (wie z.B. Dialogboxen mit Hilfe der beiden SDK-Strukturen DLGTEMPLATE und DLGITEMTEMPLATE). Schließlich führt die Definition einer Makroschale für die betreffenden Funktionen dazu, daß Sie z.B. bei Compiler-Meldungen oder beim Debuggen nicht unbedingt den Funktionsnamen sehen, den Sie verwendet haben. Und da man ja ganz gerne weiß, was in seinen Programmen im einzelnen eigentlich vorgeht, scheinen mir die obigen Erläuterungen selbst dann wichtig, wenn Sie an Unicode noch gar nicht so interessiert sind.

Anpassungen bei der dynamische Erzeugung von Ressourcen.

Die oben angesprochenen Veränderungen, die trotz der portablen Typdefinitionen und Makroschalen vorgenommen werden müssen, beziehen sich zum größten Teil auf die direkte Benutzung von Stringkonstanten im Programmtext. Der 32-Bit-C-Compiler arbeitet nämlich nicht mit Unicode-Zeichen als Standard (denn #define UNICODE bewirkt nur Änderungen in den *Header-Dateien*, nicht aber im Compiler!), sondern mit ganz normalen, ein Byte langen chars im (erweiterten) ASCII-Zeichensatz:

Änderungen von Stringkonstanten.

Trotz Unicode ...

```
#define UNICODE
...
// Der folgende String wird, unabhängig von der Konstanten
// UNICODE, im ANSI-Zeichensatz abgelegt. Er belegt daher
// 24 Bytes (inklusive der terminierenden 0). Der daraus
// resultierende (UNICODE-)Window-Text sieht sicher sehr
// interessant aus, hat aber mit dem gewünschten Titel
// nicht mehr viel zu tun!
SetWindowText(hwnd,"Alles für Ihre Fenster!");
// Durch die Makroschale wird nämlich die Unicode-Funktion
// SetWindowTextW() aufgerufen. Und die erwartet nun einmal
// einen UNICODE-String...
```

erzeugt der Compiler einen ANSI-String.

So weit — so schlecht. Aber eine Möglichkeit, dem Compiler beizubringen, daß der folgende String im Unicode-Format abzulegen ist, *muß* es natürlich geben. Beim angestrengten Blättern in diversen Handbüchern wird man auch fündig, obiges Statement, korrekt für Unicode lautet:

```
SetWindowText(hwnd,L"Alles für Ihre Fenster!");
```

Einfach ein großes »L« vor den String, das war's. Der Compiler weiß jetzt, daß er die einzelnen Zeichen des Strings im Unicode-Format (als 16-Bit-Zeichen) abzulegen hat. Allerdings sollten wir damit immer noch nicht ganz zufrieden sein: was passiert mit dem String, wenn im Programm die Zeile mit #define UNICODE gelöscht oder auskommentiert wird? Nichts! Er wird nach wie vor als Unicode in den Speicher kopiert und sorgt dafür, daß der Window-Text schon wieder nicht so aussieht wie erwartet. Makro, ick hör dir trapsen... Tatsächlich kann dieses Problem durch folgendes simple Makro gelöst werden:

Und noch ein Makro.

```
#ifdef UNICODE // Ebenfalls in WINNT.H
  #define TEXT(quote) L##quote
#else
  #define TEXT(quote) quote
#endif
```

Aller guten Dinge sind drei, und so ist die dritte Variante zum Setzen des Window-Textes endlich die gewünschte:

```
SetWindowText(hwnd,TEXT("Alles für Ihre Fenster!"));
```

Bevor Sie also Ihr Programm im Unicode-Modus compilieren, prüfen und ändern Sie ggf. die Verwendung von Stringkonstanten und auch einzelnen Zeichen (siehe dazu z.B. Seite 258). Die Formulierung »Prüfen und *ggf.* ändern« legt nahe, daß nicht alle Zeichenketten von dieser Änderung betroffen sind: um die Verwirrung zu maximieren, müssen in der Tat bestimmte Strings grundsätzlich im ANSI-Format verbleiben. Dies gilt z.B. für den Aufruf von OpenFile(), _lopen() und _lcreate()! Ein Blick auf den Prototyp schafft meist Klarheit: wenn dort LPSTR (bzw. LPCSTR) steht, akzeptiert die Funktion *nur* ANSI-Strings. LPTSTR oder LPWSTR dagegen sind ein sicheres Zeichen für Unicode-Support. Eine weitere Funktion, die Sie als Windows-Programmierer *garantiert* benutzen, erhält ihr String-Argument ebenfalls unabhängig von #define UNICODE ausschließlich im ANSI-Format: WinMain()! Der Parameter lpCmdLine vom Typ LPSTR zeigt immer auf die ANSI-Version der Kommandozeile, nicht auf die Unicode-Version. Falls Sie also ein Unicode-kompatibles Programm schreiben und die Kommandozeile

Strings, die im ANSI-Format verbleiben müssen.

Und WinMain()!

auswerten, müssen Sie vorher eine entsprechende Konversion vornehmen (z.B. via MultiByteToWideChar())! Alternativ könnten Sie auch die Win32-Funktion GetCommandLine() aufrufen, die ist nämlich Unicode-sensitiv.

Ein Zeichen gleich ein Byte?

sizeof(TCHAR) == 1 ?

Eine weitere Ecke, aus der bei der Umstellung auf Unicode Schwierigkeiten zu erwarten sind, ist die an vielen Stellen in Programmtexten steckende *implizite* Annahme, daß ein Zeichen exakt ein Byte beansprucht — oder anders gesagt: wer benutzt schon sizeof(char), um die Länge eines Zeichens zu erhalten? Code wie der folgende ist daher nicht Unicode verträglich:

```
#define UNICODE
...
int cb=lstrlen(lpStr)+1; // lstrlen() wird zu lstrlenW()
HGLOBAL hCopy=GlobalAlloc(GMEM_FIXED,cb); // Oh Schreck,
LPSTR lpCopyStr=GlobalLock(hCopy);
lstrcpy(lpCopyStr,lpStr); // ... oh Graus!
```

Ich habe in meinen eigenen Programmen -zig solcher oder ähnlicher Stellen gefunden. Die Konsequenz war, daß ich einige Makros speziell zur Allokation und Bearbeitung von Strings geschrieben habe und die betreffenden Stellen entsprechend angepaßt habe. Ein Beispiel:

```
#define GlobalAllocStr(flags,cb) GlobalAlloc(flags,\
  cb*sizeof(TCHAR)); // sizeof(TCHAR) entweder 1 oder 2!
```

Allokationen von Speicher für Strings prüfen.

Achten Sie bei der Umstellung auf Unicode daher besonders auf Allokationen von Speicher für Strings, auf die Verwendung der diversen Funktionen, welche die Länge von Strings zurückliefern (auch implizite wie beispielsweise wsprintf() oder durch Nachrichten wie WM_GETTEXTLENGTH) sowie die Benutzung von sizeof(char) oder sizeof(CHAR). Um Unicode-kompatibel zu sein, darf dafür nur sizeof(TCHAR) verwendet werden!

Ziehen wir eine Zwischenbilanz: bestehende Programmtexte können, sofern sie nicht im Unicode-Modus compiliert werden, ohne jede Änderung weiter benutzt werden (es sei denn, es werden, wie oben angedeutet, direkt im Speicher Unicode-Ressourcen manipuliert). Wenn Sie jedoch auf Unicode umstellen wollen, gehen Sie schrittweise vor:

Umstellung auf Unicode.

Schrittweise vorgehen.

- Zuerst sollte Ihr Programm im ANSI-Modus korrekt als Win32-Applikation laufen.
- Danach sollten Sie ggf. die notwendigen Anpassungen für Unicode vornehmen. Diese Umstellungsarbeiten sind relativ einfach:
- Stringkonstanten in den Quelltexten und sonstige Stellen, die implizit von sizeof(TCHAR) == 1 ausgehen, sind anzupassen.
- Die Konstante UNICODE ist zu definieren.
- Das Programm ist schließlich vollständig zu recompilieren.

Vermutlich dürfte die so erzeugte EXE-Datei nicht auf Anhieb fehlerfrei laufen, erfahrungsgemäß finden sich die noch fehlerhaften Stellen jedoch relativ schnell. Die zweite Erkenntnis ist daher: Unicode-Unterstützung kann einem Programm mit geringem Aufwand hinzugefügt werden.

Unicode-Unterstützung mit geringem Aufwand.

Unicode: Ja oder Nein?

Das bringt uns zur Kardinalfrage dieses Abschnitts: sollten Sie nun Unicode unterstützen oder nicht? Schließlich sind ANSI-Programme ja vollkommen transparent unter Win32 lauffähig, haben den großen Vorteil, daß sie kaum Umstellungsaufwand erfordern und sind darüberhinaus auch ohne weiteres via Win32s unter Windows 3.1 einsetzbar.* Gerade letzteres gilt für echte Unicode-Programme nicht: die können unter Win32s nicht in Betrieb genommen werden! Und nach allem, was mir aus Redmond zum Thema Win32c zu Ohren gekommen ist, soll dort (aus Platzgründen) zumindest anfänglich ebenfalls keine Unicode-Unterstützung enthalten sein — was bedeutet, daß eine NT-Unicode-Applikation auch nicht unter Windows 4.0 läuft.

** sofern die sonstigen Rahmenbedingungen für Win32s-Applikationen eingehalten werden...*

Drei Voraussetzungen für Unicode.

Ich würde daher meinen, daß Unicode mittelfristig nur für solche Applikationen in Frage kommt, die ausschließlich unter Windows NT laufen sollen *und* den erweiterten Zeichensatz auch tatsächlich benötigen. Hierfür wiederum müssen drei Voraussetzungen gegeben sein: erstens muß das Programm von der Gattung her für die Verwendung in sprachlich unterschiedlichen Märkten geeignet sein. Eine deutsche Buchhaltung mit koreanischen Unicode-Zeichen arbeiten zu lassen, ist zwar sicherlich sehr exotisch, aber wenig sinnvoll. Umgekehrt ist eine leistungsfähige Textverarbeitung, die ausschließlich westliche Zeichensätze beherrscht, schwer in Rußland oder in arabischen Ländern einsetzbar, obwohl prinzipiell nichts gegen eine solche Verwendung spricht. Es hängt also in erster Linie vom Markt ab, der bedient werden soll. Nur wenn dieser *echte* NT-Applikationen akzeptiert und zugleich Unicode-Support fordert (oder zumindest erwartet), ist eine Anpassung sinnvoll.

Die Programmgattung muß stimmen.

Die zweite Voraussetzung ist, daß für das Programm, wenn es sich für den Einsatz in anderen Gegenden dieser Erde eignet, von Ihnen (bzw. einer mit Ihnen zusammenarbeitenden Firma) zumindest adäquate Pläne zur dortigen Vermarktung vorliegen müssen. Die Anpassung verursacht Arbeit, und wenn nicht absehbar ist, daß diese Arbeit baldige Früchte trägt, kann die Unicode-Erweiterung ohne weiteres verschoben werden. Diese Überlegung gilt eher für bestehende Programme, da der Umstellungsaufwand für diese etwas höher sein dürfte als von Anfang an konsequent mit Unicode zu arbeiten.

Die Vermarktung muß geklärt sein.

Dazu kommt die dritte Voraussetzung: Ihre Unicode-Anpassungen machen nur dann Sinn, wenn Sie das Programm auch in anderen Belangen so entworfen und implementiert haben, daß die jeweiligen nationalen Gegebenheiten (Datumsformate, Währungssymbole etc.) angemessen berücksichtigt werden. Die Anstrengungen, ein solches Programm Unicode-kompatibel zu machen, sind, wie oben dargestellt, relativ gering. Um dagegen einer bisher NLS*-ignoranten Applikation eine wirklich brauchbare Unterstützung landes- oder besser kulturtypischer Eigenschaften beizubringen, braucht es für gewöhnlich einen recht hohen Aufwand, der mit der Umstellung auf Unicode allein nicht vergleichbar ist.

Andere kulturelle Eigenheiten müssen behandlet werden.

** NLS = National Language Support.*

Fazit: Unicode ist in der Tat eine feine Sache, hat aber in den meisten Fällen noch etwas Zeit!

4.11 Einige Richtlinien für binärkompatible Win16-Applikationen

»Quousque tandem...? (Wie lange noch...?)« Cicero, Catilinariae orationes

... wird sich Win16 wohl als Plattform halten? Vermutlich etwas länger, als uns lieb ist! Und daher scheint mir ein Blick auf die Anpassungen, die Ihre Win16-Applikation binärkompatibel zu Windows 4.0 bzw. NT* machen, durchaus notwendig. Damit nun keine Mißverständnisse aufkommen: wir reden hier über ganz normale Windows 3.x-Programme, die nur das Win16-API kennen und benutzen. Es geht im weiteren daher ausschließlich um die Dinge, die eine ganz normale Win16-Applikation berücksichtigen sollte, damit sie korrekt unter WoW (Windows on Win32) läuft. Die Liste ist zum Glück nicht sehr lang; darüber hinaus sind die meisten der folgenden Vorgaben für die spätere Portierung des Programmes ohnehin von gewisser Bedeutung.

* Beide Systeme verfügen mit WoW über einen Layer, der Win16-Applikationen unterstützt.

Ablauffähig im 3.1-Standard und Enhanced Mode.

- Wenn Ihr Programm entweder nur im Windows 3.0 Real Mode läuft oder gar ein 2.x-Fossil ist, stellen Sie vor allem sicher, daß es ohne Probleme im Standard und Enhanced Mode von Windows 3.1 ablauffähig ist. Entsprechende Anpassungen sind unbedingt vorzunehmen, denn Win32 unterstützt (offiziell) keine Real Mode-Programme mehr. (Tatsächlich laufen auch ältere Programme meistens doch halbwegs normal, allerdings ist mir bisher noch *kein* 2.x-Programm untergekommen, das z.B. seine Bitmaps halbwegs vernünftig auf den NT-Bildschirm bekommt. Es gibt also neben der etwas peinlichen Messagebox (siehe Abb. 4.24 auf der nächsten Seite), die den Benutzer bei jedem Programmstart darauf hinweist, daß er mit einer Uralt-Version arbeitet, durchaus weitere gute Gründe, diese Anpassung vorzunehmen.)

Möglichst keine undokumentierten Funktionen.

- Beschränken Sie die Verwendung von undokumentierten Eigenschaften auf das *absolut notwendige* Minimum. Zwar sind eine ganze Reihe nicht offiziell dokumentierter Internas unter WoW exakt genauso wie unter Win16 verfügbar, dennoch gibt es mit Sicherheit auch eine ziemlich große

Anzahl nicht unterstützter Konstruktionen. Testen Sie daher alle Programmteile, die Gebrauch von nicht dokumentierten Win16-Funktionen machen, unter Win32 mit besonderer Hingabe!

Zugriff auf INI-Dateien.

- Die schon in Abschnitt 4.6, Seite 282 beschriebene Methode des direkten Zugriffs auf INI-Dateien (also nicht durch die Win16-Profile-Funktionen, sondern durch eigene Dateioperationen), ist auch für binärkompatible Programme nicht ratsam. Zwar können *private* INI-Dateien nach wie vor angelegt und bearbeitet werden, zumindest die INI-Systemdateien (WIN.INI, SYSTEM.INI etc.) sind aber in dieser Form nicht mehr vorhanden, sondern werden auf die Win32-Registry abgebildet. Näheres können Sie dem obigen Abschnitt entnehmen.

Gruppendateien für den Programm Manager.

- In die gleiche Kerbe schlägt folgender Hinweis: manche Windows 3.1-Programme kopieren während der Installation eine Gruppendatei (XYZ.GRP) für den Programm Manager. Diese Informationen werden von Win32 jedoch auf Per-User-Basis gespeichert, sodaß die Hinzufügung einer neuen PM-Gruppe auf diesem Wege garantiert mißlingt. Win32-kompatible Applikationen sollten stattdessen besser das dokumentierte PM-DDE-Interface [Literatur 1, dort Volume 1, Kapitel 17] verwenden.

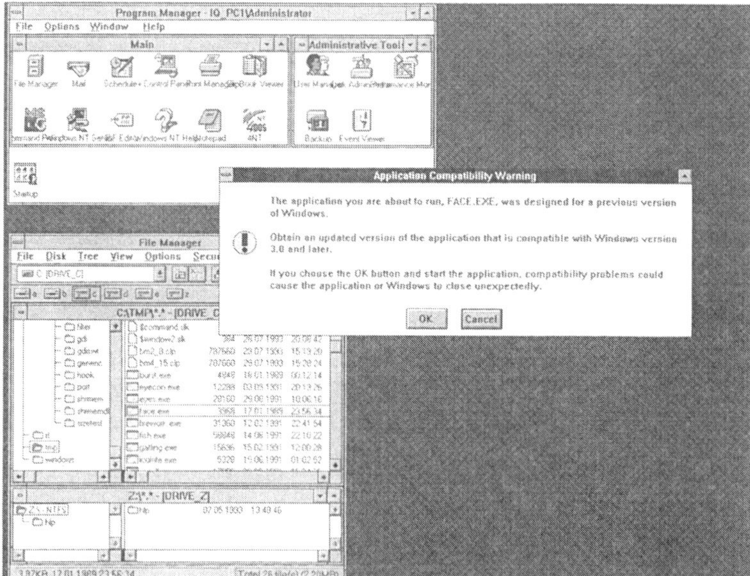

Abb. 4.24: Too old: die Win32-MessageBox für alte 2.x-Programme.

- Unter Windows 3.x werden in der DEF-Datei die Stack- und Heap-Größen der Applikation angegeben. Ein Programm, das auch unter Win32 zur Ausführung kommt, sollte bei der Größe des Stacks nicht zu knapp mit dem zugewiesenen Speicher umgehen. Selbst wenn das Programm unter Win16 absolut einwandfrei läuft, weil der Stack zufällig gerade noch ausreicht (bzw. weil STACKSIZE in der DEF-Datei entsprechend optimiert wurde), kann das gleiche Programm unter Win32 wegen eines Stack-Fehlers Fehlfunktionen aufweisen (da die einzelnen Komponenten des WoW-Layers einen größeren Stack-Bedarf aufweisen als die Original Win16-DLLs). Vergrößern Sie daher die Stack-Größe für WoW-Kompatibilität mindestens um 2 KB gegenüber dem unter Win16 notwendigen Minimum.

Stack- und Heap-Größen in der DEF-Datei.

- Direkte Hardware-Manipulationen werden unter Win32 abgefangen und das betreffende Programm wird unsanft beendet. Diese Feststellung gilt z.B. für alle I/O-Port-Zugriffe, die über die standardmäßig bekannten (z.B. 0x03F8 für COM1) hinausgehen. Gleichermaßen unbeliebt machen sich Programme (bzw. DLLs), die nicht nur die standardmäßig vorhandenen Gerätschaften (COMx, LPTx etc.) bedienen, sondern ein Interface zu zusätzlichen Geräten implementieren. Hierunter fallen insbesondere alle nachträglich installierten Gerätetreiber, die nach meinem bisherigen Kenntnisstand *in keinem Fall* binärkompatibel formuliert werden können.

Hardware-Manipulationen.

- Selbst der Zugriff auf die Standard-PC-Hardware kann problematisch werden: unmittelbare Manipulationen am Disk-Controller, direkte Zugriffe auf den Bildschirm, kurz alle Veränderungen an für die Integrität des Gesamtsystems wichtigen Komponenten führen zu ähnlichen Effekten wie gerade beschrieben. Inwieweit Windows 4.0 hier vielleicht weniger strikt verfährt als Windows NT, kann ich zur Zeit mangels eines lauffähigen Prototypen nicht sagen. Im Zweifel ist aber das Schlimmste anzunehmen...

Keine Manipulationen am Disk-Controller oder direkte Zugriffe auf den Bildschirm.

- Das gilt auch für andere sicherheitsrelevante Informationen, wie Systemdatum und -zeit. Jegliche Veränderung an solchen systemweiten Daten sollte von Win16-Programmen aus unterbleiben.

Sicherheitsrelevante Informationen nicht verändern.

Alles in allem ist der Umstellungsaufwand meist relativ gering, die notwendigen Änderungen können (wenn Sie nicht gerade einen Gerätetreiber vor sich haben) normalerweise in wenigen Tagen durchgeführt werden. Das A und O der ganzen Übung ist es, durch ausgiebige Tests sicherzustellen, daß Ihr Programm unter Win16 und Win32 gleichermaßen korrekt läuft. Hier sei insbesondere auf die SCT-Werkzeuge* von Microsoft hingewiesen, die dem Win32-SDK ab März 93 beiliegen (auf der CD-ROM in der Directory \SCT). Hierunter faßt Microsoft eine Sammlung von Hilfen zum Testen und Debuggen von Win16- und MS-DOS-Progammen unter Windows NT zusammen.

* SCT = Software Compatibility Test.

Falls Sie bei der Umsetzung Ihrer Quelltexte auf nicht lösbare Konflikte stoßen, können Sie möglicherweise den betreffenden Teil der Applikation unter Win32 einfach sperren oder bestimmte Programmstellen so implementieren, daß sie auch unter WoW korrekt funktionieren. Zur Laufzeit können Sie dann je nach Host-System entscheiden, welcher Code abzulaufen hat. Zwar sollte das Programm im Idealfall gar nichts darüber wissen (müssen), unter welcher Oberfläche es gerade läuft; oft muß dieses Wissen aber dazu verwendet werden, um »unverträgliche« Code-Sequenzen sicher zu umschiffen. Die (nicht portable!) Win16-Funktion GetWinFlags() kann für diesen Zweck herangezogen werden:

Laufzeitabfrage des Host-Systems.

```
#define WF_WIN32WOW 0x00004000  // im SDK (noch) nicht
                                // definiert
...
#ifndef WIN32 // sic!
  if (GetWinFlags()&WF_WIN32WOW)
  // Aha, wir sind unter Win32: schöner, neuer Win32-
  // kompatibler Code
  else
  // Nope, good old Windows 3.x: schauriger, alter
  // Win16-Code
#endif
```

Plattform-Wirrwarr oder Babylon à la Gates.

Wenn Ihnen der obige Ausschnitt Probleme bereitet, weil gleich zweimal auf Win32 geprüft wird (einmal für die bedingte Compilierung, die sicherstellt, daß der Code *nicht* unter Win32 läuft; das andere mal im Code): denken Sie daran, daß der gleiche Quelltext womöglich unter drei prinzipiell verschiedenen Plattformen zu laufen hat: als Win16-Programm unter Win16 (hier hilft die bedingte Compilierung, Unterschiede zu Win32 zu umgehen); zweitens als Win16-Programm unter Win32 bzw. WoW (hier hilft nur die *dynamische* Moduserkennung wie gezeigt); und schließlich als echtes Win32-Programm, wo Differenzen zum Win16-API wiederum durch bedingte Compilierung abgefangen werden (und dabei ist Win32s noch nicht berücksichtigt!). Vielleicht trösten Sie sich ja damit, daß ich ebenfalls eine ganze Zeit gebraucht habe, um die diversen Knoten im Hirn zu sortieren und entwirren... Abbildung 4.25 zeigt die verschiedenen möglichen Systemvarianten (für *vollständige* Darstellung wird allerdings keine Haftung übernommen, da Microsoft sicher wieder etwas Neues ausgebrütet hat).

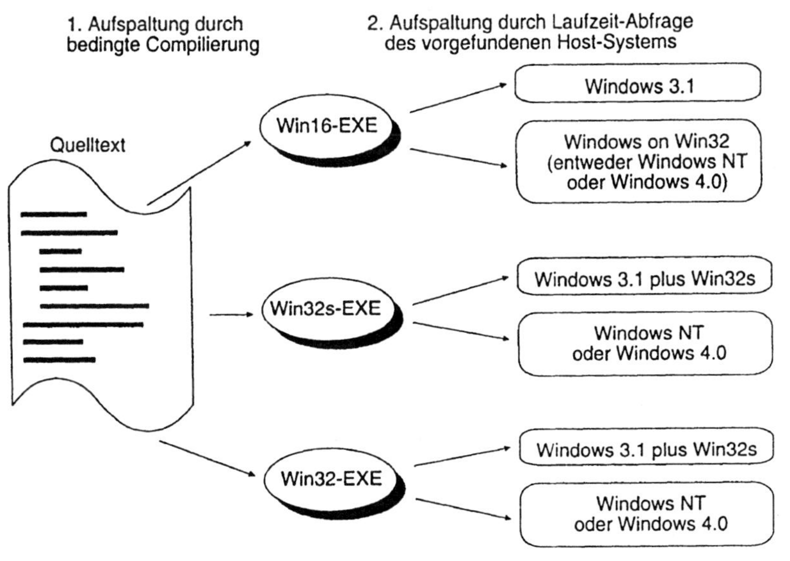

Abb. 4.25: Viel' Feind, viel' Ehr: die Windows-Plattformen.

4.12 Exkurs: Von MS-DOS nach Win32

»Das Betriebssystem [des IBM PC] war MS-DOS 1.0; primitiv, verglichen mit dem heutigen MS-DOS-Standard...« Murray Sargent III and Richard L. Shoemaker, The IBM PC from the Inside Out

Dieses Zitat* offenbart eine ziemlich überschwengliche und optimistische Einschätzung der Qualitäten der späteren MS-

* aus dem Jahre 1986.

DOS-Versionen, so will mir scheinen. Verglichen mit dem, was man von einem Betriebssystem erwarten darf, das diesen Namen auch verdient, sind wohl *alle* (bisherigen) MS-DOS-Versionen* »primitiv«. Zugegebenermaßen liegt einer der wichtigeren Gründe für den fortdauernden Erfolg des schlichten DOS in der Notwendigkeit, abwärtskompatibel zu bleiben. Ein technisch wesentlich besseres System als MS-DOS ist ja schon ab 1986 implementiert worden, aber ein solches Produkt hätte, um wirklich erfolgreich sein zu können, neben den erweiterten Eingeschaften mindestens 99,99%ig MS-DOS-kompatibel sein müssen. Und die DOS-Box von OS/2 1.x war, nun ja, ein netter Versuch, aber mehr sicherlich nicht (was meiner Ansicht nach weniger an den zuständigen Programmierern lag, sondern eher an der fragwürdigen Entscheidung, OS/2 1.x auf dem 80286 aufzusetzen). Immerhin, nur sieben Jahre später haben wir nun sogar die Qual der Wahl: OS/2 2.1 oder Win32 präsentieren einerseits eine wirklich brauchbare MS-DOS-Unterstützung, bieten andererseits aber auch die notwendigen Erweiterungen für leistungsfähigere 32-Bit-Applikationen (insbesondere bei der Speicher- und Prozeßverwaltung).

** inklusive der Special Tools Edition Nr. 6.*

Heute: Qual der Wahl.

DOS-Antiquitäten unter Win32

Im MS-DOS-Subsystem-Museum.

Selbst solche MS-DOS-Programme, die ziemlich hardware-nah implementiert wurden, sind unter Win32 im MS-DOS-Subsystem lauffähig. Es gibt zwar auch hier Einschränkungen und als grobe Orientierungshilfe kann der vorhergehende Abschnitt über die Win16-Binärkompatibilität dienen, wobei statt undokumentierter Windows-Internas natürliche solche von MS-DOS zu berücksichtigen sind etc. Interessanter für die meisten DOS-Programmierer ist jedoch sicher die Frage, wie es mit dem Portieren von Applikationen aussieht. Ohne mich hier zu sehr im programmtechnischen Detail zu verlieren (denn schließlich ist dies ein Buch für Windows-Entwickler!), will ich doch einige grundsätzliche Anmerkungen zum Portieren von DOS-Programmen nach Win32 machen.

Portieren von DOS-Applikationen?

Erstens muß ein Win32-Programm keineswegs unter der grafischen Oberfläche, also als GUI-Applikation, laufen. Das Betriebssystem bietet, im Gegensatz zu Win16, neben dem

Windowing-API noch ein weiteres, vollständig textmodusbasiertes Interface an, das als »console functions« bezeichnet wird. Dabei wird über entsprechende Aufrufe sowohl die Ausgabe von Zeichen, Strings und Attributen als auch die Eingabe von Tastatur- und Mausaktionen möglich. Diese Schnittstelle zwischen System und Applikation ist, wie auch unter DOS, nicht im geringsten nachrichtenbasiert; stattdessen muß die Applikation die Eingaben explizit erfragen. Der »Bildschirm« kann entweder als (Text-)Vollbildschirm oder grafisch als ganz normales Pseudo-Window dargestellt werden. Die letztere Darstellung sowie die Verteilung der Eingabenachrichten in textmodus-kompatibler Weise erledigen die MS-DOS- und Win32-Subsysteme transparent, so daß Programme, die von den »console functions« Gebrauch machen, in keinem Fall etwas von HWNDs, WM_PAINT und »message loops« mitbekommen.

Textmodus und »console functions«.

Textmodus und Win32

Das zugrundeliegende Modell ist ganz deutlich an den VIO-Funktionen von OS/2 orientiert, was nicht weiter verwundert, denn schließlich hieß Windows NT ja einmal OS/2 3.0... Ein kleiner Programmausschnitt, der nichts weiter tut, als einen String an zwei Stellen des Bildschirms auszugeben und dann auf einen Tastendruck zu warten, vermittelt einen ersten Eindruck der »console functions«:

Ähnlichkeiten mit VIO-Funktionen von OS/2 wären rein zufällig.

```
// Entweder:
pos.X=10; pos.Y=20;
WriteConsoleOutputCharacter(hScreenOut,
  "Here we go!",11,pos,&dwProcessed);

// Oder:
pos.X=11; pos.Y=21;
SetConsoleCursorPosition(hScreenOut,pos);
WriteConsole(hScreenOut,"Here we go again!",
  11,&dwProcessed,NULL);
ReadConsole(hScreenIn,ch,1,&dwProcessed,NULL);
```

pos enthält die Cursorposition.

DOS-Compiler-Laufzeit- und Zusatzbibliotheken sind schnell anzupassen.

Die Anpassung der diversen Compiler-Laufzeit- und anderer Zusatzbibliotheken ist vergleichsweise einfach, daher ist relativ schnell mit leistungsfähigen und ihren MS-DOS-Vorgängern mindestens ebenbürtigen Win32-Versionen dieser Bibliotheken zu rechnen. Je mehr Sie von solchen Produkten Gebrauch gemacht haben, desto einfacher und schneller dürfte eine Portierung von der Hand gehen. Auch das Schreiben einer an Ihre Bedürfnisse angepaßten Schale um das »console API« ist recht unproblematisch und kann zur Erhöhung der Portabilität herangezogen werden. Um es auf den Punkt zu bringen: ein Turbo Pascal- oder Quick C-DOS-Programmierer, der sein System gut kennt und entsprechende Zusatzfunktionen (wie z.B. GotoXY() oder _kbhit()) eingesetzt hat, sollte bis auf hardwarenahe Stellen bei der Portierung keine besonderen Probleme haben (wenn er erst einmal den betreffenden 32-Bit-Compiler hat, natürlich!).

Unter Win32 auch Kernel- und Betriebssystem-Funktionalität für Textmodus-Programme.

Zudem kann ein C-Programm unter Win32 nicht nur die Textmodus-Funktionen nutzen, auch nahezu die gesamte Kernel- und Dateiverwaltungs-Funktionalität steht zur Verfügung: GlobalAlloc() oder OpenFile() in einem Textmodus-Programm! Multiple Threads und Prozesse, »memory mapped file IO« oder Semaphoren, Clipboard und Datei-I/O, kurz *alles*, was nicht explizit mit Window-Management oder GDI zusammenhängt, kann sofort und ganz konventionell verwendet werden. Dazu zählt z.B. auch die Möglichkeit, DLLs zu benutzen! Mehr noch: bei geschickter Vorgehensweise kann eine Textapplikation ohne weiteres auch Windows erzeugen bzw. umgekehrt ein GUI-Programm seine Ausgaben auf einer Text-Console vornehmen.

* im Vergleich zu MS-DOS!

Win32 ist auch ein Textmodus-System.

Ich bin ziemlich sicher, daß die non-GUI-Schnittstelle von Win32 wegen ihrer wirklich phänomenal neuen Möglichkeiten* eine ganze Reihe von neuen Textmodus-Applikationen mit ganz ungewohnten Eigenschaften nach sich ziehen wird. Mehr noch: all die Entwickler, die mit DOS nicht mehr auskamen und, um den hohen Lernaufwand eines GUIs zu umgehen, vielleicht auf OS/2 im Textmodus oder auf Unix umgestiegen sind, finden hier ein wirklich brauchbares und nach oben erweiterbares System. Ich würde sogar behaupten, daß man selbst bei Microsoft diesen Effekt zur Zeit noch unterschätzt und viel zu stark auf die GUI-Schnittstelle setzt, die Nutzung von Win32 als einfaches, aber für viele (auch und gerade selbst implementierte) Programme vollkommen ausreichendes Textmodus-Vehikel dabei jedoch vernachlässigt. Natürlich sind die Zeiten von Textverarbeitungen oder DTP-Programmen, die im Textmodus laufen, zu Recht allmählich vorbei, wer aber (z.B. in der Forschung) Matrizen mit 1024 x 1024 Elementen durch die Gegend wuchten muß, wird dies mit Sicherheit nicht unbedingt mit einem komplizierten Grafik-Interface tun wollen! Alles in allem kann ich nur hoffen, daß die zuständigen Produkt-Manager bei Microsoft auf diesem Auge nicht zu blind sind...

Sorry: no graphics!

Problematischer sieht die Sache leider für DOS-basierte Grafik-Programme aus. Wer diese nicht auf die Window- bzw. GDI-Schnittstelle umstellen will (oder kann), muß mit gewissen Problemen rechnen. Zum einen ist zur Zeit nicht ganz klar, wie weit die Unterstützung von Win32 reicht: ob es z.B. möglich sein wird, in einem Textmodus-Programm in beliebige Grafikmodi umzuschalten. Vielleicht wird auch, im Stile der »console functions«, eine Grafikbibliothek verfügbar gemacht, die sowohl in einer eigenen Session als auch unter dem Windows-Desktop läuft (bislang wird der C/C++-Compiler jedoch ohne jede solche Unterstützung ausgeliefert: kein GRAPHICS.H!). Womöglich kommt auch eine Trennung der Applikation in Frage: die Grafikbestandteile werden als kleine GUI-Applikationen ausgelegt, die mit dem Textmodus-Hauptprogramm z.B. via DDEML oder mittels anderer Win32-IPC-Mechanismen kommunizieren. Schon allein die Tatsache, daß in dieser Richtung von Microsoft keine brauchbaren Informationen, ganz zu schweigen von *definitiven* Aussagen, zu erhalten sind, spricht Bände und illustriert den oben angesprochenen Punkt der ausgeprägten Bevorzugung des Windows-APIs.

Grafik? GDI!

Kleine GUI-Applikation kommuniziert mit Textmodus-Hauptprogramm.

Fazit: nach einer gewissen Anlaufphase werden unter Win32 mit Sicherheit die gleichen Werkzeuge, Utilities und Bibliotheken wie unter DOS in angepaßten und vor allem erheblich leistungsfähigeren Versionen zur Verfügung stehen. Die Schwierigkeiten für den DOS-Programmierer sehe ich eher darin, daß manche Konzepte, die dem Windows-Entwickler* im Laufe der Zeit »in Fleisch und Blut« übergegangen sind, erst

** im Schweiße seines Angesichts!*

mühsam gelernt und verarbeitet werden müssen (die Zukunft holt eben jeden ein, früher oder später). Und natürlich gibt es soviele neue Eigenschaften, daß der geplagte Programmschreiber für die nächsten Jahre genügend mit Forschen, Umsetzen und Debuggen beschäftigt ist (diese letzte Beobachtung gilt allerdings mit Sicherheit auch für Windows-Spezialisten).

Wenden wir uns nun aber, nach all dieser Theorie, endlich der Praxis zu: der Programmerstellung unter Windows NT mit Hilfe des Win32-SDK sowie einiger anderer wichtiger Utilities und Werkzeuge.

Win32-Entwicklungs-Werkzeuge und ihre Benutzung

Im Mittelpunkt dieses letzten Kapitels steht die Erzeugung von Win32-Applikationen: wie werden die SDK-Tools benutzt, was hat sich geändert und worauf sollten Sie besonders achten? Dabei werden sowohl die wichtigsten SDK-Komponenten beschrieben als auch die Erzeugung von GUI- und Textmodus-Applikationen dargestellt. Ein ausführlicher Abstecher zur Erstellung von DLLs und die Benutzung von gemeinsamen Datenbereichen sowie zur Erzeugung dynamischer »shared memory«-Bereiche in DLLs zeigt Ihnen die hier notwendig werdenden Änderungen. Schließlich will ich auch ein paar Bemerkungen zu den Win32-Tools von Borland machen, die sich allerdings zur Zeit ebenfalls noch im Beta-Stadium befinden. Und ein kurzer Blick in die Kristallkugel zeigt abschließend, welche weiteren Entwicklungswerkzeuge (wie etwa Visual C++ for NT) und Verbesserungen für Win32 in der nächsten Zeit zu erwarten sind.

Erzeugung von GUI- und Console-Applikationen.

DLL-Erstellung und »shared memory«.

Die 32-Bit-Tools von Borland.

5.1 Die Erzeugung von Win32-Windows-Applikationen

»Take advantage of your experience with Windows 3.x!« Aus einer Microsoft-Werbeschrift für den »Preliminary Win32 SDK«

Also, nutzen wir doch einfach unsere Erfahrungen mit Windows 3.x! Wenn das aber so unproblematisch wäre, wie Microsoft zu glauben scheint, warum quillt dann das speziell für Win32-SDK-Entwickler eingerichtete CompuServe-Forum MSWIN32 über von Fragen und Problemen zur Benutzung der 32-Bit-SDK-Tools? Es gibt eben leider doch einige gravierende

CompuServe-Forum MSWIN32 für Entwickler.

Änderungen im Prozeß der Programmerstellung für Windows NT. (Außerdem sind, das spielt ebenfalls eine wichtige Rolle, sowohl das Betriebssystem als auch die Tools selbst natürlich noch im Beta-Stadium und entsprechend fehlerbehaftet: Favorit ist hier eindeutig der grafische Debugger WINDBG, der selbst noch ziemlich »buggy« ist...)

Basis: Preliminary Win32-SDK vom März 93.

Die folgenden Ausführungen beziehen sich, soweit explizit nichts anderes angegeben wird, auf den vorläufigen Win32-SDK für Windows NT von Microsoft (und dort auf die März-Beta-Version). In Abschnitt 5.4 gehe ich jedoch auch auf die wichtigsten Unterschiede zwischen diesem SDK und den 32-Bit-Entwicklungs-Tools von Borland ein — so daß Sie die hier enthaltenen Informationen mit beiden Werkzeugen verwenden können. (Weitere Werkzeuge zur Win32-Programmierung, wie z.B. Visual C++ for NT, sind bisher über das pre-Beta-Stadium nicht hinausgekommen, geschweige denn, daß schon Produkte verfügbar wären. Abschnitt 5.5 gibt u.a. eine knappe Übersicht über die mit dem Win32-VC++ zu erwartenden Verbesserungen bzw. Änderungen.) Ich beschäftige mich hier nur mit solchen Eigenschaften und Optionen, die speziell zur Erzeugung von Win32-Applikationen erforderlich sind. Manches nützliche Feature, das für Entwickler in bestimmten Situationen wichtig sein kann (z.B. die Nutzung vorcompilierter Header), fällt dabei unter den Tisch, die Dokumentation des Herstellers dürfte in diesen Fällen jedoch weiterhelfen. Eine weitere Bemerkung betrifft Win32c: zur Zeit ist noch nicht einmal ein verbindlicher Termin für den Beginn des Beta-Programmes aus Microsoft herauszukitzeln (man spricht immerhin von Ende 93), daher kann ich die Entwicklungswerkzeuge für diese neue 32-Bit-Windows-Version im weiteren nicht berücksichtigen.* Ich gehe aber davon aus, daß der Win32-SDK für Windows 4.0 sich stark am NT-SDK orientieren wird. Einen dritten Satz von Tools (Win16, Win32-DOS und Win32-NT) wird Microsoft sicher nicht pflegen wollen, ergo dürften die 4.0-Werkzeuge den NT-Tools sehr ähnlich sehen oder gar identisch sein. Dafür spricht auch die Feststellung, daß Windows 4.0 exakt die gleichen EXE-Dateien akzeptiert wie sie unter NT eingesetzt und von den NT-Tools erzeugt werden. Auch die Werkzeuge zur Erzeugung und Manipulation von OBJ- und -EXE-Dateien können unter beiden Systemen gleichermaßen eingesetzt werden.

** Siehe aber das READ.ME auf der beiliegenden Diskette.*

Was ist mit Win32s?

Wer allerdings hoffte, daß die Win32-Tools durch Win32s auch unter Windows 3.1 bzw. MS-DOS ablauffähig würden, den muß ich leider enttäuschen. Die wichtigsten SDK-Werkzeuge wie C-Compiler, Linker etc. sind nämlich ganz gewöhnliche Win32-Textmodus-Applikationen und laufen als solche nicht unter Win32s und schon gar nicht unter DOS.* Ein paar GUI-basierte SDK-Tools (wie z.B. ZOOMIN.EXE) sind zwar mit Win32s zum Laufen zu bekommen, Programmentwicklung ist dagegen völlig unmöglich. Ein echter Schildbürgerstreich von Microsoft, wie ich finde. Aber wie immer, wenn Microsoft eine Lücke läßt, findet sich alsbald ein Tool-Hersteller, der sie ausfüllt — in diesem Falle die US-Firma Phar Lap, die eine Utility namens QuickStart vertreibt. Und mit deren Hilfe kann ein MS-DOS-Entwickler, der erstens über eine 386-Maschine und zweitens über 8 MB Hauptspeicher verfügt, die Win32-SDK-Tools auch unter MS-DOS einsetzen und so z.B. ohne weiteres eine Applikation für Win32s erzeugen. QuickStart selbst ist übrigens Freeware und kann bis auf weiteres beim Hersteller** bestellt werden. Die Pläne von Phar Lap gehen indes noch viel weiter: man plant ein DOS-Extender-Produkt (sinnigerweise »TNT« genannt und vermutlich nicht mehr kostenfrei erhältlich), das u.a. die komplette Win32-Kernel- und I/O-Funktionalität (also z.B. auch Threads!) unter MS-DOS verfügbar machen soll und so praktisch jede Win32-Textmodus-Applikation unter MS-DOS ausführbar macht.

QuickStart ersetzt bei den wichtigsten SDK-Tools*** den wenig hilfreichen Standard-Stub (siehe oben) durch den Aufruf eines Laders, der eine dem 32-Bit-PE-EXE genehme Umgebung schafft, dieses dann einliest und startet (im Prinzip also nichts anderes als ein 386-Extender, der die notwendigen NT-DLLs emuliert). Die so geladenen Programme können mit einer Einschränkung (siehe unten) nun unter DOS genauso benutzt und bedient werden wie unter Windows NT. Alle weiteren Bemerkungen zu den Microsoft-Tools gelten demzufolge auch für diejenigen Entwickler, die unter MS-DOS mit Hilfe von QuickStart Win32s-Programme entwickeln wollen. (Die Funktion der Werkzeuge unter NT selbst bleibt vom QuickStart-Stub natürlich unberührt.)

** »This program cannot be run in DOS mode.«*

*** Phar Lap USA — Tel: (617) 661-1510 Fax: (617) 876-2972*

**** u.a. CL386, NMAKE, LINK32, RC, MASM386.*

Da also alle Schalter und Optionen exakt genauso funktionieren wie unter NT, kann man ohne weiteres auch die im SDK enthaltenen Beispielprogramme compilieren und dabei die mitgelieferten Make-Dateien benutzen. Hier tut sich allerdings doch eine kleine Falle auf (die natürlich, wie sonst, auf einer DOS-Limitation beruht): die NT-NMAKE-Utility setzt nämlich teilweise extrem lange Kommandozeilen zusammen. Die sind so unter NT auch ausführbar, nicht jedoch mit dem DOS-Kommandoprozessor COMMAND.COM... Die Abhilfe besteht in der temporären Erzeugung einer Antwortdatei, die von NMAKE sogar automatisch vorgenommen werden kann (die sogenannten »inline files«). Ein konkretes Beispiel finden Sie weiter unten ab Seite 363 bei der Besprechung der NMAKE-Utility und Make-Dateien.

NT-Kommandozeilen für MS-DOS zu lang!

Die Programmerstellung im Überblick

Prinzipiell unterscheidet sich die Erzeugung eines Win32-Programmes nicht allzusehr vom gewohnten Win16-Bild. Die im ersten Kapitel bereits gezeigte Abbildung 1.13* stellt schematisch die beteiligten Dateien, ihre Verarbeitung und die Erzeugung des Endresultats dar: eben die ausführbare Datei. Die benutzten Tools sind größtenteils schon aus der Win16-Welt bekannt, die Unterschiede beziehen sich somit auch weniger auf völlig neue Werkzeuge, sondern mehr auf Details bei ihrer Benutzung. Die folgenden SDK-Komponenten muß der Entwickler beherrschen, um aus seinen Quelltexten ein lauffähiges Win32-Programm zu erzeugen:

** Abschnitt 1.6, Seite 63.*

C/C++-Compiler.

- Der C/C++-Compiler (CL386) in einer an 32-Bit-Verhältnisse angepaßten Version dient zum Übersetzen der C/C++-Quelltexte. Hier gibt es zahlreiche Unterschiede bei den Compiler-Schaltern sowie #pragmas und der Benutzung der nicht standardisierten Microsoft-Erweiterungen. Während die beiden letzteren großteils entweder durch geschickte Makrodefinitionen in den Win32-Header-Dateien verborgen werden können oder durch kleine Quelltext-Änderungen und bedingte Compilierung (siehe dazu die Abschnitte 3.3, 4.2 und 4.6) abzufangen sind, werden die Anpassungen für die wichtigsten Schalter unten beschrieben. Der C-Compiler erzeugt, wie bisher, OBJ-Dateien. Deren Format hat sich gegenüber Win16 bzw. DOS allerdings grundlegend geändert: sie nutzen ein als COFF* bezeichnetes Standardformat aus der UNIX-Welt.

* Common Object File Format.

Resource Compiler.

- Die Benutzung des Resource Compilers RC, der in einer vollständig Unicode-kompatiblen 32-Bit-Version vorliegt, hat sich kaum geändert; sowohl die Quelltexte (RC-Dateien) als auch die Schalter zur Übersetzung sind fast unverändert geblieben. Gravierende Änderungen gibt es allerdings wiederum beim Ausgabeformat, den RES-Dateien, die ihrerseits mit Hilfe des Programmes CVTRES in einem weiteren, Win32-spezifischen Schritt in RBJ-Dateien umgewandelt werden müssen (das Kürzel RBJ ist wohl eine Verquickung von RES und OBJ). Hinter diesen verbergen sich nichts weiter als ganz gewöhnliche Win32-OBJ-Dateien, die die Ressourcen als initialisierte Daten enthalten.

Linker und Library Manager.

- Der Linker schließlich wird im letzten Schritt benutzt, um aus den diversen OBJ- und RBJ- sowie allerlei LIB-Dateien das ausführbare Programm zu erstellen. Wie unter Win16 können diese LIBs entweder echte Bibliotheken, bestehend aus einer oder mehreren OBJ-Dateien oder Import-Libraries zum dynamischen Linken sein. Die Erzeugung von DLLs und der dazugehörigen LIB-Dateien wird im Abschnitt 5.3 abgehandelt.

Win32-Debugger.

- Sicher nichts schaden kann schließlich auch eine gewisse Vertrautheit mit dem Win32-Debugger (siehe dazu Abb. 5.1 auf der nächsten Seite), der sogar (welch ein Fortschritt) vollständig in die grafische Oberfläche** eingebunden ist. Strenggenommen ist er allerdings zur Erzeugung von Programmen nicht notwendig, ich gehe daher nur in einigen Randbemerkungen auf seine Benutzung ein. Die Compiler- und Linker-Schalter zur Erzeugung bzw. Einfügung von Debugging-Informationen werden bei den jeweiligen Komponenten beschrieben.

** Daher leider nicht mit QuickStart lauffähig.

Make-Utility.

- Auch die Make-Utility NMAKE ist im strikten Wortsinn nicht erforderlich, um NT-Programme zu erzeugen. Sie erleichtert aber selbst die Bearbeitung kleinerer Projekte so wesentlich, daß sie ebenfalls erwähnt werden muß. NMAKE selbst hat keine bedeutenden Änderungen erfahren, um jedoch ein Win32-Programm mit halbwegs verträglichen Make-Dateien sowohl unter Intel- als auch auf RISC-Basis erstellen zu können, gehe ich unten kurz auf die mit dem Win32-SDK gelieferten Include-Datei (NTWIN32.MAK) zur NMAKE-Benutzung ein.

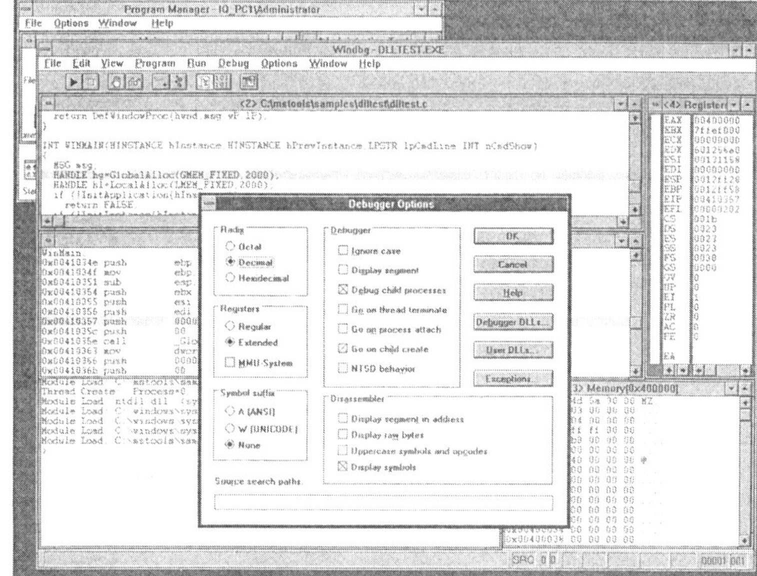

Abb. 5.1: WINDBG, der graphische Debugger von Win32.

Der 32-Bit-C/C++-Compiler

Gleicher Aufruf wie unter DOS.

Wenden wir uns also zunächst dem C/C++-Compiler zu. Er wird mit dem Befehl CL386 von der Kommando-Zeile aus aufgerufen und geht dann, mit Schaltern und Dateinamen versehen, ans Werk. Der Aufruf ist unter beiden Systemen (bis auf den Dateinamen CL386) gleich, dies gilt auch für die Nutzung von Antwortdateien (»response files«) und der Umgebungsvariablen CL. Die folgende Aufstellung zeigt die für Win16-Programmierung wesentlichen Compiler-Schalter, ihre Verwendungsmöglichkeit mit dem 32-Bit-Compiler sowie Bedeutung und ggf. Unterschiede (Schalter, die keinerlei Änderung erfahren haben und unter beiden Systemen völlig gleichartig eingesetzt werden können (wie /c), tauchen in der Zusammenstellung nicht auf):

Win16	Win32	Bedeutung, Unterschiede
Ax	-	Speichermodell, gestrichen
Axxx	-	Optionen zum Speichermodell, gestrichen
batch	BATCH	Batch-Betrieb, muß großgeschrieben werden
Bmxxx	-	erhöht Compiler-Kapazität, gestrichen
Fxxx	-	Stack-Größe, wird ignoriert (siehe aber Linker-Optionen)
f	-	aktiviert Quick C, gestrichen
Fmxxx	-	erzeugt Map-Datei, wird ignoriert (siehe aber Linker-Optionen)
Fsxxx	-	erzeugt Source-Listing, wird ignoriert
FPxxx	-	Floating Point Optionen, werden ignoriert
GA, GD, GE	-	Prolog- und Epilog-Code für Win16-Funktionen, gestrichen
Gc	-	Pascal-Aufrufsequenz, gestrichen
Ge, Gs	Ge, Gs	Stack-Check ein/ausschalten, Standardeinstellung wurde vertauscht
Gn, Gp	-	P-Code-Optionen, gestrichen
Gq, Gw, GW	-	Prolog- und Epilog-Code für Win16-Funktionen, gestrichen
Gt, Gx	-	Allokation von Datenbereichen, gestrichen
Ld, Lw	-	Library-Selektion, gestrichen
Lr	-	benutzt Real Mode Library, gestrichen
MA	-	MASM-Optionen, gestrichen
Mq	-	QuickWin-Unterstützung, gestrichen
Of, Oo, Oq, Ov	-	verschiedene P-Code-Optimierungen, gestrichen
Oc, Oe, Oz, Or	-	verschiedene Optimierungen, gestrichen
qc	-	aktiviert Quick C, gestrichen
Sxxx	-	Optionen zum Source-Listing, gestrichen

Tab. 5.1: MSC-Compilerschalter im Vergleich.

Win16	Win32	Bedeutung, Unterschiede
Taxxx	-	Datei enthält Assembler-Code, gestrichen
Zc	-	Groß/Kleinschreibung von Identifiern, wird ignoriert
Zp	Zp	Packen von Strukturen, Standard geändert
Zr	-	Test auf NULL-Zeiger, gestrichen

Erfreulicherweise sind die allermeisten Optionen in obiger Liste Streichungen. Besonders erwähnenswert scheint mir das Fehlen von Speichermodellen,* der Wegfall der verschiedenen Schalter für die diversen Win16-Prolog- und Epilog-Codes (die am Ende vermutlich auch bei Microsoft kein Mensch mehr vollständig begriffen hat...) sowie die Streichung der bisher allein seligmachenden FAR-PASCAL-Aufrufsequenz. Win32-Programme, das wurde an anderer Stelle schon erwähnt, machen stattdessen Gebrauch von einer ganz neuen, als __stdcall bezeichneten Konvention (siehe dazu auch Abschnitt 4.7, Seite 287 sowie Anhang 5, Seite 419). Inwieweit bestimmte Schalter mit künftigen Versionen des Compilers (und natürlich insbesondere mit dem irgendwann gegen Ende 1993 zu erwartenden Visual C++ for NT) arbeiten werden, kann ich z.Zt. nicht abschätzen. Manche Optionen sind sicherlich für immer von uns gegangen (z.B. für die Speichermodelle und die Entry/Exit-Sequenzen); andere, wie die zur P-Code-Unterstützung, dürften sich im Laufe der Zeit wahrscheinlich wieder einfinden. Mit einem Wort: nehmen Sie die obige Aufstellung als das, was sie ist: eine Liste, die nur für den März-SDK-Compiler gültig ist. Prüfen Sie im Zweifelsfall anhand der Dokumentation nach, ob die Sie interessierende Option mittlerweile unterstützt wird. Im Zweifel sollten Sie dabei den WinHelp-Dateien den Vorzug vor den gedruckten Dokumentationen geben, erstere sind nämlich vollständiger und, soweit möglich, auch up-to-date.

Das »flat memory model« läßt grüßen!

WinHelp-Dateien sind aktueller als die gedruckte Dokumentation.

Eine Bemerkung will ich auch noch zu den Optionen /ND, /NM, /NT etc. zur Benennung von Segmenten machen: obwohl unter Win32 Segmente als solche keine Rolle mehr spielen, unterstützt der Compiler nach wie vor die Möglichkeit, mehrere

Sektionen statt Segmente.

Code- und Datenbereiche anzulegen und auch mit Namen zu versehen (diese heißen aber nicht mehr Segmente, sondern Sektionen). Dies kann zum einen dazu genutzt werden, um bestimmte Sektionen an festgelegte Adressen in den virtuellen Adressraum zu laden, zum anderen wird dieses Feature auch für die Erzeugung von »shareable«-DLL-Datenbereichen benötigt. Mehr zu letzterem können Sie dem Abschnitt 5.3 ab Seite 375 entnehmen.

Wichtige #defines.

Eine gravierende Modifikation gegenüber Win16 ist die Tatsache, daß dem C-Compiler über festgelegte #defines, die für gewöhnlich auf der Kommandozeile angegeben werden, Informationen über die Systemumgebung und die Ziel-CPU weiterzugeben sind. Zwei Symbole müssen definiert werden, um eine erfolgreiche Compilation zu gewährleisten: -DWIN32 sowie je nach Zielprozessor entweder -D_X86_=1 oder -D_MIPS_=1 oder -D_ALPHA_=1. Die weiter unten näher beschriebene Include-Datei für NMAKE nimmt sich dieser Definitionen normalerweise an, wenn Sie aber selbst BAT- oder CMD-Files mit Compiler-Aufrufen schreiben, müssen Sie diese Schalter unbedingt in den Kommandozeilen berücksichtigen (siehe auch unten). Ein für x86-CPUs korrektes Compiler-Kommando zur Übersetzung von TEST.C könnte also wie folgt aussehen:

```
CL386  -DWIN32*  -D_X86_=1**  -G3  -W4  -Zi  -Od  -c  test.c
```

** Win32-API.*

*** und x86-CPU.*

Neues vom Resource Compiler

Etwas erfreulicher bezüglich der Änderungen sieht es beim Resource Compiler aus. Unter Win16 hatte dieser zwei Aufgaben: er diente erstens zum Umwandeln der textuellen RC-Dateien in RES-Dateien, das war die compilierende Komponente. Und er fügte der EXE-Datei nach dem Linken die von ihm selbst erzeugte RES-Datei hinzu, ein Schritt, der konzeptuell eigentlich eher zum Linken gehört. Unter Win32 ist eine dementsprechende Anpassung vorgenommen worden, RC.EXE ist dort wirklich nur noch ein Resource Compiler, der wie bislang eine RES-Datei erzeugt (deren Aufbau sich allerdings ganz erheblich vom

RC.EXE ist nur noch Resource Compiler.

»alten« 3.x-RES-Format unterscheidet; eine Beschreibung des neuen Unicode-kompatiblen Formats findet sich in der SDK-Datei X:\DOC\FILEFRMT\RESFMT.TXT). Die RES-Datei wird mittels CVTRES in einem weiteren Schritt in eine RBJ-Datei konvertiert, die wiederum später vom Linker eingelesen und mit der EXE-Datei verbunden wird. Diese RBJ-Datei ist eine gewöhnliche Win32-Objektdatei, die alle RES-Informationen enthält, allerdings vom Linker bearbeitet werden kann. Diejenigen Schalter des Win16-RC, die nur mit dem Zusammenfügen der EXE- und RES-Dateien zusammenhängen, sind in der 32-Bit-Version folgerichtig gestrichen worden. Die Schalter dagegen, die sich auf den reinen Prozeß des Übersetzens von Ressourcen beziehen, sind uns erhalten geblieben:

CVTRES: Konversion der RES-Datei in RBJ.

Tab. 5.2: Die RC-Schalter.

Schalter	Bedeutung
r	RES-Datei erzeugen (eigentlich überflüssig, wird aber aus Kompatibilitätsgründen unterstützt)
v	gibt Meldungen über den Fortgang der Übersetzung aus
dxxx	#definiert eine Konstante
foxxx	gibt den Namen der Ausgabedatei (xxx.RES) an
ixxx	setzt den Pfad für #include-Dateien
x	unterdrückt die Benutzung der Umgebungsvariablen INCLUDE

Übersetzer-Aufrufe unverändert.

Daher gilt, daß alle Aufrufe des RC, bei denen er als Übersetzer fungiert, unverändert übernommen werden können. Ein typische Kommandozeile sieht daher exakt so aus wie unter Win16:

```
RC  -r  xyz.rc
```

CVTRES.

Nach erfolgreicher Übersetzung ist zur Konversion der RES-Datei in das Win32-Objektformat CVTRES aufzurufen. Dabei ist jedoch für das Zielsystem keine Konstante zu #definieren, sondern einer der Schalter -i386, -mips oder -alpha einzustellen (hoch lebe die Inkonsistenz, das Programmieren könnte sonst womöglich zu einfach werden...):

```
CVTRES -mips xyz.res -o xyz.rbj // bzw. -i386, -alpha
```

Der danach unter Win16 notwendige Schritt des Bindens der compilierten Ressourcen an die gelinkte, ausführbare Datei kann dafür nun komplett gestrichen werden, diese Aufgabe übernimmt der Win32-Linker, dem wir uns gleich zuwenden. Beachten Sie, daß CVTRES in künftigen Versionen des SDK möglicherweise nicht mehr benötigt wird, falls RC oder das Produkt eines anderen Herstellers direkt Linker-kompatible RBJ-Dateien erzeugen kann (dann muß aber womöglich die Ziel-CPU bereits beim RC-Aufruf mit angegeben werden). Soweit z.Zt. abschätzbar, scheint bei VC++ for NT dieser Schritt in den Linker integriert zu werden (siehe Abschnitt 5.5).

Binden der Resourcen gestrichen.

LINK32: Einer für alle(s)

Womit wir endlich beim Dritten im Bunde wären: dem Linker, der aus den OBJ-, RBJ- und Bibliotheksdateien die ausführbare Datei erstellt. Leider habe ich da keine so guten Nachrichten: der Win32-Linker ist eine vollständige Neuentwicklung und hat mit dem Segmented Executable Linker von Windows 3.x nicht mehr viel gemein.* Die Schalter sind völlig anders aufgebaut, die Funktionalität wurde recht deutlich erweitert und auch den Namen hat Microsoft angepaßt: der Linker heißt jetzt nämlich LINK32. Dafür hat er einiges mehr zu bieten als der alte Linker. Nicht nur das schon erwähnte Linken von Ressourcen, nein, er ersetzt auch den Library Manager LIB sowie die IMPLIB- und EXEHDR-Utility. Folgende »Hauptschalter« sind für LINK32 definiert und wählen eine der vier Betriebsarten aus:

** was sicherlich eher ein gutes Zeichen ist...*

LINK32 ersetzt LIB, IMPLIB- und die EXEHDR-Utility.

Tab. 5.3: Die vier LINK32-Betriebsarten.

Schalter	dient zum
LINK	Linken von EXE- und DLL-Dateien (Default)
LIB	Erzeugen von LIB- und EXP-Dateien
DUMP	Ausgeben von Informationen (bearbeitet u.a. OBJ-, RBJ-, EXE-, LIB-, DLL- und EXP-Dateien)
EDIT	Ändern von Sektionen in EXE-Dateien

(Die bei der Option -LIB vermerkten EXP-Dateien werden im Zusammenhang mit der Erzeugung von DLLs benötigt, näheres siehe dort.) Um also nun z.B. den »Library Manager« aufzurufen, ist folgendes LINK32-Kommando notwendig:

LINK32 -LIB aktiviert den Library Manager.

```
LINK32 -LIB [weitere, lib-spezifische Schalter und Angaben]
```

Damit der geplagte Entwickler sich nicht zu sehr umstellen muß, liefert Microsoft ein kleines Programmchen namens LIB32 als Schale für LINK32 mit: dieses tut nichts weiter als LINK32 mit dem Schalter -LIB und seiner eigenen Kommandozeile aufzurufen (mir ist völlig unerfindlich, warum dafür ein 23 KB langes Programm gebraucht wird: ein kleiner Batchjob oder ein DOSKEY-Makro hätten's doch auch getan...).

Sehen wir uns die einzelnen Linker-Optionen doch einmal näher an! In folgender Aufstellung sind die wichtigsten neuen LINK32-Optionen zusammengefaßt und erläutert:

Tab. 5.4: Die LINK32-Schalter.

LINK32-Schalter	**... und seine Bedeutung**
DEBUG:xxx	legt fest, welche Debug-Informationen in die EXE-Datei kopiert werden
DEBUGTYPE:xxx	legt den Typ der abgelegten Debug-Informationen fest
DLL	erzeugt eine DLL
ENTRY:xxx	gibt den Startpunkt in der EXE-Datei an
HEAP:xxx	legt die Größe des Standard-Heaps fest
MACHINE:xxx	legt das Zielsystem (i386, MIPS, Alpha etc.) fest
MAP:xxx	erzeugt eine Map-Datei
OUT:xxx	legt den Namen der Ausgabedatei (EXE- oder DLL-Datei) fest
SECTION:xxx	bestimmt die Attribute (Read, Write, Shared etc.) von Sektionen
STACK:xxx	legt die Größe des Stacks fest
SUBSYSTEM:xxx	gibt an, unter welchem API-Subsystem die Applikation läuft

Für den Win16-Umsteiger sind insbesondere die Schalter SUBSYSTEM, DEBUG, DEBUGTYPE sowie HEAP und STACK interessant. SUBSYSTEM gibt das Zielsystem der EXE- bzw. DLL-Datei an, hier sind die folgenden fünf Optionen möglich:

Tab. 5.5: Optionen zur Wahl des API-Subsystems.

NATIVE	kein spezifisches System (m.a.W.: eine nur auf NT-Kernel-Aufrufen basierende Applikation)
WINDOWS	Win32-Subsystem, EXE ist ein typisches GUI-Programm (der für Portierer häufigste Fall)
CONSOLE	Win32-Subsystem, Textmodus-Programm, das »console API« und keine GUI-Aufrufe nutzt
OS2	OS/2-1.x-Subsystem (z.Zt. nur Textmodus)
POSIX	Posix-Subsystem (ebenfalls Textmodus)

DEBUG und DEBUGTYPE.

Die beiden Schalter zur Debugging-Information legen zum einen fest, welche dieser Informationen in die ausführbare Datei kopiert werden, zum anderen bestimmen sie über den Ziel-Debugger das Format der Informationen (die diversen NT-Debugger arbeiten selbstredend nicht mit den gleichen Debug-Formaten...). Für die allermeisten Anwendungen dürfte der grafische Debugger (WINDBG, welcher das CodeView-Format (CV) akzeptiert) das Instrument der Wahl sein, nur eingefleischte Kommandozeilen-Freaks oder Gerätetreiber-Entwickler werden sich mit NTSD anfreunden können bzw. müssen (vom noch spartanischeren Kernel-Debugger will ich gar nicht reden). Und letztere wünschen ihre Debugging-Informationen im COFF-Format vorzufinden. Im Normalfall (für WINDBG) sind für die beiden Schalter daher folgende Einstellungen erforderlich:

```
LINK32  -DEBUG:FULL  -DEBUGTYPE:CV  ...
```

Wichtig: -DEBUGTYPE:CV.

Ein beliebter Fehler von Win32-Newcomern ist das Vergessen der Angabe -DEBUGTYPE:CV beim Linken, danach hat WINDBG ziemliche Probleme, irgend etwas Sinnvolles mit der zu debuggenden EXE-Datei anzufangen. Sinnigerweise ist nämlich DEBUGTYPE:COFF die Standardeinstellung des NT-Linkers (die Microsoft-Entwickler sind offensichtlich NTSD-Fans...)

Zwei Worte auch zu den HEAP- und STACK-Optionen: während der Win16-Entwickler sowohl für Programme als auch DLLs eine DEF-Datei zu schreiben hat, fällt dies für Win32-Applikationen weg. Sie haben richtig gelesen: es sind keine DEF-Dateien mehr erforderlich, um Programme zu linken. Allein für DLLs werden diese noch gebraucht (es ist aber abzusehen, daß sie auch hier irgendwann obsolet werden, siehe z.B. den WinHelp-Eintrag zum zur Zeit noch experimentellen Compiler-Feature __declspec(dllexport)). All die Informationen, die der Linker bisher aus der DEF-Datei gelesen hat, werden unter Win32 stattdessen beim Linken von EXE-Dateien direkt als LINK32-Switches angegeben. Und da kommen die Schalter STACK und HEAP ins Spiel, weil sie über den jeweils zur Verfügung gestellten Speicher entscheiden. Standardmäßig ist in beiden Fällen eine Größe von 1 MB (!) reserviert, beim Linken kann dieser Wert allerdings beliebig geändert werden. Wer angesichts solch monströser Stacks und Heaps nun fürchtet, daß schon zwei oder drei Programme mit ihren Stacks und Heaps den gesamten physikalischen Speicher konsumieren, hat das »demand paging« der x86- und RISC-CPUs vergessen. Von diesem riesigen Pool tatsächlich zugewiesen (»committed«) und damit Speicherplatz verbrauchend ist nur ein ganz kleiner Bereich (Standard dafür ist 4 KB, also zufällig genau eine Page). Wenn allerdings im Laufe der Programmausführung mehr Stack- oder Heap-Speicher benötigt wird (sprich: es erfolgt erstmalig ein Zugriff auf eine zwar reservierte, aber noch nicht zugewiesene Seite), stellt der VMM* sofort eine weitere Seite (à 4 KB auf x86- bzw. MIPS-CPUs und 8 KB auf Alphas) zur Verfügung (siehe die folgende Abb. 5.2). Und zwar ohne jedes Zutun des Programmes oder gar des Entwicklers! Insbesondere beim Stack scheint mir dieses Vorgehensweise sinnvoll, denn der geringe Zeitbedarf, der durch das einmalige Zuweisen einer weiteren Seite entsteht, kann sicherlich vernachlässigt werden. Wenn Sie jedoch wissen, daß Ihr Programm einen Stack von z.B. minimal 16 KB, maximal 24 KB Größe benötigt, können Sie die Standardeinstellung natürlich auch wie folgt anpassen:

HEAP und STACK.

Keine DEF-Dateien für Applikationen.

1 MB Stack?

* »virtual memory manager«

```
LINK32 -LINK ... -STACK:24576,16384 ...
```

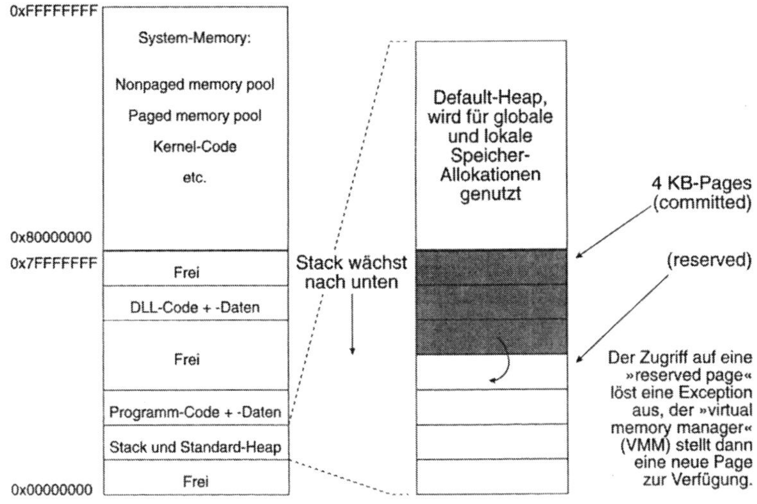

Abb. 5.2: Die dynamische Vergrößerung des Stacks durch den »virtual memory manager«.

Und das Exportieren von Callback-Funktionen?

Folgende interessante Frage stellt sich nun: wenn DEF-Dateien beim Linken von Applikationen wegfallen, wie teilt man dem Linker mit, welche Funktionen aus der ausführbaren Datei zu exportieren sind? Die ebenso einfache wie überraschende Antwort auf diese Frage lautet: gar nicht! Das Exportieren von Callback-Funktionen ist aus dem gleichen Grunde passé wie z.B. Aufrufe von [Make/Free]ProcInstance(): der ganze Zauber ist unter Win16 nur erforderlich, damit beim Eintritt in die Window-Prozedur immer das richtige Datensegment geladen wird. Und das ist unter Win32, bei dem Programme ja im »flat memory model« immer mit den gleichen Segmentwerten laufen, vollkommen irrelevant! Ergo kann der Entwickler endlich den (ehrlich gesagt, absurden) Aufwand für diesen ganzen Komplex vergessen. Wie schon in Kapitel 4 erwähnt: Windows NT und OS/2 2.1 zeigen eindrucksvoll, was machbar ist, wenn nur die Hardware, sprich der Prozessor mitspielt...

Datensegment? Was ist denn das?

Als Beispiel für eine komplette Sequenz zur Erzeugung eines Win32-Programmes (auf einem Intel-Rechner) sei im folgenden ein Batchjob zum Compilieren und Linken einer einfachen Win32-GUI-Applikation, bestehend aus einem C-Modul (GUI.C) und einer Ressourcedatei (GUI.RC), gezeigt:

```
cl386  -DWIN32  -D_X86_=1  -G3  -W4  -Zi  -Od  -c  gui.c

rc  -r  gui.rc
cvtres  -i386  gui.res  -o gui.rbj

link32  -debugtype:cv  -debug:full  -subsystem: ⇒
  windows  -out:gui.exe  gui.obj  gui.rbj  libc.lib ⇒
  ntdll.lib  kernel32.lib  user32.lib  gdi32.lib
```

Das ⇒ signalisiert, daß das Kommando eine »logische« Zeile bildet.

NMAKE: Alles aus einer Hand

Vermutlich werden Sie im Regelfall allerdings keine Batchjobs, sondern Make-Dateien und NMAKE benutzen. Wenn's aber mit den zahlreichen Makrodefinitionen dort einmal gar nicht mehr klappen will oder wenn Sie ein Kommandozeilen-Fanatiker sind, können Sie sich an obigem Beispiel orientieren. Für die Erstellung von DLLs sind übrigens noch einige weitere Schalter wichtig, nähere Einzelheiten dazu folgen im übernächsten Abschnitt über DLLs.

NTWIN32.MAK: globale Makros für NMAKE.

Apropos NMAKE: die Win32-Variante dieser Utility entspricht im großen und ganzen der DOS-Version und daher ändert sich sowohl an der Logik als auch dem Aufbau von Make-Dateien zum Glück recht wenig. Allerdings verwenden die von Microsoft zur Verfügung gestellten Make-Dateien fast ausnahmslos eine Include-Datei namens NTWIN32.MAK, die sich in der gleichen Directory wie die Header-Dateien (nämlich X:\MSTOOLS\H) befindet. Sie definiert eine ganze Reihe von globalen Makros, die die Erstellung von Win32-Programmen vereinfachen und eine kompatible Benutzung der Make-Dateien auch für RISC-Entwickler erlauben. Leider ist dabei der Win16-Programmierer etwas auf der Strecke geblieben, denn unter Verwendung von NTWIN32.MAK geschriebene Make-Dateien sind nicht ohne weitere Anpassung für Windows-3.x-Projekte verwendbar. Dies ist allerdings deswegen zu verschmerzen, weil die Make-Datei für ein Projekt wohl nur einmal formuliert werden muß und später nur sehr selten geändert wird. Obiges Projekt würde als NMAKE-Datei folgendermaßen aussehen:

Nicht Win16-kompatibel.

```
!include <NTWIN32.MAK>

PROJ = gui

all: $(PROJ).exe

$(PROJ).res: $(PROJ).rc $(PROJ).h
    rc -r -fo $(PROJ).res $(PROJ).rc
    cvtres -$(CPU) $(PROJ).res -o $(PROJ).rbj

$(PROJ).obj: $(PROJ).c $(PROJ).h
    $(cc) $(cflags) $(cvars) $(cdebug) $(PROJ).c

$(PROJ).exe: $(PROJ).obj $(PROJ).res
    $(link) $(linkdebug) $(guiflags) $(PROJ).obj \
    $(guilibs) $(PROJ).rbj -out:$(PROJ).exe
```

RES-Datei erzeugen.

C-Datei compilieren.

Programm linken.

Natürlich lohnt dieser Aufwand für ein solch simples Projekt kaum, aber schon wenn Sie mit zwei oder drei Quelltext-Modulen arbeiten, hilft die Benutzung von NMAKE eine ganze Menge Zeit sparen, eben weil immer nur die jeweils geänderten Quelltext-Dateien recompiliert werden. Ganz abgesehen davon, daß die Makros für die Compiler- und Linker-Schalter* sowie die Link-Bibliotheken — z.B. $(guilibs) oder $(conlibs) — die korrekte Erzeugung von Programmen ganz erheblich erleichtern. Ein Blick in NTWIN32.MAK und die Make-Dateien von Microsoft lohnt sich für Win32-Entwickler allemal, denn die Benutzung der diversen Tools hat sich, wie geschildert, teilweise gravierend geändert. Und diese Dateien zeigen sozusagen am »lebenden« Objekt, was wirklich Sache ist.

** $(cflags), $(cvars), $(linkdebug), $guiflags) etc.*

Obige Make-Datei (wie auch fast alle SDK-Makefiles) dürfte übrigens bei der Benutzung unter DOS (via Quickstart) gewisse Probleme machen. Der Grund liegt, wie schon erwähnt, in der Beschränkung der Länge von DOS-Kommandozeilen (MS-DOS 6.0? Daß ich nicht lache!). Während das Compilieren meistens trotzdem einwandfrei funktioniert, geht das Linken gewöhnlich schief. Ersetzen Sie in einem solchen Fall das komplette Link-Kommando (die letzten drei Zeilen oben) durch folgendes Statement:

```
$(PROJ).exe: $(PROJ).obj $(PROJ).res
    $(link) @<<link.cmd
    $(linkdebug) $(guiflags) $(PROJ).obj ⇒
      $(guilibs) $(PROJ).rbj -out:$(PROJ).exe
<<
```

Antwortdatei durch »inline files«.

Dieses Link-Kommando erzeugt (durch »inline files«, die mit << erzeugt werden) eine Antwortdatei namens LINK.CMD, die alle Linker-Schalter, Dateinamen etc. enthält und von LINK32 eingelesen wird. Falls Sie auch beim Compilieren von C-Dateien auf zu lange Befehlszeilen stoßen, können Sie dort genauso vorgehen. LINK.CMD sieht im übrigen etwa so aus:

```
-debug:full -debugtype:cv -subsystem:windows
-entry:WinMainCRTStartup gui.obj libc.lib
kernel32.lib ntdll.lib user32.lib gdi32.lib winspool.lib
comdlg32.lib  gui.rbj -out:gui.exe
```

Zwei Problemkreise: der neue Linker...

.. und die CPU-Schalter.

Nach meinen Erfahrungen gibt es bei der Erstellung von Win32-Applikationen zwei größere Problemkreise: zum einen die Umstellung auf den neuen Linker bzw. Library Manager, hier hilft wohl nur etwas Geduld beim genauen Studium der Dokumentation und vor allem der Make-Dateien. Die zweite Schwierigkeit ist, daß man oft vergißt, die korrekte CPU einzustellen. So gut wie alle Tools haben nämlich Schalter (-i386, -MIPS etc.) oder benötigen ein #define zur einwandfreien Funktion. Und wer das vergißt, steht schnell vor einem totalen Rätsel. Ein weiterer Grund, mit NTWIN32.MAK zu arbeiten, dort werden diese Flags nämlich automatisch berücksichtigt!

Die Win32-Header-Dateien

WINDOWS.H: nur eine Schale.

Einiges hat sich auch bei der Header-Datei WINDOWS.H geändert. Während diese bislang fast die gesamten Windows-spezifischen Definitionen enthielt und mit weit über 100 KB Länge schon recht ordentlich gewachsen war, ist sie unter Win32 mit rund 3 KB eher von bescheidener Größe. Kein Wunder, denn sie ist nur eine Schale um die zahlreichen (knapp 50) Header-Dateien, die das C/C++-Interface zum Win32-API ausmachen. Der Nachteil für Entwickler ist, daß man nun gar nicht mehr so genau weiß, in welcher Datei man eine bestimmte Definition zu suchen hat. Außerdem bauen manche Header-Dateien aufeinander auf und setzen bestimmte Deklarationen voraus. Daher zeigt Abbildung 5.3 den Include-Baum für die Windows-Header:

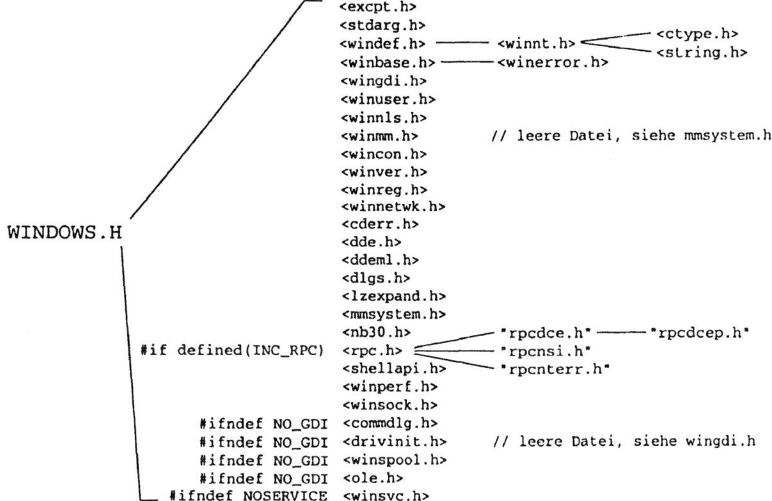

Abb. 5.3: Die Win32-Include-Dateien.

Wichtige Header-Dateien.

Ganz besonders wichtig erscheinen mir die folgenden Header-Dateien:

<windef.h>	grundlegende Typdefinitionen und Makros
<winnt.h>	NT-spezifische Typdefinitionen und Makros
<winerror.h>	Fehlermeldungs-Codes
<winbase.h>	Basis und I/O-Funktionalität
<winuser.h>	Window-Manager
<wingdi.h>	GDI-Definitionen
<wincon.h>	»console API« und -Subsystem

Ausschluß von Definitionen.

Wie bisher schon kann durch das #definieren bestimmter Bezeichner die Einfügung der betreffenden Definitionen (bzw. Dateien) verhindert werden:

```
#define NOWINMESSAGES  // keine Windows-Nachrichten etc.
#include <windows.h>
```

Neben den hier berücksichtigten Dateien, die zur Erhaltung der Rückwärtskompatibilität automatisch includiert werden, gibt es noch einige weitere, die nicht »von selbst« eingefügt werden. Diese in folgender Liste gezeigten Dateien müssen Sie ggf. also von Hand durch ein entsprechendes #include einfügen:

Tab. 5.6: Gegebenenfalls selbst einzufügende Header-Dateien.

Dateiname	**Inhalt**
CPL.H	für Control Panel-Erweiterungen
CUSTCNTL.H	zum Einbinden von »custom controls« im Dialog-Editor
NTIMAGE.H	Definition des »portable executable«- und anderer Dateiformate
NTSDEXTS.H	Interface für NTSD-Erweiterungen
SCRNSAVE.H	Definitionen zur Entwicklung eigener Screen Saver
VDMDBG.H	Interface zum VDM-Debugger
WDBGEXTS.H	Interface zum WINDBG
WFEXT.H	für Erweiterungen des Datei Managers
WINDOWSX.H	Portabilitätsmakros
WINIOCTL.H	Definitionen zur Gerätetreiber-Kontrolle

Fast unverzichtbar: »precompiled headers«.

Und aufgrund des gigantischen Umfangs der Win32-Header-Dateien würde ich Ihnen im übrigen unbedingt das Arbeiten mit »precompiled headers« empfehlen. Denn diese einmalige Vorübersetzung erspart wirklich unglaublich viel Zeit — und der Microsoft-Compiler wird dann sogar richtig flott!

5.2 Besonderheiten für Textmodus-Programme

»... ich bin besser als mein Ruf.« Friedrich Schiller, Maria Stuart

Die »console API«.

Schon der kleine Exkurs zur »console API« im vierten Kapitel hat gezeigt, daß unter Win32 nicht nur Windows-Programme möglich und sinnvoll sind, sondern daß mit der Textmodus-Schnittstelle eine zwar einfachere, aber gerade deswegen für viele Programmierer interessante Möglichkeit existiert, aus allen Nähten platzende MS-DOS-Programme endlich von der berühmt-berüchtigten 640 KB-Grenze zu befreien. Aber auch die Portierung von zeichenbasierten UNIX- und OS/2-Programmen wird durch diese Variante erheblich erleichtert bzw. oft erst ermöglicht. Um dies noch zu vereinfachen, stellt Win32 ja sogar ein POSIX-kompatibles API zur Verfügung, und von Drittherstellern sind sogar schon portierte Versionen der curses-Bibliothek verfügbar. Das OS/2-Subsystem liefert seinerseits fast die komplette OS/2-1.x-Funktionalität, allerdings (noch) ohne Presentation Manager. Gründe genug, im weiteren auch kurz auf die Einzelheiten der Erstellung von zeichenbasierten Programmen einzugehen. Ich werde mich dabei allerdings, nicht zuletzt auch aus praktischen Gründen, auf die Erstellung von Win32-Console-Applikationen konzentrieren; die Einzelheiten der Programmierung für die anderen Subsysteme sind nämlich zur Zeit noch ziemlich nebulös.* Die weiteren Feststellungen dürften jedoch überwiegend auch auf die Programmerzeugung für die OS/2- und POSIX-Subsysteme übertragbar sein — zumindest, wenn Sie die Microsoft-SDK-Produkte einsetzen.

Portierung von zeichenbasierten UNIX- und OS/2-Programmen.

** VC++ for NT soll immerhin alle notwendigen POSIX-Header-Dateien und -Bibliotheken enthalten.*

Textmodus: keine großen Unterschiede

Die beste Nachricht zuerst: unter Win32 ist endlich Schluß mit der Compilation für bestimmte Modi. Wer sich erst einmal durch den Dschungel der DOS-Compiler-Schalter gekämpft hatte, der mußte alsbald erkennen, daß für die Windows-Programmierung ein ganz anderes und womöglich *noch* komplexeres Zusammenspiel von Compiler- und Linker-Optionen notwendig war. Ich denke, daß sicherlich ein rundes Viertel aller Probleme mit nichtlaufenden Programmen letzten Endes mit der unkorrekten Auswahl und Kombination der zahlreichen Schalter für Übersetzer, Linker etc. zusammenhängen. Und wie schon die Aufstellung im vorhergehenden Abschnitt gezeigt hat, fallen die meisten dieser Fallstricke unter Win32 weg. Mehr noch: die Erstellung eines Textmodus-Programmes erfordert keinerlei spezielle Einstellungen oder Compilerschalter! Es kann also exakt die gleiche Kommandozeile wie zum Compilieren von GUI-Applikationen eingesetzt werden.**

Vereinheitlichte Programmierung.

*** UNIX-Programmierer werden das kaum erstaunlich finden...*

Nur beim Linken sind geringfügige Unterschiede zu vermerken, die sich auf einen Schalter und die hinzugelinkten

SUBSYSTEM: CONSOLE.

Import-Bibliotheken beziehen: zum einen ist beim Link-Schalter SUBSYSTEM als Zielsystem CONSOLE anzugeben und zum anderen ist mit einem etwas anderen Satz von Bibliotheken zu linken. Ersteres führt dazu, daß ein anderer Startpunkt für das Programm festgelegt wird: GUI-Programme starten mit der Funktion WinMainCRTStartup(), die ihrerseits WinMain() mit den korrekten Parametern aufruft. Console-Applikationen werden dagegen via mainCRTStartup() gestartet, was erwartungsgemäß dazu führt, daß die gute, alte main()-Funktion mit den üblichen argc- und argv-Werten aufgerufen wird (letzteres übrigens auch bei Unicode-Applikationen im ANSI-Format!).

Andere Bibliotheken für Textmodus-Programme?

Die zweite Änderung ist ebenfalls einsichtig: natürlich werden zum Linken von zeichenbasierten Programmen andere Bibliotheken gebraucht als für GUI-Anwendungen. Oder? Weit gefehlt: unter Win32 ist die Trennung zwischen Text- und Grafikprogrammen eine ziemlich künstliche, denn zum Linken von Textprogrammen werden keineswegs andere Bibliotheken gebraucht. Tatsächlich wird nur deswegen ein eingeschränkter Satz von LIB-Dateien benutzt, weil Textprogramme gewöhnlich keine Funktionen aus USER32, GDI32 etc. aufrufen. Die Betonung liegt dabei auf »gewöhnlich«, denn im Grundsatz kann auch ein Programm, das die »console functions« oder printf() nutzt und mit SUBSYSTEM:CONSOLE gelinkt wurde, jederzeit Gebrauch von den Window-Funktionen machen (z.B. ein Window erzeugen, eine »message loop« einrichten etc.). Beim Linken müssen dann nur die zusätzlichen Import-Bibliotheken mit angegeben werden, damit alle GUI-Aufrufe auch korrekt aufgelöst werden können (es sind zwar noch ein, zwei weitere Kleinigkeiten zu beachten, aber ein Win32-Textmodus-Programm kann tatsächlich ohne weiteres mit Windows arbeiten). Umgekehrt gilt das gleiche: eine GUI-Applikation kann jederzeit ein eigenes Textmodus-Fenster (»console«) erzeugen (siehe z.B. AllocConsole()) und dort danach etwa via printf() und scanf() Informationen ausgeben bzw. einlesen!

Trennung zwischen Text- und Grafikprogrammen ist unter Win32 ziemlich künstlich.

Fazit: unter Win32 existieren nur formale Unterschiede zwischen Textmodus- und GUI-Applikationen. Beide Typen können, entsprechende Programmierung vorausgesetzt, jeweils das »feindliche« API mitbenutzen.

Beispiel: Batchjob und Make-Datei

Um all diesen schönen Worten nun auch Taten folgen zu lassen, zeigt der folgende Batchjob das Compilieren und Linken einer simplen Textmodus-Anwendung:

```
cl386 -DWIN32 -D_X86_=1 -G3 -W4 -Zi -Od -c text.c

link32 -debugtype:cv -debug:full -subsystem: \
  console -out:text.exe text.obj libc.lib \
  ntdll.lib kernel32.lib
```

Vergleichen Sie diese Befehle mit den Kommandos für die GUI-Applikation weiter oben: gestrichen wurde die Compilation der RC-Datei* sowie die anschließende Konversion von RES nach RBJ, geringfügig geändert hat sich auch die Kommandozeile des Linkers. Und gleich noch eins drauf — hier kommt die Make-Datei für TEXT:

** obwohl Textmodus-Programme durchaus mit Ressourcen arbeiten könnten.*

```
!include <NTWIN32.MAK>

PROJ = text

all: $(PROJ).exe

$(PROJ).obj: $(PROJ).c $(PROJ).h
    $(cc) $(cflags) $(cvars) $(cdebug) $(PROJ).c

$(PROJ).exe: $(PROJ).obj $(PROJ).res
    $(link) $(linkdebug) $(conflags) $(PROJ).obj \
    $(conlibs) -out:$(PROJ).exe
```

Auch hier sind die Unterschiede auf die fehlende RC-Datei und die geänderten Link-Anweisungen beschränkt. Alles in allem ist das Entwickeln von Applikationen (gleich, ob Text oder GUI) unter Win32 endlich sehr stark vereinheitlicht** worden, was vielleicht deutlicher als alle API-Erweiterungen zeigt, daß man es hier wirklich mit einem völlig neuen System »aus einem Guß« zu tun hat.

*** um nicht zu sagen vereinfacht...*

5.3 DLLs: Was hat sich geändert?

»Geben ist seliger denn Nehmen.« Neues Testament, Apostelgeschichte 20, 35

Erzeugung von DLLs insgesamt vereinfacht.

Wie nicht anders zu erwarten, ist auch der Erstellungsaufwand von DLLs unter Win32 erheblich geringer und deren Erzeugung, auch konzeptionell, viel einfacher geworden. Allerdings werden, inbesondere durch die strikt getrennten Adressräume der laufenden Prozesse, teilweise ganz erhebliche Anpassungen des Programmtextes notwendig. Einen Überblick habe ich in Abschnitt 4.9 gegeben, im folgenden will ich an zwei konkreten Beispielen die Erzeugung einer Standard-DLL (bei der die Datenbereiche prozeßspezifisch jedes Mal neu angelegt werden) und einer DLL mit einer einzigen, für alle Prozesse gleichen Sektion (»shared memory section«) zeigen.

Zwei Beispiele für Datensektionen und »shared memory«.

DLLs und Datensektionen

Programmtext bleibt gleich.

Der Programmtext selbst bleibt dabei in beiden Fällen der gleiche, die Unterscheidung zwischen privaten und globalen Sektionen wird erst beim *Linken der DLL* durch Speicherattribute in der DEF-Datei festgelegt. Zuerst also der (ziemlich simple) Programmtext (TEST.C), der drei Funktionen zum Erzeugen und Zerstören eines DLL-Threads sowie zur Abfrage von DLL-Variablen zur Verfügung stellt:

```
#define STRICT
#include <windows.h>
#include <portutil.h> // Header mit Hilfsdefinitionen,
                      // siehe auch Anhang 7.
#include "test.h"     // enthält nur die Prototypen

HINSTANCE hMod;  // globale Variable für Instance-Handle
HANDLE hThread;  // Handle für den zu erzeugenden Thread
BOOL fEnd;       // Signal zur Thread-Beendigung
INT i=0,j=0;     // Und zwei simple Zähler
```

```
BOOL WINAPI LibMain32(HINSTANCE hDLL,DWORD dwReason,
 LPVOID lpReserved)
{
 CHAR chBuf[80];
 j++; // Anzahl der Aufrufe in LibMain32
 wsprintf(chBuf,"TEST.DLL: j == %d",j);
 switch (dwReason) {
  case DLL_PROCESS_ATTACH: // neuer Prozess
   hMod=hDLL;
   MessageBox(NULL,chBuf,"Process attaching",MB_OK);
   break;
  case DLL_PROCESS_DETACH: // Prozeß-Abmeldung
   MessageBox(NULL,chBuf,"Process detaching",MB_OK);
   break;
  case DLL_THREAD_ATTACH: // neuer Thread
   MessageBox(NULL,chBuf,"Thread attaching",MB_OK);
   break;
  case DLL_THREAD_DETACH: // Thread-Abmeldung
   MessageBox(NULL,chBuf,"Thread detaching",MB_OK);
   break;
 }
 return TRUE;
}
```

Initialisierung: Prozeß.

Terminierung: Prozeß.

Initialisierung: Thread.

Terminierung: Thread.

```
DWORD WINAPI ThreadProc(LPVOID lpv);
DWORD WINAPI ThreadProc(LPVOID lpv)
// Ein CPU bound Job ...
{
 while (!fEnd) // Zur Beendigung siehe EndThreadInDLL()
  if (++i%1000000==0) MessageBeep(0);
 return 0;
}
```

Implementiert die Thread-Prozedur.

```
VOID StartThreadInDLL(VOID)
{
 DWORD dwID;
 if (hT) return; // Aha, Thread läuft schon.
 fEnd=FALSE;
```

Erzeugt neuen Thread mit ThreadProc().

```
  hT=CreateThread(NULL,0,ThreadProc,NULL,0,&dwID);
}
```

Beendet den Thread.

```
VOID EndThreadInDLL(VOID)
{
  if (hT) { // Läuft der Thread schon?
    fEnd=TRUE;
    hT=0;
  }
}
```

Liefert den Wert des Thread-Counters.

```
UINT GetCounter(VOID)
{
  return i;
}
```

Sowie die zugehörige Header-Datei TEST.H für die Protoypen der drei exportierten Funktionen:

TEST.H.

```
VOID WINAPI StartThreadInDLL(VOID);
VOID WINAPI EndThreadInDLL(VOID);
UINT WINAPI GetCounter(VOID);
```

Den zugehörigen Programmcode zum Testen schenke ich mir, denn jedes Standard-Windows-Programm, das die drei exportierten Funktionen z.B. bei der Behandlung der WM_CHAR-Nachricht testweise aufruft, kann dazu verwendet werden. Viel interessanter scheint mir da die Betrachtung der Make-Datei, die zur Erzeugung der DLL dient:

```
!include <NTWIN32.MAK>
```

Linken der DLL.

```
test.dll: test.obj test.def test.rbj
    $(link) $(linkdebug)  -dll \
    -entry:LibMain32$(DLLENTRY)  -out:test.dll \
    test.rbj  test.exp  test.obj  $(guilibs)
```

```
test.obj: test.c
    $(cc) $(cdebug) $(cflags) $(cvars) test.c

test.rbj: test.rc
    rc -r -fo test.res test.rc
    cvtres -$(CPU) test.res -o test.rbj

test.lib: test.obj test.def
    $(implib)  -machine:$(CPU)  -def:test.def \
!IF "$(CPU)" == "i386"
    test.obj \
!ENDIF
    -out:test.lib
```

Compilieren der C- und RC-Dateien.

Erzeugung der Import-Library.

Nichts besonderes geschieht bei der Übersetzung der C-Datei, es werden einfach genau die gleichen Schalter benutzt wie für die Erstellung von EXE-Dateien. (Eine ganz bemerkenswerte Verbesserung gegenüber Win16, wo je nach Zieldatei, also DLL bzw. EXE, *unterschiedliche* Compiler-Schalter verwendet werden mußten!) Auch das Erzeugen der RES- bzw. RBJ-Datei kommt uns bekannt vor. Entscheidende Unterschiede gibt es jedoch bei der Erzeugung der Import-Library TEST.LIB und beim Linken der DLL. Für beides ist LINK32 zuständig — hinter dem Makro $(implib) verbirgt sich nämlich LIB32, das seinerseits LINK32 mit dem Hauptschalter -LIB startet. Nun wird einerseits (letztes Kommando) mit dem Schalter -def die DEF-Datei TEST.DEF verarbeitet und in eine LIB- und EXP-Datei umgesetzt, andererseits wird (erstes Kommando) die DLL aus den einzelnen Komponenten zusammengelinkt. Sehen wir uns diese beiden Aktivitäten doch etwas näher an.

Entscheidende Unterschiede bei der Erzeugung der Import-Library und beim Linken.

Das Linken einer DLL

Um TEST.LIB zu erzeugen, greift LINK32 neben der OBJ-Datei auf eine DEF-Datei zu, die im einfachsten Falle wie folgt aussieht:

Die DEF-Datei.

```
LIBRARY  Test
EXPORTS  StartThreadInDLL
         EndThreadInDLL
         GetCounter
```

Import-Library.

Diese Statements bedürfen vermutlich keiner weiteren Erläuterung, sie entsprechen im großen und ganzen den von Win16 bekannten. LINK32 interpretiert die DEF-Datei und erzeugt eine LIB-Datei, die die aus der DLL exportierten Funktionen spezifiziert, eben die Import-Library. Diese muß später beim Linken der Client-Applikationen verwendet werden, um die dynamischen Links in die DLL aufzulösen.

EXP-Datei.

Darüber hinaus, und das ist neu, erstellt LINK32 noch eine weitere Datei, die beim Linken der DLL selbst eine Rolle spielt. Diese zusätzliche Datei hat im Regelfall die Erweiterung EXP, was vermutlich für EXPort steht. Mir ist nicht so recht klar, wozu diese Datei benötigt wird, denn der Linker könnte beim Erzeugen einer DLL ja auch die DEF- oder LIB-Datei lesen, aber irgendeinen sinnvollen Grund wird es schon geben... Diese EXP-Datei muß nun, wie gesagt, beim Linken der DLL selbst mit angegeben werden. Und wem das alles ziemlich verwirrend vorkommt — die Erzeugung einer simplen DLL noch einmal schön langsam der Reihe nach (siehe auch Abbildung 5.4 auf der folgenden Seite):

Compilieren der C- und RC-Dateien.

1. Das Compilieren der C-Quelltextdatei resultiert in einer OBJ-Datei.
2. Das Compilieren der Ressourcen führt zu einer RES-Datei, die wie üblich in einem zweiten Schritt in eine RBJ-Datei konvertiert wird.

Erzeugen der Import-Library...

und der EXP-Datei.

3. Bei der Bearbeitung der DEF-Datei durch LINK32 -LIB (der Linker fungiert hier als Library Manager) entstehen zwei Dateien: erstens die Import-Library (also eine LIB-Datei), die mit der DLL direkt nicht benutzt wird, sondern später beim Linken von anderen Applikationen verwendet wird, die DLL-Funktionen nutzen wollen. Sie enthält alle notwendigen Angaben über die von der DLL exportierten Funktionen, die ja beim Linken anderer Applikationen zur Auflösung der dynamischen Links gebraucht werden. Zweitens erzeugt LINK32 eine EXP-Datei, die ebenfalls die zu exportierenden

Funktionen beschreibt, aber eben in einem für die DLL, die sie enthält, bekömmlichen Format.

4. Nun wird im letzten Schritt alles bis auf die LIB-Datei in einen Topf geworfen: aus OBJ-, RBJ- und EXP-Datei wird die DLL zusammengelinkt. Dabei müssen natürlich auch die Import-Libraries der DLLs mit angegeben werden, auf die wiederum unser Erzeugnis zugreifen will.

Schließlich das Linken der DLL.

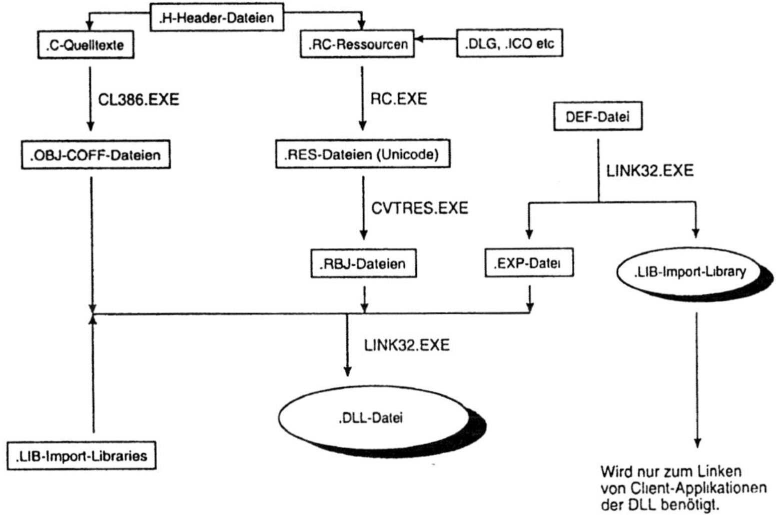

Abb. 5.4: Die Schritte zur Erzeugung einer Win32-DLL.

Trösten Sie sich: wenn Sie sich diese mehr mechanischen Verrichtungen erst einmal zu eigen gemacht haben, ist das Arbeiten mit DLLs unter Win32 viel einfacher und konsistenter als unter Win16! Einzig und allein die Tatsache, daß hier die Datenbereiche immer aufs Neue angelegt werden, während Win16-DLLs diese als »shared memory« nutzen konnten (bzw. mußten!), dürfte noch zu gewissen Problemen führen. Diesem Thema widmen wir uns nun.

Arbeiten mit DLLs unter Win32 einfacher und konsistenter.

Gemeinsame Datensektionen

Lösung Nummer 1 ist ganz einfach, denn dabei muß nur die DEF-Datei leicht geändert werden, um die Attribute der Datenbereiche zu modifizieren:

Attribute der Datensektionen.

```
LIBRARY  Test
SECTION   data read write shared
EXPORTS  StartThreadInDLL
         EndThreadInDLL
         GetCounter
```

Datensektion .data: initialisierte Daten.

Die neu eingefügte Zeile SECTION .data read write shared bewirkt, daß die Datensektion .data (welche die initialisierten Daten enthält), bei einer so gelinkten DLL nur beim ersten Laden der DLL angelegt und initialisiert wird, später jedoch via Paging in den Adressraum aller weiteren die DLL benutzenden Prozesse gemappt wird. Jede Änderung an einer der globalen Variablen macht sich daher in allen Prozessen bemerkbar. Das obige Beispiel enthält zwei *explizit* initialisierte Variablen, nämlich die zwei ints i und j, sowie eine Reihe *implizit* initialisierter Daten — die diversen Strings, die zur MessageBox()-Ausgabe in LibMain32() dienen. Diese Daten werden vom Compiler in der Sektion .data abgelegt und können durch obiges DEF-Statement als »shared memory« benutzt werden (der NT-Linker hat im übrigen eine dem SECTION-Statement entsprechende Option namens -section).

Und die nicht initialisierten DLL-Variablen?

Die anderen, nicht initialisierten DLL-Variablen (hMod, hThread und fEnd) werden dagegen für jeden Prozess, der die DLL benutzt, aufs neue angelegt. Würde man allerdings z.B. in der Zeile BOOL fEnd; eine ausdrückliche Zuweisung vornehmen (BOOL fEnd=FALSE;) würde auch fEnd aus der nicht initialisierten Datensektion in die initialisierte und damit in den gemeinsamen Datenbereich wandern. Folgende einfache Regel ist hier anwendbar: nicht-initialisierten Daten können überhaupt nicht zwischen mehreren Prozessen geteilt werden, initialisierte unter Nutzung einer SECTION-Anweisung in der DEF-Datei oder durch Angabe des Schalters -section beim Linken. Dadurch werden allerdings *alle* in dieser Sektion befindlichen Daten als »shared memory« verfügbar gemacht. Wenn das nicht erwünscht ist, können Sie via Compiler-#pragma dataseg("...") eigene benannte Sektionen definieren und so exakt steuern, welche Variablen zwischen den Prozessen geteilt werden und welche nicht:

#pragma dataseg("...") für eigene benannte Sektionen.

```
// in der C-Datei:
HINSTANCE hMod;  // globale Variable für Instance-Handle
HANDLE hThread;  // Handle für den zu erzeugenden Thread
BOOL fEnd=TRUE;  // Signal zur Thread-Beendigung
#pragma data_seg("MySect") // neue Sektion
INT i=0,j=0;       // Und zwei simple Zähler
#pragma data_seg()          // zurück zum Default

// in der DEF-Datei:
SECTION  MySect read write shared
```

Eine »shared« Sektion namens MySect.

Die beiden ints i und j werden in einer eigenen Sektion namens MySect abgelegt, die im DEF-File als »shared« markiert wird. Der initialisierte BOOL fEnd landet in der Sektion .data und ist daher nicht im gemeinsamen Speicherbereich enthalten. Zwei Warnungen: bislang dürfen die Namen für Sektionen nicht länger als acht (8!) Zeichen sein, eine Beschränkung, die mir bei einem 32-Bit-Betriebssystem ziemlich absurd vorkommt. Und zweitens: angeblich* kann man in der DEF-Datei via DATA READ WRITE SHARED auch alle Datensegmente auf einen Schlag als »shareable« markieren. Dies hat in der Oktober-Beta nicht funktioniert, sollte aber angeblich in der nächsten Version behoben sein. Die März-Beta tut's jedoch immer noch nicht, und ich habe von einem MS-Mann gehört, daß das DATA-Statement komplett aus der DEF-Datei-Syntax entfernt werden soll. Da die Tools eben noch im Beta-Stadium sind, können solche Änderungen nicht ausgeschlossen werden; der »endgültige« SDK, der hier leider aus Zeitgründen leider nicht mehr berücksichtigt werden konnte, wird dieses und manch anderes offene Problem hoffentlich klären.

** Sowohl laut WinHelp-Datei als auch gedruckter Dokumentation.*

Änderungsbedarf: GlobalAlloc() mit dem Flag GMEM_(DDE)SHARE.

Das Problem des Zugriffs auf gemeinsame Daten in DLLs hat natürlich noch einen weiteren Aspekt, nämlich den der dynamischen Speicherallokation. Wer bisher in Win16-DLLs dafür GlobalAlloc(GMEM_SHARE,...) benutzt hat, darf jetzt umstellen. Denn wie die Ausführungen in Abschnitt 4.6 sowie 4.9 gezeigt haben, ist dieser Aufruf unter Win32 zwar möglich, aber er erzeugt garantiert kein »shared memory«. Hier hilft nur einer der IPC-Mechanismen; vermutlich ist die Benutzung von »memory mapped files« am einfachsten.

Und dynamische Allokationen?

Der folgende Quelltext illustriert den Zugriff mehrerer Prozesse auf einen gemeinsamen Speicherbereich, der von der DLL verwaltet wird. Beachten Sie auch, daß die statischen Daten (insbesondere die Sektion, die den Zeiger lpShared auf den gemeinsamen Speicher enthält) *nicht* in der DEF-Datei als »shareable« definiert werden (dürfen).

```
#define STRICT
#include <windows.h>
#include <portutil.h>
#include "shared.h"

#define SYSPAGINGFILE ((HANDLE)0xFFFFFFFF)
```

Datenstruktur für den »shared memory«-Bereich.

```
typedef struct {
  int iCountProcess;
  char chMoreInfo[64];
} SHARED, FAR* LPSHARED;
```

Globale Variablen, für jeden Prozeß neu in dessen Adressraum angelegt.

```
HINSTANCE hMod;     // globale Variable für Instance-Handle
CHAR szMemName[] = "ShrMemName";
// Name des shared memory Bereichs
HANDLE hShared;     // Handle des shared memory-Bereichs
LPSHARED lpShared; // Zeiger auf shared memory-Bereich

BOOL WINAPI LibMain32(HINSTANCE hDLL,DWORD dwReason,
  LPVOID lpReserved)
{
  CHAR chBuf[80];
  switch (dwReason) {
    case DLL_PROCESS_ATTACH: // neuer Prozess
```

Prozeß-Anmeldung.

```
      hMod=hDLL;
      hShared=CreateFileMapping(SYSPAGINGFILE,NULL,
        PAGE_READWRITE,0,sizeof(SHARED),szMemFile);
      lpShared=(LPSHARED)MapViewOfFile(hShared,
        FILE_MAP_WRITE,0,0,sizeof(SHARED));
      if (lpShared->iCountProcess++==0) // Nur beim ersten
        // Prozess initialisieren
```

```
        SetMoreInfo("Test");
      break;
    case DLL_PROCESS_DETACH: // Prozeß-Abmeldung
      if (--lpShared->iCountProcess)
        wsprintf(chBuf,"Still %d process(es)attached",
          lpShared->iCountProcess);
      else
        strcpy(chBuf,"And I'm the last one...");
      MessageBox(NULL,chBuf,"Process detaching",MB_OK);
      UnmapViewOfFile(lpShared);
      CloseHandle(hShared);
      break;
  }
  return TRUE;
}
```

Prozeß-Abmeldung.

»shared memory«-Bereich schreiben...

```
VOID SetMoreInfo(LPSTR lpsz)
{
  strncpy(lpShared->chMoreInfo,lpsz,
    sizeof(lpShared->chMoreInfo)-1);
}
```

... und lesen.

```
VOID GetMoreInfo(LPSTR lpsz)
{
  strcpy(lpsz,lpShared->chMoreInfo,lpsz);
}
```

Die Header-Datei, in der nur die Prototypen der beiden Zugriffsfunktionen zum Setzen bzw. Lesen des Strings auftauchen, kann ich mir sicherlich schenken. Alle bei der DLL »angemeldeten« Prozesse können über diese Funktionen den gemeinsamen Speicher lesen und auch schreiben. SetMoreInfo() müßte dabei den Zugriff auf das String-Array eigentlich so synchronisieren, daß nur geschrieben wird, wenn gerade *kein* anderer Prozeß auf den Speicherbereich zugreift. Dies könnte man am einfachsten wohl mit einem Mutex-Objekt* erreichen (denn »critical sections« können nur für die Synchronisation von Threads innerhalb eines Prozesses verwendet werden).

** Das Kunstwort MutEx kommt von MUTual EXclusion (gegenseitiger Ausschluß).*

Und die Bilanz all dieser Erkenntnisse: abgesehen von den Komplikationen mit gemeinsamen Datenbereichen (die man relativ leicht in den Griff bekommt) ist die Formulierung und Erzeugung von DLLs unter Win32 konsistenter, einfacher und übersichtlicher geworden.

5.4 Was haben die Borland-Tools zu bieten?

»Im Westen nichts Neues.« Titel eines Romans von Erich Maria Remarque

In der Tat: auf die 32-Bit-Tools von Borland paßt dieses Zitat wie angegossen. Was mir da aus Scotts Valley als Beta-Produkt auf den Tisch geflattert ist,* verrät, daß Borland die Win32-Tools wo irgend möglich genauso belassen hat, wie man es vom 16-Bit-Compiler gewohnt ist.

** Ebenfalls als CD-ROM und mit ganz enormer Verspätung...*

Das ist allerdings Vor- und Nachteil gleichzeitig: einerseits hat sich für den BCC-Entwicker, der nach Win32(s) möchte, wenigstens an der Benutzung der Tools nicht sehr viel geändert, er kann sich daher voll auf die Quelltext-Anpassung konzentrieren. Fast alle Make-Dateien, CFG- und -DEF-Files etc. können nämlich unverändert oder mit sehr geringfügigen Modifikationen auf Win32 übertragen werden. Andererseits bezahlt der Borland-Benutzer diesen Vorzug mit einem ganz erheblichen Verlust an Kompatibilität zu den SDK-Produkten von Microsoft. Was bedeutet das im einzelnen? Beispielsweise erzeugt BCC32 die Objektdateien nach wie vor im Intel-Format (auch als OMF bezeichnet). Solange man in der Borland-Welt bleibt, ist dagegen auch überhaupt nichts einzuwenden. Um die Objektdateien allerdings COFF-kompatibel zu machen (oder umgekehrt), braucht es eine Utility. Und ob die wirklich alle Konversionen in beide Richtungen absolut korrekt vornehmen kann, ist zweifelhaft. Ein anderes Beispiel: die neue __stdcall-Aufrufsequenz wird vom Borland-Compiler anders umgesetzt als von Microsoft. Auch das wird zum Problem, wenn LIBs oder Objects verschiedener Provenienz gemischt werden sollen. Und eine gerade für professionelle Entwickler sehr ärgerliche Abweichung ist die Art und Weise, wie mit Borland C die DLL-Initialisierung und -Terminierung durchgeführt wird: soweit

Benutzung der Tools hat sich kaum geändert.

Dafür nicht Microsoft-kompatibel.

ich das z.Zt. absehen kann, wird diese wie unter Win16 vorgenommen — also getrennt mit LibMain() und WEP(). (Wahrscheinlich ebenfalls wegen der Rückwärtskompatibilität zur 16-Bit-Welt). Dies führt jedoch z.B. dazu, daß Borland-DLLs nicht immer korrekt mit Programmen zusammenarbeiten, die mit dem Microsoft-Compiler erzeugt wurden (und umgekehrt).

Die Liste mit solchen oder ähnlichen Abweichungen ließe sich noch fast beliebig verlängern. Alles in allem scheint man bei Borland die Rückwärtskompatibilität höher einzuschätzen als die »Querkompatibilität« zum Rivalen. Während das im ersten Moment für den Entwickler durchaus von Vorteil ist, muß man sich auf lange Sicht dennoch fragen, ob dieser Weg der richtige ist. Schließlich hat Turbo Pascal nie den Ruf eines *wirklich* professionellen Werkzeugs genossen. Und warum? Vor allem, weil es eine zwar geniale, aber dennoch abgeschnittene Insellösung* darstellt. In diesem Sinne muß Borland darauf achten, daß sich auch die C/C++-Entwicklungswerkzeuge nicht allzu sehr vom Microsoft-Standard** entfernen. Festzuhalten bleibt allerdings auch, daß meine Erfahrungen auf der frühen Januar-Beta-Version von Borland beruhen, denn die für Mai 1993 angekündigte zweite Beta hat in bekannter Manier ihren Weg nach Deutschland offensichtlich noch nicht gefunden... Leider schränkt das meine Möglichkeiten als »Berichterstatter« bezüglich der Borland-Tools doch ziemlich ein, denn ich weiß natürlich nicht, welche weiteren Änderungen noch vorgenommen werden. Und hier jetzt seitenlang über Mißstände zu lamentieren, die sich dann im Endprodukt womöglich nicht mehr finden, ist sicher wenig konstruktiv. Aber einige grundlegende Erkenntnisse lassen sich durchaus auch aus dem mir jetzt vorliegenden Material ziehen.

** Man denke nur an die Unmöglichkeit, Standard-Objektdateien zu generieren.*

*** Daß Microsoft Standards diktiert, ist eine Wahrheit, der sich auch Borland kaum verschließen kann.*

Werfen wir also einen konkreten Blick auf die einzelnen Borland-Werkzeuge. Eine wichtige Feststellung, die für alle Kommandozeilen-Werkzeuge gilt, ist die Tatsache, daß sie auch unter MS-DOS eingesetzt werden können. Dies wird durch einen 32-Bit-Lader ermöglicht, der ganz ähnlich wie QuickStart von Phar Lap das PE-EXE lädt und in einem ihm genehmen Umfeld ausführt (einen 386 und genügend RAM natürlich vorausgesetzt!). Mit einem Wort: die wichtigsten Borland-Tools (Compiler, Linker etc.) laufen direkt unter MS-DOS und können daher auch ohne Windows NT oder 4.0 zur Erzeugung von

Die Borland-Tools laufen auch unter MS-DOS.

Win32s-Programmen herangezogen werden (ein kleiner Wermutstropfen bleibt dennoch: der Debugger TD32 läuft nicht mit Win32s bzw. Win16).

Keine großen Änderungen am C/C++-Compiler.

Am Compiler hat sich nicht wesentliches geändert, er ist, abgesehen natürlich von der 32-Bit-Code-Erzeugung, fast eine hundertprozentige Kopie seines 16-Bit-Bruders. Verschwunden sind nur die Schalter, die unter einem 32-Bit-System keinen Sinn mehr machen: -mx für das Speichermodell, -Yx für die Overlay-Verwaltung, -1 und -2 für die 8086- und 286-Code-Erzeugung etc. Verändert wurde die Direktive -a, die unter BCC16 verwendet wurde, um Strukturkomponenten byte- oder wortweise anzulegen (zum »structure alignment« siehe auch Abschnitt 3.5, Seite 181). Hier kann nun mit einer numerischen Angabe (z.B. -a4 für 4-Byte-Alignment) eine flexiblere Aufteilung erreicht werden. Die diversen Compiler-Erweiterungen für Win32, die der Compiler von Microsoft aufweist (z.B. die Anweisungen zum strukturierten Exception-Handling oder die declspec()-Attribute) fehlen in der aktuellen Version zum größten Teil, ich hoffe aber, die sie im Endprodukt vorhanden sein werden.

Auch der Linker ist bis auf ganz wenige Details genauso einsetzbar wie von MS-DOS bekannt. Wie schon erwähnt, kann er nur OMF-Dateien verarbeiten, und wie ich von Borland-Mitarbeitern gehört habe, soll sich das auch nicht ändern. Solange Sie nur mit den Borland-Tools oder dazu kompatiblen Werkzeugen und Bibliotheken arbeiten (können), ist das sicherlich zu verschmerzen. Dennoch sollte auch Borland das COFF-Format irgendwann einmal unterstützen. Der Borland-Linker bleibt sich auch in einer anderen Hinsicht treu: er benötigt zum Linken von Applikationen nach wie vor eine DEF-Datei (oder benutzt voreingestellte Standardwerte). Der Trend bei Microsoft läuft jedoch ganz im Gegenteil absolut eindeutig auf die völlige Abschaffung dieser Dateien hin, und ich weiß nicht, ob man bei Borland gut beraten ist, wenn man die Attribute von EXE-Dateien und DLLs weiterhin nur über eine DEF-Datei einstellen kann.

Der Linker benötigt grundsätzlich eine DEF-Datei.

Und der Rest?

Und die anderen Werkzeuge (TDUMP, IMPLIB, MAKE, Turbo Debugger etc. etc.) sind ebenfalls zum allergrößten Teil exakt genauso zu bedienen wie bisher (teilweise sind es sogar die »alten« 16-Bit-Programme, die ja unter NT im MS-DOS-

Subsystem lauffähig sind!). Wie gesagt: wer die 16-Bit-Borland-Tools gut kennt, wird sich unter Win32 relativ schnell zurechtfinden. Und so scheint sich auch die Hauptzielgruppe von Borland zu definieren: solche Win16-Entwickler, die relativ schnell 32-Bit-Versionen ihrer Programme für Win32s erzeugen wollen, ohne dabei heute unbedingt schon auf NT oder Windows 4.0 zu schielen.

Borland zielt auf Win32s-Entwickler.

Ob und wenn ja welche Pläne Borland hat, seine Produkte auch auf Win32-RISC-Plattformen anzubieten, ist im Moment überhaupt nicht abzuschätzen. Und ob die Bedeutung von Borland im C/C++-Compilermarkt so groß ist, daß die Firma *auf Dauer* einen zweiten Standard neben den Microsoft-Tools etablieren kann, bleibt abzuwarten. Schließlich werden viele Computer-Magazine, Bücher und andere Produkte wie z.B. Zusatzbibliotheken mit Quelltexten sich eher die Microsoft-Verhältnisse als Richtschnur nehmen (»Da ist man auf der sicheren Seite...«).

Takes Borland a RISC?

5.5 Latest News: VC++ for NT und Win32-Erweiterungen

»Man möchte immer eine große Lange, und dann bekommt man eine kleine Dicke — Ssälawih !« Kurt Tucholsky, Ideal und Wirklichkeit

Fast schon zu spät, um hier noch aufgenommen zu werden, hat mich schließlich doch noch eine Beta-Version von Visual C++ for Windows NT (kurz VC++) erreicht. Das fertige Produkt soll etwa 600 US-Dollar kosten (bei uns also schätzungsweise 1500 DM) und laut Microsoft etwa Ende August 1993 verfügbar sein, wir werden sehen...

Wie auch schon der Win32-SDK, setzt VC++ ein CD-ROM-Laufwerk voraus. Und auch die weiteren Anforderungen sind gar nicht von schlechten Eltern: Windows NT muß natürlich installiert sein, darüberhinaus wären 80 MB auf der Festplatte freizumachen und runde 16 MB Hauptspeicher sind ohnehin Minimum (ich zitiere aus dem Werbeprospekt von Microsoft: »... but 20 megabytes* is recommended for improved performance.« Da mag sich jeder seinen Teil denken...). Was bekommt man nun für sein Geld bzw. Hardware-Opfer?

** RAM, wohlgemerkt! Die Zeiten, wo Compiler 20 MB auf der Platte benötigten, sind eh schon lange vorbei...*

Kurz gesagt eine NT-Version mit all den Produkten und Features, die auch die Win16-Version von VC++ auszeichnen. Es gibt natürlich auch einige Erweiterungen (dazu gleich mehr), aber die für mich erstaunlichste Feststellung war, daß die NT-Version wirklich all das enthält (AppStudio, die Wizards etc.), was auch den Umgang mit der 16-Bit-Version recht angenehm macht. Eine einzige wichtige Sache fehlt mir: VC++ kann keine VBX-Controls benutzen. Eigentlich logisch, denn das sind ja 16-Bit-DLLs — und bis die entsprechenden Werkzeuge zur Erstellung von 32-Bit-VBX-Dateien auch unter Win32 zur Verfügung stehen, wird es wohl noch ein Weilchen dauern.

Abb. 5.5: VC++ AppStudio unter Windows NT.

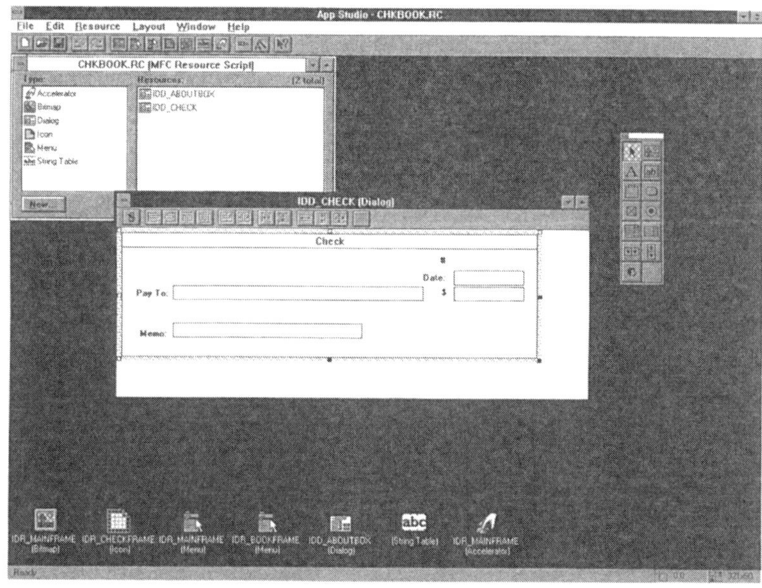

Ansonsten bin ich wirklich sehr angetan: so wie ich mit NT einfach besser (sprich produktiver) arbeiten kann als mit Win16, so ist auch VC++ erheblich angenehmer als die einzelnen SDK-Komponenten. Und da fast der gesamte Lieferumfang des Win32-SDK enthalten ist, gibt es so gut wie keinen Grund mehr, die IDE zu verlassen. Es fehlen gegenüber diesem nur drei Toolkits: RPC, OLE 2.0 und SETUP. Wichtig scheint mir der Hinweis, daß auch Win32s Bestandteil von VC++ ist.

Fehlt gegenüber dem Win32-SDK: RPC, OLE 2.0 und SETUP.

CVTRES und CVTOMF sind nicht mehr erforderlich, weil der VC-Linker mitttlerweile alle möglichen und unmöglichen OBJ- und RES-Formate lesen kann; die mittels dieser Programme durchgeführten Konversionen sind also mit VC++ obsolet.

CVTRES und CVTOMF überflüssig.

Am C-Compiler hat sich fast nichts getan: die einzige halbwegs bedeutende Änderung sind die Schlüsselworte für das Exception-Handling: die Makros try, except, finally und leave (in EXCPT.H) sind gestrichen worden, daher sind jetzt die »Original-Schlüsselworte« des Compiler zu benutzen, also __try, __except, __finally und __leave. (Oder Sie schreiben einfach die kompatiblen Makrodefinitionen* wieder in eine passende Header-Datei...)

** z.B. »#define try __try«.*

Eine sehr schöne Sache ist der integrierte Profiler, der sowohl den API-Profiler als auch den »working set tuner« ersetzt und die ganze Sache wirklich recht einfach macht. Allerdings hatte ich dabei mehrfach Programmabstürze ('s ist halt noch eine Beta...). Die wichtigste neue Zutat scheint mir aber die 2.0-Version der Microsoft Foundation Classes (MFC 2.0) zu sein. Erstens kann man nun auch solchen Win16-Code nach NT portieren, der dort von MFC 2.0 Gebrauch gemacht hat — dies ist eines der Hauptärgernisse des Win32-SDK, der ja nur MFC 1.0 unterstützt. Zweitens ist MFC überhaupt eine recht brauchbare Schale: fast alle MFC-Programme, die ich für Win16 habe, können unter NT-VC++ einfach recompiliert werden. Da freut sich doch der Portierer. Alles in allem arbeite ich zum ersten Mal wirklich *gern* mit einer Microsoft-Entwicklungsoberfläche...

Der integrierte Profiler.

Und MFC 2.0.

Und was tut sich bei Win32? Windows NT scheint tatsächlich einigermaßen »pünktlich« zu kommen,** auch der Win32-SDK wird für die nächste Zeit in der endgültigen Fassung erwartet. Auch die nächste Version von NT ist schon im Gespräch, man redet z.B. über die Erweiterung der C2-Security auf den B-Level. Eine weitere wichtige Entwicklung dürfte die Unterstützung von fehlertoleranter Hardware sein. Das bezieht sich insbesondere auf die angeschlosssenen Festplatten (NTFS hat ja heute schon rudimentäre Formen von »disk mirroring und »disk striping«, eine künftige Version wird hier sicher noch viel weitergehen). Andererseits wird NT, um seinem Ruf als »mission critical system« gerecht zu werden, auch andere Systemkomponenten, sofern sie hardware-mäßig fehlertolerant ausgelegt werden können, unterstützen (z.B. unterbrechungsfreie Stromversorgungen).

*** was im Klartext heißt, daß die deutsche Version etwa zum gleichen Zeitpunkt wie dieses Buch erscheinen dürfte...*

Nicht zuletzt wird NT auch für weitere CPU-Architekturen verfügbar gemacht werden. Darunter fällt einerseits eine bereits absehbare Unterstützung der 64-Bit-Möglichkeiten des Alpha AXP, andererseits hat Microsoft schon bekanntgegeben, daß andere wichtige Prozessoren durchaus auf der »Wunschliste« auftauchen. Bleibt noch OLE 2.0 und in der direkten Fortsetzung das als Cairo apostrophierte künftige objektorientierte System. Ersteres wird sicher im Laufe des Jahres 93 als fertiges Produkt das Licht der Welt erblicken und bildet die Basis, auf der die Cairo-Definition aufsetzt. OLE 2.0 ist daher mit Sicherheit für Microsoft (und damit auch für den Rest der PC-Welt) ein extrem wichtiges Produkt, das entsprechende Aufmerksamkeit verdient. Leider wird das dem Entwickler nicht gerade einfach gemacht: die Spezifikationen von OLE 2.0 und der Beta-Toolkit sind ziemlich harte Brocken — selbst für Entwickler, die sich mit Windows und OLE 1.0 gut auskennen!

OLE 2.0 und Cairo.

Aber kehren wir auf den Boden der Intellitäten zurück: Windows 4.0 plus SDK dürfte relativ bald als halb-offizielle Pre-Beta einem kleineren Kreis von Entwicklern verfügbar gemacht werden; ich rechne damit, daß noch in diesem Jahr ein SDK-Programm beginnt, das dem für Windows NT ähneln wird. Das fertige Produkt würde ich (auch nach den Erfahrungen mit NT) frühestens für das drittes Quartal 1994 erwarten. Es wird abzuwarten sein, wie schnell sich diese 32-Bit-Version in der PC-Welt durchsetzen und die allgegenwärtige 3.1-Version ablösen kann. Schließlich ist der Schritt von einer auf MS-DOS aufgesetzten 16-Bit-Grafikoberfläche zu einem eigenständigen 32-Bit-Betriebssystem wahrscheinlich der größte, den Windows in seiner dann fast zehnjährigen Geschichte gemacht hat. In diesem Sinn ist der Wechsel von einem API zum anderen, dem wir als Entwickler uns heute gegenüber sehen, eine relativ bescheidene Manifestation dieser nicht mehr nur evolutionären Entwicklung.

Wichtige Datentypen im Vergleich

Die folgende Tabelle zeigt die wichtigsten der einfachen Datentypen von Win16 und Win32 im direkten Vergleich. Die erste Spalte enthält den Namen des Typs, die zweite seine Definition und Länge (in Bytes) unter Win16, die dritte dementsprechendes unter Win32. Die letzte Spalte (Bm.) verweist auf weitere Bemerkungen bzw. Erläuterungen, die jeweils in der Randspalte erfolgen. Beachten Sie, daß unter Win32 einige portable und Unicode-kompatibler Datentypen (TCHAR und Konsorten) eingeführt worden sind, die in Win16 bislang *keine* Entsprechung haben.

Tab. A1.1: Die wichtigsten Datentypen von Win16 und Win32 im direkten Vergleich.

Datentyp	**Win16**	**Win32**	**Bm.**
int	int (2)	int, INT (4)	[1]
char	char (1)	char, CHAR (1)	
short	short (2)	short, SHORT (2)	
BOOL	int (2)	int (4)	[1]
BYTE	unsigned char (1)	unsigned char (1)	
WORD	unsigned short (2)	unsigned short (2)	
DWORD	unsigned long (4)	unsigned long (4)	
UINT	unsigned int (2)	unsigned int (4)	[1]
LONG	signed long (4)	signed long (4)	
WPARAM	UINT (2)	UINT (4)	[1]
LPARAM	LONG (4)	LONG (4)	
LRESULT	LONG (4)	LONG (4)	
PSTR	char NEAR * (2)	char * (4)	[1]
NPSTR	char NEAR * (2)	char * (4)	[1]
LPSTR	char FAR * (4)	char * (4)	[2]
LPCSTR	const char FAR * (4)	const char * (4)	[2]

[1] Die Größe des Datentyps hat sich geändert.

[2] Win32-Zeiger bestehen nicht mehr aus Segment und Offset, sondern nur noch aus (einem vergrößerten) Offset, daher ist keine Segmentarithmetik möglich. Es gibt keine Unterscheidung zwischen NEAR- und FAR-Zeigern.

[1] Die Größe des Datentyps hat sich geändert.

[2] Win32-Zeiger bestehen nicht mehr aus Segment und Offset, sondern nur noch aus (einem vergrößerten) Offset, daher ist keine Segmentarithmetik möglich. Es gibt keine Unterscheidung zwischen NEAR- und FAR-Zeigern.

[3] ... ähnlich auch weitere mit DECLARE_HANDLE definierte Typen wie HDC, HMENU, HGDIOBJ etc.

[4] Einer der Zeigertypen, die unter Win16 vom Speichermodell (small, medium etc.) abhängig waren.

[5] Hier liegt eine seltene Ausnahme vor: aus einem Win16-UINT wird ein Win32-WORD (die Größenverhältnisse ändern sich nicht).

[6] Einer der wenigen Fälle, wo die beiden Header-Dateien inkonsistent sind.

[7] gilt bis auf die Parameterliste auch für andere CALLBACK-Funktionen (wie DLGPROC etc.).

Datentyp	Win16	Win32	Bm.
PBYTE	BYTE NEAR * (2)	BYTE * (4)	[1]
LPBYTE	BYTE FAR * (4)	BYTE * (4)	[2]
PINT	int NEAR * (2)	INT * (4)	[1]
LPINT	int FAR * (4)	INT * (4)	[2]
PWORD	WORD NEAR * (2)	WORD * (4)	[1]
LPWORD	WORD FAR * (4)	WORD * (4)	[2]
PLONG	long NEAR * (2)	long * (4)	[1]
LPLONG	long FAR * (4)	long * (4)	[2]
PDWORD	DWORD NEAR * (2)	DWORD * (4)	[1]
LPDWORD	DWORD FAR * (4)	DWORD * (4)	[2]
LPVOID	void FAR * (4)	void * (4)	[2]
HANDLE (STRICT)	const void NEAR * (2)	void * (4)	[1]
HANDLE (normal)	UINT (2)	void * (4)	[1]
HWND (STRICT)	const struct HWND__ NEAR * (2)	const struct HWND__ * (4)	[1,3]
HWND (normal)	UINT	HANDLE	[1,3]
PHANDLE	HANDLE * (2)	HANDLE * (4)	[1,4]
SPHANDLE	HANDLE NEAR * (2)	HANDLE * (4)	[1]
LPHANDLE	HANDLE FAR * (4)	HANDLE * (4)	[2]
ATOM	UINT (2)	WORD (2)	[5]
HFILE	int (2)	int (4)	[1]
FARPROC	void (CALLBACK *)(void) (4)	int (WINAPI *)() (4)	[2,6]
WNDPROC	LRESULT (CALLBACK *)(HWND, UINT, WPARAM, LPARAM) (4)	LRESULT (CALLBACK *)(HWND, UINT, WPARAM, LPARAM) (4)	[2,7]

Das Win32-API kennt darüberhinaus noch eine ganze Reihe weiterer einfacher Datentypen, die zum größten Teil noch aus der Zeit stammen, als das System unter dem Namen OS/2 NT firmierte. Es nimmt deshalb nicht wunder, daß diese Typdefinitionen OS/2-Entwicklern recht vertraut vorkommen. Die folgende kleine Aufstellung zeigt die wichtigsten dieser neuen, »alten« Typen, die vollkommen parallel zu den bekannten benutzt werden können:

Win32-Datentyp	**Win32-Definition**	**Win16-Äquivalent**
UCHAR	unsigned char	BYTE
USHORT	unsigned short	WORD, UINT
PVOID	void *	LPVOID
PUSHORT	USHORT *	LPWORD
ULONG	unsigned long	DWORD
PULONG	ULONG *	LPDWORD
PSZ	char *	LPSTR

Tab. A1.2: OS/2-kompatible Win32-Datentypen.

PORT.INI: erweitert und eingedeutscht

Anhang 2 enthält die von mir eingedeutschte und erweiterte Version der PORTTOOL-Datei PORT.INI. Die Datei findet sich auch auf der beigefügten Diskette — dort allerdings ggf. etwas aktueller als die hier abgedruckte Variante (siehe Subdirectory \PORTTOOL). Die Verwendung ist ganz einfach: benennen Sie die PORT.INI-Originaldatei in X:\MSTOOLS\BIN um (z.B. in PORT.ENG) und kopieren Sie die erweiterte Version von der Diskette nach X:\MSTOOLS\BIN. Wenn Sie nun wie üblich PORTTOOL starten, wird direkt die neue Datei benutzt. Die Einträge in PORT.INI sind in sechs Klassen unterteilt: APIS für alle Windows-Funktionen, MESSAGES behandelt Nachrichten und STRUCTURES Strukturen, TYPES ist für einfache Datentypen, CONSTANTS für Konstanten sowie MACROS für Makrodefinitionen zuständig. CUSTOM schließlich behandelt die Punkte, die sich keiner dieser Kategorien zuordnen lassen. Innerhalb einer Gruppe sind alle Einträge alphabetisch angeordnet, so daß das folgende Listing sowohl als Referenz als auch Erweiterung des Registers bei konkreten Portierungsfragen dient. Die Datei können Sie natürlich selbst verändern bzw. erweitern (aber bitte *keine* Umlaute verwenden, strtok() läßt grüßen!). Und wie schon an anderer Stelle erwähnt: informieren Sie mich bitte bei Fehlern, Anpassungen und Erweiterungen, damit diese Informationen in die nächste Auflage einfließen können.

In der Directory \PORTTOOL findet sich auch ein kleines Programm namens PORTVIEW.EXE (inkl. Quelltext), welches zum Blättern und Herumspringen in PORT.INI benutzt werden kann. Es erlaubt insbesondere auch die Suche nach einem bestimmten Begriff. Die EXE-Datei ist ein gewöhnliches »portable executable« (PE), das allerdings mit Hilfe von Win32s (siehe \WIN32S auf der Diskette) auch unter Win16 ablauffähig ist.

```
[PORTTOOL]
; Um zu den einzelnen Punkten aus PORTTOOL heraus Hilfe zu erhalten, tragen Sie unten
; den Pfad ein, unter dem WinHelp die API-Hilfedatei findet. Aber seien Sie
; vorgewarnt: PORTTOOL ist (nicht nur) bei der Hilfe ziemlich  "eigenwillig"...
WinHelp=z:\hlp\api32wh.hlp
WinHelp16=d:\bc\bin\tcwhelp.hlp

[APIS]
; Das Format fuer die weiteren Eintraege (die Sie jederzeit erweitern und
; veraendern koennen), ist wie folgt (aber KEINE Umlaute im Text benutzen!!!):
;   SuchSchluessel=Win32APIHilfeBegriff;Grund der Aenderung;Vorgeschlagene Massnahme;

; Optionale Varianten:
;   SuchSchluessel=APIHilfeBegriff;Grund der Aenderung; ;
;   SuchSchluessel=APIHilfeBegriff; ; ;
;   SuchSchluessel=APIHilfeBegriff; ;Vorgeschlagene Massnahme;
;   SuchSchluessel= ;Grund der Aenderung;Vorgeschlagene Massnahme;
;   SuchSchluessel= ;Grund der Aenderung;Vorgeschlagene Massnahme;
;   SuchSchluessel= ; ;Vorgeschlagene Massnahme;
; Abschliessende Semikola sind optional.

; Die erste Zeile muss zweimal erscheinen, damit sie einmal geparst wird...
AccessResource=AccessResource;Kein Win32-Aequivalent;Nicht erforderlich, loeschen;
AccessResource=AccessResource;Kein Win32-Aequivalent;Nicht erforderlich, loeschen;
AddFontResource=AddFontResource;Nur Dateinamen (String), keine Handles verwenden;;
AllocDSToCSAlias=AllocDSToCSAlias;Kein Win32-Aequivalent;;
AllocResource=AllocResource;Kein direktes Win32-Aequivalent;Ersetzen durch
        Load/Find/LockResource;
AllocSelector=AllocSelector;Kein Win32-Aequivalent;;
AnsiLower=AnsiLower;Makro um CharLower;;
AnsiLowerBuff=AnsiLowerBuff;Makro um CharLowerBuff;;
AnsiNext=AnsiNext;Makro um CharNext;;
AnsiPrev=AnsiPrev;Makro um CharPrev;;
AnsiToOem=AnsiToOem;Makro um CharToOem;;
AnsiToOemBuff=AnsiToOemBuff;Makro um CharToOemBuff;;
AnsiUpper=AnsiUpper;Makro um CharUpper;;
AnsiUpperBuff=AnsiUpperBuff;Makro um CharUpperBuff;;
Catch=Catch;Kein Win32-Aequivalent;Ersetzen durch Structured Exception Handling (SEH);
ChangeMenu=ChangeMenu;Neue Funktionen verfuegbar;Ersetzen durch portable Funktionen;
ChangeSelector=ChangeSelector;Kein Win32-Aequivalent;;
CloseComm=CloseComm;COMM-Funktionen auf File-I/O gemappt;Ersetzen durch CloseHandle;
CloseSound=CloseSound;Kein Win32-Aequivalent;Ersetzen durch multimedia sound support
        oder PlaySound/Beep;
CountVoiceNotes=CountVoiceNotes;Kein Win32-Aequivalent;Ersetzen durch multimedia sound
        support oder PlaySound/Beep;
DefHookProc=DefHookProc;Veraltete Hook-API, erzeugt nur Thread-lokale Hooks;Neue
        CallNextHookEx verwenden;
DefineHandleTable=DefineHandleTable;Kein Win32-Aequivalent;Nicht erforderlich,
        loeschen;
DeviceCapabilities=DeviceCapabilities;Kein Win32-Aequivalent;Ersetzen durch portable
        DeviceCapabilitiesEx;
```

DeviceMode=DeviceMode;Kein Win32-Aequivalent;Ersetzen durch portable DeviceModeEx;
DialogProc=DialogProc;Dialog-Prozeduren sollten portabel definiert werden;BOOL CALLBACK WndProc(HWND hWnd, UINT uMsg, WPARAM wParam, LPARAM lParam);
DirectedYield=DirectedYield;Kein Win32-Aequivalent;;
DlgDirSelect=DlgDirSelect;Kein Win32-Aequivalent;Ersetzen durch portable DlgDirSelectEx;
DlgDirSelectComboBox=DlgDirSelectComboBox;Kein Win32-Aequivalent;Ersetzen durch portable DlgDirSelectComboBoxEx;
DlgProc=DialogProc;Dialog-Prozeduren sollten portabel definiert werden;BOOL CALLBACK WndProc(HWND hWnd, UINT uMsg, WPARAM wParam, LPARAM lParam);
DOS3Call=DOS3Call;Kein Win32-Aequivalent;Ersetzen durch benanntes, portables Win32-API;
EnumTaskWindows=EnumTaskWindows;Makro um EnumThreadWindows;;
ExitWindows=ExitWindows;EW_*-Konstanten nicht mehr unterstuetzt;Siehe evtl. ExitWindowsEx;
ExitWindowsExec=ExitWindowsExec;Kein Win32-Aequivalent;Evtl. ersetzen durch ExitWindowsEx;
ExtDeviceMode=ExtDeviceMode;Kein Win32-Aequivalent;Ersetzen durch portable ExtDeviceModeEx;
ffree=free;NEAR/FAR-Funktionen nicht mehr definiert;Entweder Makros in WINDOWSX.H benutzen oder free;
FlushComm=FlushComm;Kein Win32-Aequivalent;Ersetzen durch PurgeComm;
fmalloc=malloc;NEAR/FAR-Funktionen nicht mehr definiert;Entweder Makros in WINDOWSX.H benutzen oder malloc;
fmemccpy=memccpy;NEAR/FAR-Funktionen nicht mehr definiert;Entweder Makros in WINDOWSX.H benutzen oder memccpy;
fmemchr=memchr;NEAR/FAR-Funktionen nicht mehr definiert;Entweder Makros in WINDOWSX.H benutzen oder memchr;
fmemcmp=memcmp;NEAR/FAR-Funktionen nicht mehr definiert;Entweder Makros in WINDOWSX.H benutzen oder memcmp;
fmemcpy=memcpy;NEAR/FAR-Funktionen nicht mehr definiert;Entweder Makros in WINDOWSX.H benutzen oder memcpy;
fmemicmp=memicmp;NEAR/FAR-Funktionen nicht mehr definiert;Entweder Makros in WINDOWSX.H benutzen oder memicmp;
fmemmove=memmove;NEAR/FAR-Funktionen nicht mehr definiert;Entweder Makros in WINDOWSX.H benutzen oder memmove;
fmemset=memset;NEAR/FAR-Funktionen nicht mehr definiert;Entweder Makros in WINDOWSX.H benutzen oder memset;
fmsize=_msize;NEAR/FAR-Funktionen nicht mehr definiert;Entweder Makros in WINDOWSX.H benutzen oder _msize;
frealloc=realloc;NEAR/FAR-Funktionen nicht mehr definiert;Entweder Makros in WINDOWSX.H benutzen oder realloc;
FreeModule=FreeModule;Makro um FreeLibrary;Ersetzen durch FreeLibrary;
FreeProcInstance=FreeProcInstance;Leeres Makro;Nicht erforderlich, loeschen;
FreeResource=FreeResource;Unter Win32 nicht mehr erforderlich;Einfach loeschen;
FreeSelector=FreeSelector;Kein Win32-Aequivalent;;
fstrcat=strcat;NEAR/FAR-Funktionen nicht mehr definiert;Entweder Makros in WINDOWSX.H benutzen oder strcat;
fstrchr=strchr;NEAR/FAR-Funktionen nicht mehr definiert;Entweder Makros in WINDOWSX.H benutzen oder strchr;

fstrcmp=strcmp;NEAR/FAR-Funktionen nicht mehr definiert;Entweder Makros in WINDOWSX.H benutzen oder strcmp;
fstrcpy=strcpy;NEAR/FAR-Funktionen nicht mehr definiert;Entweder Makros in WINDOWSX.H benutzen oder strcpy;
fstrcspn=strcspn;NEAR/FAR-Funktionen nicht mehr definiert;Entweder Makros in WINDOWSX.H benutzen oder strcspn;
fstrdup=strdup;NEAR/FAR-Funktionen nicht mehr definiert;Entweder Makros in WINDOWSX.H benutzen oder strdup;
fstricmp=stricmp;NEAR/FAR-Funktionen nicht mehr definiert;Entweder Makros in WINDOWSX.H benutzen oder stricmp;
fstrlen=strlen;NEAR/FAR-Funktionen nicht mehr definiert;Entweder Makros in WINDOWSX.H benutzen oder strlen;
fstrlwr=strlwr;NEAR/FAR-Funktionen nicht mehr definiert;Entweder Makros in WINDOWSX.H benutzen oder strlwr;
fstrncat=strncat;NEAR/FAR-Funktionen nicht mehr definiert;Entweder Makros in WINDOWSX.H benutzen oder strncat;
fstrncmp=strncmp;NEAR/FAR-Funktionen nicht mehr definiert;Entweder Makros in WINDOWSX.H benutzen oder strncmp;
fstrncpy=strncpy;NEAR/FAR-Funktionen nicht mehr definiert;Entweder Makros in WINDOWSX.H benutzen oder strncpy;
fstrnicmp=strnicmp;NEAR/FAR-Funktionen nicht mehr definiert;Entweder Makros in WINDOWSX.H benutzen oder strnicmp;
fstrnset=strnset;NEAR/FAR-Funktionen nicht mehr definiert;Entweder Makros in WINDOWSX.H benutzen oder strnset;
fstrpbrk=strpbrk;NEAR/FAR-Funktionen nicht mehr definiert;Entweder Makros in WINDOWSX.H benutzen oder strpbrk;
fstrrchr=strrchr;NEAR/FAR-Funktionen nicht mehr definiert;Entweder Makros in WINDOWSX.H benutzen oder strrchr;
fstrrev=strrev;NEAR/FAR-Funktionen nicht mehr definiert;Entweder Makros in WINDOWSX.H benutzen oder strrev;
fstrset=strset;NEAR/FAR-Funktionen nicht mehr definiert;Entweder Makros in WINDOWSX.H benutzen oder strset;
fstrspn=strspn;NEAR/FAR-Funktionen nicht mehr definiert;Entweder Makros in WINDOWSX.H benutzen oder strspn;
fstrstr=strstr;NEAR/FAR-Funktionen nicht mehr definiert;Entweder Makros in WINDOWSX.H benutzen oder strstr;
fstrtok=strtok;NEAR/FAR-Funktionen nicht mehr definiert;Entweder Makros in WINDOWSX.H benutzen oder strtok;
fstrupr=strupr;NEAR/FAR-Funktionen nicht mehr definiert;Entweder Makros in WINDOWSX.H benutzen oder strupr;
GetActiveWindow=GetActiveWindow;Rueckgabe kann gleich 0 sein;Lokalen Eingabestatus beruecksichtigen;
GetAspectRatioFilter=GetAspectRatioFilter;Kein Win32-Aequivalent;Ersetzen durch portable GetAspectRatioFilterEx;
GetAtomHandle=GetAtomHandle;Kein Win32-Aequivalent;;
GetBitmapDimension=GetBitmapDimension;Kein Win32-Aequivalent;Ersetzen durch portable GetBitmapDimensionEx;
GetBrushOrg=GetBrushOrg;Kein Win32-Aequivalent;Ersetzen durch portable GetBrushOrgEx;
GetCapture=GetCapture;Rueckgabe kann gleich 0 sein;Lokalen Eingabestatus beruecksichtigen;

GetClassWord=GetClassWord;Verbreiterte Datentypen beruecksichtigen;GetClassLong fuer
Werte, die auf 32 Bit gewachsen sind;
GetCodeHandle=GetCodeHandle;Kein Win32-Aequivalent;;
GetCodeInfo=GetCodeInfo;Kein Win32-Aequivalent;;
GetCommError=GetCommError;Kein Win32-Aequivalent;Ersetzen durch ClearCommError;
GetCurrentPDB=GetCurrentPDB;Kein Win32-Aequivalent;Evtl. GetCommandLine benutzen;
GetCurrentPosition=GetCurrentPosition;Kein Win32-Aequivalent;Ersetzen durch portable
GetCurrentPositionEx;
GetCurrentTask=GetCurrentTask;Kein Win32-Aequivalent;GetCurrentThread/Process
benutzen;
GetDOSEnvironment=GetDOSEnvironment;Kein Win32-Aequivalent;Evtl. GetEnvironmentStrings
benutzen;
GetEnvironment=GetEnvironment;Kein Win32-Aequivalent;;
GetFileResource=GetFileResource;Kein Win32-Aequivalent;;
GetFileResourceSize=GetFileResourceSize;Kein Win32-Aequivalent;;
GetFocus=GetFocus;Rueckgabe kann gleich 0 sein;Lokalen Eingabestatus beruecksichtigen;
GetFreeSpace=GetFreeSpace;Kein Win32-Aequivalent;Ersetzen durch GlobalMemoryStatus;
GetFreeSystemResources=GetFreeSystemResources;Kein Win32-Aequivalent;;
GetInstanceData=GetInstanceData;Kein Win32-Aequivalent;Ersetzen durch IPC-Mechanismen;
GetKBCodePage=GetKBCodePage;Kein Win32-Aequivalent;;
GetMetaFileBits=GetMetaFileBits;Kein Win32-Aequivalent;Ersetzen durch portable
GetMetaFileBitsEx;
GetModuleUsage=GetModuleUsage;Kein Win32-Aequivalent;;
GetNumTask=GetNumTask;Kein Win32-Aequivalent;;
GetSelectorBase=GetSelectorBase;Kein Win32-Aequivalent;;
GetSelectorLimit=GetSelectorLimit;Kein Win32-Aequivalent;;
GetSysModalWindow=GetSysModalWindow;Kein Win32-Aequivalent;;
GetTempDrive=GetTempDrive;Kein Win32-Aequivalent;Siehe GetTempPath;
GetTextExtent=GetTextExtent;Kein Win32-Aequivalent;Ersetzen durch portable
GetTextExtentPoint;
GetTextExtentEx=GetTextExtentEx;Kein Win32-Aequivalent;Ersetzen durch portable
GetTextExtentExPoint;
GetThresholdEvent=GetThresholdEvent;Kein Win32-Aequivalent;Ersetzen durch multimedia
sound support oder PlaySound/Beep;
GetThresholdStatus=GetThresholdStatus;Kein Win32-Aequivalent;Ersetzen durch multimedia
sound support oder PlaySound/Beep;
GetTimerResolution=GetTimerResolution;Kein Win32-Aequivalent;;
GetViewportExt=GetViewportExt;Kein Win32-Aequivalent;Ersetzen durch portable
GetViewportExtEx;
GetViewportOrg=GetViewportOrg;Kein Win32-Aequivalent;Ersetzen durch portable
GetViewportOrgEx;
GetWindowExt=GetWindowExt;Kein Win32-Aequivalent;Ersetzen durch portable
GetWindowExtEx;
GetWindowOrg=GetWindowOrg;Kein Win32-Aequivalent;Ersetzen durch portable
GetWindowOrgEx;
GetWindowTask=GetWindowTask;Makro um GetWindowThreadProcessId;;
GetWindowWord=GetWindowWord;Verbreiterte Datentypen beruecksichtigen;GetWindowLong
fuer Werte, die auf 32 Bit gewachsen sind;
GetWinFlags=GetWinFlags;Kein Win32-Aequivalent;Ersetzen durch GetSystemInfo;
GlobalCompact=GlobalCompact;Unter Win32 nicht mehr erforderlich;Einfach loeschen;
GlobalDosAlloc=GlobalDosAlloc;Kein Win32-Aequivalent;;

```
GlobalDosFree=GlobalDosFree;Kein Win32-Aequivalent;;
GlobalFix=GlobalFix;Unter Win32 nicht mehr erforderlich;Einfach loeschen;
GlobalLRUNewest=GlobalLRUNewest;Leeres Makro;Nicht erforderlich, loeschen;
GlobalLRUOldest=GlobalLRUOldest;Leeres Makro;Nicht erforderlich, loeschen;
GlobalNotify=GlobalNotify;Kein Win32-Aequivalent;;
GlobalPageLock=GlobalPageLock;Kein Win32-Aequivalent;Evtl. VirtualLock benutzen;
GlobalPageUnlock=GlobalPageUnlock;Kein Win32-Aequivalent;Evtl. VirtualUnLock benutzen;
GlobalUnfix=GlobalUnfix;Unter Win32 nicht mehr erforderlich;Einfach loeschen;
GlobalUnwire=GlobalUnwire;Unter Win32 nicht mehr erforderlich;Einfach loeschen;
GlobalWire=GlobalWire;Unter Win32 nicht mehr erforderlich;Einfach loeschen;
int86=int86;Kein Win32-Aequivalent;Ersetzen durch benanntes, portables Win32-API;
intdos=intdos;Kein Win32-Aequivalent;Ersetzen durch benanntes, portables Win32-API;
IsGDIObject=IsGDIObject;Kein Win32-Aequivalent;;
IsTask=IsTask;Kein Win32-Aequivalent;;
LibMain=DllEntryPoint;DLL-Initialisierung geaendert;Anpassen an Win32;
LimitEmsPages=LimitEmsPages;Kein Win32-Aequivalent;;
LocalCompact=LocalCompact;Unter Win32 nicht mehr erforderlich;Einfach loeschen;
LocalInit=LocalInit;Kein Win32-Aequivalent;;
LocalNotify=LocalNotify;Kein Win32-Aequivalent;;
LocalShrink=LocalShrink;Unter Win32 nicht mehr erforderlich;Einfach loeschen;
LockData=LockData;Unter Win32 nicht mehr erforderlich;Einfach loeschen;
LockSegment=LockSegment;Unter Win32 nicht mehr erforderlich;Einfach loeschen;
MakeProcInstance=MakeProcInstance;Leeres Makro;Nicht erforderlich, loeschen;
MoveTo=MoveTo;Kein Win32-Aequivalent;Ersetzen durch portable MoveToEx;
ncalloc=calloc;NEAR/FAR-Funktionen nicht mehr definiert;Entweder Makros in WINDOWSX.H
        benutzen oder calloc;
NetBIOSCall=NetBIOSCall;Kein Win32-Aequivalent;Ersetzen durch benanntes, portables
        Win32-API;
nexpand=expand;NEAR/FAR-Funktionen nicht mehr definiert;Entweder Makros in WINDOWSX.H
        benutzen oder expand;
nfree=free;NEAR/FAR-Funktionen nicht mehr definiert;Entweder Makros in WINDOWSX.H
        benutzen oder free;
nmalloc=malloc;NEAR/FAR-Funktionen nicht mehr definiert;Entweder Makros in WINDOWSX.H
        benutzen oder malloc;
nmsize=msize;NEAR/FAR-Funktionen nicht mehr definiert;Entweder Makros in WINDOWSX.H
        benutzen oder msize;
nrealloc=realloc;NEAR/FAR-Funktionen nicht mehr definiert;Entweder Makros in
        WINDOWSX.H benutzen oder realloc;
nstrdup=strdup;NEAR/FAR-Funktionen nicht mehr definiert;Entweder Makros in WINDOWSX.H
        benutzen oder strdup;
OemToAnsi=OemToAnsi;Makro um OemToChar;;
OemToAnsiBuff=OemToAnsiBuff;Makro um OemToCharBuff;;
OffsetViewportOrg=OffsetViewportOrg;Kein Win32-Aequivalent;Ersetzen durch portable
        OffsetViewportOrgEx;
OffsetWindowOrg=OffsetWindowOrg;Kein Win32-Aequivalent;Ersetzen durch portable
        OffsetWindowOrgEx;
OpenComm=OpenComm;COMM-Funktionen auf File-I/O gemappt;Ersetzen durch CreateFile;
OpenSound=OpenSound;Kein Win32-Aequivalent;Ersetzen durch multimedia sound support
        oder PlaySound/Beep;
PostAppMessage=PostAppMessage;Makro um PostThreadMessage;Ersetzen durch
        PostThreadMessage;
```

```
PrestoChangoSelector=PrestoChangoSelector;Kein Win32-Aequivalent;;
ProfClear=ProfClear;Profiling API gestrichen, siehe Tools-Dokumentation;;
ProfFinish=ProfFinish;Profiling API gestrichen, siehe Tools-Dokumentation;;
ProfFlush=ProfFlush;Profiling API gestrichen, siehe Tools-Dokumentation;;
ProfInsChk=ProfInsChk;Profiling API gestrichen, siehe Tools-Dokumentation;;
ProfSampRate=ProfSampRate;Profiling API gestrichen, siehe Tools-Dokumentation;;
ProfSetup=ProfSetup;Profiling API gestrichen, siehe Tools-Dokumentation;;
ProfStart=ProfStart;Profiling API gestrichen, siehe Tools-Dokumentation;;
ProfStop=ProfStop;Profiling API gestrichen, siehe Tools-Dokumentation;;
QuerySendMessage=QuerySendMessage;Kein Win32-Aequivalent;;
ReadComm=ReadComm;COMM-Funktionen auf File-I/O gemappt;Ersetzen durch ReadFile;
RemoveFontResource=RemoveFontResource;Nur Dateinamen (String), keine Handles
        verwenden;;
ScaleViewportExt=ScaleViewportExt;Kein Win32-Aequivalent;Ersetzen durch portable
        ScaleViewportExtEx;
ScaleWindowExt=ScaleWindowExt;Kein Win32-Aequivalent;Ersetzen durch portable
        ScaleWindowExtEx;
SetActiveWindow=SetActiveWindow;;Lokalen Eingabestatus beruecksichtigen;
SetBitmapDimension=SetBitmapDimension;Kein Win32-Aequivalent;Ersetzen durch portable
        SetBitmapDimensionEx;
SetBrushOrg=SetBrushOrg;Kein Win32-Aequivalent;Ersetzen durch portable SetBrushOrgEx;
SetCapture=SetCapture;;Lokalen Eingabestatus beruecksichtigen;
SetClassWord=SetClassWord;Verbreiterte Datentypen beruecksichtigen;SetClassLong fuer
        Werte, die auf 32 Bit gewachsen sind;
SetCommEventMask=SetCommEventMask;Kein Win32-Aequivalent;Ersetzen durch SetCommMask;
SetEnvironment=SetEnvironment;Kein Win32-Aequivalent;;
SetFocus=SetFocus;;Lokalen Eingabestatus beruecksichtigen;
SetMessageQueue=SetMessageQueue;Unter Win32 nicht mehr erforderlich;Einfach loeschen;
SetMetaFileBits=SetMetaFileBits;Kein Win32-Aequivalent;Ersetzen durch portable
        SetMetaFileBitsEx;
SetResourceHandler=SetResourceHandler;Kein Win32-Aequivalent;;
SetSelectorBase=SetSelectorBase;Kein Win32-Aequivalent;;
SetSelectorLimit=SetSelectorLimit;Kein Win32-Aequivalent;;
SetSoundNoise=SetSoundNoise;Kein Win32-Aequivalent;Ersetzen durch multimedia sound
        support oder PlaySound/Beep;
SetSwapAreaSize=SetSwapAreaSize;Kein Win32-Aequivalent;;
SetSysModalWindow=SetSysModalWindow;Kein Win32-Aequivalent;;
SetViewportExt=SetViewportExt;Kein Win32-Aequivalent;Ersetzen durch portable
        SetViewportExtEx;
SetViewportOrg=SetViewportOrg;Kein Win32-Aequivalent;Ersetzen durch portable
        SetViewportOrgEx;
SetVoiceAccent=SetVoiceAccent;Kein Win32-Aequivalent;Ersetzen durch multimedia sound
        support oder PlaySound/Beep;
SetVoiceEnvelope=SetVoiceEnvelope;Kein Win32-Aequivalent;Ersetzen durch multimedia
        sound support oder PlaySound/Beep;
SetVoiceNote=SetVoiceNote;Kein Win32-Aequivalent;Ersetzen durch multimedia sound
        support oder PlaySound/Beep;
SetVoiceQueueSize=SetVoiceQueueSize;Kein Win32-Aequivalent;Ersetzen durch multimedia
        sound support oder PlaySound/Beep;
SetVoiceSound=SetVoiceSound;Kein Win32-Aequivalent;Ersetzen durch multimedia sound
        support oder PlaySound/Beep;
```

```
SetVoiceThreshold=SetVoiceThreshold;Kein Win32-Aequivalent;Ersetzen durch multimedia
        sound support oder PlaySound/Beep;
SetWindowExt=SetWindowExt;Kein Win32-Aequivalent;Ersetzen durch portable
        SetWindowExtEx;
SetWindowOrg=SetWindowOrg;Kein Win32-Aequivalent;Ersetzen durch portable
        SetWindowOrgEx;
SetWindowsHook=SetWindowsHook;Veraltete Hook-API, erzeugt nur Thread-lokale Hooks;Neue
        SetWindowsHookEx verwenden;
SetWindowWord=SetWindowWord;Verbreiterte Datentypen beruecksichtigen;SetWindowLong
        fuer Werte, die auf 32 Bit gewachsen sind;
StartSound=StartSound;Kein Win32-Aequivalent;Ersetzen durch multimedia sound support
        oder PlaySound/Beep;
StopSound=StopSound;Kein Win32-Aequivalent;Ersetzen durch multimedia sound support
        oder PlaySound/Beep;
SwitchStackBack=SwitchStackBack;Kein Win32-Aequivalent;;
SwitchStackTo=SwitchStackTo;Kein Win32-Aequivalent;;
SyncAllVoices=SyncAllVoices;Kein Win32-Aequivalent;Ersetzen durch multimedia sound
        support oder PlaySound/Beep;
Throw=Throw;Kein Win32-Aequivalen;Ersetzen durch Structured Exception Handling (SEH);
UngetCommChar=UngetCommChar;Kein Win32-Aequivalent;;
UnhookWindowsHook=UnhookWindowsHook;Veraltete Hook-API, erzeugt nur Thread-lokale
        Hooks;Neue UnhookWindowsHookEx verwenden;
UnlockData=UnlockData;Unter Win32 nicht mehr erforderlich;Einfach loeschen;
UnlockResource=UnlockResource;Leeres Makro;Nicht erforderlich, loeschen;
UnlockSegment=UnlockSegment;Unter Win32 nicht mehr erforderlich;Einfach loeschen;
UnrealizeObject=UnrealizeObject;Unter Win32 nicht mehr erforderlich;Einfach loeschen;
ValidateCodeSegments=ValidateCodeSegments;Kein Win32-Aequivalent;;
ValidateFreeSpaces=ValidateFreeSpaces;Kein Win32-Aequivalent;;
WaitSoundState=WaitSoundState;Kein Win32-Aequivalent;Ersetzen durch multimedia sound
        support oder PlaySound/Beep;
WEP=DllEntryPoint;DLL-Terminierung geaendert;Anpassen an Win32;
WindowProc=WindowProc;Window-Prozeduren sollten portabel definiert werden;LRESULT
        CALLBACK WndProc(HWND hWnd, UINT uMsg, WPARAM wParam, LPARAM lParam);
WndProc=WindowProc;Window-Prozeduren sollten portabel definiert werden;LRESULT
        CALLBACK WndProc(HWND hWnd, UINT uMsg, WPARAM wParam, LPARAM lParam);
WriteComm=WriteComm;COMM-Funktionen auf File-I/O gemappt;Ersetzen durch WriteFile;
Yield=Yield;Kein Win32-Aequivalent;Ersetzen durch PeekMessage oder Sleep;

[MESSAGES]
EM_GETSEL=EM_GETSEL;Information in wParam/lParam anders verpackt;message cracker oder
        alternative Makroschale benutzen;
EM_LINESCROLL=EM_LINESCROLL;Information in wParam/lParam anders verpackt;message
        cracker oder alternative Makroschale benutzen;
EM_SETSEL=EM_SETSEL;Information in wParam/lParam anders verpackt;message cracker oder
        alternative Makroschale benutzen;
WM_ACTIVATE=WM_ACTIVATE;Information in wParam/lParam anders verpackt;message cracker
        oder alternative Makroschale benutzen;
WM_CHANGECBCHAIN=WM_CHANGECBCHAIN;Information in wParam/lParam anders verpackt;message
        cracker oder alternative Makroschale benutzen;
WM_CHARTOITEM=WM_CHARTOITEM;Information in wParam/lParam anders verpackt;message
        cracker oder alternative Makroschale benutzen;
```

```
WM_COMMAND=WM_COMMAND;Information in wParam/lParam anders verpackt;message cracker
          oder alternative Makroschale benutzen;
WM_CTLCOLOR=WM_CTLCOLOR;Ersetzt durch 7 neue Nachrichten, Information in wParam/lParam
          anders verpackt;message cracker oder alternative Makroschale benutzen;
WM_DDE_ACK=WM_DDE_ACK;lParam fuer Informationen nicht ausreichend;PackDDElParam etc.
          benutzen;
WM_DDE_ADVISE=WM_DDE_ADVISE;lParam fuer Informationen nicht ausreichend;PackDDElParam
          etc. benutzen;
WM_DDE_DATA=WM_DDE_DATA;lParam fuer Informationen nicht ausreichend;PackDDElParam etc.
          benutzen;
WM_DDE_EXECUTE=WM_DDE_EXECUTE;lParam fuer Informationen nicht
          ausreichend;PackDDElParam etc. benutzen;
WM_DDE_POKE=WM_DDE_POKE;lParam fuer Informationen nicht ausreichend;PackDDElParam etc.
          benutzen;
WM_DDE_REQUEST=WM_DDE_REQUEST;lParam fuer Informationen nicht
          ausreichend;PackDDElParam etc. benutzen;
WM_DDE_TERMINATE=WM_DDE_TERMINATE;lParam fuer Informationen nicht
          ausreichend;PackDDElParam etc. benutzen;
WM_DDE_UNADVISE=WM_DDE_UNADVISE;lParam fuer Informationen nicht
          ausreichend;PackDDElParam etc. benutzen;
WM_HSCROLL=WM_HSCROLL;Information in wParam/lParam anders verpackt;message cracker
          oder alternative Makroschale benutzen;
WM_MDIACTIVATE=WM_MDIACTIVATE;Information in wParam/lParam anders verpackt;message
          cracker oder alternative Makroschale benutzen;
WM_MDISETMENU=WM_MDISETMENU;Information in wParam/lParam anders verpackt;message
          cracker oder alternative Makroschale benutzen;
WM_MENUCHAR=WM_MENUCHAR;Information in wParam/lParam anders verpackt;message cracker
          oder alternative Makroschale benutzen;
WM_MENUSELECT=WM_MENUSELECT;Information in wParam/lParam anders verpackt;message
          cracker oder alternative Makroschale benutzen;
WM_PARENTNOTIFY=WM_PARENTNOTIFY;Information in wParam/lParam anders verpackt;message
          cracker oder alternative Makroschale benutzen;
WM_QUIT=WM_QUIT;Falls in einem PostMessage-Aufruf, Fehlfunktionen unter Win32
          moeglich;Ersetzen durch PostQuitMessage;
WM_VKEYTOITEM=WM_VKEYTOITEM;Information in wParam/lParam anders verpackt;message
          cracker oder alternative Makroschale benutzen;
WM_VSCROLL=WM_VSCROLL;Information in wParam/lParam anders verpackt;message cracker
          oder alternative Makroschale benutzen;

[STRUCTURES]
cbClsExtra=WNDCLASS;Falls != 0, verbreiterte Datentypen beruecksichtigen;Evtl. Groesse
          anpassen;
cbWndExtra=WNDCLASS;Falls != 0, verbreiterte Datentypen beruecksichtigen;Evtl. Groesse
          anpassen;
DCB=DCB;Bitfelder geaendert, neue Komponenten;;

[TYPES]
HTASK=HTASK;Datentyp gestrichen;Ersetzen durch Thread-Id (DWORD);
LONG=LONG;LONG-Variable oder -Parameter pruefen;Ggf. durch LPARAM / LRESULT ersetzen;
(short)=short;Cast auf 16 oder 32 Bit pruefen;16 Bit Datentypen mit ihren 32-Bit-
          Aequivalenten ersetzen;
```

```
(WORD)=WORD;Cast auf 16 oder 32 Bit pruefen;16 Bit Datentypen mit ihren 32-Bit-
        Aequivalenten ersetzen;
WORD=WORD;WORD-Variable oder -Parameter pruefen;Ggf. durch UINT oder WPARAM ersetzen;

[CONSTANTS]
CS_GLOBALCLASS=RegisterClass;Windows-Klassen sind nicht nicht mehr global;Explizites
        Laden der betreffenden DLL;
GCW_ATOM=GetClassLong;Kein Win32-Aequivalent;;
GCW_CBWNDEXTRA=GetClassLong;Datentyp-Verbreiterung;Ersetzen durch GCL_CBWNDEXTRA;
GCW_CBCLSEXTRA=GetClassLong;Datentyp-Verbreiterung;Ersetzen durch GCL_CBCLSEXTRA;
GCW_HCURSOR=GetClassLong;Datentyp-Verbreiterung;Ersetzen durch GCL_HCURSOR;
GCW_HBRBACKGROUND=GetClassLong;Datentyp-Verbreiterung;Ersetzen durch
        GCL_HBRBACKGROUND;
GCW_HICON=GetClassLong;Datentyp-Verbreiterung;Ersetzen durch GCL_HICON;
GCW_HMODULE=GetClassLong;Datentyp-Verbreiterung;Ersetzen durch GCL_HMODULE;
GCW_STYLE=GetClassLong;Datentyp-Verbreiterung;Ersetzen durch GCL_STYLE;
GMEM_DDESHARE=GMEM_DDESHARE;Unter Win32 wirkungslos;shared memory ersetzen durch IPC-
        Mechanismen;
GMEM_SHARE=GMEM_SHARE;Unter Win32 wirkungslos;shared memory ersetzen durch IPC-
        Mechanismen;
GWW_HINSTANCE=GetWindowLong;Datentyp-Verbreiterung;Ersetzen durch GWL_HINSTANCE;
GWW_HWNDPARENT=GetWindowLong;Datentyp-Verbreiterung;Ersetzen durch GWL_HWNDPARENT;
GWW_ID=GetWindowLong;Datentyp-Verbreiterung;Ersetzen durch GWL_ID;
GWW_USERDATA=GetWindowLong;Datentyp-Verbreiterung;Ersetzen durch GWL_USERDATA;

[MACROS]
HIWORD=HIWORD;HIWORD-Ziel 16 oder 32 Bit? Bei Nachrichtenparametern: geaenderte
        Informationspackung?;Evtl. message cracker verwenden;
LOWORD=LOWORD;LOWORD-Ziel 16 oder 32 Bit? Bei Nachrichtenparametern: geaenderte
        Informationspackung?;Evtl. message cracker verwenden;
MAKELONG=MAKELONG;Wenn Ziel lParam: geaenderte Informationspackung?;Evtl. message
        cracker verwenden;
MAKELP=MAKELP;Keine FAR-Pointer unter Win32;Ersetzen durch flat memory model Code;
MAKELPARAM=MAKELPARAM;Geaenderte Informationspackung?;Evtl. message cracker verwenden;
MAKEPOINT=MAKEPOINT;sizeof(POINT) != sizeof(DWORD);Entweder ersetzen durch MAKEPOINTS
        und POINTSTOPOINT oder eigene Konversionsfunktion;
OFFSETOF=OFFSETOF;Keine FAR-Pointer unter Win32;Ersetzen durch flat memory model Code;
SELECTOROF=SELECTOROF;Keine FAR-Pointer unter Win32;Ersetzen durch flat memory model
        Code;

[CUSTOM]
export=export;Keine export-Aufrufkonvention unter Win32;CALLBACK oder WINAPI benutzen;
far=far;Win32 kennt keine Segmente, daher FAR == NEAR == Nichts!;;
FAR=far;Win32 kennt keine Segmente, daher FAR == NEAR == Nichts!;;
huge=huge;huge-Bereiche ueberfluessig;;
HUGE=huge;huge-Bereiche ueberfluessig;;
near=near;Win32 kennt keine Segmente, daher FAR == NEAR == Nichts!;;
NEAR=near;Win32 kennt keine Segmente, daher FAR == NEAR == Nichts!;;
pascal=pascal;Keine pascal-Aufrufkonvention unter Win32;CALLBACK oder WINAPI benutzen;
PASCAL=pascal;Keine pascal-Aufrufkonvention unter Win32;CALLBACK oder WINAPI benutzen;
```

Die Signaturen der »message cracker«

Dieser Anhang listet alle Signaturen* für die »message cracker«-Funktionen aus WINDOWSX.H. Die folgende Aufstellung zeigt in der linken Spalte die Windows-Nachrichten (alphabetisch sortiert) und in der rechten Spalte die zugehörige Parameterliste sowie den Rückgabetyp der »message cracker«-Funktion. Bei einigen wenigen Nachrichten treten in den Signaturen Unterschiede zwischen Win32 und Win16 zutage, diese Fällen sind gekennzeichnet und es werden dann beide Signaturen angegeben. Win32-spezifische Nachrichten, die unter Win16 entweder unbekannt oder undokumentiert sind, habe ich durch ein vorangestelltes Sternchen markiert. Für diese Nachrichten sind zur Zeit noch keine »message cracker« definiert (was aber bei Bedarf leicht nachgeholt werden kann).

** oder etwas weniger hochtrabend: den erwünschten Prototyp.*

Win32-spezifische Nachrichten.

Die Namen der »message cracker«-Funktionen und der Parameter können Sie im übrigen natürlich völlig frei festlegen. Eine gewisse Systematik hilft jedoch insbesondere bei größeren Projekten, den Überblick zu behalten.

Tab. A3.1: Die Signaturen der »message cracker«.

Nachricht	Signatur der dazugehörigen »message cracker«-Funktion
WM_ACTIVATE	void Cls_OnActivate(HWND hwnd, UINT state, HWND hwndActDeact, BOOL fMinimized);
WM_ACTIVATE-APP	**Win32**: void Cls_OnActivateApp(HWND hwnd, BOOL fActivate, DWORD dwThreadId); **Win16**: void Cls_OnActivateApp(HWND hwnd, BOOL fActivate, HTASK htaskActDeact);
WM_ASKCB-FORMATNAME	void Cls_OnAskCBFormatName(HWND hwnd, int cchMax, LPTSTR rgchName);

Nachricht	Signatur der dazugehörigen »message cracker«-Funktion
WM_CANCEL-MODE	void Cls_OnCancelMode(HWND hwnd);
WM_CHANGE-CBCHAIN	void Cls_OnChangeCBChain(HWND hwnd, HWND hwndRemove, HWND hwndNext);
WM_CHAR	**Win32**: void Cls_OnChar(HWND hwnd, TCHAR ch, int cRepeat); **Win16**: void Cls_OnChar(HWND hwnd, UINT ch, int cRepeat)
WM_CHAR-TOITEM	int Cls_OnCharToItem(HWND hwnd, UINT ch, HWND hwndListbox, int iCaret);
WM_CHILD-ACTIVATE	void Cls_OnChildActivate(HWND hwnd);
WM_CLEAR	void Cls_OnClear(HWND hwnd);
WM_CLOSE	void Cls_OnClose(HWND hwnd);
WM_COMMAND	void Cls_OnCommand(HWND hwnd, int id, HWND hwndCtl, UINT codeNotify);
WM_COMM-NOTIFY	void Cls_OnCommNotify(HWND hwnd, int cid, UINT flags);
WM_COMPACTING	void Cls_OnCompacting(HWND hwnd, UINT cratio);
WM_COMPARE-ITEM	int Cls_OnCompareItem(HWND hwnd, const COMPAREITEMSTRUCT * lpCompareItem);
WM_COPY	void Cls_OnCopy(HWND hwnd);
* WM_COPYDATA	kein message cracker definiert
WM_CREATE	BOOL Cls_OnCreate(HWND hwnd, LPCREATESTRUCT lpCreateStruct);
WM_CTLCOLOR (Win16) bzw. für Win32: ...MSGBOX ...EDIT ...LISTBOX ...BTN ...DLG ...SCROLLBAR ...STATIC	HBRUSH Cls_OnCtlColor(HWND hwnd, HDC hdc, HWND hwndChild, int type);

Nachricht	Signatur der dazugehörigen »message cracker«-Funktion
WM_CUT	void Cls_OnCut(HWND hwnd);
WM_DEADCHAR	**Win32**: void Cls_OnDeadChar(HWND hwnd, TCHAR ch, int cRepeat); **Win16**: void Cls_OnDeadChar(HWND hwnd, UINT ch, int cRepeat);
WM_DELETEITEM	void Cls_OnDeleteItem(HWND hwnd, const DELETEITEMSTRUCT * lpDeleteItem);
WM_DESTROY	void Cls_OnDestroy(HWND hwnd);
WM_DESTROY-CLIPBOARD	void Cls_OnDestroyClipboard(HWND hwnd);
WM_DEVMODE-CHANGE	void Cls_OnDevModeChange(HWND hwnd, LPCTSTR lpszDeviceName);
WM_DRAWCLIP-BOARD	void Cls_OnDrawClipboard(HWND hwnd);
WM_DRAWITEM	void Cls_OnDrawItem(HWND hwnd, const DRAWITEMSTRUCT * lpDrawItem);
WM_DROPFILES	void Cls_OnDropFiles(HWND hwnd, HDROP hdrop);
WM_ENABLE	void Cls_OnEnable(HWND hwnd, BOOL fEnable);
WM_ENDSESSION	void Cls_OnEndSession(HWND hwnd, BOOL fEnding);
WM_ENTERIDLE	void Cls_OnEnterIdle(HWND hwnd, UINT source, HWND hwndSource);
WM_ERASEBKGND	BOOL Cls_OnEraseBkgnd(HWND hwnd, HDC hdc);
WM_FONT-CHANGE	void Cls_OnFontChange(HWND hwnd);
WM_GETDLG-CODE	UINT Cls_OnGetDlgCode(HWND hwnd, LPMSG lpmsg);
WM_GETFONT	HFONT Cls_OnGetFont(HWND hwnd);
* WM_GETHOT-KEY	kein message cracker definiert
WM_GETMIN-MAXINFO	void Cls_OnGetMinMaxInfo(HWND hwnd, LPMINMAXINFO lpMinMaxInfo);
WM_GETTEXT	int Cls_OnGetText(HWND hwnd, int cchTextMax, LPTSTR lpszText);
WM_GETTEXT-LENGTH	int Cls_OnGetTextLength(HWND hwnd);

Nachricht	Signatur der dazugehörigen »message cracker«-Funktion
* WM_HOTKEY	kein message cracker definiert
WM_HSCROLL	void Cls_OnHScroll(HWND hwnd, HWND hwndCtl, UINT code, int pos);
WM_HSCROLL-CLIPBOARD	void Cls_OnHScrollClipboard(HWND hwnd, HWND hwndCBViewer, UINT code, int pos);
WM_ICON-ERASEBKGND	BOOL Cls_OnIconEraseBkgnd(HWND hwnd, HDC hdc);
WM_INITDIALOG	BOOL Cls_OnInitDialog(HWND hwnd, HWND hwndFocus, LPARAM lParam);
WM_INITMENU	void Cls_OnInitMenu(HWND hwnd, HMENU hMenu);
WM_INITMENU-POPUP	**Win32**: void Cls_OnInitMenuPopup(HWND hwnd, HMENU hMenu, UINT item, BOOL fSystemMenu); **Win16**: void Cls_OnInitMenuPopup(HWND hwnd, HMENU hMenu, int item, BOOL fSystemMenu)
WM_KEYDOWN	void Cls_OnKey(HWND hwnd, UINT vk, BOOL fDown, int cRepeat, UINT flags);
WM_KEYUP	void Cls_OnKey(HWND hwnd, UINT vk, BOOL fDown, int cRepeat, UINT flags);
WM_KILLFOCUS	void Cls_OnKillFocus(HWND hwnd, HWND hwndNewFocus);
WM_LBUTTON-DBLCLK	void Cls_OnLButtonDown(HWND hwnd, BOOL fDoubleClick, int x, int y, UINT keyFlags);
WM_LBUTTON-DOWN	void Cls_OnLButtonDown(HWND hwnd, BOOL fDoubleClick, int x, int y, UINT keyFlags);
WM_LBUTTONUP	void Cls_OnLButtonUp(HWND hwnd, int x, int y, UINT keyFlags);
WM_MBUTTON-DBLCLK	void Cls_OnMButtonDown(HWND hwnd, BOOL fDoubleClick, int x, int y, UINT keyFlags);
WM_MBUTTON-DOWN	void Cls_OnMButtonDown(HWND hwnd, BOOL fDoubleClick, int x, int y, UINT keyFlags);
WM_MBUTTONUP	void Cls_OnMButtonUp(HWND hwnd, int x, int y, UINT flags);
WM_MEASURE-ITEM	void Cls_OnMeasureItem(HWND hwnd, MEASUREITEMSTRUCT * lpMeasureItem);

Nachricht	Signatur der dazugehörigen »message cracker«-Funktion
WM_MENUCHAR	DWORD Cls_OnMenuChar(HWND hwnd, UINT ch, UINT flags, HMENU hmenu);
WM_MENU-SELECT	void Cls_OnMenuSelect(HWND hwnd, HMENU hmenu, int item, HMENU hmenuPopup, UINT flags);
WM_MOUSE-ACTIVATE	int Cls_OnMouseActivate(HWND hwnd, HWND hwndTopLevel, UINT codeHitTest, UINT msg);
WM_MOUSEMOVE	void Cls_OnMouseMove(HWND hwnd, int x, int y, UINT keyFlags);
WM_MOVE	void Cls_OnMove(HWND hwnd, int x, int y);
WM_NCACTIVATE	BOOL Cls_OnNCActivate(HWND hwnd, BOOL fActive, HWND hwndActDeact, BOOL fMinimized);
WM_NCCALCSIZE	UINT Cls_OnNCCalcSize(HWND hwnd, BOOL fCalcValidRects, NCCALCSIZE_PARAMS * lpcsp);
WM_NCCREATE	BOOL Cls_OnNCCreate(HWND hwnd, LPCREATESTRUCT lpCreateStruct);
WM_NCDESTROY	void Cls_OnNCDestroy(HWND hwnd);
WM_NCHITTEST	UINT Cls_OnNCHitTest(HWND hwnd, int x, int y);
WM_NCL-BUTTONDBLCLK	void Cls_OnNCLButtonDown(HWND hwnd, BOOL fDoubleClick, int x, int y, UINT codeHitTest);
WM_NCL-BUTTONDOWN	void Cls_OnNCLButtonDown(HWND hwnd, BOOL fDoubleClick, int x, int y, UINT codeHitTest);
WM_NCL-BUTTONUP	void Cls_OnNCLButtonUp(HWND hwnd, int x, int y, UINT codeHitTest);
WM_NCM-BUTTONDBLCLK	void Cls_OnNCMButtonDown(HWND hwnd, BOOL fDoubleClick, int x, int y, UINT codeHitTest);
WM_NCM-BUTTONDOWN	void Cls_OnNCMButtonDown(HWND hwnd, BOOL fDoubleClick, int x, int y, UINT codeHitTest);
WM_NCM-BUTTONUP	void Cls_OnNCMButtonUp(HWND hwnd, int x, int y, UINT codeHitTest);
WM_NCMOUSE-MOVE	void Cls_OnNCMouseMove(HWND hwnd, int x, int y, UINT codeHitTest);
WM_NCPAINT	void Cls_OnNCPaint(HWND hwnd, HRGN hrgn);
WM_NCR-BUTTONDBLCLK	void Cls_OnNCRButtonDown(HWND hwnd, BOOL fDoubleClick, int x, int y, UINT codeHitTest);

Nachricht	Signatur der dazugehörigen »message cracker«-Funktion
WM_NCR-BUTTONDOWN	void Cls_OnNCRButtonDown(HWND hwnd, BOOL fDoubleClick, int x, int y, UINT codeHitTest);
WM_NCR-BUTTONUP	void Cls_OnNCRButtonUp(HWND hwnd, int x, int y, UINT codeHitTest);
WM_NEXTDLGCTL	HWND Cls_OnNextDlgCtl(HWND hwnd, HWND hwndSetFocus, BOOL fNext);
WM_PAINT	void Cls_OnPaint(HWND hwnd);
WM_PAINTCLIP-BOARD	void Cls_OnPaintClipboard(HWND hwnd, HWND hwndCBViewer, const LPPAINTSTRUCT lpPaintStruct);
* WM_PAINTICON	kein message cracker definiert
WM_PALETTE-CHANGED	void Cls_OnPaletteChanged(HWND hwnd, HWND hwndPaletteChange);
WM_PALETTE-ISCHANGING	void Cls_OnPaletteIsChanging(HWND hwnd, HWND hwndPaletteChange);
WM_PARENT-NOTIFY	void Cls_OnParentNotify(HWND hwnd, UINT msg, HWND hwndChild, int idChild);
WM_PASTE	void Cls_OnPaste(HWND hwnd);
WM_POWER	void Cls_OnPower(HWND hwnd, int code);
WM_QUERY-DRAGICON	HICON Cls_OnQueryDragIcon(HWND hwnd);
WM_QUERY-ENDSESSION	BOOL Cls_OnQueryEndSession(HWND hwnd);
WM_QUERY-NEWPALETTE	BOOL Cls_OnQueryNewPalette(HWND hwnd);
WM_QUERYOPEN	BOOL Cls_OnQueryOpen(HWND hwnd);
WM_QUEUESYNC	void Cls_OnQueueSync(HWND hwnd);
WM_QUIT	void Cls_OnQuit(HWND hwnd, int exitCode);
WM_RBUTTON-DBLCLK	void Cls_OnRButtonDown(HWND hwnd, BOOL fDoubleClick, int x, int y, UINT keyFlags);
WM_RBUTTON-DOWN	void Cls_OnRButtonDown(HWND hwnd, BOOL fDoubleClick, int x, int y, UINT keyFlags);
WM_RBUTTONUP	void Cls_OnRButtonUp(HWND hwnd, int x, int y, UINT flags);
WM_RENDER-ALLFORMATS	void Cls_OnRenderAllFormats(HWND hwnd);

Nachricht	Signatur der dazugehörigen »message cracker«-Funktion
WM_RENDER-FORMAT	HANDLE Cls_OnRenderFormat(HWND hwnd, UINT fmt);
WM_SETCURSOR	BOOL Cls_OnSetCursor(HWND hwnd, HWND hwndCursor, UINT codeHitTest, UINT msg);
WM_SETFOCUS	void Cls_OnSetFocus(HWND hwnd, HWND hwndOldFocus);
WM_SETFONT	void Cls_OnSetFont(HWND hwndCtl, HFONT hfont, BOOL fRedraw);
* WM_SETHOTKEY	kein message cracker definiert
WM_SETREDRAW	void Cls_OnSetRedraw(HWND hwnd, BOOL fRedraw);
WM_SETTEXT	void Cls_OnSetText(HWND hwnd, LPCTSTR lpszText);
WM_SHOW-WINDOW	void Cls_OnShowWindow(HWND hwnd, BOOL fShow, UINT status);
WM_SIZE	void Cls_OnSize(HWND hwnd, UINT state, int cx, int cy);
WM_SIZECLIP-BOARD	void Cls_OnSizeClipboard(HWND hwnd, HWND hwndCBViewer, const LPRECT lprc);
WM_SPOOLER-STATUS	void Cls_OnSpoolerStatus(HWND hwnd, UINT status, int cJobInQueue);
WM_SYSCHAR	**Win32**: void Cls_OnSysChar(HWND hwnd, TCHAR ch, int cRepeat); **Win16**: void Cls_OnSysChar(HWND hwnd, UINT ch, int cRepeat);
WM_SYSCOLOR-CHANGE	void Cls_OnSysColorChange(HWND hwnd);
WM_SYS-COMMAND	void Cls_OnSysCommand(HWND hwnd, UINT cmd, int x, int y);
WM_SYSDEAD-CHAR	**Win32**: void Cls_OnSysDeadChar(HWND hwnd, TCHAR ch, int cRepeat); **Win16**: void Cls_OnSysDeadChar(HWND hwnd, UINT ch, int cRepeat);
WM_SYSKEY-DOWN	void Cls_OnSysKey(HWND hwnd, UINT vk, BOOL fDown, int cRepeat, UINT flags);
WM_SYSKEYUP	void Cls_OnSysKey(HWND hwnd, UINT vk, BOOL fDown, int cRepeat, UINT flags);

Nachricht	Signatur der dazugehörigen »message cracker«-Funktion
WM_SYSTEM-ERROR	void Cls_OnSystemError(HWND hwnd, int errCode);
WM_TIME-CHANGE	void Cls_OnTimeChange(HWND hwnd);
WM_TIMER	void Cls_OnTimer(HWND hwnd, UINT id);
WM_UNDO	void Cls_OnUndo(HWND hwnd);
WM_VKEYTOITEM	int Cls_OnVkeyToItem(HWND hwnd, UINT vk, HWND hwndListbox, int iCaret);
WM_VSCROLL	void Cls_OnVScroll(HWND hwnd, HWND hwndCtl, UINT code, int pos);
WM_VSCROLL-CLIPBOARD	void Cls_OnVScrollClipboard(HWND hwnd, HWND hwndCBViewer, UINT code, int pos);
WM_WINDOW-POSCHANGED	void Cls_OnWindowPosChanged(HWND hwnd, const LPWINDOWPOS lpwpos);
WM_WINDOW-POSCHANGING	BOOL Cls_OnWindowPosChanging(HWND hwnd, LPWINDOWPOS lpwpos);
WM_WININI-CHANGE	void Cls_OnWinIniChange(HWND hwnd, LPCTSTR lpszSectionName);

Der Vollständigkeit halber sei hier auch noch einmal kurz auf die Makros zur Benutzung der »message cracker«-Funktionen eingegangen, die genauen Details entnehmen Sie bitte Abschnitt 4.3 ab Seite 236.

Die Benutzung der »message cracker«.

Für jede der in der Tabelle aufgeführten Nachrichten (mit Ausnahme der Win32-spezifischen) sind zwei Makros definiert: HANDLE_WM_..., um die in den Nachrichtenparametern verpackten Informationen an die betreffende Handler-Funktion weiterzugeben sowie FORWARD_WM_..., um umgekehrt aus den Parametern einer Handler-Funktion wieder die beiden Nachrichtenparameter wParam und lParam zusammenzusetzen. Als konkretes Beispiel diene (ein letztes Mal) die Nachricht WM_COMMAND:

```
VOID WINAPI MyCommandHandler(HWND hwnd,INT id,HWND hwndCtl,
  UINT codeNotify)
{
  ... // Code zur Behandlung von WM_COMMAND
}

// in der Window-Prozedur:
switch(msg){
// Das folgende Makro ruft MyCommandHandler mit den
// korrekten Parametern, wie in der Tabelle gezeigt, auf:
case WM_COMMAND:
  HANDLE_WM_COMMAND(hwnd,wParam,lParam,MyCommandHandler);
...
// Alternativ dazu kann auch das generische Makro
// HANDLE_MSG benutzt werden, das auch den case-Teil
// beinhaltet:
HANDLE_MSG(hwnd,WM_COMMAND,MyCommandHandler);
// Beachten Sie, daß dieses Makro von den Namen "wParam"
// und "lParam" für die beiden Nachrichtenparameter
// ausgeht!
...
// Das folgende Makro kann in der Handler-Funktion
// verwendet werden, um die Nachrichtenparameter wieder
// zusammenzubauen und an eine Funktion zu senden:
FORWARD_WM_COMMAND(hwnd,id,hwndCtl,wNotify,DefWindowProc);
```

Zum Auseinandernehmen: Entweder HANDLE_WM_COMMAND.

Oder HANDLE_MSG.

Und das Zusammenbauen: FORWARD_WM_-COMMAND.

Beispielprogramm zu den Warnungen und Fehlermeldungen

Im folgenden ist das Programm abgedruckt, das in Abschnitt 3.8* zur Illustration der wichtigsten Compiler-Meldungen herangezogen wurde. Zur einfacheren Handhabung habe ich es gleich mit Zeilennummern versehen, so daß Sie sich anhand der Zeilenangaben bei den Warnungen sofort zurechtfinden sollten. Im Anschluß ist das gleiche Programm so modifiziert abgedruckt, daß keine der *ernsthaften* Warnungen bzw. Fehler ausgegeben werden (also nur noch Hinweise auf nicht benutzte Parameter bzw. lokale Variablen, die ggf. leicht zu entfernen sind).

* ab Seite 196.

```
1   #define STRICT
2   #include <windows.h>
3
4   #define ID_ICON  1
5   #define ID_MENU  1
6   #define IDM_ONE  1
7
8   char szClientClass[]="ClientClass";
9   char szAppName[]="Test App";
10
11  VOID CallIncr();
12  int Decr(LONG i);
13  LONG FAR PASCAL ClientWndProc(HWND hwnd,WORD msg,
      WORD wP,LONG lP);
14  VOID OtherProblems(HWND hwnd);
15
16  VOID CallIncr()
17  {
18    int z;
```

```
  Decr();
  Decr(6,3);
  return Incr(6);
}

int Incr(j)
DWORD j;
{
  int z=9;
  j+j;
  if (j>=0) return ++j;
  else if (j==-1) return --j;
  else return;
}

int Decr(LONG i)
{
  return --i;
}

LONG FAR PASCAL ClientWndProc(HWND hwnd,WORD msg,
  WORD wP,LONG lP);

int PASCAL WinMain(HANDLE hInst,HANDLE hPrev,
  LPSTR lpszCmdLine,int nCmdShow)
{
  MSG msg;
  HWND hwnd;
  if (!ClientInit(hInst)) return 0;
  hwnd=CreateWindow(szClientClass,szAppName,
    WS_OVERLAPPEDWINDOW,
    CW_USEDEFAULT,0,CW_USEDEFAULT,0,HWND_DESKTOP,
    0,hInst,NULL);
  ShowWindow(hwnd,nCmdShow);
  while (GetMessage(&msg,NULL,0,0)) {
    TranslateMessage(&msg);
    DispatchMessage(&msg);
  }
  DestroyWindow(hwnd);
  return msg.wParam;
```

```
}

BOOL ClientInit(HANDLE hInst)
{
  WNDCLASS wc;
  wc.style=CS_VREDRAW|CS_HREDRAW;
  wc.lpfnWndProc=ClientWndProc;
  wc.cbClsExtra=0;
  wc.cbWndExtra=0;
  wc.hInstance=hInst;
  wc.hIcon=LoadIcon(hInst,MAKEINTRESOURCE(ID_ICON));
  wc.hCursor=LoadCursor(0,IDC_ARROW);
  wc.hbrBackground=GetStockObject(WHITE_BRUSH);
  wc.lpszMenuName=MAKEINTRESOURCE(ID_MENU);
  wc.lpszClassName=szClientClass;
  return RegisterClass(&wc);
}

LONG FAR PASCAL ClientWndProc(HWND hwnd,WORD msg,
  LONG wP,WORD lP)
{
  HFONT hfont;
  PSTR  psz;
  POINT pt;
  PAINTSTRUCT ps;
  switch (msg) {
    case WM_COMMAND:
      switch (wP) {
        case IDM_ONE:
          CallIncr();
          return 0;
      }
    case WM_LBUTTONDOWN:
      GetCursorPos(pt);
      CallIncr(&pt);
      HandleButton(pt);
      CallIncr(2,3,4);
      return 0;
    case WM_PAINT:
      BeginPaint(hwnd,&ps);
```

```
          OtherProblems(ps.hdc);
          EndPaint(hwnd,&ps);
        case WM_GETFONT:
          return hfont;
        case WM_USER:
          return psz;
      }
      return DefWindowProc(hwnd,msg,wP,lP);
    }

    VOID HandleButton(LPPOINT lppt,int z)
    {
      LPRECT lprc=lppt;
      LPVOID lp=z;
      LPSTR  lpsz=MAKEINTRESOURCE(ID_ICON);
      HWND   hwnd;
      lp++;
      if (hwnd==1)
        *lp=CallIncr();
      hwnd=lp;
      hwnd=(HWND)lp;
    }

    VOID OtherProblems(HWND hwnd)
    {
      HBRUSH hbr=SendMessage(hwnd,WM_GETFONT,0,0);
    }
```

Und nun die korrigierte Fassung, allerdings ohne Zeilennummern, da sich durch die notwendigen Modifikationen die Anzahl der Zeilen geändert hat und die Numerierung daher nicht sehr hilfreich wäre. Dafür habe ich an allen Stellen, wo Änderungen notwendig wurden, diese kurz durch einen Kommentar erläutert, was zusammen mit den Ausführungen in Abschnitt 3.8 sicherlich ein klares Bild von der jeweiligen Problematik und ihrer Lösung verschafft:

```
#define STRICT
#include <windows.h>
```

```
#define ID_ICON  1
#define ID_MENU  1
#define IDM_ONE  1

char szClientClass[]="ClientClass";
char szAppName[]="Test App";

VOID CallIncr(VOID); // Prototyp korrigiert
int Incr(DWORD j);    // Prototyp eingeführt
int Decr(LONG i);
LRESULT CALLBACK ClientWndProc(HWND hwnd,UINT msg,WPARAM
  wP,LPARAM lP);  // STRICT-kompatibler Prototyp
VOID OtherProblems(HWND hwnd);

VOID CallIncr()
{
//  int z;     // z wird nicht gebraucht und daher
// auskommentiert
  Decr(6);     // fehlender Parameter ergänzt
  Decr(6);     // überschüssigen Parameter entfernt
  return;      // Incr(6) als Resultat ist sinnlos, da
  // Rückgabe VOID
}

int Incr(DWORD j)
{
//  int z=9;  // z wird nicht gebraucht und daher
// auskommentiert
//  j+j;       // sinnloses Statement, wird auskommentiert
  if (j>=1) return (int)++j; // Vergleich auf 0 war falsch,
  // int-Cast eingeführt
  else if (j==0xFFFFFFFFL) return (int)--j;  // Vergleich
  // auf -1 war falsch, int-Cast eingeführt
  else return 0; // Rückgabe angepaßt
}

int Decr(LONG i)
{
  return (int)--i;  // int-Cast eingeführt
}
```

```
BOOL ClientInit(HINSTANCE hInst); // Prototyp eingeführt

int PASCAL WinMain(HINSTANCE hInst,HINSTANCE hPrev,LPSTR
lpszCmdLine,int nCmdShow)
{
  MSG msg;
  HWND hwnd;
  if (!ClientInit(hInst)) return 0;
  hwnd=CreateWindow(szClientClass,szAppName,
    WS_OVERLAPPEDWINDOW,CW_USEDEFAULT,0,CW_USEDEFAULT,
    0,HWND_DESKTOP,0,hInst,NULL);
  ShowWindow(hwnd,nCmdShow);
  while (GetMessage(&msg,NULL,0,0)) {
    TranslateMessage(&msg);
    DispatchMessage(&msg);
  }
  DestroyWindow(hwnd);
  return msg.wParam;
}

BOOL ClientInit(HINSTANCE hInst) // HANDLE in HINSTANCE
// geändert
{
  WNDCLASS wc;
  wc.style=CS_VREDRAW|CS_HREDRAW;
  wc.lpfnWndProc=ClientWndProc;
  wc.cbClsExtra=0;
  wc.cbWndExtra=0;
  wc.hInstance=hInst;
  wc.hIcon=LoadIcon(hInst,MAKEINTRESOURCE(ID_ICON));
  wc.hCursor=LoadCursor(0,IDC_ARROW);
  wc.hbrBackground=GetStockObject(WHITE_BRUSH);
  wc.lpszMenuName=MAKEINTRESOURCE(ID_MENU);
  wc.lpszClassName=szClientClass;
  return RegisterClass(&wc);
}

VOID HandleButton(LPPOINT lppt,int z); // Prototyp
// eingeführt
```

```
LRESULT CALLBACK ClientWndProc(HWND hwnd,UINT msg,
  WPARAM wP,LPARAM lP) // angepaßt an Prototyp
{
  HFONT hfont;
  PSTR  psz;
  POINT pt;
  PAINTSTRUCT ps;
  switch (msg) {
    case WM_COMMAND:
      switch (wP) {
        case IDM_ONE:
          CallIncr();
          return 0;
      }
    case WM_LBUTTONDOWN:
      GetCursorPos(&pt); // Adress-of (&) eingefügt
      CallIncr(); // überschüssigen Parameter entfernt
      HandleButton(&pt,1); // Adress-of (&) und weiteren
      // Parameter eingefügt
      CallIncr(); // drei überschüssige Parameter entfernt
      return 0;
    case WM_PAINT:
      BeginPaint(hwnd,&ps);
      OtherProblems(hwnd); // ps.hdc durch hwnd ersetzt
      EndPaint(hwnd,&ps);
    case WM_GETFONT:
      hfont=GetStockObject(ANSI_VAR_FONT); // hfont bitte
      // erst initialisieren!
      return (LRESULT)hfont;
    case WM_USER:
      psz=NULL; // psz bitte erst initialisieren!
      return (LRESULT)(LPSTR)psz;
  }
  return DefWindowProc(hwnd,msg,wP,lP);
}

VOID HandleButton(LPPOINT lppt,int z)
{
  LPRECT lprc=(LPRECT)lppt; // Cast eingeführt
```

```
  LPVOID lp; // =z; auskommentiert, da sinnlos
  LPCSTR  lpsz=MAKEINTRESOURCE(ID_ICON); // LPCSTR statt
  // LPSTR
  HWND   hwnd;
//  lp++; // auskommentiert, da sinnlos
  hwnd=GetDesktopWindow(); // hwnd bitte erst initialisieren
  if (hwnd==(HWND)1) // Cast eingeführt
    CallIncr();  // Zuweisung an *lp gestrichen, da
    // CallIncr() kein Resultat liefert
//  hwnd=lp; // auskommentiert, da sinnlos
  lp=NULL; // lp bitte erst initialisieren
  hwnd=(HWND)(UINT)(DWORD)lp;
}

VOID OtherProblems(HWND hwnd)
{
  HFONT hfont=(HFONT)(UINT)SendMessage(hwnd,WM_GETFONT,0,0);
  // Cast eingeführt und HBRUSH durch HFONT ersetzt
}
```

Die neue __stdcall-Aufrufsequenz

Wie schon in Abschnitt 4.7 dargelegt, bedient sich der 32-Bit-Compiler von Microsoft einer neuen Aufrufkonvention, die als __stdcall bezeichnet wird. Diese ist für Hochsprachen-Programmierer nur bei der Formulierung von Funktionsprototypen von Interesse, und wer hier die vordefinierten Makros (CALLBACK, WINAPI etc.) benutzt, braucht sich selbst darüber keine Gedanken machen.

Vordefinierte Makros CALLBACK und WINAPI.

Etwas weniger begeistert von __stdcall dürften dagegen Assemblerprogrammierer sein, denn die neue Konvention macht leider einige Anpassungen erforderlich. Gleiches gilt auch für Entwickler, die, aus welchen Gründen auch immer, nicht portable Manipulationen (soll heißen: ohne die in STDARGS.H definierten Makros) mit stack-basierten Variablen oder Adressen vornehmen. Die notwendigen Anpassungen halten sich allerdings in Grenzen, da die neue Konvention eine relativ geschickte Verquickung der bisher vorwiegend benutzten Varianten ist, auf die ich deswegen im folgenden auch noch einmal etwas genauer eingehe.

__stdcall und Assemblerprogrammierer.

Die beiden wichtigsten »alten« Aufrufkonventionen sind _cdecl (als Makro CDECL) und _pascal (als Makro PASCAL und meistens noch mit _far bzw. FAR garniert). _cdecl ist die Standard-C-Aufrufsequenz und erlaubt als solche variable Parameterlisten, _pascal ist die Konvention, mit der die allermeisten Pascal- und Modula-2-Compiler arbeiten, sie erlaubt keine variablen Parameterlisten (eine Eigenschaft, die in diesen Sprachen ohnehin als Teufelswerk angesehen wirth). Die folgende Tabelle zeigt die entscheidenden Unterschiede beim Aufruf einer Funktion mit der jeweiligen Aufrufsequenz:

Bisher: _cdecl und _pascal.

Tab. A5.1: _cdecl- und _pascal-Aufrufsequenz.

_cdecl	_pascal
Die Parameter werden von rechts nach links auf dem Stack abgelegt.	Die Parameter werden hier genau umgekehrt, also von links nach rechts gepusht.
Die Funktion wird aufgerufen, dabei wird automatisch auch die Rücksprung-Adresse abgelegt.	Dito.
Nach der Bearbeitung kehrt die aufgerufene Funktion einfach zurück.	Beim Rücksprung wird der Stackpointer von der aufgerufenen Funktion so korrigiert, daß die vom Aufrufer abgelegten Parameter vom Stack verschwinden.
Der Aufrufer muß noch den Stackpointer korrigieren, so daß die abgelegten Parameter verschwinden.	Der Aufrufer hat nichts weiter zu tun.
Der Funktionsname wird mit einem _ (Unterstrich) als Präfix versehen.	Der Funktionsname wird in Großbuchstaben umgewandelt.

Konkret sieht das Ganze dann so aus:

Ein konkretes Beispiel.

```
void CDECL FAR cFunc(int i,char *pch,long l);
void PASCAL FAR pascalFunc(int i,char *pch,long l);

// Aufruf von cFunc:
cFunc(42,&chBuf,34L);
/* generiert den folgenden (Pseudo-)Assemblercode:
  PUSH  34
  PUSH  &chBuf
  PUSH  42
  CALL  _cFunc
  ADD   ESP,12
Letzteres basiert auf der Annahme, daß sizeof(int) ==
sizeof(char *) == sizeof(long) == 4), gilt also im 32-Bit-
Modus. Der 16-Bit-Compiler würde ADD SP,10 generieren.
```

```
*/
// Aufruf von pascalFunc:
pascalFunc(42,&chBuf,34L);
/* generiert folgenden (Pseudo-)Assemblercode:
  PUSH  42
  PUSH  &chBuf
  PUSH  34
  CALL  PASCALFUNC
Die aufgerufene Funktion hat den Stack via RET 12 (oder RET
10 für 16-Bitter) bereits aufgeräumt.
*/
```

Zugriff auf die Parameter.

Innerhalb der aufgerufenen Funktionen greift man gewöhnlich via EBP (32-Bit-Modus!) auf die Parameter (und lokalen Variablen) zu, wie der folgende Pseudo-Code zeigt:

```
_cFunc:
SAVE_AND_SET  EBP     ; EBP retten und setzen
MOV  EAX,[EBP+8]      ; int i
MOV  EBX,[EBP+12]     ; char *pch
MOV  ECX,[EBP+16]     ; long l
...
GET  EBP              ; alten EBP wieder setzen
RET                   ; und zurück

PASCALFUNC:
SAVE_AND_SET  EBP     ; EBP retten und setzen
MOV  EAX,[EBP+16]     ; int i
MOV  EBX,[EBP+12]     ; char *pch
MOV  ECX,[EBP+8]      ; long l
...
GET  EBP              ; alten EBP wieder setzen
RET  12               ; und zurück
```

32-Bit-Compiler: _pascal-Sequenz ist gestrichen.

Da beim 32-Bit-Compiler die _pascal-Sequenz restlos entfernt worden ist, würde sich obiges Beispiel dort übrigens gar nicht mehr compilieren lassen! Nichtsdestoweniger ist sie für Windows-Programmierer bisher die wichtigste Konvention gewesen (und wird es für Win16 wohl auch bleiben), daher muß sie trotzdem beschrieben werden. Was uns zur Frage bringt, warum _pascal überhaupt so wichtig geworden ist, wenn mit _cdecl doch ein brauchbarer Standard vorhanden war? Der Hauptgrund ist schlichter Geiz: _pascal ist nämlich insbesondere bei häufigem Aufruf der betreffenden Funktion erheblich speicherplatzfreundlicher, da eben nicht nach jedem Aufruf der Stack explizit durch ADD SP, sizeof(Parameterliste) aufgeräumt werden muß (pro Aufruf auf einer 386-Maschine macht das immerhin 3 Byte). Außerdem geht's mit _pascal geringfügig schneller als mit _cdecl. Letztere wird in Win16 daher nur dort eingesetzt, wo variable Parameterlisten tatsächlich gebraucht werden (die entsprechenden Funktionen sind wsprintf() und DebugOutput()). Offensichtlich muß eine neue Sequenz irgendwie die Vorteile von _pascal und _cdecl unter einen Hut bringen, ansonsten wäre sie nämlich ziemlich entbehrlich. (Zugegebenermaßen hat dieses Argument Microsoft aber noch nie daran gehindert, wenig sinnreiche Neuerungen einzuführen — man denke z.B. nur an die Win16-Funktionen DOS3Call() oder NetBIOSCall(), die außer einigem Umstellungsaufwand nichts eingebracht haben.) Wenden wir uns also, versehen mit einer Portion Skepsis, der neuen Konvention zu: was verbirgt sich hinter __stdcall?

Warum _pascal?

__stdcall: optimale Unterstützung variabler und fester Parameterlisten.

Die wichtigste Eigenschaft von __stdcall ist die (nach meiner Vorrede wenig verwunderliche) Tatsache, daß sowohl Funktionen mit variabler als auch solche mit fester Parameterliste nahezu optimal unterstützt werden. Faktisch wird mit ihr also nicht nur _pascal, sondern auch _cdecl überflüssig. (Letzteres hat immerhin unter 32 Bit innerhalb der C-Laufzeit-Bibliothek ein Refugium gefunden — entweder aus Pietät oder vielleicht auch einfach nur, um bei vorhandenen Assemblerquelltexten die Stack-Zugriffe auf die Parameter nicht grundlegend umstellen zu müssen.)

Die Vorgehensweise im Detail:

variabel.

Die Vorgehensweise bei _stdcall ist die folgende: durch Analyse des Funktionsprototyps (sofern vorhanden!) findet der Compiler heraus, ob dieser mit einer variablen Parameterliste definiert ist. Falls ja, und das ist die gute Nachricht, wendet er exakt die gleiche Konvention an wie bei _cdecl. Dies betrifft sowohl das Ablegen der Parameter und die Stack-Bereinigung als auch die Benennung der Funktion: bei variabler Parameterliste entspricht __stdcall *auf's i-Tüpfelchen* der guten alten _cdecl-Konvention. Irgendwelche Anpassungen sind in diesem Fall nicht erforderlich.

Feste Parameterliste.

Nun die schlechte Nachricht: bei fester Parameterliste (nach Murphy selbstverständlich der mit Abstand häufigere Fall) geht __stdcall leider nicht so wie _pascal, sondern wie folgt vor: zuerst werden die Parameter auf dem Stack abgelegt und zwar von rechts nach links (also wie bei _cdecl). Dann wird die Funktion aufgerufen, die ihrerseits beim Rücksprung den Stack aufräumt (wie bei _pascal). Für Assembler-Programmierer ist vor allem die erste Feststellung wichtig: sie müssen nämlich den Zugriff auf die Parameter auf dem Stack (via [EBP+Offset]) an die gegenüber _pascal umgekehrte Reihenfolge anpassen. Und noch eine Frage stellt sich: was tut _stdcall bei fester Parameterliste mit dem Namen der Funktion? Hier hat sich Microsoft etwas ganz besonders Trickreiches einfallen lassen: erst wird ein Unterstrich davorgestellt, dann ein Klammeraffe drangehängt, und zuguterletzt die Gesamtgröße der Parameter auf dem Stack hinzugefügt. Ein paar Beispiele, um alle eventuell noch bestehenden Klarheiten auszuräumen:

Der Name der Funktion.

```
// Prototyp:
void __stdcall TestProc1(int i,char *pch,long l);
// Resultierender Name: _TestProc1@12, denn 3*4 == 12

// Prototyp:
void __stdcall TestProc2(char ch1, char ch2);
// Name: _TestProc2@8, denn der Compiler legt grundsätzlich
// (32 // Bit breite) ints auf dem Stack ab. Ergo: 2*4 == 8

// Prototyp:
void __stdcall TestProc3(void);
// Name: _TestProc3@0, denn void bedeutet leere
// Parameterliste...


// Prototyp:
void __stdcall TestProc4(int i,...);
// Name: _TestProc4, denn die drei Punkte signalisieren
// eine variabale Parameterliste und damit kommt _cdecl
// zur Andwendung
```

Und der Vorteil dieses Namensschemas?

Der entscheidende Vorteil dieses Benennungsschemas ist, daß alle mit __stdcall definierten Funktionen (auch aus DLLs exportierte) entweder gar nicht oder immer mit der richtigen Parameteranzahl (genauer: der korrekten Anzahl Bytes auf dem Stack) aufgerufen werden. Falls nämlich zuwenige oder zuviele Parameter angegeben sind, weil z.B. die Header-Datei mit dem Prototyp fehlerhaft ist, wird auch der beim Aufruf generierte Name nicht korrekt sein, was spätestens beim Linken auffällt. Eine letzte Frage bleibt noch: was tut der Compiler, wenn er überhaupt keinen Prototyp findet? Erstens gibt er eine Warnung aus (brav!) und zweitens nimmt er an, daß die so aufgerufene Funktion als _cdecl definiert ist. Sollte die Funktion im gleichen Modul stecken, aber mit __stdcall definiert sein, gibt bereits der Compiler eine entsprechende Fehlermeldung von sich. Steckt die Funktion jedoch in einer anderen Quelltext-Datei, macht erst der Linker mit einer vernehmlichen Meldung (wie »unresolved externals« o.ä.) auf das Problem aufmerksam.

Falls Sie noch genauer in die Details der alten und neuen Aufrufkonventionen einsteigen müssen (oder wollen), empfehle ich den ungenierten Gebrauch des Compiler-Schalters /Fa (Microsoft) bzw. -S (Borland) und das Studium der solcherart erzeugten Assemblerlistings.

Hinweise für Pascal und Modula-2

Dieser Anhang ist gedacht für diejenigen Windows-Entwickler, die nicht mit C/C++, sondern mit Pascal oder Modula-2 arbeiten. Zwar gibt es zur Zeit noch keine 32-Bit-Implementation dieser beiden Sprachen, mit der Win32-Programme zu erzeugen wären — das wird sich aber im Laufe der nächsten Zeit sicherlich ändern. Außerdem ist das Anliegen, Programmtexte schon heute halbwegs portabel zu formulieren, natürlich auch hier wichtig. Daher einige grundlegende Bemerkungen, die für beide Sprachvarianten gelten und Ihnen die Umsetzung dessen, was der Haupttext vermittelt, erleichtern sollen:

Verstehen Sie C?

Wenn, dann ANSI C!

- Versuchen Sie, C möglichst soweit zu verinnerlichen, daß Sie den Beispielen, Code-Ausschnitten und Erläuterungen im vorderen Teil folgen können. Vergeuden Sie dabei nicht Ihre Zeit mit älteren C-Versionen (Classic oder K&R C), sondern konzentrieren Sie sich von Anfang an auf ANSI C. Eine gewisse Kenntnis der Sprache ist allein deswegen schon ratsam, weil sich das Win32-Referenzmaterial von Microsoft (wie auch schon die Dokumentation für Win16, siehe [Literatur 1]) vollkommen an C als Entwicklersprache orientiert. So sind z.B. so gut wie alle SDK-Beispielprogramme in C, einige wenige auch in C++ formuliert. Anregungen aus Fachzeitschriften und Büchern können Sie ebenfalls viel leichter umsetzen, wenn Sie C zwar nicht anwenden, aber C-Code immerhin verstehen. Zwei brauchbare Bücher für Lernwillge sind [Literatur 6] und vor allem [Literatur 13].

Speziellere C-Mechanismen.

- Machen Sie sich unbedingt klar, wie speziellere C-Mechanismen möglichst ähnlich auf Pascal- oder Modula-2-Konstruktionen abgebildet werden können. Hierunter fällt wohl insbesondere das Arbeiten mit Zeigern und Arrays, die

Möglichkeiten zur Modularisierung (Schlüsselworte static, extern), das Umcasten von Variablen sowie die Nutzung des C-Präprozessors. Eventuell sollten Sie auch einen Blick auf switch, break und continue werfen. Besonders trickreich für Pascal-Entwickler dürften der Komma-Operator und die Möglichkeit mehrfacher Zuweisungen sein.

Bedingte Compilierung.

- Insbesondere der Präprozessor ist für portable Programmierung nachgerade unverzichtbar, versuchen Sie daher, soweit als möglich, mit einer Pascal- oder Modula-2-Implementation zu arbeiten, die wenigstens die bedingte Compilierung erlaubt (von parametrisierbaren Makrodefinitionen gar nicht zu reden...)

Selbstgeschneiderte Portabilitätsmodule.

- Schneidern Sie sich, um diesen Nachteil wettzumachen, einige Portabilitätsmodule zurecht, die je nach System compiliert werden und die notwendigen Funktionen zur portablen Formulierung Ihrer Quellen enthalten. Ein (triviales) Beispiel für Borland Pascal folgt hinten.

OOP-Schalen zur GUI-Programmierung.

- Wenn für Ihr System objektorientierte Spracherweiterungen und Bibliotheken zur GUI-Programmierung erhältlich (bzw. im Lieferumfang enthalten) sind, so machen Sie *unbedingt* Gebrauch davon! Vernünftig strukturierte OOP-Schalen erleichtern nämlich insbesondere die Formulierung portabler Quelltexte ungemein.

DLLs: unabhängige Einheiten.

- Das DLL-Modell erlaubt sehr schön die Trennung eines großen Projektes in kleinere, voneinander weitgehend unabhängige Einheiten. Möglicherweise können Sie bestimmte Teile eines Projektes unaufwendig nach C übersetzen (und von dessen Eigenschaften Gebrauch machen), andere, komplexere Fragmente aber (noch) in Pascal belassen.

Und der C-Präprozessor?

- Last not least ein zwar ausgefallener, aber machbarer Vorschlag für spezielle Anwendungen: die meisten C-Compiler bieten die Möglichkeit, die eigentliche Compilationsphase wegzulassen und den Quelltext nur durch den Präprozessor bearbeiten zu lassen. In diesem Fall wird alles, was über die Statements des C-Präprozessors hinausgeht (die mit #... beginnen), nicht weiter untersucht, sondern entweder in einer Datei abgelegt oder zur Standardausgabe geschickt. Ob diese Ausgabetexte nun C/C++- oder Pascal-/Modula-2-Quelltexte sind, ist für den Präprozessor absolut bedeutungslos! Anders gesagt: er kann mit all seinen Möglichkeiten auch für Pascal/Modula-2 oder jede andere Sprache eingesetzt werden! Die Vorteile sind offensichtlich, der Nachteil leider auch: vor der eigentlichen Compilation muß der Quelltext erst einmal durch den C-Präprozesor gejagt werden, was bei den heutigen interaktiven Oberflächen die Arbeit deutlich verlangsamen kann. Für Entwickler, die entweder weitere Werkzeuge in ihre Oberfläche integrieren können oder die ohnehin mit einem anderen Editor oder einer externen Make-Utility arbeiten, kann dieser Weg unter Umständen dennoch attraktiv sein. Dies gilt insbesondere dann, wenn das zur Diskussion stehende Modul als Portabilitäts-Layer gedacht ist, der nach einmaliger und korrekter Implementation nur noch ganz selten bearbeitet werden muß. Auch für dieses Vorgehen findet sich weiter unten ein kleines Beispiel.

Ich gehe davon aus, daß vergleichsweise wenige Entwickler mit einem Modula-2-System unter Windows arbeiten, die Sprache hat sich im professionellen Bereich nur in Randbereichen etabliert. Dazu kommt auch noch die Tatsache, daß zur Zeit mindestens drei oder vier brauchbare Implementationen existieren, die zu allem Überfluß in vielen Details und leider auch einigen wirklich wichtigen Punkten voneinander abweichen. Konkrete Hinweise für bestimmte Versionen kann ich Ihnen deshalb leider nicht mit auf den Weg geben. Immerhin bieten fast alle zur Zeit kommerziell verfügbaren PC-Implementationen die Möglichkeit, Programmtexte mit bedingter Compilation zu übersetzen und orientieren sich auch in anderen Belangen teilweise an Turbo Pascal. Ein Blick in den folgenden Abschnitt lohnt sich daher wohl auch für Modula-2-Jünger.

Modula-2-System orientieren sich an Turbo Pascal.

Und noch einige Pascal-spezifische Anmerkungen

Der generische Ausdruck »Pascal« bezieht sich im weiteren auf Turbo bzw. Borland Pascal, da auf PC-Ebene kein weiteres Produkt meßbare Bedeutung erlangt hat. Leider weiß ich über eine kommende 32-Bit-Version exakt soviel wie über die nächste Steuererhöhung: sie kommt *bestimmt*, aber wann? Ich bin also weitgehend auf Spekulationen angewiesen.

Turbo bzw. Borland Pascal.

Grundsätzlich sollten Sie als Pascal-Programmierer vor ähnlichen Problemen stehen wie ein C-Entwickler. Sehen wir den Dingen doch ins Auge: TP 7.0 hat heutzutage sowenig mit der Originaldefinition von Jensen/Wirth zu tun, daß es in Zürich entweder gar nicht oder nur mit feuerfesten Schutzhandschuhen angefaßt wird. Oder provokativ gesagt: fast alle »Schweinereien«, für die C so berühmt-berüchtigt ist, lassen sich mit gleicher Eleganz auch in TP bewerkstelligen. Insofern können Sie die Kapitel 3 und 4 mit einer Prise Pascal verrühren, kräftig schütteln und genießen... Insbesondere, wenn Sie C-Programme so in etwa lesen können, dürften Sie keine besonderen Schwierigkeiten haben. Einziges echtes Manko ist das Fehlen von Makrodefinitionen. Ich nehme an, daß Borland eine Kompatibilitäts-Unit verfügbar machen wird (im Prinzip das Pascal-Äquivalent von WINDOWSX.H), das entsprechende Funktionen (großteils sicherlich inline) implementiert. Damit lassen sich zum einen natürlich schon viele Problempunkte abfangen; Sie können sich andererseits für eigene portable Units sehr schön daran orientieren. Das (Selbst-)Schreiben von Portabilitäts-Units ist nämlich so ziemlich die einzige erfolgversprechende Alternative zu den Makrodefinitionen in C. Ähnlich, wie dort bestimmte nicht-portable Konstrukte einmalig in einem Makro versteckt werden, das danach x-mal eingesetzt werden kann, muß der Pascal-Entwickler seine Portabilitäts-Funktionen eben in Units verpacken. Ein wirklich triviales Beispiel (siehe zum Vergleich auch die Makros in Abschnitt 3.3, Seite 160) zeigt das folgende Listing:

Manko: das Fehlen von Makrodefinitionen.

```
UNIT PortUtils;

INTERFACE USES WinTypes, WinProcs;

FUNCTION DLGBOX(hInst: HInstance;lpszTemplate: PChar;
    hwndParent: HWnd;DialogFunc: TFarProc): Integer;

IMPLEMENTATION

FUNCTION DLGBOX(hInst: HInstance;lpszTemplate: PChar;
    hwndParent: HWnd; DialogFunc: TFarProc): Integer;
{$IFDEF WIN32}
```

```
BEGIN
  DialogBox(hInst,lpszTemplate,hwndParent,DialogFunc);
{$ELSE}
VAR dlgproc: TFarProc;
BEGIN
  dlgproc:=MakeProcInstance(DialogFunc,hInst);
  DialogBox(hInst,lpszTemplate,hwndParent,dlgproc);
  FreeProcInstance(dlgproc);
{$ENDIF}
END;

BEGIN
END.
```

Die »memory models«.

Ein Bereich, wo Pascal-Programmierer ganz klar die Nase vorn haben, ist die Malaise mit den »memory models«. TP kennt zwar ebenfalls einige Schlüsselworte, die zur Manipulation von Funktionsattributen herangezogen werden können; es bleibt aber festzuhalten, daß das zugrundeliegende Speichermodell prinzipiell dem »far model« in C entspricht. Insbesondere sind alle Zeiger bzw. Adressen 32-Bit breit, so daß Sie sich einigen Wirrwarr beim Arbeiten mit Zeigern ersparen können. Leider hat das auch seine Schattenseite, denn Zeiger in Pascal sind bisher immer Segment/Offset-Werte gewesen und wurden natürlich auch so manipuliert. Alle Hinweise zu diesem Thema (in den Abschnitten 3.6 und 4.2) sollten Pascalisten daher besonders genau studieren. Und die Zeigeradressierung hat noch eine weitere Facette: in TP gibt es keine _huge-Zeiger (soll heißen: Segmente > 64 KB muß man dort grundsätzlich »zu Fuß« bearbeiten). Falls Sie solche Stellen in Ihren Programmen haben, sind hier wohl entsprechende Anpassungen fällig. Bei gewissenhafter Implementation sollten Sie allerdings keine Probleme haben, diese Stellen zu identifizieren, denn um die zur Adressierung von Multisegment-Speicherbereichen (vulgo »huge memory«) notwendige Zeigerarithmetik unter Win16 überhaupt korrekt durchführen zu können, müssen Sie auf __AHINCR oder __AHSHIFT (siehe dazu auch Abschnitt 4.2, Seite 231) zugreifen. Diese Definitionen sehen etwa wie folgt aus:

Problematisch: Zeigermanipulationen.

Und natürlich Bereiche größer 64 KB!

```
function __AHINCR;   external 'KERNEL' index 113;
function __AHSHIFT;  external 'KERNEL' index 114;
```

Die Stellen, an denen diese Pseudo-Variablen benutzt werden, sind leicht zu finden und auf jeden Fall renovierungsbedürftig.

C-Präprozessor und Pascal.

Ein Beispiel zum Thema C-Präprozessor und Pascal hatte ich versprochen: hier kommt es. Der folgende Programmcode sieht aus wie eine Mischung aus C und Pascal, kann aber einwandfrei von einem ANSI C-Präprozessor verarbeitet werden und erzeugt, je nach #defines entweder 16-Bit- oder 32-Bit-Quelltexte, mit denen Sie dann direkt den Pascal-Compiler füttern können. Dieser Umweg macht natürlich nur Sinn, wenn Sie dabei die Möglichkeiten des Präprozessors für parametrisierbare Makrodefinitionen in *ganz beträchtlichem* Umfang ausnut zen können: bedingte Compilierung allein beherrscht auch TP recht gut! Im Beispiel werden zwei Makroschalen definiert, die eine für DialogBox() (siehe auch oben), die andere, inspiriert von den Makrodefinitionen in WINDOWSX.H, für die portable Behandlung von WM_COMMAND:

```
{$X+}
UNIT PortUtils;

INTERFACE USES WinTypes, WinProcs;

#ifdef WIN32
#define HANDLE     LONGINT
#define INT        LONGINT
#define UINT       LONGINT
#else
#define HANDLE     WORD
#define INT        INTEGER
#define UINT       WORD
#endif

TYPE HWNDX= HANDLE;  (* die TYPEs nur für Demozwecke! *)
     BOOL= INT;
     WPARAM= UINT;
     LPARAM= LONGINT;
```

```
    LRESULT= LONGINT;

FUNCTION MyPortableDlgBox(hinst: THandle;lpszTempl: PChar;
  hwndOwn: HWND;lpProc: TFarProc): INTEGER;

IMPLEMENTATION

#define WNDPROC_BEGIN(name)  FUNCTION name(hwnd: HWNDX; \
  msg: UINT;wP: WPARAM;lP: LPARAM): LRESULT; \
  VAR lR: LRESULT; BEGIN CASE msg OF

#define WNDPROC_END(name)  ELSE \
  lR:=DefWindowProc(hwnd,msg,wP,lP); \
  END; name:=lR; END;

#ifdef WIN32

#define DLGBOX(hinst,lpszTempl,hwndOwn,lpProc)  nRes:= \
  DialogBox(hinst,lpszTempl,hwndOwn,@lpProc)
#define HANDLE_WM_COMMAND(fn)  WM_COMMAND: \
  lR:=fn(hwnd,LoWord(wP),HWNDX(lP),UINT(HiWord(wP)))

#else

#define DLGBOX(hinst,lpszTempl,hwndOwn,lpProc)  DlgProc:= \
  MakeProcInstance(@lpProc,hinst); \
  nRes:=DialogBox(hinst,lpszTempl,hwndOwn,DlgProc); \
  FreeProcInstance(DlgProc)
#define HANDLE_WM_COMMAND(fn)  WM_COMMAND: \
  lR:=fn(hwnd,wP,HWNDX(LoWord(lP)),UINT(HiWord(lP)))

#endif

FUNCTION MyDlg(hdlg: HWND;msg: UINT;wP: WPARAM;
  lP: LPARAM): LRESULT;
BEGIN
  (*...*)
END;

FUNCTION MyPortableDlgBox(hinst: THandle;lpszTempl: PChar;
```

```
  hwndOwn: HWND;lpProc: TFarProc): INTEGER;
VAR  DlgProc : TFarProc;
     nRes    : INTEGER;
BEGIN
  DLGBOX(hinst,lpszTempl,hwndOwn,MyDlg);
  MyPortableDlgBox:=nRes;
END;

FUNCTION WM_CommandHandler(hwnd: HWNDX;id: UINT;
  hwndCtrl: HWNDX;notify: UINT): LRESULT;
BEGIN
  (*...*)
END;

(* Revenge of the C macros ... *)

WNDPROC_BEGIN(MyOwnWndProc)
  HANDLE_WM_COMMAND(WM_CommandHandler);
WNDPROC_END(MyOwnWndProc)

BEGIN
END.
```

Erst durch den Präprozessor, dann Compilieren.

Wie gesagt: die Benutzung des C-Präprozessors ist eine Krücke für Spezialfälle, die aber dennoch unter Umständen (wie alle Krücken) ganz nützlich sein kann. Obiger Quelltext muß zuerst einmal durch den Präprozessor befördert werden, wobei entweder ein compilierbares Pascal-Programm für Win16 (kein #define) oder eines für Win32 (#define WIN32 bzw. Compiler-Schalter /DWIN32) resultiert. Die folgenden Kommandozeilen werden daher verwendet, um die obige Datei namens TEST. PPP (wie Pascal-Prä-Prozessor) umzusetzen:

```
// zuerst Microsoft, Win16
cl386  /EP  test.ppp  >test.pas
// dann Microsoft, Win327
cl386  /EP  /DWIN32  test.ppp  >test.pas
```

```
// Nun Borland, wo der Präprozessor als eigenes Programm
// mitgeliefert wird, für Win16:
cpp -P- -o test.pas test.ppp
// und für Win32:
cpp -P- -o test.pas -DWIN32 test.ppp
```

Das resultierende TEST.PAS kann nun mit dem entsprechenden Pascal-Compiler (32 Bit: soweit vorhanden) bearbeitet werden. Denken Sie bei Syntaxfehlern im erzeugten Pascal-Quelltext daran, daß die PPP-Datei und nicht die PAS-Datei bearbeitet werden muß. (Obwohl es durchaus empfehlenswert sein kann, zuerst zwei laufende Prototypen mit Pascal zu erzeugen und diese erst dann in einer PPP-Datei zusammenzufassen, wenn sie korrekt funktionieren.)

Inhalt der Diskette

Directory \SAMPLES.

Die beigefügte Diskette enthält drei Kategorien von Dateien: erstens eine ganze Reihe von Beispielprogrammen, die zum Teil sowohl unter Win16 plus Win32s als auch Windows NT laufen, teils auch Win32-spezifisch sind. Alle Programme sind mit dem Win32-SDK vom März 1993 getestet und funktionieren dort korrekt — inklusive Compilation und Link-Vorgang. Falls Sie Probleme bei der Übersetzung oder beim Programmlauf selbst haben, überprüfen Sie bitte gewissenhaft Ihre Compiler- und Make-Einstellungen. Teilweise habe ich die Programme auch mit Hilfe von QuickStart (siehe Abschnitt 5.1, Seite 349) unter MS-DOS erzeugt — Probleme sind dabei abgesehen vom Jammer mit den Kommandozeilen nicht aufgetreten. Alle Programmbeispiele finden sich inklusive Make-Dateien in eigenen Directories unterhalb der Subdirectory \SAMPLES.

Datei PORTUTIL.H.

Hier (Subdirectory \SAMPLES\H) finden Sie auch die Header-Datei PORTUTIL.H, die einige der im Text erwähnten Makros, Datentypen etc., aber auch weitere hilfreiche Definitionen enthält, die via bedingte Compilierung an die jeweilige Umgebung angepaßt werden — wovon die Beispielprogramme übrigens regen Gebrauch machen. PORTUTIL.TXT beschreibt den Inhalt von PORTUTIL.H.

Directory \PORTTOOL

Zweitens finden Sie in der Directory \PORTTOOL die erweiterte und eingedeutschte Variante von PORT.INI, die direkt für den Betrieb mit PORTTOOL.EXE gedacht ist. Nähere Hinweise zu dieser Datei und ein Listing für alle Fälle finden Sie in Anhang 2. Ein kleines Hilfsprogramm (namens PORTVIEW. EXE) zum Ansehen und Blättern in den PORT.INI-Einträgen ist in dieser Directory ebenfalls enthalten (sowohl Quelltext als auch 32-Bit-EXE, letzteres mit Hilfe von Win32s — siehe unten

— auch unter Win16 ablauffähig). Die READ.ME-Datei in dieser Subdirectory erläutert die Benutzung des Programmes.

Subdirectory \BOOK.

Drittens finden Sie in der Directory \BOOK kapitelweise und soweit vorhanden all die Punkte, Neuigkeiten und sonstigen Informationen, die es einfach nicht mehr pünktlich ins Buch geschafft haben. Wie schon in der Einleitung festgestellt, werde ich darüber hinaus im Laufe der Zeit auch eine ähnliche Datei mit Änderungen, Erweiterungen etc. über das CompuServe-Forum MSWIN32 verfügbar machen (dort in Library #1, »New Uploads«, Dateiname EXPD32.ZIP). Im deutschsprachigen Forum MSCESYS werde ich ebenfalls eine Kopie ablegen. Über andere Netze, in denen diese zusätzlichen Informationen liegen, informiert die READ.ME-Datei auf der Diskette.

Subdirectory \WIN32S.

Viertens finden Sie in der Directory \WIN32S alle Dateien, die erforderlich sind, um das Hilfsprogramm PORTVIEW.EXE (siehe \PORTTOOL) auch unter Windows 3.1 in Betrieb nehmen zu können. Aus Platzgründen sind die Win32s-Dateien in einer selbstextrahierenden ZIP-Datei untergebracht. Zum Auspacken benutzen Sie bitte den Batchjob W32INST.BAT, der eine formatierte Diskette in Laufwerk A: erwartet und alle Win32s-Dateien dorthin kopiert. Das SETUP.EXE-Programm auf der so erzeugten Win32s-Diskette sollte dann unter Windows 3.1 zur eigentlichen Installation von Win32s herangezogen werden. Und hier noch zwei *ganz wichtige* Anmerkungen für die Abteilung Law and Order: erstens ist Win32s Copyright © 1992, 1993 by Microsoft Corporation, All Rights Reserved. Und zweitens dürfen Sie als End-User (nämlich von PORTVIEW.EXE) die Win32s-Dateien *unter keinen* Umständen weitergeben (sagt Microsoft). Also keine Schandtaten, wenn ich bitten darf! Falls Sie den Win32-SDK Ihr Eigen nennen, finden Sie übrigens im Anhang E der Release Notes die genauen Lizenzbedingungen für Win32s — die auf *Ihrer* CD befindliche Version dürfen Sie demzufolge mit *Ihren* 32-Bit-Programmen natürlich an *Ihre* End-User weitergeben...

Datei READ.ME!

Last not least finden Sie in der Root-Directory auch noch die unvermeidliche READ.ME-Datei, die weitere wissenswerte Informationen und Kleinigkeiten bereithält. Dort werden u.a. genaue Beschreibungen aller jeweils auf der Diskette befindlichen Dateien gegeben.

Annotiertes Literaturverzeichnis

Die folgende Aufstellung listet und beschreibt alle Bücher, für die im Haupttext Literaturangaben gemacht wurden. Das Werk für Win32-Programmierer schlechthin habe ich unten gar nicht erfaßt: die nähere Beschäftigung mit dem Win32-API ohne dabei die zugehörigen Referenzmaterialien* zur Hand zu haben, erfordert sicherlich eine etwas größere Portion Optimismus. Allerdings bleibt hier nochmals festzuhalten, daß die gedruckte Dokumentation in mancher Hinsicht unvollständig und hin und wieder sogar fehlerhaft ist. Ich möchte Sie daher an die knapp 8 MB große WinHelp-Datei zum Win32-API erinnern (findet sich auf der CD-ROM unter X:\MSTOOLS\HELP\API32WH.HLP). In dieser Subdirectory finden Sie auch WinHelp-Dateien für alle SDK-Tools, zur Programmerstellung sowie diverse Artikel aus der MS Knowledge Base,** die sich mit Win32-Fragen beschäftigen. Nun aber zu den einzelnen Werken:

** Microsoft: Win32-SDK Programmer's Reference, 3 Volumes, Microsoft Press, Redmond 1992.*

*** Die MS Knowledge Base ist ein CompuServe-Forum, in dem Microsoft regelmäßig Know-How-Artikel veröffentlicht.*

[1] Microsoft: Programmer's Reference for Windows 3.1, Guide to Programming und weitere 4 Volumes, Microsoft Press, Redmond 1992

Den Anfang macht ein Microsoft-Produkt, das man mit Fug und Recht als *die* Bibel des Windows-Programmierers bezeichnen kann. Zwar ist die aktuelle 3.1-SDK-Dokumentation immer noch nicht ganz vollständig und geht oft zuwenig auf 3.1-Verhältnisse ein — dennoch ein *absolutes* Muß für den ernsthaften Entwickler. Und da das Win32-API in seinen Modellen und Konzepten oft direkt auf der 16-Bit-Variante aufsetzt, wird jede Minute, die Sie hier investiert haben, früher oder später einmal

Früchte tragen. Der empfindlichste Nachteil: Microsoft hält eine Übersetzung in andere Sprachen offensichtlich für überflüssig.

In der Zwichenzeit auch in Deutsch erhältlich.

[2] Helen Custer: Inside Windows NT, Microsoft Press, Redmond 1993

Anfänglich war ich etwas enttäuscht von diesem Buch, da es nach meiner Ansicht viel zuwenig auf das Win32-Subsystem einging. Es hat doch ein oder zwei Wochen gebraucht, bis ich wirklich begriffen hatte, daß Windows NT viel, viel mehr umfaßt als nur die Funktionalität, die das Windowing-System zur Verfügung stellt (und die im großen und ganzen dem Win16-API plus Threads und einigen anderen Dingen entspricht). Nach einigen Monaten mit diesem Buch und vor allem mit NT selbst hat sich gezeigt, daß Helen Custer zwar die (ohnehin sattsam bekannte) Windowing-Komponente etwas vernachlässigt hat, dies aber mehr als wettmacht durch komplette und detaillierte Beschreibungen des Systemaufbaus und der internen Dienste. Für Entwickler, die nicht nur über die Win32-Schnittstelle, sondern über NT als Ganzes und seine Internas nähere Informationen suchen, ist dieses Buch zur Zeit* konkurrenzlos.

* Aber Andrew (siehe [3] und [4]) schläft nicht ...

[3] Andrew Schulman, Dave Maxey, Matt Pietrek: Undocumented Windows, Addison-Wesley, Reading 1992

[4] Andrew Schulman et al: Undocumented DOS, Addison-Wesley, Reading 1992

Diese beiden Werke gehören sicherlich eher in die Kategorie »Bücher, die Bill Gates nie veröffentlicht hätte«. Macht nichts, dafür gibt es ja Andrew Schulman und seine Mitstreiter. Beide Bücher (die auch ins Deutsche übersetzt werden) sind recht lokker geschrieben und liefern viele Hintergrundinformationen und wissenswerte Details über schlecht oder gar nicht dokumentierte MS-DOS und Windows-Eigenschaften. Teilweise sind diese eher kurioser Natur, viele Hinweise sind allerdings nicht nur interessant, sondern können für die tägliche Arbeit wichtig werden. Die Autoren gehen glücklicherweise auch auf Probleme und Fragen ein, die mit der Nutzung undokumentierter Eigenschaften zusammenhängen. Um die Autoren zu zitieren: »Mit anderen Worten, die Benutzung undokumentierter Funktion ist nur in Ordnung, wenn Sie gar keine andere Wahl haben: wenn Sie wirklich gewissenhaft [im dokumentierten API] gesucht haben, alle Alternativen bedacht haben und definitiv nichts gefunden haben.« In diesem Sinne!

[5] P.J. Plauger, Jim Brodie: Standard C, Microsoft Press, Redmond 1989

Eines der eher drögen Bücher über Standards. Dennoch ganz brauchbar, weil es erstens relativ dünn und handlich ist und man daher schnell zum Kern vorstößt; zweitens ist es sehr umfassend: neben der ANSI-C-Sprachbeschreibung mit Syntaxdiagrammen gibt es auch ausführlich Auskunft über die Standardbibliothek und alle Laufzeitfunktionen. Zwei Anhänge über Portabilitätsfragen und eine Cross-Reference aller in ANSI C verwendeten Namen und Bezeichner runden das Buch ab.

[6] Ken Arnold, John Peyton: C User's Guide to ANSI C, Addison-Wesley, Reading, 1992

Ein schmales Bändchen, das eine brauchbare Einführung in die neuen ANSI-C-Features gibt — neu im Sinne von über K&R C hinausgehend. Die Autoren gehen also nicht so sehr auf die grundlegenden Eigenschaften von C ein, sondern konzentrieren sich darauf, dem C-Kenner* die Vorteile bzw. Änderungen, die mit ANSI C einhergehen, nahezubringen. Der erste Teil beschäftigt sich mit der Sprachdefinition an sich und geht in recht verständlicher Manier auf die Benutzung der modernen Features ein. Hin und wieder fällt auch ein Wort der Kritik — auch ANSI C ist eben bei weitem keine perfekte Definition. Der zweite Teil behandelt dann ausführlich die wichtigsten Erweiterungen und Änderungen in der Standardbibliothek im Vergleich zu Classic C.

** C-Programmierung lernt man hier nicht!*

[7] Margaret Ellis, Bjarne Stroustrup: The Annotated C++ Reference Manual, Addison-Wesley, Reading 1990

Während das oben zitierte Standardwerk über C [5] nur *manchmal* etwas zäh erscheint, würde ich dieses Buch eher in die Kategorie »völlig unlesbar« einteilen. Diese harsche Feststellung liegt weniger am Stil der beiden Autoren, sondern an der komplexen und meiner Ansicht nach etwas außer Kontrolle geratenen Sprachdefinition von C++. Das Buch muß, da es den Standard definieren soll, notgedrungen etwas trockener sein, aber etwas bessere Strukturierung und mehr Konzentration auf die wesentlichen, in der Praxis wichtigen Sprachbestandteile hätte sicher nicht geschadet.

[8] Bruce Willis: Using C++, Osborne McGraw-Hill, Berkeley 1989

Wesentlich besser geeignet für C++-Lernwillige erscheint mir das Buch von Willis. Er geht schrittweise vor und führt den Leser der Reihe nach in die wichtigsten Spracheigenschaften ein, dabei immer mit ziemlich viel C++-Code um sich werfend. Der Aufbau des Buches und die Kapiteleinteilung ist recht logisch und setzt eigentlich nur eine gewisse Vertrautheit mit C voraus. Nach dem Durchlesen und der eingehenden Beschäftigung mit den Beispielen weiß man zwar bei weitem nicht alles über C++,* aber man ist sich immerhin darüber im klaren, daß und warum C++ die bessere Sprache ist und kann, da die wichtigen Spracheigenschaften sehr gut beschrieben werden, auch schon vernünftig damit arbeiten.

* *Gibt es überhaupt jemanden — außer Stroustrup —, der alles über C++ weiß?*

[9] Ira Pohl: Object Oriented Programming Using C++, Benjamin/Cummings, New York, 1993

Eine Kombination aus OOP-Lehrbuch und C++-Stilführer. Auf der einen Seite werden die Eigenschaften von C++ im Lichte der OOP ausgelotet und auch anhand einiger konkreter Programmierprojekte umgesetzt. Andererseits sorgt der Autor mit Hilfe einer relativ strikten und konsistent angewandten Methodik und »Nomenklatur« für klare und verständliche Quelltexte. Er gibt dabei auch eine Reihe guter Ratschläge, die einen einheitlichen und lesbaren C++-Programmierstil fördern.

[10] Paul di Lascia: Windows++, Addison-Wesley, Reading 1992

Ein Leitfaden zur Implementation einer OOP-Schale (in C++) um das Windows-API. Das Buch ist zwar didaktisch recht gut aufgemacht, das Thema ist allerdings so komplex, daß man mehr als nur ein paar Tage investieren muß, um Konzepte und Realisierung wirklich zu begreifen. Dann aber trägt das Gelesene wirklich Früchte: einerseits werden selbst bei der Benutzung einer fertigen Klassenbibliothek viele Dinge klar, die sonst eher im Dunkeln bleiben. Andererseits zeigt der Band recht gut, wie man sich in durchaus akzeptablem Zeitrahmen eine eigene Klassenbibliothek zurecht schneidern kann.* C++-Kenntnisse sind zwar erwünscht, aber nicht unbedingt Voraussetzung: der Autor gibt in den ersten beiden Kapiteln einige grundlegende Hinweise für C-Programmierer, diese werden eben etwas mehr Zeit investieren müssen.

** Motto: »Wenn ich vier Wochen brauche, um die Bibliothek des Herstellers X zu begreifen, kann ich mir in derselben Zeit auch selbst eine zusammenbauen.«*

[11] Marcellus Buchheit: Windows Programmierbuch, Sybex, Düsseldorf 1992

Eines der besseren Bücher zum Thema Windows-Programmierung (auch im internationalen Vergleich). Das Werk ist zwar etwas dickleibig und stellt auch nicht gerade die Spitze typographischer Erkenntnisse dar, aber dafür enthält es fast alles, was der Windows-Entwickler unterwegs so braucht. Zwei große Vorteile hat das Buch: erstens ist es systematisch aufgebaut und umgeht dabei auch nicht schwierige, von anderen Autoren oft vernachlässigte Bereiche (wie z.B. die Erstellung von WinHelp-Dateien). Zweitens teilt der Autor nicht nur sein Wissen über die API-Funktionen und -Nachrichten als solche mit, sondern er versucht (meist mit Erfolg) diese in einen größeren Zusammenhang zu stellen, indem er sie in Denkmodelle umsetzt. Am Ende hat man dann oft sogar etwas begriffen, statt nur mechanisch irgendwelche Code-Sequenzen abzutippen. Die Eine zweite Auflage, die sich vorwiegend mit dem Win32-API beschäftigt und etwa zwei- bis dreimal (!) so umfangreich werden soll (und hoffentlich noch in diesem Jahrtausend erscheint) ist in Arbeit.

[12] Unicode Consortium: The Unicode Standard, Addison-Wesley, Reading 1991

Weitere, über die Einführung in der Win32-Dokumentation hinausgehende Details über Unicode entnimmt man am besten dem zweibändigen Werk, das den Standard definiert. Neben genauen Informationen über die Aufteilung des Zeichenraumes werden auch allgemeingültige Hinweise zur Implementation von Unicode-basierten Applikationen gegeben. Man gewinnt außerdem sehr interessante Erkenntnisse über Alphabete und Sonderzeichen aus anderen Teilen der Welt (und auch über die Probleme bei ihrer elektronischen Verarbeitung).

[13] Christine Rupp: C für Pascal-Programmierer, Hüthig, Heidelberg, 1992

Nomen est omen. Dieses Buch geht recht detailliert auf die verschiedenen Pascal-Spracheigenschaften ein und vergleicht sie mit ihren C-Äquivalenten. Die Darstellung ist umfassend, wenn auch im typischen Informatiker-Deutsch* gehalten. Der gravierende Nachteil dieses Buches (wie auch einiger amerikanischer Werke zum gleichen Thema) liegt in der Tatsache, daß nur Standard-Pascal beschrieben wird. Manche C-Eigenschaften, die durchaus ein direktes Abbild in Turbo Pascal haben, werden so eher mühselig oder sogar überhaupt nicht erläutert (Beispiele: Typkonversionen oder auch nullterminierte Strings). Dennoch ist das Buch insgesamt eine brauchbare Hilfe für Pascal- und Modula-2-Kenner, die sich mit größeren Mengen C-Code konfrontiert sehen und diese in einem vernünftigen Zeitrahmen verstehen müssen.

** Die Hochschule läßt grüßen.*

[14] Wilhelm Heinrich Toretrois: Als Bill Big Blue knackte, dabei ein wenig GUI gegen viel Geld umtauschte und nebenbei zahlreiche Hacker in den API-Wahnsinn trieb, Microsaft-Presse, Greenhill 2001

Ein Buch, das uns der Verlag *leider* bisher noch vorenthalten hat, das aber mit Sicherheit irgendwann in den nächsten Jahren erscheint. Detailliert und kenntnisreich schildert der Autor im Stil einer Autobiographie (man könnte fast glauben, er sei dabei gewesen) die Glaubenskriege mit der einst so übermächtigen Mainframe-Kirche und die langjährigen Auseinandersetzungen mit MS-gläubigen End-Usern in aller Welt, die, nachdem sie *lächerlich* geringe Nutzungsbeiträge an das große Oberhaupt gespendet hatten, auch noch die Unverschämtheit besaßen, dafür halbwegs funktionierende Applikationen zu verlangen. Selbstironisch geht er auch auf die damaligen Versuche ein, die Welt so mit APIs zu überfluten und verwirren, daß seine »technical evangelists« mit einem sogenannten NT (Neues Testament?) im Gepäck danach als die Verkünder der einzig wahren Lehre erscheinen mußten.

Glossar

Das Glossar erläutert eine Reihe von Win16- oder Win32-spezifischen Fachausdrücken. Dabei wurden einerseits die meisten der englischen Begriffe aufgenommen, die im Text Verwendung finden und mit dem Win32-API kreiert wurden.* Andererseits habe ich auch zahlreiche Begriffe aus der Win16-Welt hinzugenommen, um den Lesern, die nicht so sehr mit den Details der Win16-Programmierung vertraut sind (z.B. Projektleiter) das Verständnis der entsprechenden Abschnitte zu erleichtern (beispielsweise »window subclassing«, nicht jedoch solche Standardausdrücke wie etwa Window Handle oder Message). Schließlich finden sich auch noch einige wichtige Bezeichnungen aus dem allgemeinen Betriebssystem-Bereich (wie »virtual memory«).

** Beispiel: »memory mapped files«.*

broadcasting a message: ist der Versand einer Nachricht an alle Toplevel-Windows (systemweit).

callback function: ist eine Funktion in einer Applikation, die von Windows zu gegebener Zeit zurückgerufen wird. c. werden fast nie von der Applikation selbst aufgerufen. Beispiele: Window/Dialog-Prozeduren, Enum- oder DDEML-Callbacks.

capture (mouse): ein Window hat den c., wenn *alle* weiteren Mausnachrichten unabhängig von der Position der Maus an seine Window-Prozedur gesandt werden.

C calling convention: ist die Standard-Aufrufkonvention der meisten C-Compiler, sie erlaubt variable Parameterlisten.

⇒ »calling convention«

calling convention: legt den Mechanismus der Parameterübergabe und Wertrückgabe bei Funktionsaufrufen fest.

console functions (API): sind die Textmodus-Funktionen des Win32-API, die auf herkömmliche Weise benutzt werden (keine Nachrichten und Window-Handles etc.)

⇒ »preemptive multitasking«.

cooperative multitasking: bedeutet, daß mehrere Programme nach einem festgelegten Schema *freiwillig* die Kontrolle an ihren jeweiligen Nachfolger abgeben (sollten). Das Gegenteil ist ⇒ »preemptive multitasking«.

code segment: ist ein Speicherbereich, in den ausführbarer Code geladen wird. In ein c. können keine schreibenden Zugriffe erfolgen.

⇒ »reserved memory page«.

committed memory page: ist eine Speicherseite, für die tatsächlich physikalischer Speicher oder wenigstens ein Bereich in der System-Paging-Datei zugewiesen ist. Das Gegenteil ist eine ⇒ »reserved memory page«.

compact memory model: ist eines der Speichermodelle von 16-Bit-Compilern. Es unterstützt ein Codesegment mit max. 64 KB sowie mehrere Datensegmente (NEAR Code, FAR Data). Weitere Modelle: ⇒ »small«, ⇒ »medium«, ⇒ »large«, ⇒ »huge«; auch ⇒ »mixed memory model programming«.

control notifications: werden von Controls (z.B. einer Listbox) an ihr Parent-Window gesandt, um dieses von eingetretenen Änderungen etc. zu unterrichten (z.B. LBN_DBLCLK bei einem Doppelklick.)

critical section: beschreibt einen Code-Bereich, der nur jeweils von einem Programmteil zur Zeit durchlaufen werden darf. c. dienen u.a. der Zugriffssynchronisation auf gemeinsame Ressourcen.

custom control: ist eine neue, über den Standardumfang von Windows (Static, Button, Edit etc.) hinausgehende Window-

Klasse, die auch in die diversen Dialogeditoren eingebunden werden kann.

data segment: ist ein Speicherbereich, der genügend Platz für die initialisierten und nicht-initialisierten Daten eines Programmes zur Verfügung stellt. Die initialisierten Daten werden dann aus der EXE-Datei geladen.

demand paging: ist eine Methode zur virtuellen Speicherverwaltung. Eine Speicherseite (page) wird danach nicht unbedingt bei der eigentlichen Allokation zugewiesen, sondern erst, wenn das Programm (z.B. durch einen Speicherzugriff) dieselbe benötigt (⇒ »committed memory page« und ⇒ »reserved memory page«.

⇒ »virtual memory«.

discardable memory: ist ein Bereich, der bei Speichermangel freigegeben werden kann, da die enthaltene Information jederzeit nachgeladen werden kann (z.B. nicht benötigte Code-Segmente, die aus der EXE-Datei gelesen werden können).

disk mirroring: ist die Spiegelung einer Partition auf eine oder mehrere andere Festplatten.

disk striping: erlaubt es, mehrere Partitionen auf unterschiedlichen Festplatten als ein logisches Laufwerk anzusprechen.

DDE: ist die Abkürzung für ⇒ »dynamic data exchange«.

DLL: ist die Abkürzung für ⇒ »dynamic link library«.

dynamic data exchange: ist ein an sich simpler, aber ziemlich verworren definierter Mechanismus zum Austausch von Speicher-Handles (und damit Datenblöcken) zwischen verschiedenen Applikationen. Er erlaubt auch die Weitergabe von (Makro-)Befehlen an andere Programme.

dynamic linking: erlaubt das Hinzubinden von Code erst beim Laden (⇒ »loadtime d.«) oder Ausführen (⇒ »runtime d.«) einer Applikation. Der Gegensatz ist »static linking«, wo schon

⇒ »loadtime dynamic linking«.

beim Linken des ausführbaren Programms alle Code-Segmente zusammengefügt werden.

dynamic link library: enthält weitere Code- und Datenbereiche, die beim dynamischen Linken zum eigentlichen Programm-Code hinzugeladen werden.

environment subsystem: ⇒ »protected subsystems«.

far address (pointer): ein 4 Byte langer Zeiger, der aus einem ⇒ »segment selector« und einem Offsetwert besteht. Er erlaubt 80(2)86-Prozessoren den Zugriff auf mehr als 64 KB (mittels Segmentarithmetik bzw. -manipulation).

flat memory model: ist ein lineares Speichermodell, bei dem nur mit Hilfe eines einzigen, oft 32 Bit großen Offsets auf den gesamten Speicher zugegriffen werden kann. Segmentarithmetik entfällt.

⇒ *»local heap«.*

global heap: ist der Win16-Speicher, auf den *alle* Applikationen via GlobalAlloc()- und GlobalLock()-Aufrufe gleichermaßen Zugriff haben. Ein entsprechender Mechanismus existiert unter Win32 nicht.

HAL: ist die Abkürzung für ⇒ »hardware abstraction layer«.

hardware abstraction layer: ist eine Schicht, die nach unten die Hardware bedient, nach oben zum NT-Kernel jedoch ein abstraktes Hardware-Interface weitergibt.

huge memory model: ist eines der Speichermodelle von 16-Bit-Compilern. Es unterstützt mehrere Codesegmente und mehrere Datensegmente, in denen auch Objekte > 64 KB untergebracht werden können. (FAR Code, HUGE Data). Weitere Modelle: ⇒ »small«, ⇒ »medium«, ⇒ »compact«, ⇒ »large«; auch ⇒ »mixed memory model programming«.

integral subsystem: ⇒ »protected subsystems«.

interprocess communication: ist ein Sammelbegriff für alle Mechanismen, die Applikationen zum Informationsaustausch haben. Beispiele sind ⇒ DDE, ⇒ »named pipes« und ⇒ RPC.

IPC: ist die Abkürzung für ⇒ »interprocess communication«.

large memory model: ist eines der Speichermodelle von 16-Bit-Compilern. Es unterstützt mehrere Codesegmente und mehrere Datensegmente. (FAR Code, FAR Data). Weitere Modelle: ⇒ »small«, ⇒ »medium«, ⇒ »compact«, ⇒ »huge«; auch ⇒ »mixed memory model programming«.

LDT: ist die Abkürzung für ⇒ »local descriptor table«.

linear memory: ⇒ »flat memory model«.

loadtime dynamic linking: ist die Variante des ⇒ »dynamic linking«, bei dem schon *während* des Ladens der Applikation weitere DLLs hinzugeladen werden, um so die dort enthaltenen Funktionen und Daten für die Applikation verfügbar zu machen. Der Ladevorgang wird vom System kontrolliert, eine nicht ladbare DLL bricht den gesamten Vorgang ab.

local descriptor table: ist eine von zwei CPU-Tabellen für die Verwaltung von Segment-Informationen. Die LDT hat max. 8192 Segment-Einträge, in denen die Startadresse, Länge und weitere Attribute der zur Zeit allokierten Segmente beschrieben sind.

⇒ *»segment selector«..*

local heap: ist ein Speicherbereich innerhalb des Datensegments eines Programms für kleinere dynamische Allokationen. Er entspricht bis auf den zu kleinen 16-Bit-Offset in etwa der dynamischen Speicherverwaltung von Win32.

⇒ *»global heap«.*

local input state: Im l. wird der Eingabestatus des betreffenden Threads festgehalten (⇒ »capture«, Eingabefokus etc.).

local procedure calls: eine für den lokalen Betrieb (auf einer Maschine) optimierte Variante von ⇒ »remote procedure calls«.

locked memory: ist ein dynamisch allokierter Speicherbereich, der explizit vor dem Verschieben durch den Windows-Kernel geschützt ist. Da dieser Zirkus nur für die 8086-CPU bzw. den Real Mode notwendig war (brauchbare CPUs erledigen so etwas transparent für den Applikationsprogrammierer), können entsprechende Aufrufe unter Windows 3.1 (und erst recht unter Win32) entfallen (⇒ »unlocked memory«).

mapping modes: ist ein Sammelbegriff für die acht GDI-Modi, welche die Umsetzung von logischen Koordinaten auf Gerätekoordinaten kontrollieren (siehe SetMapMode()).

⇒ »shared memory«.

memory mapped file: ist ein Win32-Mechanismus zum Datenaustausch zwischen Applikationen bzw. für ⇒ »shared memory«. Dabei wird eine Datei in den Speicher geladen und dieser Bereich in den virtuellen Adressraum der betreffenden Applikationen gespiegelt. Alternativ kann statt einer Datei auch die System-Paging-Datei verwendet werden.

medium memory model: ist eines der Speichermodelle von 16-Bit-Compilern. Es unterstützt mehrere Codesegmente und ein Datensegment mit max. 64 KB. (FAR Code, NEAR Data). Weitere Modelle: ⇒ »small«, ⇒ »compact«, ⇒ »large«, ⇒ »huge«; auch ⇒ »mixed memory model programming«.

message broadcasting: ⇒ »broadcasting a message«.

** ab Seite 236 bzw. 249.*

message cracker: sind die von Microsoft zum portablen Zugriff auf die Nachrichtenparameter wParam und lParam definierten Makros. Siehe auch die Abschnitte 4.3* und 4.4 sowie die Header-Datei WINDOWSX.H.

message loop: ist der zentrale Nachrichtenverteiler eines Programmes. Hier werden Nachrichten aus der Applikations- bzw. System-Queue gelesen und an die betreffenden Windows weitergereicht.

mixed memory model programming: ist eine Technik, die angewandt wird, um die Nachteile spezifischer Speichermodelle auszugleichen. m. erlaubt z.B. die Benutzung von FAR-Daten auch in Programmen für das »small memory model«. Programme, die expliziten Gebrauch von diesen Möglichkeiten machen, sind meist etwas schwieriger zu portieren.

mouse capture: siehe ⇒ »capture«.

moveable memory: ist eines der Standardattribute für Win16-Speicher. Solcherart allokierter Speicher kann, wenn er nicht ausdrücklich gelockt worden ist, vom Windows-Kernel jederzeit verschoben werden (⇒ »locked memory«).

multithreading: ist die Möglichkeit, in einer Applikation mehrere voneinander unabhängige und quasi gleichzeitig ablaufende Ausführungspfade (Threads) zu erzeugen.

name mangling: ist ein Verfahren, bei dem an den Namen einer Funktion nach weitere Informationen über die Parametertypen und den Rückgabewert angehängt werden. n. wird von C++-Compiler für das ⇒ »typesafe linking« eingesetzt.

⇒ *»typesafe linking«.*

named pipes: sind ein Verfahren zur Prozeßkommunikation (⇒ IPC). Eine n. ist ein Ein- oder Zweiwege-Kanal, auf dem (auch netzwerkweit) Informationen ausgetauscht werden können.

near address (pointer): ein 2 Byte langer Zeiger, der nur aus einem Offsetwert besteht. Er erlaubt 80(2)86-Prozessoren den Zugriff auf max. 64 KB (die Größe eines Segments).

pascal calling convention: ist die Aufrufkonvention der meisten Pascal- und Modula-2-Compiler. Sie erlaubt *natürlich* keine variablen Parameterlisten und ist deshalb im Regelfall etwas effizienter.

⇒ *»calling convention«.*

portable executable: ist die Bezeichnung für ausführbare Dateien unter Win32. Ein PE enthält mehrere lineare Speichersektionen, die alle benötigten Informationen (Code, Daten, Ressourcen etc.) enthalten. Das Format weicht grundlegend von dem der ⇒ »segmented executables« ab.

precompiled header: sind einmalig in eine Hilfsdatei compilierte Header-Dateien, die bei weiteren Compilationen nicht mehr zeitaufwendig analysiert werden müssen. Bei einem System, dessen Header insgesamt weit mehr als 1 MB beanspruchen, ist ihre Benutzung kein Luxus, sondern pure Notwendigkeit.

preemptive multitasking: ist die Multitasking-Variante, bei der das Betriebssystem den gerade laufenden Prozeß (bzw. Thread) ohne dessen explizites Einverständnis unterbricht (»kernel preempts thread«). p. ist Voraussetzung für ein sicheres und brauchbares Arbeiten mit mehreren Programmen gleichzeitig (⇒ »cooperative multitasking«.)

protected subsystem: ist ein Windows-NT-Programm, das auf NT-Kernel-Aufrufen aufbauend entweder ein bestimmtes API (Win32, OS/2, POSIX) verfügbar macht oder dem System andere Dienstleistungen zur Verfügung stellt. Erstere Variante nennt man auch »environment subsystems«; letztere werden als »integral subsystems« bezeichnet (das Security-Subsystem ist ein Beispiel). Ein p. kann als Server betrachtet werden, der seinen Clients (also anderen ausführbaren Programmen) bestimmte Dienste zur Verfügung stellt. Die Kommunikation zwischen p. und Client findet via ⇒ »local procedure calls« statt.

⇒ »environment subsystems«

⇒ »integral subsystems«.

quota: ist einerseits das Limit an Systemressourcen (Speicher, Handles etc.), das ein Prozeß verbrauchen darf. Bei Erreichen des q. können keine weiteren Ressourcen mehr allokiert werden, es sei denn, der Prozeß gibt andere, schon allokierte Ressourcen frei. Andererseits hat jedes NT-Objekt ein q., das festlegt, wieviel dem allokierenden Prozeß für die Benutzung des Objektes »angerechnet« wird.

Abgekürzt RPC.

remote procedure calls: sind Prozeduraufrufe über ein Netzwerk. Eine Prozedurkennung und die Parameter werden in der Client-Maschine verpackt und das ganze Paket an den Server gesandt. Der führt die Prozedur aus und liefert das Resultat zurück. RPC ist einer der Grundpfeiler des »distributed processing«, also der auf mehrere Maschinen verteilten Ausführung von Programmen.

reserved memory: ist der Bereich einer Win32-Speicherallokation, der zwar bereits reserviert ist, für den jedoch noch kein physikalischer Speicher (bzw. Platz in der System-Paging-Datei) verfügbar gemacht wurde. Erst beim Zugriff auf einen reservierten Bereich wird dann tatsächlich eine Speicherseite (page) zugewiesen (⇒ »committed memory«).

RPC: ist die Abkürzung für ⇒ »remote procedure calls«.

runtime dynamic linking: ist die Variante des dynamischen Linkens, bei dem nicht schon während des Programmstartes, sondern erst später, zu beliebigen Zeitpunkten des Programmablaufs, und unter Programmkontrolle DLLs hinzugeladen werden können. Eine nicht ladbare DLL verursacht hier *keinen* Programmabbruch.

⇒ *»dynamic linking«.*

segmented executable: ist die Form von EXE-Dateien, die unter Win16 lauffähig ist. Ein s. ist ein kunterbuntes Sammelsurium aller Code-, Daten- und Ressource-Segmente einer Applikation; diese können auch (via DEF-Datei) mit bestimmten Attributen versehen werden, die den Ladevorgang kontrollieren.

⇒ *»portable executable«.*

segmented memory: ist eine der schauderhaftesten Erfindungen, seit es CPUs gibt. Hier wird der Speicher nicht wie ein großes, lineares Array von Bytes behandelt (⇒ »flat memory model«), sondern in 64-KB-Häppchen (eben Segmente) aufgeteilt. Zum Zugriff auf den Speicher müssen daher immer zwei Angaben manipuliert werden: erstens der gewünschte ⇒ »segment selector« und zweitens der Offset in demselben. Win32 kennt keine Segmentierung mehr: R. I. P.

segment selector: sind die Gebilde, durch welche ⇒ »segmented memory« überhaupt erst möglich wird. Sie geben an, in welchem Segment (bzw. ab welcher Speicheradresse) Zugriffe erfolgen sollen.

shared memory: ist eine simple Form von Datenaustausch, bei der mehrere Applikationen auf einen gemeinsamen Speicherbereich zugreifen. s. ist unter Win16 relativ einfach möglich, da ein Speicherbereich aus dem ⇒ »global heap« ohne weiteres

⇒ *»global heap«.*

von allen Applikationen gelesen und geschrieben werden kann (leider auch unbeabsichtigt bzw. mißbräuchlich). Unter Win32 sind, je nach Verwendungszweck, angepaßte ⇒ IPC-Mechanismen zu benutzen. Am ähnlichsten dürften hier ⇒ »memory mapped files« sein.

small memory model: ist eines der Speichermodelle von 16-Bit-Compilern. Es unterstützt ein Code- und ein Datensegment, beide max. 64 KB groß. (NEAR Code, NEAR Data). Weitere Modelle: ⇒ »compact«, ⇒ »medium«, ⇒ »large«, ⇒ »huge«; auch ⇒ »mixed memory model programming«.

⇒ *»calling convention«.*

_stdcall calling convention: eine mit Win32 neu eingeführte Aufrufkonvention, welche die Vorteile der ⇒ »C« und ⇒ »pascal calling convention« relativ elegant unter einen Hut bringt. Für Details siehe Anhang 5.

structure alignment (padding): beschreibt die Einfügung zusätzlicher Füll-Bytes, um die Komponenten einer Struktur optimal auf die Datenbus-Breite der CPU auszurichten. Falsch ausgerichtete Strukturen können bei RISC-Prozessoren problematisch werden (entweder enorme Performance-Verluste oder sogar Programmabsturz).

structured exception handling: ist ein mit Win32 neu eingeführtes Verfahren, um Prozessor-Exceptions oder sonstige Fehlerbedingungen strukturiert und einheitlich zu behandeln. s. ist an sich kein Bestandteil des Win32-APIs, sondern eher eine Compiler-Erweiterung.

subclassing a window: Beim s. wird vor der eigentlich zuständigen Window-Prozedur eine weitere Prozedur »eingehängt«, die demzufolge alle Nachrichten für die betreffenden Windows *vor* der Originalprozedur erhält. Die neue Prozedur kann die Nachrichten entweder selbst bearbeiten oder (ggf. modifiziert) weitergegeben. Sie kann daher allerlei trickreiche Manipulationen vornehmen.

symmetric multiprocessing: erlaubt es, in einer Maschine mehrere CPUs anzusprechen. Dabei können alle Threads bzw. Prozesse auf allen Prozessoren laufen, es gibt also keine spezielle Aufteilung bestimmter Aufgaben an festgelegte Prozessoren (z.B. CPU 1 nur für Interrupts etc.). Diese einfachere Variante nennt man »asymmetric multiprocessing«.

thunks: sind ebenfalls eine 16-Bit-Häßlichkeit. Sie dienen dazu, einer ⇒ »callback procedure« das jeweils für sie korrekte Datensegment mitzugeben. Da nämlich Code-Segmente unter Win16 auch für mehrere Instanzen nur einmal geladen werden, kann das Laden des DS-Registers *nicht* im Callback-Code selbst erfolgen. Daher wird statt des eigentlichen Aufrufs eine kurze Code-Sequenz aufgerufen (eben der Thunk), die das jeweils korrekte Datensegment lädt und erst dann zum Startpunkt der »callback procedure« springt.

⇒ *»callback procedure«.*

typesafe linking: befähigt C++-Compiler, während des Linkens (also über Modulgrenzen hinweg) sicherzustellen, daß Prozeduren mit den richtigen Parametern aufgerufen werden. Zu diesem Zweck werden an den Prozedurnamen weitere, verschlüsselte Informationen über die Parametertypen und die Rückgabe angehängt (⇒ »name mangling«).

universal thunks: sind eine relativ undurchsichtige Methode zum Aufruf von Prozeduren in 16-Bit-DLLs aus Win32s-Programmen heraus. Dabei werden 32-Bit-Speicherbereiche so umgesetzt, daß die 16-Bit-Prozedur darauf zugreifen können (und umgekehrt). u. sind Win32s-spezifisch, der Code läuft also *nicht* unter Windows NT oder 4.0!

unlocked memory: ist das Gegenteil von »locked memory« und sagt dem Win16-Kernel, daß der betreffende Speicherbereich jederzeit bewegt werden darf. Ein [Global/Local]Lock()-Aufruf verwandelt u. in ⇒ »locked memory«.

⇒ *»locked memory«.*

VDM: ist die Abkürzung für ⇒ »virtual DOS machine«.

virtual device driver: stellen sicher, daß Hardware-Zugriffe aus mehreren ⇒ VDMs oder Windows-Programmen unter Win16 korrekt koordiniert und durchgeführt werden. Ein v. ist ein 32-Bit-Code-Segment.

virtual DOS machines: basieren auf dem V86-Modus der 386-CPU. Sie stellen eine quasi vollständige DOS-Umgebung in einer vom Rest des Systems abgetrennten 1 MB-Nußschale dar. in einer v. kann jeweils eine DOS-Applikation gestartet werden. Die Anzahl der möglichen v. wird nur durch den Speicher begrenzt. Die laufenden v. werden durch ⇒ »preemptive multitasking« aktiviert.

virtual memory: ist die Zurverfügungstellung von mehr Speicher, als physikalisch im Rechner installiert ist. Erreicht wird v. dadurch, daß z.Zt. nicht benötigte Speicherbereiche in eine Hilfsdatei (System-Paging- oder Swap-Datei) geschrieben werden, von wo sie bei Bedarf wieder eingelesen werden und ggf. einen anderen Speicherbereich überschreiben, der seinerseits vorher »gerettet« wurde. v. wird entweder auf Segmentbasis realisiert (so z.B. mit OS/2 1.x auf 80286-CPUs) oder durch das Schreiben und Lesen immer gleichgroßer Speicherseiten (⇒ »demand paging«) wie bei Win16 im Enhanced Mode oder unter Win32.

VxD: ist die generische Abkürzung für ⇒ »virtual device driver«.

Register

Dieses Register bildet nur die eine Hälfte der Möglichkeiten, sich über eine bestimmte Windows-Funktion oder -Nachricht zu informieren. Einträge hier verweisen auf Textstellen, die das zugrundeliegende, meist etwas komplexere Problem genau beschreiben. Im Gegensatz dazu stehen die ebenfalls als Register heranziehbaren Einträge im Anhang 2, die größtenteils einfache syntaktische Änderungen beschreiben. Begriffe, die dort auftauchen, finden Sie hier nur dann wieder, wenn der Text auch etwas Konkretes zu sagen hat, das über die Informationen in Anhang 2 hinausgeht. In diesem Zusammenhang sei auch noch einmal auf Anhang 3 bezüglich der »message cracker«-Signaturen und die Aufstellung aller WM_*-Nachrichten hingewiesen.

A

B

C

D

E

F

G

H

I

K

L

M

N

O

P

Q

R

S

T

U

V

W

Z